高等院校体育与健康

【第四版】

主　编　方儒钦

副主编（按姓氏笔画）

丁永春　尹华荣　刘志鹏　阮秋蓉
陈铁成　林文翰　林学斌　徐建平
郭萍英　薛文标

编委会委员（按姓氏笔画）

王文清　许海群　庄学伟　吴博厚
陈秀菊　陈妙华　陈章玉　陈福榕
张　宁　林毅钢　林国土　周　园
胡毓霞　施美丽　袁孟萌　黄碧恒
黄碧江　黄少挥　蔡汉如

厦门大学出版社 XIAMEN UNIVERSITY PRESS
国家一级出版社
全国百佳图书出版单位

扫码获取本书资源

图书在版编目（CIP）数据

高等院校体育与健康 / 方儒钦主编. -- 4 版. -- 厦门 ：厦门大学出版社，2022.11(2024.8 重印)
ISBN 978-7-5615-8885-7

Ⅰ. ①高… Ⅱ. ①方… Ⅲ. ①体育-高等职业教育-教材②健康教育-高等职业教育-教材 Ⅳ. ①G807.4 ②G717.9

中国版本图书馆CIP数据核字(2022)第223321号

责任编辑　施高翔
美术编辑　李嘉彬
技术编辑　许克华

出版发行　厦门大学出版社
社　　址　厦门市软件园二期望海路 39 号
邮政编码　361008
总　　机　0592-2181111　0592-2181406(传真)
营销中心　0592-2184458　0592-2181365
网　　址　http://www.xmupress.com
邮　　箱　xmup@xmupress.com
印　　刷　厦门市明亮彩印有限公司

开本　787 mm×1 092 mm　1/16
印张　18.5
字数　452 千字
版次　2009 年 8 月第 1 版　2022 年 11 月第 4 版
印次　2024 年 8 月第 2 次印刷
定价　45.00 元

厦门大学出版社
微信二维码

厦门大学出版社
微博二维码

序 言

为了全面贯彻党的教育方针，促进学生的全面发展，使当代大学生成为社会主义事业的建设者和接班人，根据《中共中央国务院关于深化教育改革全面推进素质教育的决定》和国务院批准发布实行的《学校体育工作条例》的精神，在总结高等学校体育课程建设和教学改革经验的基础上，2002年教育部颁布了《全国普通高等学校体育课程教学指导纲要》。

由高松龄、陈上越和方儒钦主编，厦门大学出版社出版的《高等院校体育与健康》，以《全国普通高等学校体育课程教学指导纲要》为指导，牢固树立“健康第一”和“终身体育”的教学指导思想，注重社会发展和教育改革对体育教学的要求，具有科学性、健身性、可接受性和实用性等特点。

该教材编写组成员为长期从事高等院校教学的教师、专家。该教材结合了高等院校体育与健康教学的实际，广泛吸取高等院校的教学经验，既注重健身性与文化性相结合，也注重选择性与实效性相结合，贴近大学生的体育需求，有利于大学生掌握体育与健康的基本常识和体育运动的专项知识，提高体育文化素养。

体育课程是大学生以身体练习为主要手段，通过合理的体育教育和科学的体育锻炼过程，达到增强体质、增进健康和提高体育素养为主要目标的公共必修课程。面临知识经济的挑战和教育改革的不断深入，高等院校体育课程必须适应时代变化和社会发展的需求，充分发挥在实施素质教育和培养全面发展人才过程中的特殊作用。该教材风格鲜明，特色突出，具有科学的体育理论知识和运动技能学习体育，符合大学生身心发展的规律，盼望该教材的出版能够为高等院校有效地开展体育与健康课程教学提供重要指导。

国务院学位委员会体育学学科评议组成员、召集人
教育部全国普通高校体育教学指导委员会副主任委员
全国体育硕士专业学位教育指导委员会副主任委员
福建师范大学校长、博士生导师
黄汉升 教授
2009年6月

编写说明

《高等院校体育与健康》是为了适应高等学校体育与健康的需要，根据教育部2002年颁发的《全国普通高等学校体育课程教学指导纲要》的精神，结合福建省高等院校体育与健康教学的实际情况而编写的。党的二十大报告指出："坚持为党育人、为国育才，全面提高人才自主培养质量""广泛开展全民健身活动，加强青少年体育工作，促进群众体育和竞技体育全面发展，加快建设体育强国"。这为本书的编写指明了方向。本书以"健康第一"为指导思想，力求做到健身性与文化性相结合，重视课程内容的体育文化含量；同时根据本省高校实际情况，力求做到选择性与实效性相结合，使课程内容贴近学生，为学生提供较大的选择空间。本书具有科学性、健康性、实用性和可接受性。

本书第一版由中国教育学会体育卫生分会、中国高等教育学会体育卫生分会理事、全国中小学体育教学指导委员会委员江仁虎同志和福建宁德师范学院体育系主任陈上越教授主持编写。福建省内从事高校体育教学的骨干教师参与编写，编写人员有江仁虎、陈上越、陈贵芳、方儒钦、郑坚生、张文川、徐建平、张宁、林学斌、林文瀚、王小琴、丁勇春、薛文标、张庆华、林学政。福建师范大学体育科学学院的梅雪雄、张涵劲、蔡向阳、陈铁成、陈为群、颜成春、刘小峰同志参加了修订工作。全书由江仁虎、梅雪雄同志统稿。

本书第三版由高松龄（福建医科大学）、方儒钦（福建船政交通职业学院）、陈上越（宁德师范学院）主持修订工作，陈铁成、郭萍英等同志也参加了对原书的部分章节的修订。第三版参编作者为：高松龄、方儒钦、陈上越、丁勇春、王小琴、尹华荣、刘志鹏、陈铁成、林文翰、林学斌、徐建平、郭萍英、薛文标、郑志丹、王文斌、王文清、阮秋蓉、江雄、许海群、吴博厚、陈月亮、陈秀菊、陈妙华、陈章玉、陈福榕、林跃忠、林毅钢、张宁、张焱、罗晓梅、周园、胡毓霞、施美丽、骆文英、唐庆霖、袁孟萌、黄碧恒、黄碧江、董海洋、曾猛、赖长贵、蔡汉如。

经过几年的实践应用，在充分吸收广大师生意见和建议的基础上，为切实做好党的二十大精神进教材工作，为满足教学需要，第四版融入了课程思政，增加了教学视频等在线资源。第四版由方儒钦主编并主持修订。感谢陈上越、丁勇春、王小琴、尹华荣、刘志鹏、阮秋蓉、陈铁成、林文翰、林学斌、郑志丹、张焱、徐建平、郭萍英、薛文标、王文斌、王文清、江雄、许海群、庄学伟、吴博厚、陈秀菊、陈妙华、陈章玉、陈福榕、张宁、林跃忠、林毅钢、林国土、周园、胡毓霞、施美丽、骆文英、袁孟萌、黄碧恒、黄碧江、黄少挥、蔡汉如也为修订工作做出了贡献。

本书编写过程中得到了黄汉升、沈斐敏、梅雪雄、张涵劲教授的支持和帮助，同时也参考、吸收和引用了有关专家、学者的研究成果，在此一并表示衷心的感谢！由于水平有限、书中可能存在疏漏与不妥之处，真诚地欢迎广大读者、专家、学者、同行提出批评与建议。

本书由厦门大学出版社出版，在此，表示感谢！

《高等院校体育与健康》编写组

2022年11月

目　录

理论教程

实践教程

理论教程

第一章 大学体育

教学目标：

了解体育在高等教育中的地位和作用，明确体育的目的与任务。理解《国家学生体质健康标准》，提高锻炼身体的主动性和自觉性，学会对身体测量结果进行自我评价。

第一节 学校体育在高等教育中的地位和作用

学校体育是高等教育的重要组成部分，它肩负着培养德、智、体全面发展的高级专门人才的历史使命。而且，学校体育又是全民健身的重点，是终身体育和竞技体育的基础，是发展我国体育事业的战略重点。

一、学校体育的地位

1995 年第八届全国人大第三次会议通过的《中华人民共和国教育法》第 5 条规定"教育必须为社会主义现代化建设服务，必须与生产劳动相结合，培养德、智、体等全面发展的社会主义事业的建设者和接班人"，明确了德、智、体全面发展的教育方针，明确了体育在高等教育中担负的特殊任务和重要地位。

古今中外有远见的思想家、教育家、政治家都十分重视体育，都把体育作为全面发展教育的重要组成部分。马克思在《资本论》中指出："未来教育对所有已满一定年龄的儿童来说，就是生产劳动同智育和体育相结合，它不仅是提高社会生产的一种方法，而且是造就全面发展的人的唯一方法。"毛泽东于 1917 年在《体育之研究》中提出了"体育一道，配德育与智育，而德智皆寄于体，无体是无德智也"。《中华人民共和国体育法》第 17 条指出："教育行政部门和学校应当将体育作为学校教育的组成部分，培养德、智、体等方面全面发展的人才。"高等学校的体育既担负着促进受教育者身体完美发展、增强体质的重任，同时它又与德育、智育密切配合，共同实现培养全面发展的高级专门人才的教育目标。以上论述都阐明了学校体育在全面发展教育中的重要地位。

二、学校体育的作用

（一）学校体育促进人的全面发展

学校体育不仅可以健身，而且可以育德。在体育课的教学与课外活动中，学生相互接触、共同协作、相互竞争的机会比其他课程多。体育的固有特点是培养道德品质的较好条件，它可以培养人的爱国主义、集体主义精神，培养遵守纪律、艰苦磨炼、吃苦耐劳、克服困难、奋发向上、勇攀高峰等品质。同时，学校体育为智力开发提供了良好的物质基础。实践证明，坚持体育锻炼，能保证大脑能源物质与氧气的充足供应，促进大脑神经细胞发育，有利于提高大脑皮层细胞活动的强度、均衡性、灵活性以及分析综合能力，为智力发展创造良好的生理条件。可见，学校体育对智力发展具有重要作用。此外，通过体育活动，可以使学生身体得到均衡协调发展，培养形体美、动作美，还可以提高学生表现美、创造美、鉴赏美的能力，充分发挥美的形式对身心健康的重要作用。总之，学校体育与德育、智育、美育相结合，相互促进，相辅相成，对促进学生全面发展具有重要的作用。

（二）学校体育为学生身体健康打下良好基础

《中共中央国务院关于深化教育改革，全面推进素质教育的决定》指出："健康体魄是青少年为祖国和人民服务的基本前提，是中华民族旺盛生命力的体现。学校教育要树立健康第一的指导思想，切实加强体育工作，使学生掌握基本的运动技能，养成坚持锻炼身体的良好习惯。"这充分体现了党和国家对我国青少年学生的关怀，同时又深刻地阐明了学校体育工作在素质教育中的重要地位和独特的作用。众所皆知，人的素质是多方面的，而健康身体是人们学习、工作、生活所必备的基本素质。更重要的是，身体素质是民族素质的组成部分，民族素质关系到国家的兴衰存亡。青少年学生的身体素质、身体健康水平是一个民族素质水平的象征和标志，他们在学习期间，正处在长身体的关键时期，因此，抓好学校体育工作，引导学生积极参加体育锻炼，遵循学生身心发展规律，施以良好的体育教育，就能有效地促进学生身体形态、机能和素质的正常发展，增强体质，为身体健康夯实基础。

第二节　大学体育的目的与任务

根据我国高等学校教育方针，我国体育的目的，体育所具有的功能，以及现阶段我国国情对大学体育的需要，大学体育的目的是：以体育锻炼为基本手段，增进大学生的身心健康，增强体质，提高运动技术水平，促进身心全面发展，培养大学生终身从事体育锻炼的习惯和能力，使其成为德、智、体全面发展的社会主义现代化事业的建设者和接班人。

《学校体育工作条例》第一章第三条指出：学校体育工作的基本任务是，增进学生身心健康，增强学生体质，使学生掌握体育基本知识，培养学生体育运动能力和习惯；提高学生运动技术水平，为国家培养体育后备人才；对学生进行品德教育，增强组织纪律性，培养学生的勇敢、顽强、进取精神。

一、增进学生身心健康，增强学生体质

大学生是国家未来的希望，是建设社会主义事业的中坚力量，应该有个健康的体魄。增进学生身心健康、增强体质是大学体育的首要任务，也是大学体育的出发点和归宿。世界各国都把发展学生身体、增进学生健康和增强学生体质作为学校体育的首要任务。美国学者认为，体育与一般教育是相等的，其目的在于使学生成为完整的人，以便能通过身体更好地生活和更好地为社会服务。日本的教育家认为，学校体育必须使学生在德、智、体诸方面协调发展，成为身心健全的国民。

二、使学生掌握体育基本知识、基本技术和技能，培养学生体育运动能力和习惯

大学体育是学校体育的最后阶段，跨出校门就要投入到社会主义建设的大潮中去，接受系统的体育教育机会不会太多，所以使大学生掌握体育基本知识、技术和技能，学会锻炼身体的科学方法，养成经常锻炼的习惯尤其重要，它能为终身体育奠定良好的基础。

三、提高学生运动水平，为国家培养体育后备人才

高等学校为国家培养优秀体育人才，这是世界竞技体育发展的一条重要途径。尽管世界上一些体育强国培养优秀运动员的形式和做法各不相同，但他们都有一个共同的特点，就是把学校作为培养和输送优秀运动员的摇篮。在美国，他们把中学体育视为培养运动员的初级阶段，而高等学校则是培养、训练优秀运动员的高级阶段。美国参加奥运会的优秀运动员都是由全美大学运动联合会负责选拔和组织训练的，美国大学生的运动技术水平代表了国家的最高水平。近几年，我国成立了大学生体育联合会，并采取了一些相应的措施，使我国大学生体育运动水平有了长足的进步。

四、对学生进行品德教育，增强组织纪律性，培养学生的勇敢、顽强、进取精神

众所周知，体育活动的本身就有自己的道德规范。每项体育运动都有它完整的规则，凡参加者都必须严格地遵守这些规则。同时，大学的体育教学、课余体育活动和运动竞赛都是有目的、有组织、有领导地进行的，它既是集体活动的过程，又是思想品德教育的过程。通过这些活动，可以培养学生自觉遵守纪律、热爱集体、团结友爱、互相协作等品质，培养学生勇敢顽强、拼搏进取的精神。

思考题：

1. 学校体育有哪些主要作用？
2. 学校体育的基本任务是什么？
3.《国家学生体质健康标准》评价指标有哪些？

第二章

健康概念

教学目标：

明确健康的概念和健康的标志，养成健康的生活方式和行为，树立健康第一的指导思想。

第一节 健康的"三维观"、"五要素"与"十条标准"

一、什么是健康

何谓健康？自古至今，人们对其有不同的解释。确切地说，健康的概念是随着时代的发展而不断完善的。

传统的健康概念是单纯体质观，是一种状态。通俗地说，就是能吃会睡没病就是健康。早在古希腊时代，医生就相信健康是身体的完全平衡。我国《辞海》中将健康定义为"人体各器官系统发育良好、功能正常、体质健壮、精力充沛并具有良好劳动效能的状态。通常用人体测量、体格检查和各种生理指标来衡量。"

现代的健康概念是个身体、心理和社会适应的三维观。随着社会和科学技术的进步、时代的发展，人们完全突破了原有的思维模式，对健康的概念有了新的认识。世界卫生组织对健康提出了一个明确和全面的定义，即"健康是指身体、心理和社会适应能力的完美状态，而不仅仅是没有疾病和虚弱"，使对健康的评价不仅基于医学和生物学的范畴，而且扩大到心理学和社会学的领域。

综上所述，一个人只有在身体和心理上保持健康的状态，并具有良好的社会适应能力，才算得上真正的健康。

二、健康五要素说

美利坚大学的国家健康中心提出了一个与健康三维观相似的健康定义，即个体只有身体、情绪、智力、精神和社交等五个方面都健康（也称健康五要素）（图 2-1），才称之为真正的健康或称之为完善状态。

图 2-1　健康五要素

（一）身体健康

身体健康不仅指无病，而且还包括体能，后者是一种满足生活需要和有足够的能量完成各种活动任务的能力。人体具备这种能力，就可以预防疾病，增进健康，提高生活质量。

（二）情绪健康

情绪涉及对自己的感受和对他人的感受。情绪健康的主要特征是情绪的稳定性。所谓情绪稳定性是指个体应对日常生活中人际关系和环境压力的能力。当然，生活中偶尔情绪高涨或情绪低落均属正常，关键是在生活的大部分时间里要保持情绪的相对稳定。

（三）智力健康

智力健康指在长期的学习和生活中，大脑始终保持活跃状态。有许多方法可以使大脑活跃，如听课、与朋友讨论问题和阅读报刊书籍等。努力学习和勤于思考也会使人获得一种成就感和满足感，有利于保持智力健康。

（四）精神健康

精神健康对于不同宗教、文化和国籍的人意味着不同的内容，主要包括理解生活基本目的的能力以及关心和尊重所有生命体的能力。

（五）社交健康

社交健康指形成与保持和谐人际关系的能力，此能力使人在交往中有自信感和安全感。与人友好相处，也会少生烦恼，心情舒畅。

健康的五个要素相互联系、相互影响（图 2-2）。例如，身体不健康会导致情绪不健康，缺乏精神上的健康会引起身体、情绪和智力的不健康等。

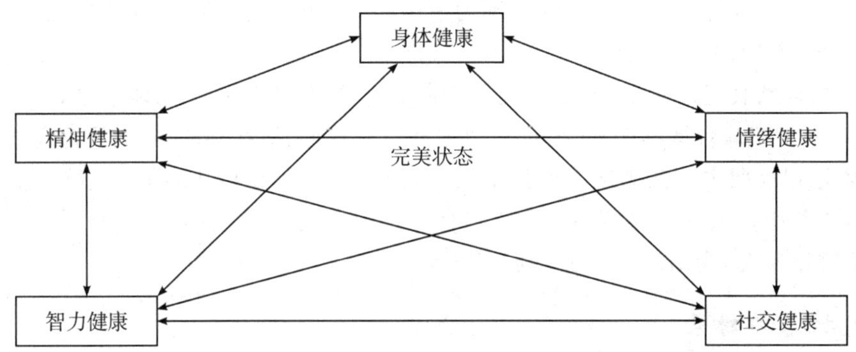

图 2-2　健康五要素之间的关系

在人的生命长河中的不同时期，健康的某一要素可能会比另一些要素起更重要的作用，但长久地忽视某一要素就可能存在健康的潜在危险。人体只有每一健康要素平衡地发展，才称得上处于完美状态，才能真正健康和幸福地生活，享受美好人生。

三、世界卫生组织提出人体健康的十条标准

1. 精力充沛，能从容不迫地应付日常生活和工作；
2. 处事乐观，态度积极，乐于承担任务而不挑剔；
3. 善于休息，睡眠良好；
4. 应变能力强，能适应环境的各种变化；
5. 对一般感冒和传染病有一定的抵抗力；
6. 体重适当，体形匀称，头、臂、臀比例协调；
7. 眼睛明亮，反应敏锐，眼睑不发炎；
8. 牙齿清洁，无缺损、无疼痛，齿龈颜色正常，无出血；
9. 头发光泽，无头屑；
10. 肌肉、皮肤富有弹性，走路轻松。

第二节 亚健康

一、亚健康的概念

亚健康是近年来医学界提出的新概念。亚健康状态是指健康与疾病之间的一种状态(有的地方也称为"第三状态"),是指机体在内外环境不良刺激影响下引起心理、生理发生异常变化,但尚未达到明显病理性反应的程度。从生理学角度来讲,就是人体各器官功能稳定性失调但尚未引起器质性损伤。在此状态下如能及时调控,可恢复健康状态,否则就会发生疾病。亚健康的主要表现有疲乏无力、焦虑不安、易怒、情绪不稳定,适应能力差、失眠、胃口不佳、懒散、注意力不集中、理解判断能力差、社交障碍等。

二、造成亚健康的原因及临床表现

1. 过度疲劳造成体力透支。主要表现为疲劳、精力不足、注意力不集中、记忆力衰退、睡眠质量差、颈背腰膝酸痛、性机能减退等。

2. 人体的自然衰老。比如,女子出现更年期综合征时,生理系统功能紊乱,精神和情绪烦躁;男子虽然更年期综合征不明显,但也会产生性机能减退、情绪烦躁、精力下降等综合征。

3. 人体生物周期中的低潮期。也就是说,即使是一个健康的人,在某一特定的时期也可能处于亚健康状态。人的体力、精力、情绪都有一定的生物节律,有高潮也有低潮。在低潮时就会出现亚健康状态,会出现一些上述临床表现。

三、亚健康状态的对策

1. 调整工作与生活节奏。因生活、工作节奏加快,竞争日趋激烈,用脑过度,身心长期处于超负荷状态,这就难免使人疲劳、头痛、失眠等等。这时候首先要调整你的工作与生活节奏。运动是最好的调整方式,适当锻炼、劳逸结合。比如,每天抽出一些时间到森林去,空气中的负离子浓度较高,不仅能调节神经,还可以促进胃肠消化功能,加深呼吸,会对体力、脑力、心理等各方面起到良好的调节作用;或者坚持做课间操或做些简易的保健操。总之,要调整工作与生活节奏,常动筋骨,并加强休息,保证睡眠时间。

2. 及时调节心理。美国有一项调查显示,心理健康是所有事业有成者的标志。生活在社会中的人,难免会有苦恼、压力,这就需要心理调节以维持心理平衡。此外,还要认识自己的生理周期。在出现低潮时,不妨请个心理医生进行正规的心理学指导,这不仅是一种直接的治疗,而且能增加心理承受能力和调节能力,使自己尽快恢复心理平衡和心理健康。

3. 注意合理的膳食。日常生活中,每天的膳食必须保证糖、蛋白质、脂类、矿物质、维生素等人体必需的营养。同时,还要注意克服两种不良膳食倾向:一是食物营养和热量过剩;二是为了某种目的而节食,以致食物中某些营养素和热量不足。

思考题:

1. 健康的"十条标准"是什么?
2. 什么叫"亚健康"?

第三章

体育锻炼的原则与方法

教学目标：

了解体育锻炼的基本原则，掌握体育锻炼的方法、内容和步骤，明确自我监督在体育锻炼中的重要性。

第一节　体育锻炼的原则

体育锻炼的原则是体育锻炼过程中客观规律的反映，是人们在长期从事体育锻炼中的成功经验的总结和概括，是每个参加体育锻炼的人必须遵循的准则。

体育锻炼原则对锻炼者掌握体育锻炼知识、技能，培养锻炼兴趣，选择符合自身条件的运动项目和锻炼内容，正确使用科学方法进行锻炼具有指导作用。

体育锻炼原则有自觉积极性原则、讲求实效原则、持之以恒原则、循序渐进原则、全面性原则、适宜运动负荷原则。

一、自觉积极性原则

自觉积极性原则指体育锻炼者有明确的健身目标，充分认识体育锻炼的价值，自觉积极地从事体育锻炼活动。体育锻炼是一个自我锻炼、自我完善，并需要克服自身惰性，战胜各种困难的过程。同时，还要有一定的作息制度作保证，把体育锻炼当作生活中不可缺少的一部分，才能奏效。自觉地参加体育锻炼，能使大脑处于适宜的兴奋状态，由于神经中枢处于最佳的工作状态，肌体糖原增多，体力充沛，动作协调，加快了学习掌握动作技术条件反射的形成过程，从而提高体育锻炼的效果。因此，体育锻炼在人们健身、健美和延年益寿方面显得尤为重要。为此锻炼者必须做到：

1. 明确“生命在于运动”的科学道理，树立正确的锻炼目标，把体育锻炼当作是日常学习和生活的需要，激发锻炼的主动性，从而调动锻炼的积极性。

2. 培养兴趣。兴趣是人们认识事物和从事活动的倾向。当一个人对一项体育活动产生兴趣时，就会对这项体育活动表现出极大的主动性和自觉性，做到身心融为一体。

3. 选择符合自身条件、兴趣的运动项目，正确使用科学方法进行锻炼，培养终身体育意识。

二、讲求实效原则

讲求实效原则是指参加体育锻炼者，应根据自己的实际情况，选择体育锻炼的内容、方法和手段，合理安排运动负荷。

体育锻炼必须根据个人的性别、年龄、职业、健康状况、锻炼的爱好、要求和原有的体育基础，以及生活条件、季节特点等实际情况，决定行之有效的运动项目、锻炼内容、方法、运动负荷等，按科学方法进行锻炼，以取得最佳的锻炼效果。为此锻炼者必须做到：

1. 根据自己职业特点和身体健康状况，制定一套适用可行的锻炼计划或运动处方。计划或处方应当严谨，执行应当严格，并注意阶段性的调整。

2. 选择锻炼内容时，要注意它的健身价值，要选择有针对性的锻炼内容与方法。不要追求动作的形式，不要在力所不及的情况下从事高难度技术动作的训练，而应选择简便易行、锻炼价值大、效果好的身体练习，作为身体锻炼的主要内容。

3. 安排运动负荷时，以锻炼者能承受和克服的难度，一般自我感觉舒适和不影响正常学习、工作和生活为准。但在锻炼中要克服怕苦、怕累和怕羞等思想障碍。

三、持之以恒原则

持之以恒原则是指体育锻炼必须经常性进行，使之成为日常生活中的重要内容，坚持进行长期的、不间断的锻炼。

众所周知“生命在于运动，运动贵在坚持”，体育锻炼对人体各器官系统给予刺激，每次刺激都会促进体内异化作用的加强，继而得到同化作用的加强，加快体内物质的合成，从而使肌体内部的物质得以补充、增加和积累。这种积累使机体结构和机能产生新的适应，体质就会不断增强，动作技能形成的条件反射也会不断得到强化。因此，体育锻炼贵在坚持，不能设想在短时间内取得显著效果，必须有长久的积累。为此锻炼者必须做到：

1. 建立个人的锻炼常规，合理安排锻炼间隔，确定锻炼次数和锻炼时间。体育锻炼的效果并非一劳永逸，如果锻炼间隔的时间长，锻炼的效果就不明显。因此，每次锻炼的安排间隔要合理。锻炼要有长期的计划，做好短期安排，计划安排要根据锻炼者身体适应运动负荷的能力来制定。

一般情况下，轻微的运动和中强度的锻炼，安排间隔要短，最佳效果为天天练，隔日锻炼也有效果；强度大的运动安排的次数可少些。

2. 强化锻炼意识，把体育锻炼列为日常生活内容，定期保证有一定的体育锻炼时间，逐步养成习惯，使体育锻炼成为生活的重要组成部分。

3. 根据个人能力所及，确立一个能够实现的体育锻炼目标（不宜太高），制定一个切实可行的锻炼计划（能长期坚持）。

四、循序渐进原则

循序渐进原则是指体育锻炼必须遵循人体自然发展、机体适应的基本规律，从不同的主客观实际出发，合理安排运动负荷，在渐进的基础上提高锻炼水平。在体育锻炼过程中，运动负荷的大小直接影响人体机能的变化，负荷是否适宜，对锻炼效果的好差起很大的作用。运动负荷的大小因人、因时而异。即便是同一个人，在不同的机能状态、不同的时间，人体对负荷的承受能力也不尽相同。因此，进行体育锻炼时应循序渐进，运动量安排应从小到大，技术动作应由易到难，由简到繁，逐步提高锻炼水平。为此锻炼者必须做到：

1. 体育锻炼力戒急于求成，必须根据锻炼者自身的实际情况确定运动负荷的大小，做到量力而行，尤其要注意锻炼后疲劳感的适度。

2. 运动负荷应由小到大，逐步提高。开始从事体育锻炼或中断体育锻炼后恢复锻炼时，强度宜小，时间宜短，密度适宜。

3. 注意提高人体已经适应的运动负荷，使体能保持不断增强的趋势。一般应在逐步提高“量”的基础上，再逐渐增大运动强度，使身体逐步适应，然后作相应的调整。随时加强自我监

督，密切注意身体机能的不良反应。

4. 锻炼开始时，重视准备活动；锻炼结束后，做好放松整理活动。

5. 缺乏一定体育锻炼基础的人，或中断体育锻炼过久的人，不宜参加紧张激烈的比赛活动。

五、全面性原则

全面性原则是指运用各种身体练习和手段，通过锻炼，使身体形态、机能、身体素质及心理素质等方面得到全面协调的发展。人体是一个有机的整体，它们之间即是互相联系又是互相制约。身体某一机能的提高，会促进全身各系统机能的普遍提高。体育活动与人体各器官、系统都有着直接的内在联系。

根据“用进废退”的规律，体育锻炼能促进人体新陈代谢的提高，使身体各系统、器官组织、和谐发展，达到身体相对的完善和完美。因此，即要重视身体锻炼，又要重视精神锻炼，这样才能收到良好的效果。为此锻炼者必须做到：

1. 身心的全面发展，要从适应社会、环境，提高抵御疾病的能力，改善机体形态、提高机体功能，陶冶情操、愉快心理、丰富文化生活等方面着眼。

2. 体育锻炼的内容、方法要尽可能考虑身体的全面发展，一般以一些功效大、兴趣较浓的运动项目为主，以其他项目为辅进行全面锻炼。

3. 注意全身的活动，不要限于局部。

4. 在全面锻炼的基础上，有目的、有意识地加强专业实用性的体育锻炼。

六、适宜运动负荷原则

适宜运动负荷原则是指根据每个锻炼者的实际情况，合理地确定其运动负荷和强度。

适宜的生理负荷是指在体育锻炼时的运动强度，锻炼持续的时间及锻炼的频率。适宜的运动负荷能收到良好的锻炼效果。运动负荷不足或过大不仅不能获得理想的效果，还可能损坏健康。

锻炼效果的大小，很大程度上取决于运动刺激的强度。弱的刺激不能引起机体机能的变化，过强的刺激，有害于健康，只有适宜的负荷和强度，才能有利于能量的恢复和超量补偿。适宜的负荷是相对的、可变的、渐进的、有节奏的，要根据锻炼者个体的具体情况而确定。为此锻炼者必须做到：

1. 锻炼要量力而行，遵循客观规律和注意自我感觉。要把自我感觉和生理测定相结合，使锻炼具有针对性。

2. 要综合考虑年龄、性别、气候、劳动强度、营养、睡眠、兴趣等因素，合理安排运动负荷和运动的间歇。

3. 逐步增加运动负荷，并进行医务监督，使得机能能力不断提高。

确定运动负荷标准的方法较多，脉搏是掌握运动负荷比较实用的方法。常用的方法有：

(1)长沃南氏测定法：一个接近极限运动负荷的脉搏次数减去安静时的脉搏次数，乘以70％，再加上安静时脉搏次数。这是对身体影响最好(获最大摄氧量和心输出量)的运动负荷。即：(近极限心率－安静时心率)×70％＋安静心率＝最佳运动负荷(次/分)。

(2)以脉搏150次/分以下(平均是130次/分)的超常态运动负荷为指标，谋求提高有氧代谢能力。

(3)以 180 次/分减去锻炼者的年龄,作为锻炼时的每分钟平均脉搏数。

坚持体育锻炼,能同时达到健身、健心、健美的效果,提高机体的工作能力,科学地贯彻体育锻炼原则有益于大学生身心的全面发展。体育锻炼中,所有的锻炼原则都是互相联系、互为补充的。在实际锻炼中应认真贯彻,必能取得实际效果。

总之,以上各项原则是相互联系的,在实际运用中,不可顾此失彼。

第二节 体育锻炼的方法

体育锻炼方法是指根据人体发展规律,运用各种身体练习和自然因素以培育身体的途径和方式。体育锻炼方法是贯彻体育锻炼的原则,达到体育锻炼目的的桥梁。

体育锻炼的方法、手段很多,内容也很丰富,形式也很灵活。运用体育锻炼方法,应从实际出发,灵活运用,防止形式主义。

一、常用体育锻炼方法

体育锻炼中广泛采用的方法主要有以下几种:

(一)重复锻炼法

重复锻炼法,是指按一定的负荷标准重复进行某项练习,以获得健身效果的途径。

重复的次数和时间是决定健身的关键。过量会导致疲劳积累,不及则于健康无益。确定和调节重复的次数和时间应考虑项目特点,如健身跑、太极拳、广播操等就不同于踢足球、篮球。

重复锻炼要注意克服厌倦情绪,防止机械呆板。每次重复都应达到运动负荷的有效价值范围,身体反应超过上限时,可减少重复或暂停,不足时应予增加和变换。

(二)循环锻炼法

循环锻炼法是一种把各种类型的动作,具有不同练习效果的手段,组成锻炼项目,按一定的顺序循环往复进行锻炼的方法。

循环法所布置的各个练习点,内容要慎重搭配,动作应是已经掌握的,简单易行的,并应规定好练习的次数、规格和要求。由于各练习的动作器械不同,花样翻新,交替进行,可激发兴趣、减轻疲劳、提高密度,有显著的健身价值。

(三)变换锻炼法

变换锻炼法是指在锻炼过程中,采取变换环境、变换条件、变换要求等,以提高锻炼效果的一种锻炼的方法。

采用变换锻炼法,可以有效地调节生理负荷,提高锻炼情绪,强化锻炼的意向,克服疲劳和厌倦情绪。

变换锻炼法,常用各种辅助性、诱导性和转移性练习,并应注重颜色、乐曲、日光、空气和水的利用。

(四)间歇锻炼法

间歇锻炼法是指重复锻炼之间的合理休整。它是一种提高锻炼效果的常用锻炼法。

间歇锻炼时间歇时间的长短,主要以负荷的有效价值范围为准。一般来说,负荷超过上限时,间歇时间应长些,以防止负荷继续上升,造成体力消耗过量;在下限时,可连续进行,间歇时

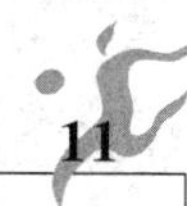

间应短，密度应大，后次锻炼应在前次锻炼的效果未减退时进行。倘若间歇过长，在效果消失后再进行，就失去意义了。

二、发展身体素质的锻炼方法

身体素质是人体活动的一种能力，是指人体在运动、劳动与生活中所表现出来的力量、速度、耐力、灵敏及柔韧等机能能力，它是一个人体质水平的重要标志。

(一)发展力量素质的方法

力量素质是指肌肉紧张或收缩时所表现出来的一种能力。力量素质是身体素质的基础。发展力量素质应根据目的的不同采取不同的方法。按肌肉收缩的性质，力量可分为静力性力量和动力性力量两种。静力性力量肌肉做等长收缩，肢体不产生明显的位移；动力性力量肌肉做等张收缩，肢体产生明显位移，或推动器械进行运动。按肌肉表现出的力量与本人体重的关系，可分为绝对力量与相对力量。绝对力量与体重无关，相对力量则为每公斤体重表现出的力量。按力量表现的形式分为速度力量和力量耐力。速度力量指肌肉快速用力的能力，又称爆发力；力量耐力是指人体持续克服阻力的能力。

由于存在力量类别的不同，因此发展力量素质的方法也有所不同。静力性力量练习，对提高肌肉的绝对力量有明显效果，其具体方法有：(1)身体处于特定的位置，用最大力量的一半做等长收缩，坚持 5～10 秒，重复 5～10 次，每天(或隔日)练习一次。(2)慢速举重物或做负重蹲起。进行静力性力量练习时要注意在间歇时放松肌肉。

动力性力量练习方法有：(1)用本人最大负荷量的 60%～70%(中等强度)，每组练习 5～10 次，练习 4～6 组，每组间歇 2～5 分钟。这种练习对发展速度力量比较有效。(2)用本人的 50%负荷(小强度)快速完成练习，每组 20～30 次，每组间歇 1～2 分钟。这种练习对发展爆发力效果比较好。

发展力量素质应注意：(1)静力性和动力性练习要相结合，不要片面发展。(2)力量练习一般隔日安排。(3)力量练习时要注意运用正确的呼吸方法。(4)练习前要做好准备活动，练习后要做调整性或放松练习。

(二)发展耐力素质的方法

耐力素质是指机体长时间工作克服疲劳及疲劳后快速恢复的能力。按运动的外在表现，耐力可分为：速度耐力、力量耐力、一般耐力。按所影响的器官分为心血管耐力和肌肉耐力等。按能量供应特点分为有氧耐力和无氧耐力等。练习时，应强调意志品质、呼吸深度和呼吸方法。

1. 发展有氧耐力的方法：发展有氧耐力主要是提高心肺功能。整个锻炼过程以有氧代谢为主，运动时间要求在 15 分钟以上(至少为 5 分钟)，1～2 小时为佳。一般采用 2～4 分钟的连续练习，或 5～20 分钟跑和 2～20 分钟间歇跑(跑 1 分钟间歇 1 分钟，跑 2 分钟间歇 2 分钟，直到跑完 5 分钟为一组)；或采用较长距离的跑，跳绳、球类、骑自行车、溜冰、划船等。

2. 有氧代谢结合无氧代谢的练习：一般是中等强度和中等以上强度的练习。

3. 发展无氧耐力的锻炼方法：无氧耐力是指在缺氧情况下，进行肌肉活动的能力。提高无氧耐力的方法主要是采用短时间高强度的练习。强度为 75%，心率大约在 170～180 次/分，一般采用短距离跑、游泳、打篮球等较为剧烈的比赛和时间短、强度大的运动。

发展耐力素质应注意的问题：

(1)发展耐力的练习,应从适当的运动负荷开始,使练习的运动负荷与耐力素质的提高相适应。练习遵循渐进原则。

(2)耐力练习既艰苦又枯燥,应采用多种方法和手段,同时注意意志品质的训练和培养。

(3)发展耐力素质,要求机体供氧充分,因此应掌握正确的呼吸方法,应根据具体情况将无氧耐力练习与有氧耐力练习相结合。

(三)发展速度素质的方法

速度素质是指人体在单位时间内移动的距离和快速作某一运动的能力。速度可分为反应速度、动作速度、移动速度。各种速度素质练习,都应在体力充沛、精力饱满的情况下进行。

1. 反应速度是指人体对外界各种刺激反应的快慢。提高反应速度可采用各种突发信号让练习者做出相应反应。如起跑、突停、停跳、转身等。

2. 动作速度是指人体完成某一动作和成套动作时间的快慢。减小练习难度法(顺风跑、下坡跑等)、加大难度法(跳高前的负重跳等)和时限法(按一定节拍或跟随别人较快的节奏等,以改变自己的动作节奏或速度),是常用的发展动作速度的方法。

3. 移动速度是指人体在单位时间内位移的距离。一般是在很短的时间反复快速地进行练习,如快速跑、加快动作频率和发展下肢爆发力量。

(四)发展灵敏素质的方法

灵敏是指在外界条件多变的情况下,人体迅速、准确、灵活、协调地改变身体位置的能力。它是人体各种活动技能和运动素质在运动中的综合表现。发展灵敏素质的方法有在跑跳中迅速、准确、协调地完成各种动作、各种综合练习、各种变换方向的追逐性游戏及球类活动等。

(五)发展柔韧素质的方法

柔韧性素质是指人体关节活动的幅度,肌肉、肌腱、韧带等软组织的伸展能力。采用静力性拉长肌肉和结缔组织的方法发展柔韧素质成效较快。静力性练习要求保持8～10秒钟,重复8～10次,如压、搬、劈、蹦、体前屈、转体、绕环等动作,并以感到酸、胀、痛为限。控制在5～30次之间的动力性拉伸练习(踢腿、摆腿、甩腰等),也是发展柔韧素质的有效方法。

发展柔韧素质应将静力与动力、主动与被动相结合,细水长流,勿用力过猛。

三、简易健身锻炼方法

健身方法是为了达到增强体质、增进健康、调节感情、丰富课余文化生活等体育活动目的,而选择运用的各种途径、办法等。根据大学生的年龄特点和学校进行体育锻炼所能提供的条件,可选择如下方式进行健身锻炼。

(一)早操健身法

人在睡眠时,整个大脑处于“抑制”状态,身体各器官的活动降低到很低水平,如新陈代谢下降、呼吸减慢、心搏减慢、血压降低、肌肉松弛等等。早晨起床后,尤其是爱睡懒觉的人,常常感到朦胧、全身没劲、精神不振作,这是大脑的抑制状态还没有完全消除,全身各个器官的机能活动还处于较低的水平,不能马上投入紧张的学习。特别是晚上“开夜车”睡得晚时,这种状态就更明显。要想尽快摆脱这种精神不振的状态,也就是尽快使大脑由抑制过渡到兴奋状态,起床后做做早操确是一种很好的办法。做早操,能使大脑神经细胞很快进兴奋状态,身体各部分的机能也能很快提高,又可以呼吸到新鲜空气,有助于振作精神,从而为新的一天学习或工作准备了良好的身体条件。早操健身锻炼应该根据个人体质状况及生活习惯,注意运动量的控

制，一般而言，大学生要进行一个上午的紧张学习，早操的锻炼不宜过激，应适度控制运动量和强度。

（二）走步健身法

人们很久以前就认识到，走步锻炼有益身心健康。我国有句流传已久的谚语是“饭后百步走，活到九十九”。国外也有许多关于走步锻炼法的论述，一位美国体育专家曾说过：“作为一种户外活动，走路在锻炼身体方面的作用完全可以同剧烈的运动媲美。”走步、散步不仅能锻炼身体，而且还有助于活跃思维。柴可夫斯基说：“我大部分乐思是我每天在散步时涌现的。”走步健身法分为普通散步法和快速步行法两种：普通散步法，每小时走 3～4 千米，每分钟走 60～90 步，每次散步 30～60 分钟。这种散步方法适用于保健；快速步行法每小时步行 5～7 公里。每分钟 90～120 步，每次步行 30～60 分钟。

（三）跑步健身法

跑步健身法是最简单的有氧运动之一，能够促进机体大量摄取氧气，最有效地增强心肺机能。在新西兰的一些俱乐部，跑步的目标被设定为“为生命而跑”、“为预防梗塞而跑”。有的国家的科学家们还建立了“为健康而跑”专门委员会，跑步已成为世界性的运动。研究结果证明，慢跑吸进体内的氧气大幅度增加，比坐着时要多 10～12 倍，肺通气量增加 10 倍。由于吸入体内的氧气增加，使体内新陈代谢更加旺盛，从而有效地提高了健康水平。作为有氧代谢的慢跑，强度不宜太大，心率应掌握在每分钟 120～140 次之间，运动持续时间在 30 分钟左右为宜。

（四）韵律操健身法

韵律操以操为体、以舞为形，融体育与艺术为一体，集健与美于一身，深受大学生们的喜爱，尤其适合女生对美的爱好和追求心理，在音乐的旋律中，做着姿态优美的动作，是发展协调动作最自然、也是最有效的方法之一。人们置身于旋律活动中，能激发人的精神力量和体力。通过锻炼不仅能达到强身健体的目的，又能在锻炼中得到美的陶冶和享受，消除学习时紧张而产生的疲劳。采用韵律操健身法，一般可在早晨、傍晚时进行。做韵律操时，首先要做 3～5 分钟的热身运动，主要使身体四肢和躯干的关节和肌肉伸展开，如果气温较低，还应做些慢跑活动。总之，要使身体暖和后，再开始在音乐的旋律中，做各种动作，动作幅度应由小到大。

（五）课间十分钟健身法

学校里每节课之间都有 10 分钟的休息时间，这是学校生活制度中一项合理的活动。因为在上课时，我们学生的注意力十分集中，神经系统处于高度的兴奋状态，但兴奋一定时间以后，神经细胞本身就自然地转入抑制，减低了接受能力，并削弱了神经细胞的工作能力，表现为注意力不集中、理解力、思考力降低。在课间十分钟里，要在教室外或通风较好的地方，适当地做一些比较缓和的动作，如散散步、做做操、踢踢腿、伸伸腰等。这种活动性的休息能起到缓解疲劳的作用，从而在下一节课上能有较充沛的精力去学习。

（六）日光浴健身法

使人体皮肤直接暴露在日光下，按照一定顺序和时间要求进行系统照晒，就叫做日光浴。阳光中的紫外线是一种肉眼看不见的光线，它能够加强血液和淋巴循环，促进物质代谢，使血液中的红血球数增多，皮肤里麦角固醇转变为维生素 D，调节钙磷代谢，促使骨骼正常发育。大量的紫外线照射，能使皮肤细胞的蛋白质释放出类组织胺进入血液，刺激造血系统，增加红细胞、白细胞、血小板，使吞噬细胞更加活跃。紫外线还能起到消毒皮肤和刺激汗腺分泌作用。

红外线约占太阳光60%，能使照射部位血液循环加快、振奋精神，使人心情舒畅。

采用日光浴锻炼，一般用直接照射法。采取坐姿和卧姿均可。照射的顺序为先照下肢和背部，然后照上肢和胸、腹部。照射的时间，夏季中午的日光最强，时间应短，冬天紫外线量约为夏季的1/6，照射时间应延长。一般情况下，日光浴可以从5分钟开始，以后每次增加5分钟，若全身反应良好，可延长到1～2小时。日光浴时应注意：日光浴不应在饭前或饭后进行；行浴时尽量裸露身体（只穿短裤），头戴草帽或白帽，必要时戴上墨镜；在行浴过程中如发生头痛、心跳、恶心等不舒服现象，应停止照射；在城市中，日光浴最好选在清洁、平坦、干燥、绿化较好、空气流通、向阳避风的地点进行，不宜在沥青地面和辐射反热太高的地方进行。

（七）空气浴健身法

利用空气的温度、湿度、气流、气压、散射的阳光、阴离子等刺激皮肤进行锻炼的方法称为空气浴。空气的温度、湿度和气流对人体的刺激，能提高人体体温调节机能。当人体受到28℃以下刺激时，皮肤血管收缩，肌肉兴奋和收缩力加强，皮肤温度下降，内脏血液循环加强，温度上升。加上空气中阴离子的作用，心肌功能即可得到加强，物质代谢旺盛，促进脂肪燃烧加强，增加食欲，使人精神愉快，提高对感冒和其他疾病的抵抗力。空气浴应从热温度（30～20℃）浴开始，逐渐进入凉空气浴（20～15℃），再逐渐向冷空气浴（15～4℃）过渡。每次进行空气浴前应做好热身运动，当身体发热但不出汗时，开始做空气浴。做空气浴要根据气温和每个人的耐寒程度，因人而异，灵活掌握，以不出现寒战为度。应注意，遇有大风、大雾、寒流或下雨时，应该在室内进行或停止；应尽量到空气新鲜的地方如田野、树木多的地方以及江边、海边、湖边进行；空气浴时应少穿衣服，最好有一定的体力活动。要密切注意自我感觉，不要等到出现“鸡皮疙瘩”时才着衣结束；要持之以恒，有规律地坚持锻炼。严重心脏病和肾病患者不宜做空气浴。

（八）冷水浴健身法

冷水对皮肤的刺激，能反射性地使神经兴奋，激发机体各系统、各器官的生物功能，因而对增进健康、预防疾病有良好的作用。当全身皮肤接触冷水时，在神经支配下，皮肤血管急剧收缩，血管口径变细，大量血液被驱入内脏和深部组织，此时内脏血管扩张。稍停，皮肤血管又扩张，大量血液又从内脏流向体表。这样在一次冷水锻炼过程中，周身血管都将参与紧张收缩运动，有利于增加血管弹性，防止血管硬化。所以也有人把冷水锻炼称之为“血管体操”。随着锻炼的深化，管理血管的神经支配能力会更加敏捷、更加准确，一旦外界气候、气温有突变，也能做出有益的反应，使人体各系统、各器官更加适应环境的变化。

在冷水刺激的作用下，不仅神经系统、心血管系统的功能得以改善，呼吸系统和消化系统的机能也都得到提高，从而使整个身体机能水平也得到提高，因而，也为参加冬泳打下了良好的基础。经常进行冷水锻炼，可提高身体对寒冷刺激的适应能力，可以防止支气管炎、扁桃腺炎、肺炎等疾病的侵袭。没有冷刺激锻炼习惯的人，在机体受到寒冷刺激时，鼻和咽部的黏膜将发生充血、肿胀；这些部位的生理机能降低，白细胞减少，抗病能力降低，给病菌以可乘之机。经过冷水锻炼的人则不然，由于他的身体机能得到相应的改善，所以受寒冷刺激时，鼻、咽黏膜就能很好地适应、不易发病。冷水锻炼还能改善皮肤的血液循环，增加对皮下组织的营养供给，从而增加皮脂腺的分泌，使皮肤变得柔韧润滑，富有弹性，增加抵抗力而不易患皮肤病。冷水锻炼可减少脂肪的堆积和胆固醇在血管中的沉积，因而有助于防止动脉硬化。冷水锻炼方法有如下三种：

1. 擦洗法：此方法多从夏季开始，经秋季一直坚持过冬。起初可在晨练后，用湿毛巾擦身1～2分钟，然后用干毛巾擦至皮肤微红为止。为了便于控制水温，可在头天晚上就寝前用水桶或洗脸盆接存所用的水。

2. 冲淋法：习惯了擦身法之后，可开始冲淋锻炼。水温从28℃左右开始，逐渐降低，通常是每隔3～4天降1℃直至相当于或略低于室温为止。冲淋时间从2分钟左右开始，视个人具体情况增加。冲淋的部位是除头部外，全身都要受到冷水的冲淋。冲淋后用干毛巾擦干全身至皮肤呈微红为止。

3. 浸浴法：有条件时可进行冷水浸浴，通常在水温27～28℃时开始，先浸泡2～3分钟，以后根据个人锻炼水平逐渐加长时间，但必须在打寒战前结束。冬泳属浸浴的一种方法，其收效明显于静态的浸浴。时间应随气温的下降适时缩短。总之，浸浴应以浴后感到温暖舒适、轻松有力为度。

实施冷水锻炼时，皮肤反应有三个时期；一是寒冷期。皮肤突然接触冷水时，皮肤血管收缩，体表血液被压入内脏和深部组织，因而皮色苍白、冰冷，已觉寒气逼人但不打战。这个寒冷期实际上是人体的动员阶段。水温越低寒冷期越明显，但冷水锻炼有素者，其寒冷期缩短；二是温暖期。为适应寒冷刺激，体内产热过程加强，血液温度升高，此时身体表面血管扩张，内部血液向皮肤涨溢，皮肤由白转为绯红，温度回升，血压略有下降，心脏负荷减轻，寒意解除，自我感觉温暖舒适；三是寒战期。皮肤血管再次收缩，但由于此时的血管收缩无力，主动扩张变为被动松弛，血流缓慢。故皮肤呈略红，有“鸡皮疙瘩”出现，为加大产热量，四肢肌肉剧烈收缩而颤抖。

四、运动处方

（一）运动处方的概念

运动处方是以增强体质、促进健康、发展身体、提高综合体能水平为目的而系统制订的运动计划和实施方法。运动处方类似于医生给病人开的医药处方，是教练员或医生给进行体育锻炼的人或准备接受体疗的病人，按其年龄、性别、心肺和运动器官的功能、运动经历和健康状况等特点，用处方的形式，规定适当的运动内容和运动负荷。

运动处方的种类很多，通常分为竞技训练运动处方、健身运动处方和临床治疗运动处方三类。

1. 竞技训练运动处方：面向运动员，以提高专项素质和运动成绩为主要目的；
2. 健身运动处方：针对健康普通人群，以提高健康体能、预防疾病为主要目的；
3. 临床治疗运动处方：治疗慢性疾病或身体残障，以促进身体康复为主要目的。

制定运动处方时，要进行系统的体格检查，了解身体健康状况。健康检查和体力测定，就是检查是否有病，是否适合于运动，是否适宜参与某些项目的活动。体力测定是确定运动处方的运动项目、强度、持续时间和次数的前提条件，有了体力测定若干数据，才能确定运动处方中的运动负荷。根据运动处方的要求经过一段时间或一个周期锻炼之后，又可通过健康检查和体质测定得到反馈信息，评定运动效果，以便及时调整处方的内容和练习的强度、数量，并为制定下一阶段或周期的运动处方提供依据。可以说运动处方是一个通过身体检查，根据每个人的年龄、性别、运动经历等状况而选择锻炼项目，确定锻炼的方法和运动负荷的一个锻炼计划。一个好的运动处方既要体现总的锻炼原则，又要根据每个人的具体状况做一些调整，其目的就是要使每个人都能达到自己的锻炼目标。

(二)运动处方的内容

1. 锻炼的目的

依据锻炼者的性别、年龄、职业、爱好和身体健康状况的不同,其目的主要有:强身保健、防治疾病、健美减肥、消遣娱乐、提高运动成绩等等。

2. 运动项目

运动项目主要是根据锻炼者的锻炼目的以及所需要与可能来确定。为了健身或改善心血管及代谢系统的功能,防治冠心病、肥胖症、动脉粥样硬化等疾病,可进行耐力项目练习(有氧训练),可选择健身走、健身跑、骑自行车、游泳、登山、上下楼梯、跳绳等。为了增强锻炼者肌肉力量,促进肌肉发达,身体健美,多选用举重、双杠等项目。为了调节情绪、消除疲劳、防治高血压和神经衰弱等,可选择太极拳、气功、散步、放松操、保健按摩等。为了治疗某些疾病或进行功能训练,可选择医疗体操,如肺气肿、支气管炎应做专门的呼吸体操,内脏下垂者应作腹肌锻炼。脊柱畸形、扁平足应作矫正体操。

3. 运动强度

运动强度对运动效果与安全有直接的影响,适宜的运动强度是执行运动处方的主要措施之一,这是保证达到锻炼效果,预防发生意外事故所必需的。运动时常用计脉搏跳动的次数来掌握运动强度(即测 10 秒脉搏次数,再乘以 6,为 1 分脉搏次数),心率标准则根据年龄特点而有所不同。运动最佳心率的参照值:男 31~40 岁(女 26~35 岁):140~150 次/分;男 41~50 岁(女 36~45 岁):130~140 次/分;男 51~60 岁(女 46~55 岁):120~130 次/分;男 60 岁以上(女 55 岁以上):100~120 次/分。

反映运动强度的生理指标可分为 3 级。大强度:心率最高达 125~150 次/分;中强度:心率达 120~124 次/分;小强度:心率 100 次/分以下。在运动处方中应规定运动中应达到而不应超过的心率指标,其标准应根据锻炼者的实际情况而有所不同。

4. 运动持续时间

耐力性运动(有氧练习)可进行 15 分钟到 1 小时,其中达到适宜心率的时间应该在 5~10 分钟以上;医疗体操持续的时间视具体情况而定。运动中应有短暂的休息。计算运动负荷时要注意运动的密度,并扣除休息的时间。运动强度和运动持续时间决定其运动负荷,运动负荷确定后,运动强度大时练习持续时间应相应缩短。采用同样的运动负荷时,年轻和体质好的人宜选择大强度、持续时间短的练习,体弱者应选择强度小而持续时间较长的练习。

5. 运动次数

最好每天都安排锻炼,这样可调剂每天的生活节奏。也可以安排每周 3~4 次练习,即隔日锻炼 1 次。不论采用哪种方式,都应该注意:负荷量较大时,休息间隔要长一些,反之则可以短一些。总之,以上次锻炼的疲劳消除后,再进行下一次锻炼为宜。

为了保证运动处方的安全和有效,起到增进健康,防病治病的目的,在制定运动处方时应遵循安全有效性原则、个性化原则和动态调整原则。为了保证运动处方的安全有效,制定者要了解锻炼者的病史与家族状况,不断调整、修改锻炼处方,以便更符合个人的身体情况,得到好的锻炼效果。

6. 注意事项及微调整

由于个人的身体条件千差万别,不可能预先准备好适应各种场合的处方。接受运动处方的人,应按处方锻炼,在实行过程中可能出现不适合自己的地方,可以自己进行微调,以求适合自己的条件。在执行处方的过程中,主要应注意几方面的情况:(1)禁忌的运动项目和某些易发生危险的动作。(2)运动中自我观察指标及出现异常时应停止运动的标准。(3)每次锻炼前后都要做好充分的准备活动和整理活动。

(二)制定运动处方的基本程序与原则

1. 制定运动处方的基本程序

制定运动处方之前,首先要对身体进行系统的检查和诊断,然后根据身体检查和诊断的情况,开出处方,按照处方进行实际锻炼。经过一个阶段的锻炼,再进行身体检查和诊断,并根据检查和评定锻炼的效果,重新修订运动处方,使之更符合锻炼的实际要求。如此循环往复,不断提高身体锻炼的水平,达到增强体质的目的。

2. 制定运动处方的基本原则

(1)安全有效性原则

制定运动处方,首先必须考虑的是安全,其次是锻炼的有效性。为了保证安全,除了解病史、家族史和医学检查外,制定运动处方必须达到改善心血管和呼吸功能的有效强度。其上限是安全范围,下限是有效范围。

处方主要由运动种类、运动强度、运动时间和运动次数四要素组成。身体条件差的人(体弱、慢性病患者)受运动条件的限制多一些,制定运动处方时必须严格规定运动内容。身体条件好的人,自由度比较大,运动内容也广泛得多。例如,体弱者以散步、太极拳及功率自行车为主要运动内容,而身体健康的青、壮年从跑步到所有的运动形式都可以是处方的内容。

(2)区别对待原则

由于每个人的基本情况和身体条件不尽相同,所以不可能有适应各种情况和不同人群的运动处方。若中老年和年轻人用同一种运动处方,中老年人很可能完成不了,甚至会出现一些危险,而对年轻人来说,则可能锻炼效果不明显,起不到运动处方的作用。因此,制定的运动处方内容必须根据每个人的具体情况,因人而异,区别对待。

(3)动态调整原则

一般书刊杂志上介绍的运动处方,是一种原则性的介绍,应该说有一定的适应面,但并非对所有的人都适合。即使是运动医学专家根据检查结果制定的运动处方,也不是适合于一个人的任何情况。对于初定的运动处方,要经过运动实践及多次调整后,才能成为符合自身条件的有效运动处方。

(三)简易运动处方的制订与实施

运动处方中的锻炼方式大体分为有氧代谢为主的一般耐力性运动和力量性运动。有氧运动对增强呼吸系统摄氧的能力、输送氧的能力,以及组织的有氧代谢利用氧的能力都有显著的作用,从而增强全身的耐力水平和体力。此外,有氧运动可将血液中、细胞内蓄积的脂质作为能源消耗掉,达到减肥、改善高血脂的目的,并且可以很好地利用糖元,改善糖尿病。

力量性运动锻炼则主要用于骨骼系统和神经系统等有肌肉力量减弱、神经麻痹或关节功能障碍的人群,以及要求通过力量锻炼达到肌肉发达、健美的人群。前者主要以恢复肌肉力量和肢体活动功能为主,后者主要为发展自己的肌肉力量、增粗肌肉纤维而达到健美的锻炼目的。

如果为了达到放松精神、消除疲劳等目的,则可采用慢跑、太极拳和保健按摩等运动锻炼方式。

1. 步行运动处方

走路不仅简便易行，而且是一种十分有效的有氧锻炼方法和延年益寿的最佳途径。步行的优点在于任何人在任何时间和地点都可以进行，而且动作柔和、不易受伤。特别适合身体肥胖、体弱、患慢性疾病的人和中老年人作为锻炼的方法和手段。步行的唯一不足是比较花费时间，一般要花上慢跑的 2 倍时间，才能获得与慢跑同样的健身效果。

步行锻炼的基本要求：

(1)进行步行锻炼一般安排在清晨、睡觉前、饭后半小时或自己方便的时候。地点宜选择小路、河边、海岸、公园、林荫道等环境清幽、空气新鲜的地方。

(2)为提高步行的健身效果，要注意基本姿势和动作要领，身体放松，抬头，眼看前方，挺胸稍收腹，两臂前后自然摆动，身体重心落在脚掌前部，配合脚步节奏自然呼吸。

(3)步行的形式不同，对增进健康的效果也不一样。例如，在步行中穿插上、下坡，必然增加运动的强度，而上、下坡步行不仅对呼吸循环系统有益，同时可增强腰部和腿部力量。在松软的沙地、沙滩和草地步行也有同样的作用，年轻人为了增加锻炼效果，也可肩负 25 千克的背包，这样锻炼效果会更好一些。

步行的速度与步行的时间，决定运动强度和运动量的大小。步行的形式可慢可快，也可快慢交替。不管如何组合，要达到健身效果，每次锻炼至少需要 20 分钟以上的持续运动，这样才能对身体各器官产生刺激，获得运动效果。

2. 慢跑运动处方

慢跑又称健身跑。自从 1947 年德国学者阿肯提出“长、慢、远”的现代健康跑步方法以来，慢跑活动被列为有益健康、抗病延年的手段，被人们视为“有氧代谢之王”而风行全球。慢跑有别于一般的中长跑，是一种随意、轻松自如、不至于气喘的跑步；运动强度大于步行，是一种中等强度的运动。从运动医学观点看，慢跑比较安全并节省时间，健身效果好，见效快，运动负荷易于控制，不会发生较大的运动损伤等。适用于各种健康人群和有一定运动基础的慢性病患者。慢跑的锻炼方法一般可采用走跑交替、间歇健身跑和短程健身跑。走跑交替法适合于初参加锻炼的人，一般是走 1 分钟，跑 1 分钟，交替进行，每隔 1～2 周增加运动量。间歇健身跑，是慢跑和行走相交替的一种过渡性练习，适合于老年和体弱者，一般从跑 30 秒，行走 30～60 秒开始，逐渐增加跑步时间，以提高心脏功能，反复进行 10～20 次，总时间在 12～30 分钟，以后每周根据体力提高情况再增加量，每日或隔日进行一次。短程健身跑：可从 50 米开始逐渐增至 100 米、200 米、400 米、600 米……速度一般为 30～40 秒跑 100 米，每 3～7 天增量一次。

健身跑锻炼的基本要求：

(1)刚开始参加健身跑时可走跑交替锻炼，即先走后跑。一般是走 3 分钟，跑 3 分钟，交替进行，每隔 1～2 周逐渐增加运动量。

(2)慢跑虽然说是比较完美的运动项目，但个别人由于跑步动作不合理，使下肢关节受力较大，容易引起膝关节疼痛，发生某些运动损伤。

(3)为了避免发生运动损伤，掌握跑步的技术要领是很重要的。正确的跑步姿势是，上体正直或稍前倾，颈部肌肉放松，两眼平视。两臂摆动时，肩部放松下沉，肘关节处自然弯曲成 90 度，两手半握拳，轻松自然地前后摆动。

(4)下肢动作要求蹬地腿的后蹬与摆动腿的摆动协调一致。摆动腿的脚落地，尽可能做到全脚掌着地，同时注意脚掌落地后的缓冲。跑的过程中要求动作轻松自然、重心平稳、节奏性强、肌肉用力和放松的交替能力好。

(5)进行健身跑时掌握好呼吸节奏是十分重要的。所谓呼吸节奏就是呼吸有规律地与步

频配合好。一般采用“两步一吸，两步一呼，三步一吸、三步一呼”的呼吸方法。掌握好呼吸的节奏，跑起来就会感觉轻松自如多了。

3. 游泳运动处方

游泳是一项全身运动，不论哪种姿势游泳，人的肢体都要不停地进行运动，促使身体各部分关节和肌肉得到良好的锻炼。经常游泳不仅身材匀称，富于曲线美，而且也提高了肌肉的力量，刚柔适中。同时对提高内脏器官特别是血液循环系统和呼吸系统的功能，有积极的促进作用。

此外，游泳池的水温一般低于人体温度。水的导热性又比空气快 28 倍，使游泳时人体热量散发很快，也使人体的体温调节功能发生一系列变化，机体会加强产热过程，以补充身体失去的热量，抵抗冷水的刺激。所以在同样的时间、强度下运动，水中要比陆地上消耗能量大，若肥胖者每天游泳 30 分钟，在不增加饮食的情况下，就会收到良好的减肥效果。

游泳锻炼的基本要求：

(1)进行游泳锻炼，首先必须比较熟练地掌握游泳基本技术。技术不熟练时应在浅水区进行练习，不可随便去深水区，以防溺水。

(2)下水前必须做一些热身活动，如慢跑、徒手体操以及活动全身各关节等，以适应水池中的温度，不可什么准备活动都不做就跳水或下水游泳。

(3)由于陆地上与水中有一定的温差，所以在水中不可停留太长时间。若在水中出现抽筋的情况要会自救，尽可能拉长抽筋的肌群，同时向救护人员求救，以防不测。

(4)游泳时尽可能保持匀速的节奏，也可采用各种游姿交替的方式，以利于全面发展身体不同部位的肌群。上岸后，要用毛巾迅速擦干身体，然后做一些轻松活动，来加强身体产热的过程，以防感冒。

4. 骑自行车运动处方

自行车代步是融娱乐和健身为一体的高效率健身健美方法，它能提高心肺功能，锻炼下肢肌力和增强全身耐力。

骑自行车的强度一般应控制在适宜心率的范围内，其上限＝(220－年龄)×90%；下限＝(200－年龄)×60%。初骑车锻炼者应每分钟蹬 60 次，同散步节奏。对于消遣型骑车者来说，蹬速在每分钟 75～100 次最合适。计算蹬速一般只需要记下 15 秒钟内一条腿蹬的圈数即可。一般理想蹬速是 15 秒钟蹬 22 次或 23 次，相当于每分钟蹬 90 次。

骑自行车的能量消耗很大，依运动量(强度)而不同。骑自行车人人都会，但要获得理想的锻炼效果，则必须遵循科学的指导。

5. 有氧运动项目综合运动处方

所谓综合运动处方，是指不局限于某一个运动项目，而是把自己喜欢的、能够参加的体育项目组织起来，因地、适时地进行锻炼，这样既可以提高锻炼兴趣，又可达到良好的锻炼效果。有氧运动的项目很多，如步行、游泳、骑自行车、跳绳、划船、健美操以及各种球类运动等。如果只采用单一的形式进行锻炼，对青年人来说难免容易产生枯燥乏味的感觉，造成计划无法落实。而采用综合性运动处方，则有很大的优势，也易于坚持。如夏季气温高，跑步出汗太多，可以采用游泳运动；冬天不能游泳则可以健身跑或骑车；遇上天气不好不宜在户外运动时，则可以爬楼梯和跳健美操等。

采用综合运动项目锻炼，一般对年轻人比较适合，可以比较全面地发展人的力量、速度、耐力、灵敏以及柔韧等素质，而这些素质的发展和提高又为人体健康打下良好的基础。

综合运动项目锻炼的基本要求：

(1)采用多种运动项目进行锻炼，首先要根据自身状况以及体育基础，选择一些适合自己的并有兴趣的运动项目。同时要掌握这些项目的基本要领和方法，以便运动时比较轻松自如，又能收到实效。

(2)由于球类运动项目游戏性和趣味性较高，同时又具有一定的竞争性，特别是与同伴一起运动时，不易控制运动负荷和运动强度。因此，应注意主观感觉，当自己感觉疲劳时要及时进行调整，以免造成运动损伤。

(3)如果前一次球类活动运动负荷较大，这次是健身跑，可以进行负荷调整，将跑的速度适当减慢，距离和时间缩短，这样有利于身体的积极恢复。

(4)每次运动或锻炼前一定要做好充分的准备活动，以克服身体的生理惰性。锻炼结束后要做一些整理活动，使身体尽快恢复到安静时的状态。

(5)锻炼一定要保证经常性，中断锻炼后起点要适当降低。健康重在锻炼，锻炼贵在坚持，不是特殊情况，一般不要停止锻炼。

第三节 体育锻炼的自我监督

自我监督是运动员和体育锻炼者在参加体育锻炼的过程中，对自己的身体健康和功能状况经常进行观察的一种方法。自我监督的内容包括自我感觉和客观检查两部分。

一、自我感觉

1. 精神状态：经常锻炼的健康人，总是精神饱满、精力充沛、心情愉快。但运动量过度或患病时，就会精神不振、身体疲倦和情绪易激动。

2. 锻炼心情：一个人在锻炼前心情愉快，有迫切参加锻炼的愿望，这是健康的表现。反之，如无疾病、情绪刺激等其他干扰因素，但对锻炼缺乏兴趣和热情，态度冷漠，甚至厌烦时，则可能是运动负荷安排不当的表现，或是过度疲劳的早期征象。

3. 不良感觉：体育锻炼后，由于机体受到刺激，一般都会产生一些肌肉酸痛、四肢乏力的现象。若运动负荷安排适宜，这些现象在适当休息后就会消失，属于正常现象。在休息和营养都能得到保证的情况下，上述现象仍持续较长时间不能消除，则可能是过度疲劳的表现。此外，有时在运动时或运动后，还会出现头痛、头晕、恶心、气喘、胸闷和上腹部疼痛等不良感觉。其原因大多与体育锻炼的内容、方法及运动负荷安排不当有关。

4. 睡眠：睡眠对消除锻炼后的疲劳具有重要意义。正常的睡眠表现为入睡快，睡很深，早起觉得身体轻松。经常锻炼者若出现入睡难、失眠、惊梦、早起浑身乏力等现象，则应检查锻炼的方法和运动量是否适宜。

5. 食欲：经常参加体育锻炼的人，机体的物质代谢旺盛，故食欲一般较好。但锻炼结束即进食或吃过多的零食则可能引起食欲下降。在正常情况下，若出现食欲不佳，并伴有口渴，就可能与过度疲劳和健康状况不良有关。

二、客观检查

1. 脉搏：脉搏是指动脉血管壁随心脏的舒缩而发生的有规律的搏动，脉搏的快慢在一定程度上可以反映人体心脏的功能状况。在正常情况下，脉搏频率和心跳频率是一致的，所以实

际锻炼中常用测量脉率来代替心率的测量。

脉搏除受性别、年龄、体温等因素的影响外，还与锻炼者的锻炼水平和运动负荷的大小有关。经常从事体育锻炼的人，安静时的脉率较低，与不经常锻炼者承受等量负荷时，脉率的上升幅度较小。健康成年人安静时的心率平均为75次/秒。

清晨起床前，静卧的脉率称为基础心率。在正常情况下，每个人的晨脉保持相对稳定，若每天早晨的安静脉搏保持不变或有规律地下降，则说明运动负荷适宜，功能反应良好；若运动后，每天早晨的基础脉率持续上升，则说明功能反应不良，如无疾病等原因，就可能与近期运动负荷过大有关。

2. 体重：体重是人体发育发展的重要指标，可以反映人体营养状况和消化吸收的情况。大学生的体重基本上是向上增加的。刚开始参加体育锻炼的人，体重的变化有一定的规律：一般在锻炼初期，由于体内储存的脂肪的消耗，体重可下降2～3千克，经过一段时间的锻炼，随着肌肉组织等的逐步发达，体重可有所增加。营养不良以及患慢性消耗性疾病时，由于体内脂肪、肌蛋白被大量消耗，可造成体重持续下降。另外，因为夏天天气炎热，饮食、睡眠受影响，体重略为下降是正常的。

思考题：

1. 体育锻炼的基本原则有哪些？
2. 体育锻炼常用的方法有哪些？
3. 什么是运动处方？一般运动处方有几类？包括哪些内容？
4. 自我监督在体育锻炼中有何现实意义？其主要内容有哪些？
5. 如何运用脉搏的变化来进行医务监督？

第四章

体育保健

教学目标：

了解体育锻炼卫生的基本概念，理解个人卫生的重要性及在不同的环境下进行体育锻炼对身体的影响。掌握体育锻炼中运动伤病的处理与野外活动遇险的自救。

第一节 体育运动与卫生

一、体育锻炼卫生

体育卫生是运用卫生学和体育科学的理论、知识和技能，研究体育锻炼过程中影响人体健康的各种因素，以及人体与体育锻炼之间的相互关系，制定并实施在体育锻炼中必须遵循的各项体育卫生要求和措施，用以帮助与指导体育锻炼者进行科学、合理的体育锻炼，达到增强体质、增进健康目的的一门科学。

体育锻炼是人体在一定负荷条件下，通过多次重复的身体练习，给人体各系统、各器官以一定的强度和量的刺激，使机体在形态结构、生理机能和生物化学等方面的适应性增强。在这一过程中，为保证刺激的性质、强度、数量、时间等因素能达到预期的效果，必须遵循体育锻炼的基本原则。

二、个人卫生

个人卫生与人体健康关系密切，在日常生活中人们往往不是很重视，因此引起许多疾病。个人卫生牵涉面广，主要介绍以下几个方面。

(一)健康行为和生活方式

健康行为和生活方式是人体健康的保证，它包括生活制度、饮食卫生、皮肤和牙齿卫生、睡眠卫生、生活习惯等。

1. 生活制度

在日常生活中，每个人都应该建立自己的生活制度，这对于增进健康、提高工作和学习效率、提高运动能力都有很大的帮助。随着工作、学习任务的改变，生活制度也有可能随着不同的情况而改变。但在条件允许下，应尽量保持生活制度的相对稳定，每天按时起床、工作、学习、休息、进餐和睡眠，还要安排一定的时间参加体育活动，根据自己的情况进行锻炼，掌握适宜的运动负荷。

2. 饮食卫生

为了生命与健康，人们需要从外界摄取一定数量的食物，保证人的生长发育和从事各项活动。食物中要有一定的营养来满足身体在生活、劳动和体育锻炼中的需求。养成一日三餐的正常饮食，做到早餐要吃饱、中餐要吃好、晚餐要吃少的习惯。早餐往往不引起人们的重视。长期不吃早餐会使人的血糖低于正常值，使大脑的营养供应不足，久之对大脑有害。早餐质量与智力发展也有密切的联系。根据研究,一般吃高蛋白早餐的学生在课堂上的最佳思维状态普遍相对延长,而清淡饮食的学生则能保持较旺盛的精力。人们摄取的食物要满足生命活动的需要,但不能暴饮暴食。现代营养学研究发现,长期饱食会导致脑部血流减少,出现大脑早衰和智力减退等现象。

3. 皮肤和牙齿卫生

皮肤内有丰富的神经末梢,它是一个感觉器官,能保护人体免受外界各种侵害。皮肤中有皮脂腺和汗腺,皮脂腺分泌皮脂以保持皮肤的润滑,汗腺分泌汗液,排出部分代谢产物,调节体温。当皮脂腺和汗腺的排泄管口堵塞时,可引起细菌繁殖而发生毛囊炎或疖肿。因此,应经常用肥皂和温水擦洗皮肤以保持皮肤清洁,但要避免用过热的水长时间的洗澡,以免引起皮肤过分脱脂而干燥及出现嗜睡、全身乏力等现象。体操和划船运动员应特别注意保护手掌皮肤。游泳后要进行淋浴。脚趾间皮肤易脏,容易发生糜烂和感染,更应注意清洗。指甲要勤剪。各种皮肤病患者要积极治疗。

牙齿缝间常有食物残渣,容易引起细菌繁殖。因此,每天早晚都应刷牙,每餐饭后用温水漱口,以保持牙齿及口腔的清洁。若患有牙病要及时治疗。

4. 睡眠卫生

睡眠是维持机体正常生命活动的自然休息,人类大概有 1/3 的时间是在睡眠中度过的。充足的睡眠使人精力充沛,头脑清醒,学习与工作更有效率。睡眠能保护大脑皮层细胞恢复功能与体力。睡眠前应保持安静,避免刺激,一般在睡眠前 1～1.5 小时即停止运动,但轻微运动如散步等则无不良影响。晚餐不要吃得过饱,临睡前不宜饮用刺激性的饮料,也不要用脑过度,以免影响睡眠。用温水洗脸、刷牙及洗脚都能促进睡眠。青少年每天应保证 8～9 小时的睡眠时间,若经常睡眠不足,会引起过度疲劳。卧室应保持清洁,夏天通风散热,冬天保暖,气温适宜,空气新鲜,环境安静,被褥清洁保暖。睡觉时不要蒙头,要使用高度适当的枕头,按时作息,不要卧床闭目思考,以免影响睡眠,导致失眠。

5. 生活习惯

要养成良好的生活习惯,必须克服以下不良嗜好。

(1)吸烟

烟草中的化学成分十分复杂,含有尼古丁、吡啶、烟焦油、一氧化碳等多种有毒物质。吸烟会引起自主神经系统功能紊乱,久之出现神经过敏、记忆力减退、失眠、多梦等,还会破坏上呼吸道的正常防御功能,使呼吸道易感性增加,引起咽喉炎、气管炎、肺气肿,并使牙齿发黄、松动和脱落,舌苔增厚、味觉减退。总之,吸烟对人体健康的危害是多方面的,因此大学生要养成不吸烟的良好习惯。

(2)酗酒

少量饮酒能活血、增加食欲,但大量饮酒或饮酒成瘾,对人体健康将会产生严重的危害。酒对人体产生毒害的主要成分是酒精,酒精浓度越高,对人体的危害也越大。经常过量饮酒会引起慢性酒精中毒,使大脑皮层功能紊乱,兴奋与抑制过程受破坏,中枢神经系统抑制过程减弱,导致神经衰弱、头昏、头痛、记忆力减退、精神萎靡不振、动作协调性明显下降等症状。同时还会影响机体的脂类代谢和运输,促使心肌出现脂肪性变,从而使心肌收缩力量减弱,影响心脏功能。酒精也会引起血管硬化、肝硬化等。若饮酒的同时吸烟对人体的危害更大,因为尼古丁溶解在酒精中更易于人体吸收。

总之,大量饮酒或饮酒成瘾对人体健康的危害是多方面的,大学生要养成不饮酒的良好习惯。

(二)精神卫生

精神卫生即心理卫生。狭义的精神卫生是指精神障碍(如各种精神症、老年痴呆症等)的防治。广义的精神卫生则是指人们在一定环境中健康生活,战胜不良刺激,改造并适应环境,提高精神的健康水平,更好地适应社会生活。

一个人的健康,应包含身体、精神和环境适应三个方面的良好状态。人不是简单地、孤立地不受外界环境影响而进行特定的代谢过程的生物有机体,而是不断地与自然环境和社会环境相互作用的精神和身体的复合体。精神因素同人的疾病和健康关系密切,有些精神因素就是某些疾病的致病原因,如神经衰弱,多因工作、学习过度紧张,个人遭遇重大不幸事件促成的,但也有由于个体的多疑、孤僻、急躁、任性、心胸狭窄、多愁善感、抑郁不快等性格特征引起的。又如冠状动脉硬化性心脏病是一种常见的中老年疾病,对于冠心病的发病机制,除生物医学因素外,目前普遍认为冠心病是近代社会发展起来的一种身心性疾病。心脏病学家们认为,冠心病患者在行动上与正常人存在着明显的差异,他们经常表现为个性强、固执急躁、紧张、冲动和时间节奏感强等特征,因而他们常处于一种紧张状态。高血压、心脏病等也都与精神因素,特别是与情绪不佳有关。

我国古代就已认识到心理因素不仅是致病的原因之一,而且也是致病的因素之一。我国医学认为,七情(喜、怒、忧、思、悲、恐、惊)太过可致病。

现代医学表明,心理因素与威胁人类生命最重要的疾病之一的癌症也有密切的关系,心理冲突不仅对癌症的突然发生起重要作用,而且对癌症的发展时间也起重要的作用。大量事实证明,改善社会生活环境,创造良好的人际关系,经常保持喜悦欢快的良好情绪,心理处于怡然自得的乐观状态,有利于保持充沛的体力,敏捷思维,可提高大脑及精神系统的功能,有利于健康。

因此,在重视身体保健的同时,精神卫生也必须得到足够的重视和加强。尤其是对青年大学生,首先要加强思想品质的教育,培养和陶冶高尚的道德情操。在日常学习、工作、生活中要培养他们学会善于克服不良情绪,建立良好的情绪,胸怀宽广,乐观开朗,正确对待自己和他人的优缺点,积极参加社会活动,关心、热爱集体。培养广泛的兴趣,积极参加体育活动,建立良好的生活习惯,注意劳逸结合,克服吸烟、酗酒等不良嗜好,都是促进身心健康的有效方法。

三、环境卫生

人体与周围环境有着密不可分的关系,作为人体活动的体育锻炼当然与环境须臾不可分。环境包括自然环境和社会环境;自然环境是诸如阳光、空气、水、气候、动植物等自然界各种因素的综合,是人类赖以生存和发展的必要条件。同时,自然环境中的有害因素又会危害人的健康,造成人的疾病。社会环境是由社会经济条件、劳动条件、生活方式等因素所组成的,对人体的健康有着有利和有害的影响。良好的社会经济条件、适宜的劳动条件、有规律的生活方式、合理的膳食营养、经常性的体育锻炼等会增进人的健康;反之,不良的社会环境有害人体的健康。

经常从事体育锻炼的人会明白环境因素影响体育锻炼的效果。例如,热环境、高海拔和空气污染能导致体育锻炼时心率加快、呼吸急促、耐力下降等。因此,了解环境因素如何影响体育锻炼的效果,对于从事体育锻炼的每个人来说是至关重要的。

(一)不同运动环境的卫生要求

1. 冷环境中体育锻炼卫生要求

(1)体育锻炼期间热量的维持

在冷环境中进行体育锻炼时,散热能力增强和患热辐射疾病的概率大大减小,为防止身体热量的过多散发,穿着合适的保暖服装是必要的。人体在冷环境中锻炼,机体的反应可归纳为产热和保温两个方面:在冷刺激的作用下,机体内分泌系统分泌有关激素,交感神经释放的去甲肾上腺素使体内产热;同时在冷刺激作用下,皮下血管收缩、皮肤和皮下组织血流量减少、皮肤表面与环境之间的温度差变小,导致体内散热减少,从而保持体温在正常范围。

在冷环境中进行长时间锻炼(1～4 小时)或在冷水中游泳,会导致身体热量过度散发超过机体对体温的调节控制能力,使体温过低。体温过低会损害中枢神经系统,使人精神迟钝和判断能力下降,增加冷伤害的危险性。为了避免体温过低对身体造成危险,可以缩短冷环境中锻炼的持续时间,或是穿着合适的服装及避免在水温过低的冷水中游泳。

(2)冷环境中体育锻炼的注意事项

正确的冬练"三九",对提高人体的适应能力是有益的。坚持在冷环境中进行体育锻炼的人与一般人相比,抗寒能力可增加 8～12 倍,并可增强对疾病的抵抗力,防止感冒、贫血、肺炎等疾病的发生。但是,在冷环境中血液循环缓慢,肌肉和韧带弹性、伸展性降低,关节灵活性变差,很容易造成肌肉损伤和关节扭伤,因此,在冷环境中进行锻炼必须对以下几点建议予以重视:

①在冷环境中锻炼要因时、因地、因人制宜

一般来说,南方冬季气候较温和,可做强度较大的运动,像足球、篮球等都是很好的锻炼项目。北方比较寒冷,户外可进行滑冰、长跑等项目,室内可以练习举重等。个人可根据自己的能力和喜好,选择合适的项目,强度和时间要安排适当,量力而行。

②在体育锻炼前一定要充分地做准备活动

充分的准备活动对冷环境中进行锻炼至关重要。由于冷环境中气温低,人的肌肉和韧带的弹性、伸展性及关节的灵活性都比较差,肌肉的黏滞性降低。通过准备活动,可以提高肌肉、韧带的弹性,使关节活动的幅度增大,这有助于防止锻炼时肌肉、关节和韧带的损伤。同时,做准备活动还可以提高神经中枢的兴奋性,增强内分泌活动,克服内脏器官的惰性,加快血液循环和新陈代谢,更好地满足体育锻炼时的需要。

③体育锻炼时要注意呼吸的方法

在冷环境中进行体育锻炼,主要用鼻子呼吸,不要张大嘴巴呼吸。因为鼻内黏膜的血管丰富,腔道弯曲,对吸入的冷空气有加温和湿润作用,可以避免冷空气直接刺激咽喉而引起呼吸道感染、喉痛和咳嗽。

④在体育锻炼中要注意预防冻伤和感冒

户外锻炼时间不宜太长,锻炼后要及时穿戴保暖。在特别寒冷的时候,注意对手、脚、耳、鼻尖和面颊等处的保护,因为这些地方最容易冻伤。锻炼结束之后,要把汗及时擦干并换上干衣服,以防感冒。

(3)冷环境中体育锻炼的服装

在冷环境中进行体育锻炼,合适的服装是一个关键问题。理想的服装应当既具有保温、防寒的作用,又能保证汗液的正常蒸发,使锻炼期间产生的过剩热量能够被散发,以维持正常体温。在冷环境中锻炼维持正常体温的服装应当是多层服装,可以通过层与层之间滞留的空气达到防止热量散发的目的。空气是一种很好的绝缘体，多层服装能够非常有效地滞留空气，接近身体被滞留的空气区域越厚，绝缘的实际效果就会越好，因此多层的轻质服装比一个单单只有厚度和体积的服装有更好的绝缘效果。

太臃肿的服装不仅会限制行动的自由，而且还会导致体热不易散出，体热的增加导致流汗，被汗液浸湿的服装将失去绝缘性能。实际上湿衣服促进身体热量的散发，在特别冷的天气状况下，会导致体温的降低，这往往是十分有害的。在锻炼期间所穿的服装，随着温度、风速、运动强度和持续时间的变化而变化。风在冷环境当中是一个重要的影响因素，风速越快，就会使人感觉越冷。由于风的影响而导致的一种"冷的感觉"要比单单由气温导致的冷的感觉来得强烈。也就是说，由于风而导致身体感觉到的实际温度比正常气温更低。

2. 热环境中体育锻炼的卫生要求

(1)体育锻炼与热应激

人体在热环境中进行体育锻炼会造成正的热平衡，机体内积蓄的热量过多，机体会产生一系列的反应——热应激。在热环境中锻炼时，血管扩张，张力降低，肌肉工作及皮肤毛细血管血流量增加会使机体散热加强。为代偿肌肉工作和皮肤血流量的增加，内脏血管收缩，最大吸氧量下降，肌肉的耐力降低。在热环境中运动，会抑制甲状腺素分泌，使能量代谢水平有所降低，有助于提高机体对炎热的耐受性；排汗加快了体内热量的散发，钠流失相应增加；由于内脏血流量的减少，尿量也明显减少。

热应激是由热量和湿度两者共同引起的，不仅仅是由于气温的缘故，湿度越高，身体的"实际"温度也就越高。所谓"实际"温度是指身体实际感觉到的温度。在高湿度环境中，蒸发将受到阻碍，机体不能通过蒸发过程使正常情况下应散发的热量散发掉，这样体温便会增高。

显而易见，在55℃高温下进行体育锻炼是非常危险的，然而对于大多数人来说，在环境温度为29.5℃且湿度高的情景下进行锻炼，同样具有危险。换句话说，这后一种情况，身体所感觉到的"实际"温度仍然很高。身体在中等程度高的环境温度和高湿度情况下，实际感觉的温度要比环境温度高。究竟热环境对你的身体产生多大影响，最好的方法是监测心率。

考虑到热量和湿度相结合会对身体造成一定的危害，因此在热环境中锻炼必须遵循以下几点原则，争取把危害降低到最低限度：

①开始进行体育锻炼时，速度不宜太快，应逐渐增加速度。锻炼时间不宜太长，保持在15～20分钟之间。

②锻炼强度不宜大，应经常检查自己的心率，以便控制心率在目标心率范围之内。

③穿着合适的服装。

④不要服用过量的盐分。通过服用过量的盐分来补充体育锻炼中身体失去的盐分，这已经习以为常了。但最近的研究表明，没有必要这样做，因为许多人在他们的饮食当中就含有大量的盐分。实际上，过量的盐分对应付热应激和补充身体所失去的钠是多余的，而补充身体在体育锻炼中所丧失的水分却是尤为重要的。

⑤在锻炼前、中、后，喝足够量的凉的饮料。

⑥在一天之中最凉爽的时候进行锻炼。早晨进行锻炼是最好的，因为大量的从地面辐射的热量经过一夜已经散发掉了，这时的气温可能是一天之中最低的。日落之后，这又是一个比较好的锻炼时间，可以避免太阳的直接辐射。如果你不得不在一天中最热的时候锻炼，必须寻找阴凉处进行，以避免阳光的直接照射。

(2)热环境中体育锻炼的服装

有许多的方法和手段能够减少热辐射伤害，穿着合适的服装就是其中一个重要方法。合适的服装能使身体吸收的热量降低到最小。穿着的服装应尽可能少，以便最大限度地加大身体与外界环境接触的表面积，以利于热量蒸发。穿着服装应当是轻便的，原料应当是透气性和吸水好的轻质棉、亚麻制品之类，这将促进对流和蒸发过程。笨重的服装和由橡胶或塑料所制成的服装透气性差，会阻碍身体热量的蒸发，这是因为潮湿的空气被限制在皮肤周围，使热量散发不出去，这样的服装不宜选用。同样材料的服装，浸湿的比干燥的更不利于热量的交换。当你的服装由于出汗而使水分饱和时，从温度调控的角度来说，对于促进热量的交换意义不大，必须换干衣服。由于深色的衣服较易吸收从太阳辐射的热量，在户外锻炼应当穿浅色的服装。在太阳直接照射的地方锻炼，要戴遮阳帽，以防中暑。

(3)体育锻炼中的热伤害

热伤害指在体育锻炼时，热负荷超过了身体调节体温的能力，并对身体造成了伤害。它能对神经系统产生严重的损害，甚至会导致死亡。有以下几种最常见的热伤害：

①热衰竭

是由于循环血量不能满足皮肤血管的舒张而引起低血压和虚弱。热衰竭能造成视觉的模糊、偶尔的意识丧失、苍白的脸色、黏湿的皮肤等症状。热衰竭也能发生在一个已经热习服的个体身上。应当及时将伴有这种症状的人送到阴凉处，仰卧，解开衣服，用冷水或冰袋降温，在1小时当中每隔15分钟喂患者半杯水。

②热痉挛

其特征是肌肉产生痉挛或肢体发生抽搐，这经常发生在不适应热环境的人群当中。热痉挛往往是由于体育锻炼中出汗多，造成人体脱水及盐分丢失，特别是由于出汗所引起的细胞内外钠钾比例的失调所造成的。应当及时将伴有这种症状的人送到通风良好的阴凉处，仰卧，并及时给患者喝两杯含有盐分的凉水。

③中暑

这是一种严重威胁生命的紧急状态。其症状为：流汗停止、发热、皮肤干燥、肌肉软弱无力、肢体不由自主地抽动、腹泻、呕吐、急促而强烈的心脏搏动、幻觉、精神错乱及昏迷等。应当认真对待任何一种症状并采取相应的措施。把患者移到阴凉的地方，使患者仰卧，解开衣服，头部垫高并冷敷，尽可能快地降低体温(如使用水、冰、软饮料、风扇等)，并立即把患者送往医院。

上述这些症状都是由于身体暴露在热环境中所造成的，中暑者身体丢失了大量必需的水分和电解质，热储存量增加导致体温升高，其中最重要的是水分的丢失。为了补充丢失的水分，可以通过饮用适量的液体饮料来解决。总之，不注意任何引起热辐射疾病的先兆，将会导致症状的进一步加重。

3. 高原环境中运动的卫生要求

我们知道，海拔越高，气压越低。高海拔地区日照时间长、气温低、日温差大、气候多变。大气压与氧分压随着海拔高度的变化而变化，对人体的机能活动以及运动能力都会产生很大的影响。那么，在高海拔地区进行体育锻炼身体的反应如何呢？

(1)高海拔对运动能力的影响

在高海拔地区进行体育锻炼时，最主要的问题是低气压限制动脉血中运输的氧气量。海拔越高，空气越稀薄，大气压越低，氧分压也会随之下降。肺泡里的氧分压取决于进入肺泡的氧量，海拔越高，从大气中获得的氧气量会越少，肺泡氧分压就会随之降低，对肺泡与血液之间的气体交换有直接的影响，动脉血氧分压也将同样降低。氧分压过低会对身体进行各种活动产生严重影响，可导致红细胞中运输氧的血红蛋白氧饱和度下降，机体组织利用氧的量减少。这种结果导致了向锻炼中所动用的肌肉运输的氧气量的减少，从而使体育锻炼的持续时间以及最大吸氧量都减少。也就是说，海拔高度越高，最大吸氧量和锻炼的耐久力下降也就越大，并导致运动能力的下降。

(2)高海拔反应与预防

进入高海拔地区，多数人或多或少地有一些缺氧的表现。特别是当海拔超过3000米时，人体对缺氧的反应比较明显：头晕、胸闷、心慌、气短、恶心、呕吐、腹泻、疲倦、失眠或嗜睡、心率加快、血压升高、食欲减退等等，这些不良的反应一般3周后可自动消失。进行有计划的适应性锻炼(例如人工低压环境中的锻炼)，对尽快适应高海拔环境是一种积极而有效的措施。进入高海拔地区之后，要先休息一段时间，然后逐渐加大体育锻炼时的运动强度，提高机体对缺氧的耐受能力。在高海拔地区进行体育锻炼，要严格控制锻炼的强度和时间，并注意饮食，以糖类和蛋白质及维生素多的食物为主，少吃多餐。还要注意预防感冒。冬季注意防寒、防冻伤。

第二节 常见运动伤病的预防、处理与野外活动遇险自救

运动伤病是指在运动中由于外界各种因素引起组织或器官的破坏，或由于体育运动安排不当造成体内功能紊乱而出现异常或疾病。

一、运动伤病的预防

1. 掌握运动伤病的基本知识

体育锻炼者要了解运动过程中机能变化规律和运动伤病的相关医学与保健知识，掌握体育锻炼的基本原则，为预防运动伤病的发生奠定基础。

2. 加强防伤意识教育

加强防伤意识教育，使体育锻炼者认识到运动伤病带来的痛苦与危害。不管在什么情况下进行体育锻炼，都要贯彻预防为主的方针，提高体育锻炼者的防伤意识，为减少运动伤病的发生打下思想基础。

3. 进行科学的运动

进行合理科学的锻炼是预防伤病的先决条件。在锻炼的过程中，必须遵循体育卫生的基本原则，合理安排锻炼内容，认真做好准备活动，积极进行运动后的整理活动。科学的运动是降低运动损伤发生率的重要保证。

4. 加强医务监督

加强自我监督和保护，掌握保护支持带的使用方法，加强场地和环境卫生的监督，不在不良场所进行锻炼，加强锻炼者之间的保护和帮助。

二、常见运动损伤及处理

(一)皮肤擦伤

擦伤是外伤中最轻又是最常见的一种。在运动中摔倒、与他人或器械发生碰撞等，都可能使皮肤受摩擦引起擦伤。擦伤可发生在身体的多处部位。在受伤现场可以用凉水冲去表面的灰尘、细沙等异物，用干净的物品(手绢或布料等)按压伤口减少出血；如果受伤部位位于上、下

肢，也可以握住伤口近心侧的部位以减少出血，然后及时到医务室进行消毒包扎。

(二)挫伤、肌肉拉伤和关节韧带扭伤

在运动中相互冲撞、被踢打、受到足球或器械等的撞击，或钝力直接作用于身体某部都可能发生挫伤。最常见的挫伤部位是大腿和小腿的前部，而头、胸、腹部和睾丸的挫伤也时有发生，并常因某些器官的损伤而合并休克。

肌肉主动收缩时的力量过大超过了本身能承受的能力，或肌肉受力牵拉时超过了本身的伸展程度，都可引起肌肉的拉伤。在踢足球和短跑时经常发生的有小腿和大腿肌肉拉伤。

关节韧带扭伤是在外力作用下，关节发生超常范围的活动所致。根据外力的大小，轻的扭伤可引起韧带部分纤维的断裂，重的可导致韧带完全断裂，同时合并发生其他损伤。体育运动中常见由于场地不平，或跳起落地时身体失去平衡导致踝关节外侧副韧带的扭伤，以及打篮球、排球时，手指受到球的撞击引起掌指关节或指间关节的扭伤。

上述三种外伤在发生时，都可引起剧烈的疼痛和受伤局部的出血肿胀，此时千万不要按揉，以免引起出血肿胀的加重。正确的做法是立即用冰块进行冷敷，但不要直接放在受伤局部，可以用毛巾等包裹冰块后冷敷。如果现场得不到冰块，也可以用冷水冲洗局部，这样可以起到镇痛和减轻肿胀的作用。同时用毛巾等加压包扎受伤部位、抬高受伤肢体，避免支撑重量，然后再到医务室或医院做进一步治疗。

(三)骨折与关节脱位

骨折和关节脱位是较严重的外伤，虽然在体育运动中的发生率较低，但是一旦发生，有的因为疼痛剧烈和合并其他的并发症而易导致休克，而不正确的处理常会引起损伤的加重。在运动中的相互冲撞、蹬踏、跌倒时受到地面的反作用力等都可引起骨折和关节脱位，一般上、下肢的骨折和关节脱位发生较多。

骨折和脱位发生的当时会出现受伤部位的疼痛、肿胀、畸形和关节功能丧失等症状。对于骨折、脱位判断明确或怀疑有骨折、脱位时均应在现场按骨折进行处理。

1. 止血

对有伤口出血的受伤者，首先应采取适当的方法止血，如用干净的布类或用无菌材料覆盖在伤口上，并稍加压包扎。对于上、下肢的骨折，如果有较大动脉的出血(出血急、量大，血色鲜红)，可用胶皮管、毛巾或宽布条捆扎在伤口的近心端，但不可直接缠绕在患处，其间应垫以布片或棉花等软物，并放一卷垫物在动脉位置上，以加强效果，每隔 15～20 分钟要放松 15 秒，放松时应在伤口上用敷料压迫止血。

注意不要冲洗出血的伤口；露在伤口外的骨端未经处理不可放回到伤口内，以免引起感染；应盖上干净的布类或无菌材料。

2. 就地固定受伤部位

及时的固定可以避免伤骨或脱位端的移动，防止损伤加重并减轻疼痛，且有利于转运。因此不要勉强解脱受伤者的衣服，尽量避免不必要的搬动，制止受伤者做各种活动，如下肢骨折时不要搀扶其行走；如果受伤肢体肿胀严重，可剪开其衣服。

未经固定的伤员，在没有把握或条件不充分的情况下，对骨折、脱位造成的肢体弯曲、扭转或畸形不可勉强复位。可就地选用木棒、木板、毛巾、宽布条等物品，也可用受伤者的健侧肢体或躯干进行临时固定。固定的范围，一般应包括受伤肢体的上下两个关节，在固定物的两端、骨突处和空隙处要用软布或毛巾垫上，防止产生压迫性损伤。如果肢体明显

畸形而妨碍固定时，可以将伤肢沿纵轴稍加牵引后固定。固定用的毛巾、宽布条应缚扎在受伤部位的上下段。上肢固定后，可用布条或衣物等悬挂于胸前，下肢固定后应与健侧捆缚在一起后再转运。

固定要牢靠，松紧度要适宜。过松则失去固定的作用，过紧则会压迫血管神经。因此，在固定四肢时，应露出指（趾）端，以观察血液循环的情况。如果指（趾）端出现苍白、青紫、发麻、发凉、疼痛时，应立即调整松紧度或重新固定。如图4-1所示。

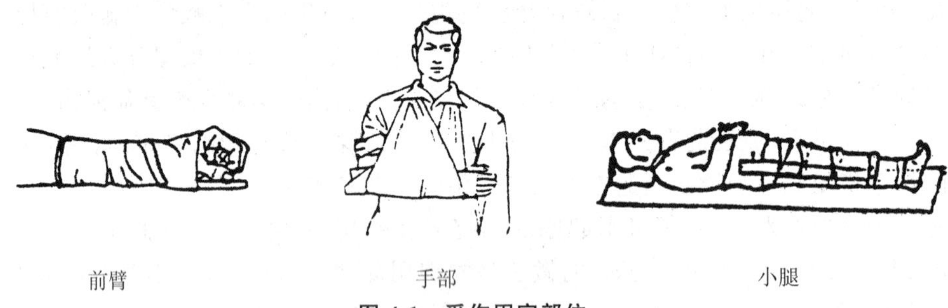

前臂　　手部　　小腿

图4-1　受伤固定部位

3. 正确地转运

包扎固定后，不要慌张地背起受伤者就往医院跑或采用一人抱头、一人抱腿的抬法，也不要让受伤者屈身侧卧等，防止受伤处错动摩擦引起疼痛和损伤周围的血管、神经及重要器官。

对已判断有脊椎骨折或疑有脊椎骨折的受伤者，不能随意搬动和进行不必要的检查；不论受伤者是仰卧还是俯卧，尽可能不要变动原来的位置；禁止用被单或软物抬运，以免加重错位，使脊椎进一步损伤。理想的方法是三人搬运法：即三个人并排蹲着或跪在伤者一侧，用手分别托住其头、肩、背、臀部和下肢，使受伤者保持平卧姿势，然后三人同时抬起，步调一致地向前行进，将受伤者移送或轻轻放至硬板担架上。在送往医院途中，将受伤者四肢和躯干用布条固定在担架上，防止途中颠簸移动，增加受伤者的痛苦。疑有腰椎骨折时，如果受伤者处于仰卧位，可在腰下垫上沙袋或卷起的衣物；疑有颈椎骨折时，务必使头部固定于伤后位置，头颈两侧垫上沙袋或卷起的衣物，防止颈部屈伸或左右旋转。

三、常见运动疾病及处理

（一）肌肉痉挛

肌肉痉挛俗称抽筋，是肌肉不自主的强直收缩，在运动中发生最多的是在小腿部位。剧烈运动时（特别是天热时）大量出汗，体内电解质的平衡发生紊乱；在寒冷环境下运动时，未做准备活动或准备不充分，肌肉受寒冷的刺激等原因都可引起肌肉痉挛。

痉挛的局部肌肉坚硬，疼痛剧烈，短时间内不易缓解。这时可给予牵引，几秒钟后即可缓解。例如，小腿痉挛时，先让痉挛者平坐或仰卧，伸直膝部，双手握住痉挛小腿的足部，将其缓慢背伸，但不要使用蛮力。

游泳时，由于肌肉受到冷水刺激或疲劳等原因也能造成肌肉痉挛，常见的部位是手指、手掌、脚趾、小腿、大腿和腹部等。无论肌肉痉挛发生在什么部位，切勿惊慌失措，可采用仰泳、一手划水、及时采取牵拉痉挛肌肉等方法进行自救。

(1)手指肌肉痉挛时,先将手握拳,然后用力张开,伸直,反复做几次后即可解除。

(2)手掌肌肉痉挛时,双手合掌相对按压,反复做几次后即可解除。

(3)前臂及上臂前面肌肉痉挛时,用另一只手抓住痉挛的手尽量向手臂背侧做局部伸腕动作,然后放松,反复做几次后即可解除。

(4)前臂后面肌肉痉挛时,用另一只手托住患臂的手背,尽量做屈腕动作,然后放松,反复做几次后即可解除。

(5)上臂后面肌肉痉挛时,先将痉挛的手臂屈肘向后,用另一只手托住其肘部弯向背后,即可对抗后面的肌肉痉挛,反复做几次后即可解除。

(6)大腿前面肌肉痉挛时,用同一侧手抓住痉挛腿的脚,尽量使其向后伸直,反复做几次后即可解除。

(7)大腿后面肌肉痉挛时,用同一侧的手按住膝盖,然后另一只手抓住脚趾,尽量向上抬起或双手抱住大腿使髋关节做局部的屈曲动作,即可解除。

(8)小腿前面肌肉痉挛时,用一只手抓住脚趾尽量向下压,以对抗小腿前面肌肉的痉挛。

(9)小腿后面肌肉痉挛时,一只手按住痉挛腿的膝盖,另一只手抓住脚底(或脚趾)做勾脚动作,并用力向身体方向牵拉,做几次后,放松片刻,即可解除。

(10)胃部痉挛时,先吸一口气,仰浮于水面,迅速屈髋、屈膝靠近腹部,双手抱膝,随即下肢向前伸直,注意不要用力过大,反复做几次后即可解除。

小贴士

口对口人工呼吸的方法

人工呼吸是指利用人工操作来维持已停止呼吸的伤员的肺内气体交换,使其逐步恢复自主呼吸的方法。

人工呼吸是在确保患者呼吸道通畅的情况下,急救者一手托住患者下颌,使头后仰保持气道通畅,另一手捏住患者鼻孔,防止漏气。然后深吸一口气向患者口内吹入,吹完气后放开捏鼻孔的手。每次吹气应持续 2 秒以上,确保呼吸时胸廓起伏。如果只做人工呼吸,通气频率为 16～18 次/分左右,反复进行,直至患者恢复自主呼吸或确定死亡为止。

(二)运动性腹痛

运动中腹痛常由下列原因引起:

(1)准备活动不充分,开始运动时速度过快或强度太大,以致内脏器官还没有提高到应有的活动水平就承受较大的负荷,引起大量的血液淤积在肝脾,肝脾被膜上神经受牵扯,引起肝脾区疼痛。

(2)运动前进食易产气或难消化的食物,可导致胃肠痉挛或功能紊乱引起腹痛。

(3)运动中呼吸缺乏节奏,呼吸肌活动紊乱,造成疲劳和痉挛,引起下胸部和上腹部疼痛。

运动中出现腹痛时,应适当减慢速度,调整呼吸和动作节奏,用手按压疼痛部位,或弯腰慢跑一段距离,腹痛常可减轻或消失;如疼痛仍不减轻,甚至加重,应停止运动,并做进一步的诊断和处理,以排除其他疾病。

(三)中暑

在高温或高热环境中长时间地进行体育运动,特别是在湿度高、通风不良及头部缺乏保护而被烈日直接照射等情况下,机体体温调节出现障碍,散热困难,或脑膜高度充血而影响中枢神经系统失去体温调节作用引起体内热量积蓄过多导致中暑。在中暑现场进行急救的方法是：

(1)首先应将中暑患者迅速移至通风好的阴凉地方，解开衣扣，让病人平卧，用冷毛巾敷其头部和用凉水擦洗身体，同时用扇子或电扇吹风，以使其逐渐降低体温；

(2)尽量鼓励中暑患者喝清凉饮料，如冷盐开水、茶水等；

(3)点按人中、合谷、曲池等穴位，一般轻度中暑者，都能较快地痊愈；较重的中暑患者，如发生了昏迷等，经上述急救无效时，应立即送医院诊治。

(四)晕厥

晕厥是一种短暂的意识障碍。由于情绪极度激动或精神受到强烈刺激；运动时间过长，坐下休息后突然站起；中、短跑时突然站立不动；举重练习时吸气后憋气使劲举起杠铃等情况，造成心血输出量减少，大脑暂时性供血降低等都可能导致晕厥。运动时饥饿或剧烈运动时间过长出现低血糖，使脑部能量供应减少也会出现晕厥。

运动中出现晕厥时，先让患者平卧或头稍放低，也可稍垫高下肢，松解衣物，同时保暖，做双下肢向心方向推摩或揉捏，以加速血液回流，必要时可掐人中、百会、涌泉等穴位促使患者苏醒；如果有呕吐，应使患者头转向一侧，防止呕吐物堵塞呼吸道；神志不清或有呕吐时，患者不得进食药物、食物或饮料等；清醒后给含糖热饮料，并继续休息、保暖。如果上述处理无效，应立即送医院进一步救治。

(五)溺水

溺水通常指人体淹没于水中，因呼吸道被水阻塞或喉头肌痉挛而出现窒息性疾病的现象。常因严重缺氧导致呼吸衰竭、心跳停止而死亡。

溺水大多数是游泳时突然丧失游泳能力，或在水中肌肉痉挛、身体患病、昏厥、疲劳等引起，或水性不熟，心情紧张，游泳技术不佳，不了解水情进入深水等各种意外原因所致。

对溺水者的抢救，必须争分夺秒。当溺水者被抢救上岸后，立即清除口腔和鼻腔内的分泌物或其他异物，并将其舌头拉出，以保持呼吸道的通畅。如果上腹鼓胀，说明腹内有水，应迅速进行倒水。倒水的方法：将溺水者腹部横置于抢救者屈膝的大腿上，使溺水者头部朝下，随即用手按压其背部，将胃内和呼吸道内的水倒出。若呼吸、心跳已经停止，应迅速进行人工呼吸(口对口或口对鼻)和胸外心脏按压。急救措施有如下几个方面：

1. 要尽快就地抢救，同时与医生联系。

2. 倒水和清除口、鼻内异物时，动作要敏捷，切莫延误了抢救时间。

3. 应尽早进行人工呼吸和胸外心脏按压。这一点进行得早与晚，常是抢救能否成功的关键。因此，不要在检查呼吸、心跳是否存在上花费时间，可一人抢救，另一人检查。

4. 抢救必须不间断地进行 2 小时，除非交给了医生处理或患者确实死亡。

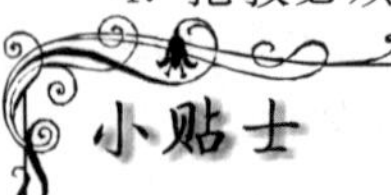

胸外心脏按压方法

急救者双手重叠，放在患者的胸骨中下 1/3 交界处，用力向下压(将胸壁下压 3～4 厘米)，随后将手放松，每分钟以 60～80 次的频率有节奏地进行，抢救儿童时频率稍快些。下压时力量要均匀、缓慢，用力不要过猛，松手要快，注意不要造成肋骨损伤。急救已经开始，就要连续下去，不能间断，一直做到患者恢复自主呼吸、心脏跳动或确定死亡为止。

四、野外活动遇险自救

野外活动是离开自己熟悉的生活环境，到大自然中去体验生活。长期在城市生活的人一到野外就不知所措，不识可食植物，不会就地取火、自做饭菜，不会辨别方向，遇到危险也无法自救等。因此，常去野外活动就会摸索出野外生存的本领，一旦发生置身荒郊野岭无助的情况时，就能应付自如了。

野外活动的环境条件存在着不确定性，因此在进行野外活动（如登山、攀岩、拓展训练等）时可能会遇到事先无法预料到的突发事件。因此携带一些基本装备是很有必要的。一般认为必须携带的基本装备有：登山包、睡袋、地图、指北针、头灯（含备用电池与灯泡）、备用粮食、备用衣服、太阳镜、瑞士刀、火种、急救箱。

（一）进行野外运动时的注意事项

1. 选择合适的鞋、袜

在野外活动，保护好双脚是至关重要的。鞋和袜的基本功能就是用来保护双脚。在进行野外活动时穿的鞋不能太“合脚”，而是应至少比平时穿的鞋大一号。这是因为长时间的步行会使脚部肿胀，如果穿上时感到正好，那么步行一段时间后就会感觉有些挤脚了。通常要选择舒适、柔软的旅游鞋。最好不要穿新鞋。袜子以选择吸汗、柔软、棉质的为好。

2. 露营注意事项

(1)应尽量在平坦的地上搭帐篷，不要在河岸和干涸的河床上扎营。(2)帐篷的入口要背风，帐篷要远离有滚石的山坡。(3)为避免下雨时帐篷被淹，应在篷顶边线正下方挖一条排水沟。(4)帐篷四角要用大石头压住，同时，保持帐篷空气流通，防止着火。(5)保持睡袋的干爽，多穿衣服。

3. 野外运动中的安全保护

要掌握自我保护和相互保护的技术和方法，以应对在野外活动中遇到的陡峭的冰雪坡、岩壁、湍急的河流、岩石裂缝等难以越过的地形。

4. 能量补充

进行户外运动身体内的热量流失很快。因此，最好准备一些高热量、高能量的食品（如巧克力、糖果、奶酪等），以备及时补充。

（二）野外活动遇险自救

1. 迷路

在山野行走，有时与朋友错过或自己迷失方向，这时赶快回到自己所认识的地方，拿出地图和罗盘，找出自己所在的地点，再找目的地的方向。平时背着行李在山野中行走，只有注意看脚底和前方，忽略了周边的风景和标志。休息时，多眺望附近景观，遇到意外时，就有应变能力。迷路时折回的路途和来时相反，与地图对照，要注意这一点。不要直走下坡路，以为可以找到出路，这很危险。因为下坡路视野范围小，方向不易确认，最好回到自己所认识的地方，重新开始走。

2. 食物中毒

食物中毒是由于摄取的食物有毒引起消化系统障碍而出现发烧、呕吐、下痢、腹痛等主要症状。在野外吃东西，通常比较不卫生，于是细菌就趁机而入。所以必须非常注意卫生，以防集体食物中毒。

治疗方法是以安静和保温为原则，让腹部保暖。若呕吐及下痢不要忍着，尽量排出来，并充分摄取水分，同时马上服止泻药。

3. 出血

(1)直压伤口止血

受伤时，不要慌乱，大叫大闹，浪费救助的时间。如果伤口较小，用清洁布块直接压在伤口上面即可止血。如果血量不大，用消毒纱布盖好，绷带固定即可。

(2)危害生命的出血

如切伤或砍伤，血流不止，那是动脉出血，非常危险，必须用止血带止血。先在要止血的部位用三角巾、毛巾或衣服垫好，将止血带的一端留出一部分并用一手的食指、中指夹住将止血带拉紧拉长，绕肢体 2～3 圈(压在留出的那一部分止血带上)后，将残留端夹在食指、中指间拉出即可。

(3)冷却肿包

头部受击打有肿包时，给予冷却，可减轻疼痛。如果有伤口，将污染物洗净，用消毒水消毒，贴上纱布，再用绷带绑好。如果还有恶心、耳鼻流血症状，可能头盖骨受伤或脑震荡，要保持患者安静休息，尽快与医院联络。

4. 扭挫、脱臼、骨折

(1)脚踝扭伤：在野外行走稍不注意或脚踩空，就很容易造成脚或踝关节扭伤。这时要立即冷敷，以宽布条和布兜来固定。如果还要继续走路，鞋子不要脱掉。一旦脚肿起来而穿不上鞋子，这时就踩穿着鞋子，用绷带固定起来行走。

(2)脱臼：脱臼是关节成脱位状态，不要让外行人治疗，一定要看医生。在紧急处理时，不要移动患部，冷敷就好。有时与骨折一样，必须以托板撑着。

(3)骨折：骨折急救的目的在于用简单而有效的方法抢救生命，保护患肢，使患者能安全而迅速地运送到医院。骨折的原则就是不要乱动，一定要固定患部，这可缓和疼痛，防止肌肉及神经、血管等的损伤，避免再次骨折。固定时是以三角巾、托板来施行，要点如下：

①托板要比骨折部分上下两关节之间的长度稍长。

②绑着骨折部分两端的关节外侧。

③托板不要直接接触皮肤，可用三角巾包扎患部。

④衣服有所妨碍时，不要脱掉，直接以剪刀或小刀剪掉。

5. 担架

在野外活动受伤已经经过紧急处理的病人或伤者，要立刻送往医院，而运送的原则是尽量不要动到患者。因此，用担架抬送最理想，若是头部、胸部受伤、骨折等的情况，一定要用担架抬送。

在野外没有担架怎么办呢？那就要用现有的东西来做。毛毯及强韧的衣类、门板、椅子等都可利用，不论用什么做，都必须可长时间运送使用。在完成担架之后，先找个与患者差不多的人来试乘。

运送过程中注意事项：

(1)搬运时原则上让患者仰卧，但当患者没有意识时，要注意是否想吐的残渣物堵塞了咽喉而窒息，因此要将患者的脸转侧向。

(2)如果患者几乎都是以腹式呼吸，所以不要固定腹部，只要固定胸部、腰部、脚尖三处即可。

(3)运送时一般患者的脚向前方。

6. 烫伤

野外焚烧柴火或烹饪时，常发生烫伤。烫伤的程度可分为三种：(1)皮肤变红，有刺痛感觉；(2)起水泡；(3)皮肤烫烂，例如热油烫到皮肤，皮肤就会被烫烂，如果是身体一部分烫伤，并不会危害生命。此时，先用清洁纱布盖住伤口，立刻送医院。如烫伤起水泡，注意不要使水泡破裂，用纱布轻盖，用冷水冷却。如果烫伤部位与衣服相连时，不要脱下衣服，连衣服一起用水冷却。同时要给患者补充水分，注意休息。

7. 异物进入眼睛或耳朵

(1)异物进入眼睛

在野外行走时，经常有尘埃或小虫进入眼睛。此时，不要用手揉眼睛。如果用手揉眼睛会擦伤眼球，要忍耐一下，让泪水流出异物。如果异物进入上眼皮，抓起上眼皮，用手推下眼皮，刺激泪水流出；如果异物进入下眼皮，抓下眼皮，用湿纱布轻擦掉。异物仍不能排出时，让眼睛在杯水中一开一闭，即可洗掉异物。如果戴隐形眼镜，有剧烈刺痛时，要将隐形眼镜摘下来洗净。到野外活动前，最好到药房买好眼药水以备用。

(2)异物进入耳朵时

在野外活动，经常有小虫等异物飞入耳朵，这时将耳朵朝向有光源的地方，或者用手电筒照亮，小虫喜爱明亮的地方，就会朝向光源飞出。不要勉强用挖耳器具或棉棒挖耳朵，那只会使小虫往更深处去，反而易伤害耳朵。

8. 被狗咬伤

野外行走，经常会遇到一些防不胜防的事情。步入乡村，常有被狗咬伤的事件发生。不要轻视狗、猫、老鼠等小动物，这些动物的牙齿有许多细菌，弄不好也可能致命。对狗要特别注意，若被狗咬到，有患狂犬病的危险。

狂犬病是死亡率百分之百的可怕疾病。被咬之后觉得倦懒，有不安感、瞳孔散大、唾液过多、出汗、失眠等症状，过了 2～3 天，体温升高到 38℃左右，精神也陷入了兴奋状态，开始痉挛。再不久，伤口附近的肌肉开始麻痹，麻痹扩大到全身之后，人就死亡。

不要忽视小小的伤，如果被狗等咬到了，马上用水冲洗，再用浓肥皂、3%的甲酚液、双氧水等，彻底地清洗消毒，然后马上送到医院治疗。

9. 被昆虫刺伤和咬伤

野外经常有群蜂攻击人，特别是雌蜂腹部产卵管会变成毒针，遇到危险时，就用毒针刺入。被刺到的人，会有剧痛，眼花恶心。常见有长脚蜂、蜜蜂和大胡蜂。尤其是大胡蜂，针毒强烈，会置人于死地。对蜂针毒的反应，因人而异，第一次被刺到，会肿痛，擦软膏或用冷水冷却即可治愈。毒针尚留在皮肤上时要小心拔出。

10. 被蛇咬伤

在野外活动经常会遇到蛇之类，特别要注意的是毒蛇。毒蛇有青竹丝、雨伞节、眼镜蛇等，尤其是眼镜蛇，动作敏捷，一不小心碰触，就会被咬伤。被毒蛇咬到，伤口剧痛发肿，立刻用绳子绑紧伤口上方靠近心脏地方，避免毒液随着血液循环到人体内。要安定患者的害怕情绪，快速送医院。

大多数蛇不会主动攻击人，只有人不小心踩到或要抓它，才会被蛇咬。蛇属夜间活动的动物，白天多在洞里休息，夜间才出来活动。在山野中行走，不要随便把手插入树洞或岩石空隙。

判断死亡的四个特征

呼吸停止、心跳停止、瞳孔扩大对光反射消失、角膜反射消失。只出现1—2个特征，并非真死。如四个特征同时齐备，且手捏眼球时，瞳孔变成椭圆形，即为真死。

思考题：

1. 良好的行为和生活方式对人体什么好处？
2. 为什么说精神卫生也称心理卫生？
3. 在冷环境中进行体育锻炼应注意哪些事项？对服装有何要求？
4. 在热环境中锻炼应遵循哪些原则？
5. 试述挫伤、肌肉拉伤和关节韧带扭伤的处理。
6. 试述肌肉痉挛的原因及处理。
7. 试述运动性腹痛发病的原因及处理。
8. 中暑应如何处理？
9. 在运动中晕厥应如何处理？
10. 试述溺水岸上抢救的步骤与方法。
11. 野外活动时应携带哪些基本装备？
12. 进行野外活动应注意哪些事项？

第五章

奥运会、亚运会、全运会简介

学习目标

了解奥运会、亚运会、全运会的发展历史；了解奥运会旗帜和口号，弘扬奥运精神。

第一节　奥林匹克运动会（简称奥运会）

一、古代奥林匹克运动会

奥林匹克运动会起源于希腊。古希腊人民在播种和收获的季节里，或者在葬礼和婚娶的活动中，常常要举行体育竞技会。因举办地点在希腊的奥林匹亚，故被称为古代奥林匹克运动会，简称古代奥运会。

第一届古代奥林匹克运动会是在公元前776年举行的，至公元394年被罗马帝国的皇帝狄奥多亚废止时，古代奥运会总共举办了293届。

公元426年，罗马皇帝狄奥多亚二世烧毁了奥林匹亚的建筑物。公元522年和551年又接连发生两次强烈地震，人祸天灾，使奥林匹亚成为埋在地下的一个废墟。

二、现代奥林匹克运动会

18世纪末叶，随着竞技体育活动在欧洲各国的兴起，人们迫切需要更加广泛的交往。在更加广泛的范围内举行体育比赛的群众基础已基本形成。1888年，法国教育家皮埃尔·顾拜旦提出了恢复奥林匹克运动会的建议。1894年6月18日至24日在法国巴黎召开国际体育会议。6月23日，大会通过决议，成立国际奥林匹克委员会。这一天，对奥林匹克运动，对世界体育的发展都具有划时代的意义。

1896年在希腊举行了第1届近代奥林匹克运动会（指夏季奥林匹克运动会），以后每隔4年举办一届，如因故不能举办，届次照算。自1896年起至2004年一共举办了28届，其中第6届（1916年）因第一次世界大战和第12、13届（1940年、1944年）因第二次世界大战未能举行，实际只举行25届。2008年第29届奥林匹克运动会在我国首都北京举行。

三、奥林匹克旗帜

奥林匹克运动会的会旗是1913年根据顾拜旦的构思而设计制作的。会旗为白底无边，中央有五个套环，排成两行，上三下二，自左至右颜色为蓝、黄、黑、绿、红。五环的含意是，象征五大洲的团结以及全世界运动员以公正、坦率的比赛和友好的精神在奥林匹克运动会相见。

四、奥林匹克口号

奥林匹克口号，也叫奥林匹克格言，即“更快、更高、更强”。

五、奥林匹克精神

1. 奥林匹克精神

国际奥委会在《奥林匹克宪章》中指出："每一个人都应享有从事体育运动的可能性，而不受任何形式的歧视，并体现相互理解、友谊、团结和公平竞争的奥林匹克精神。"由此可见，奥林匹克精神就是相互理解、友谊、团结和公平竞争的精神。

2. 奥林匹克精神的内涵

(1)奥林匹克精神强调对文化差异的公正对待和理解

四年一度的奥运会把世界上所有的体育文化集中在一个特定的空间和时间范围内，所以不同的文化之间的差异尤其突出，而差异就是矛盾，矛盾可能造成冲突，因此，奥林匹克精神强调相互理解、友谊和团结。在这奥林匹克精神氛围中，人们才能打破各自狭窄的眼界，以世界公民的博大胸怀，去认识和理解自己民族以外的东西，领悟各民族之间的想象力和创造力，学会尊重他人，以比较客观和公正的态度去看待别人和自己，虚心地吸取其他文化的优秀成分，不断丰富自己，从而使奥林匹克运动所提倡的国际交流得以现实。

(2)奥林匹克精神强调竞技运动的公平与公正

奥林匹克运动以竞技运动为其主要活动内容，竞技运动最本质的特征就是比赛与对抗。在直接而激烈的对抗中，运动员身体、心理以及道德都经受着考验与锻炼，观众也得到潜移默化，因此，公平竞争是体育运动的灵魂，也是社会进步与发展的前提，只有在公平竞争的基础上竞争才有意义，各国运动员才能保持和加强团结、友谊的关系，奥林匹克运动才能实现其神圣目标。

六、2008年北京第29届奥林匹克运动会

根据2001年7月13日国际奥委会112次全会做出的决定，2008年第28届夏季奥林匹克运动会在中国北京举行。

第29届奥林匹克运动会信息一览表(2008年8月8日至8月24日)

<table>
<tr><th rowspan="2">运动员人数</th><th colspan="3">比赛项目</th><th rowspan="2">比赛地点和项目</th><th colspan="2">比赛场馆</th><th rowspan="2">训练场馆</th></tr>
<tr><th>大项</th><th>分项</th><th>小项</th><th>北京</th><th>京外</th></tr>
<tr><td rowspan="4">10500</td><td rowspan="4">28</td><td rowspan="4">38</td><td rowspan="4">302</td><td>北京:26个大项</td><td rowspan="4">31</td><td rowspan="4">6</td><td rowspan="4">87</td></tr>
<tr><td>香港:马术</td></tr>
<tr><td>青岛:帆船</td></tr>
<tr><td>京外城市(天津、上海、沈阳、秦皇岛):足球</td></tr>
</table>

1. 奥运理念和奥运目标。

"绿色奥运、科技奥运、人文奥运"是北京奥运会的三大理念。

举办一届"有特色、高水平"的奥运会是北京奥运会的目标。有特色，即:中国风格、人文风采、时代风貌、大众参与。高水平，即:高水平的场馆设施和竞赛组织，高水平的开幕式及文化活动，高水平的媒体服务，高水平的安保工作，高水平的志愿者队伍和服务，高水平的交通组织和生活服务，高水平的城市文明形象，以及各国运动员的出色成绩。

2. 举办时间和比赛地点。

北京奥运会于2008年8月8日至24日举行。

所有项目分别在中国的6座城市及香港特别行政区举行。除北京外，青岛市举办奥运会帆船比赛，中国香港举办马术比赛，天津、上海、沈阳和秦皇岛举行奥运会的足球比赛。

3. 比赛项目和比赛规模。

北京奥运会设有28个大项，302个小项。

204个国家和地区约10500名运动员参赛。众多媒体记者，奥林匹克大家庭成员，赞助商及其客人以及上百万观光游客，来华观看比赛和游览。

4. 比赛和训练场馆以及相关设施。

北京奥运会使用37个比赛场馆和87个训练场馆。北京的比赛场馆分布于4个区域，运动员可以在15～30分钟内从奥运村到达所有比赛场地。北京奥运会为各国运动员提供设施精良、实用方便的比赛、训练场馆以及奥运村和相关设施。国际奥运会主席在闭幕式上说“这是一届真正的无与伦比的奥运会”。

5. 文化活动。

北京奥运会举办了奥林匹克文化节、火炬传递活动、奥林匹克青年营、奥运会开幕式和闭幕式等一系列文化活动。

6. 北京奥运会奖牌榜(前15位)。

排　名	代表团	金牌	银牌	铜牌
1	中　　国	51	21	28
2	美　　国	36	38	36
3	俄 罗 斯	23	21	28
4	英　　国	19	13	15
5	德　　国	16	10	15
6	澳大利亚	14	15	17
7	韩　　国	13	10	8
8	日　　本	9	6	10
9	意 大 利	8	10	10
10	法　　国	7	16	17
11	乌 克 兰	7	5	15
12	荷　　兰	7	5	4
13	牙 买 加	6	3	2
14	西 班 牙	5	10	3
15	肯 尼 亚	5	5	4

7. 中国体育代表团。

中国体育健儿取得了51枚金牌、21枚银牌、28枚铜牌的优异成绩，位居金牌榜第一位，创造了中国体育代表团参加奥运会以来的最好成绩，为把北京奥运会办成一届有特色、高水平的奥运会作出了重大贡献。

第二节 亚洲运动会(简称亚运会)

亚洲运动会是亚洲地区规模最大的综合性运动会。亚运会前身是远东运动会和西亚运动会。远东运动会自1913年起至1934年止共举办10次。西亚运动会曾于1934年举办了一次,后因第二次世界大战局势紧张而停办。

1948年在伦敦举行第14届奥林匹克运动会时,印度田径联合会主席桑迪提议成立亚洲运动会联合会,得到亚洲各国的响应,于是在1949年成立了亚洲运动会联合会。1951年在印度新德里举行了第1届亚洲运动会。亚运会每4年举办一届,会期不超过16天。1951年至2006年,共举办了15届。

1990年第11届亚运会在我国首都北京举行。2010年11月11日至26日将在我国广州举办第16届亚运会,这是我国在举办2008年奥运会之后承办的又一大型综合性国际体育盛会。

第三节 全国运动会(简称全运会)

我国全国综合运动会简称全运会。1959年是中华人民共和国诞生10周年,为检阅体育战线十年来的成就,举办了第1届全运会。至今共举办了10届全运会,前4届均在北京举行,第5届在上海举行,第6届在广州举行,第7、8两届均在上海举行,第9届在广州举行,第10届在南京举行,第11届于2009年在山东济南举行,第12届于2013年在辽宁沈阳举行。从1975年以来,全运会每4年举办一次。

思考题:

1. 奥运会旗帜五环的含义是什么?
2. 奥运会的口号是什么?
3. 2008年在哪里举行第几届奥运会?
4. 什么是奥林匹克精神?

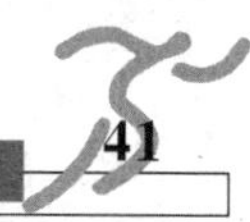

实践教程

第六章

田　径

田径运动是锻炼身体、增强体质的重要手段之一。经常参加田径运动，能够全面发展力量、速度、耐力、柔韧、灵敏等身体素质，能促进机体的新陈代谢，使内脏器官的机能得到改善和提高，还能培养勇敢顽强、吃苦耐劳、勇于克服困难等优良品质。

第一节　跑

教学目标：

学会各种跑的技术，提高跑的能力，发展速度、耐久力和灵敏等身体素质。

一、短跑

短跑属于极限强度运动，是用最快的速度跑完规定较短的距离。比赛项目包括男子和女子100米、200米、400米，男子110米栏，女子100米栏、400米栏。经常参加这项运动，能有效地发展快速奔跑的能力，增强体质，并能培养坚毅、顽强的精神。

(一)短跑的基本技术

短跑技术一般分为起跑、起跑后的加速跑、途中跑和终点冲刺跑四个部分。

1. 起跑：起跑的任务是使身体迅速摆脱静止状态，尽可能获得较大的起动初速度，为起跑后的加速跑创造有利的条件。

(1)短跑起跑一般采用蹲踞式起跑，并使用起跑器。

(2)蹲踞式起跑的基本技术：包括“各就位”、“预备”、“鸣枪”(或跑)三个阶段组成。

听到“各就位”口令时，轻快地走到起跑器前，两手撑地，两脚依次蹬在起跑器前后的抵足板上，脚尖应触及跑道，后膝跪地，两手在起跑线后撑地，两臂伸直，肩与起跑线平行，两手间隔稍宽于肩，四指并拢和拇指成“八”字形支撑，颈部自然放松，两眼目视前下方约45～50厘米处，等待下一个口令。

听到“预备”口令时，平稳抬起臀部，稍高于肩，重心适当前移，重心投影点处在起跑线上或稍前，前腿大小腿夹角约为90°～100°左右，后腿大小腿夹角约为110°～130°左右，颈部自然放松，两脚掌紧贴起跑器、深呼吸、屏气、静听枪声。

听到枪声，两手迅速离地，两臂积极有力地前后摆动，两脚用力蹬起跑器，后脚蹬离起跑器后以膝领先迅速向前摆出，后腿前摆并积极下压，上体前倾与水平线约成15°～20°角。(图6-1-1)

2. 起跑后的加速跑：起跑后的加速跑是起跑的继续，它的任务是尽快地在最短时间内发

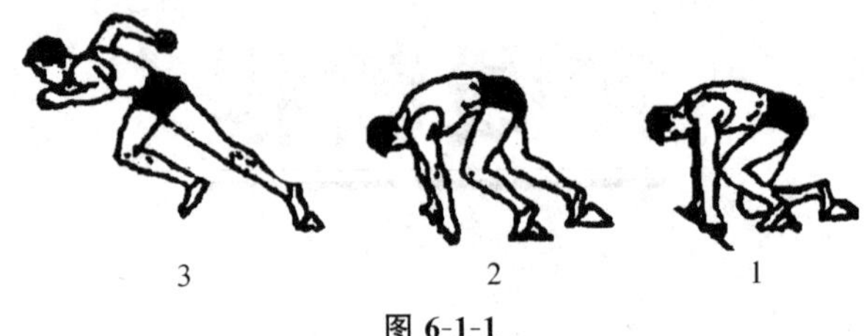

图 6-1-1

挥出最大的速度。起跑时，前脚蹬离起跑器即转入加速跑阶段，加速跑时躯干前倾较大，两臂用力前后摆动，摆动腿迅速向前摆出，支撑腿积极蹬伸，前脚掌积极扒地、蹬地。起跑后第一步不宜太大，应逐渐加大步长。上体随着步长和跑速的增加逐渐抬起，然后自然进入途中跑。（图 6-1-2）

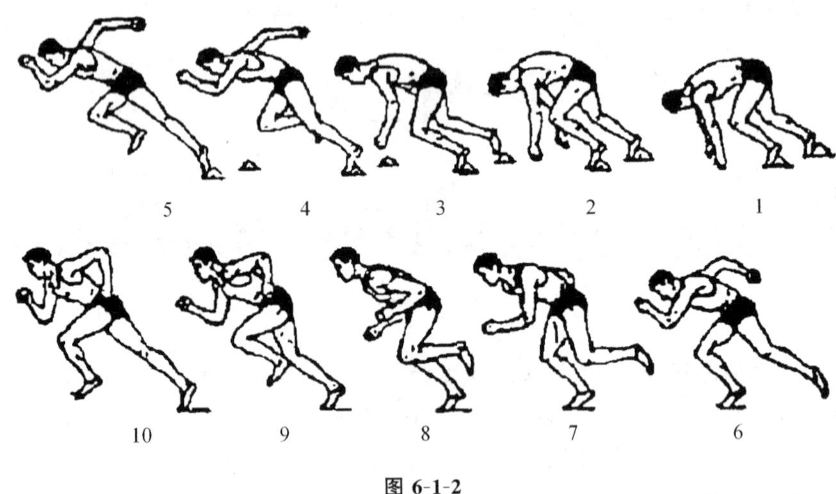

图 6-1-2

3. 途中跑：途中跑的任务是继续发挥和保持最高速度跑向终点。途中跑是全程中距离最长、速度最快的部分，也是短跑最重要的部分。

（1）上体姿势与摆臂：头部正直，两眼平视，颈肩放松，上体稍前倾或正直。摆臂时，两手半握拳，肘关节自然弯曲约成 90°，以肩为轴前后摆动。前摆时，手高不超过下颌，肘关节弯曲度稍小于 90°；后摆时，肘关节稍向外，当手摆到身体垂直部位时，上臂和前臂之间的夹角最大 150°左右。手臂动作与腿部动作相协调。

（2）下肢动作，前摆与后蹬：当支撑腿蹬离地面后，大小腿即折叠前摆。当身体重心移过支点垂直面后，支撑腿即后蹬。摆动腿的大腿摆至最高时，大腿与水平面平行。支撑腿在摆动腿快速有力的前摆配合下，迅速地伸展髋、膝、踝关节，最后用脚趾末节用力，形成支撑腿与摆动腿协调的蹬摆动作。

（3）腾空与着地缓冲：支撑腿蹬离地面进入腾空阶段。腾空后原摆动腿以髋关节为轴，大腿积极下压，膝关节放松，小腿随摆动腿的大腿下压的惯性自然向前伸展，准备着地。前脚掌着地瞬间，迅速向后下方做“扒地”动作。支撑腿蹬离地面后，小腿顺惯性向大腿靠拢，形成边折叠边向前摆动的动作，直至摆过支撑腿的膝关节稍前部位，这时大小腿折叠角度最小，脚跟几乎触及臀部。（图 6-1-3）

4. 终点跑：终点跑是全程跑的最后一段。任务是保持途中跑的跑速并完成撞线动作。

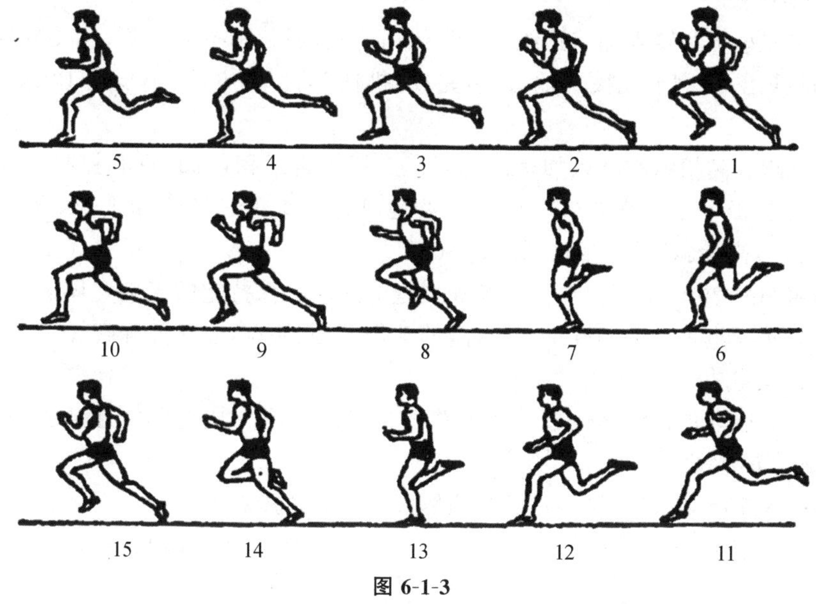

图 6-1-3

终点跑技术与途中跑技术基本相同，要求在离终点线 15～20 米处，尽力保持上体前倾角度，并加强后蹬和两臂摆动的速度和力量，在跑到离终点线前一步时，上体迅速前倾，用躯干部位撞终点线，跑过终点线后逐渐减速。（图 6-1-4）

图 6-1-4

5. 弯道起跑和弯道跑技术

（1）弯道起跑技术：短跑中的 200 米、400 米跑，起跑均在弯道，为了便于起跑和加速跑，起跑器就安装在跑道的右分道线外沿正对弯道切点方向的地方。"各就位"时，左手置于起跑线后 5～10 厘米处，身体正对切点。起跑后加速跑要沿着切线跑进，跑至切点前，身体要逐渐向左倾斜，并从容地快速进入弯道跑。（图 6-1-5）

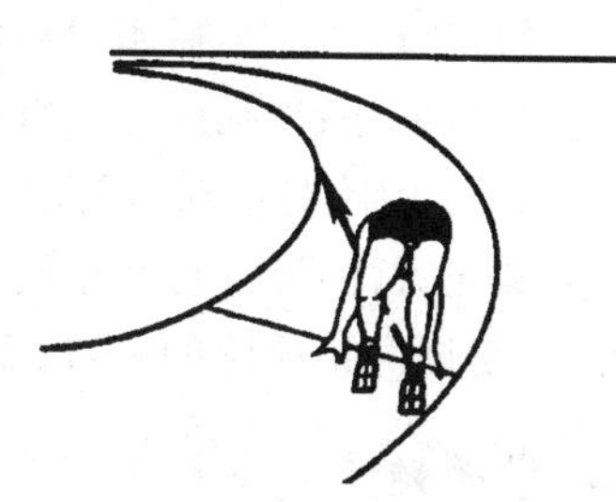
图 6-1-5

（2）弯道跑技术：弯道跑时，为了克服离心力的作用，身体应向左倾，左脚前掌外侧着地，右脚前掌内测着地。右臂摆动幅度大于左臂，右肩稍高于左肩，右肘稍向外，整个身体保持向左倾斜，身体倾斜度与跑速成正比。弯道进入直道时要利用惯性，在弯道的最后几米，身体要逐渐减小内倾程度，做惯性跑 2～3 步。（图 6-1-6）

图 6-1-6

（二）短跑的练习方法

1. 原地摆臂练习。摆臂时，以肩为轴，上臂带动前臂屈肘前后摆动，同时，摆动时肩要放松。

2. 小步跑和小步跑转入加速跑练习。身体稍前倾，屈膝稍抬起大腿，膝关节放松，小腿顺惯性自然向前摆出，前脚掌积极着地，最后完成“扒地”动作。方法：小步跑 10 米接加速跑 30 米。

3. 高抬腿跑和高抬腿跑转入加速跑练习。上体正直或稍前倾，重心提起，抬腿与躯干接近成直角，然后积极下压以前脚掌着地，支撑蹬地时，髋、膝、踝三个关节要充分伸展，两臂屈肘前后摆动。方法：高抬腿跑 10 米接加速跑 30 米。

4. 加速跑 20～30 米练习。要求逐渐加快跑的速度。保持跑的正确姿势。

5. 中速放松大步跑 60～100 米，要求跑的动作放松、协调，步幅要开阔。

6. 蹲踞式起跑 30～50 米。

7. 变速跑。逐渐加快跑速→最大速度跑→自然放松跑→加速跑→逐渐放松慢跑。体会加速和变换速度的感觉。

8. 沿半径为 15～20 米的圆圈进行弯道跑。体会弯道跑技术。

9. 直道跑 15～20 米，接着进入弯道跑 30～40 米。转入弯道前几步，要求身体逐渐向内倾斜。

10. 弯道跑 80～100 米。

11. 弯道跑 30～50 米，接着跑进直道 40～60 米。转入直道跑几步，身体逐渐直起，进入惯性自然跑。

(三)易犯错误与纠正方法

1. 摆臂紧张，耸肩，摆动幅度小。

纠正方法：增强臂、肩带及腰、背肌力量；多做原地摆臂练习；用中等速度跑改进摆臂技术。

2. 起跑后加速跑时上体抬得过早。

纠正方法：加强腿部力量，用胶皮带牵引做起跑后加速跑，在跑中要求身体适当前倾。

3. 后蹬腿没有充分蹬直，形成“坐着跑”。

纠正方法：体会后蹬时髋、膝、踝关节用力顺序和充分伸展动作；后蹬时强调摆动腿前摆带同侧骨盆前送；加强腰、腹、背肌力量和髋、膝、踝关节灵活性及下肢各肌群的速度力量的训练。

4. 途中跑时摆动腿前摆不够，送髋不充分。

纠正方法：反复做大小腿折叠前摆的辅助练习，加强做大腿的屈肌群和伸肌的柔韧性练习，反复做高抬腿跑的练习，做两臂支撑高抬腿练习。

二、中长跑

中长跑是中距离跑和长距离跑的合称，是发展耐久力的项目。正式比赛项目有男子 800 米、1 500 米、3 000 米和女子 800 米、1 500 米属于中距离跑，男子 5 000 米、10 000 米和女子 3 000米、5 000 米、10 000 米属于长距离跑。

中长跑要求学生在全程跑时能维持一定的跑速，尽可能减少体力的消耗，合理地分配体力。跑时要求动作轻松协调，身体重心平稳，节奏性强。中长跑的完整技术分为起跑、起跑后的加速跑、途中跑和终点跑。

(一)中长跑技术的基本技术

1. 起跑和起跑后的加速跑

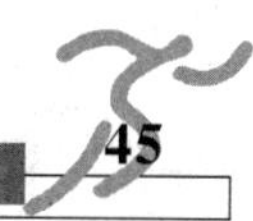

中长跑一般采用站立式起跑。

站立式起跑：中长跑起跑按"各就位"、"跑"（枪响）。听到"各就位"口令后，做一两次深呼吸，从起跑集合线的地方走或慢跑到起跑线后，两脚前后开立，有力腿在前，前支撑脚的异侧，后脚距离前脚约一脚长，两腿弯曲，上体前倾，身体重心落在前支撑腿上，臂在前，另一臂在后，两眼目视前方，集中精力听枪声或跑的口令。

听到枪声或口令时，两腿用力蹬地，后腿蹬地后迅速前摆，使身体快速地向前冲出。起跑后的加速跑，上体应保持一定前倾，摆臂蹬腿的蹬摆都应快速有力，逐渐加速，上体逐渐抬起，跑向对发挥自己战术有利的位置。加速跑距离的长短、速度的快慢，应根据项目、个人特点、比赛情况和战术要求而定。（图 6-1-7）

图 6-1-7

2. 途中跑

中长跑的途中跑与短跑的途中跑稍有差异。途中跑时，上体应保持正直或稍前倾的姿势，上肢摆臂幅度大小应根据个人的跑速而定，中长跑后蹬力量比短跑小，后蹬角度比短跑大。后蹬效果的好坏，取决于蹬地的力量、速度以及摆动腿积极前摆的协调配合。脚着地可用前脚掌着地过渡到全脚掌，也可用全脚掌着地。中长跑的呼吸采用半张口与鼻同时呼吸。呼吸节奏取决于个人特点和跑的速度，一般可按跑的节奏两步一呼、两步一吸，或三步一呼、三步一吸。无论采用哪种方法，都要注意呼吸的深度。

途中跑有一半以上的距离是在弯道上跑。弯道跑技术与短跑基本相同，只是动作幅度和用力程度较小。

3. 终点跑

终点跑是临近终点的一段加速跑，动作要求基本与短跑冲刺基本相同。何时开始冲刺根据自己的训练水平和战术来决定。这时比赛者处于疲劳状态，要取得好成绩需要顽强的意志和奋勇拼搏的精神。在技术上需要加速摆臂，加快步频，一般情况下，800 米跑可在最后 300～200 米，1 500 米在最后 400～300 米，3 000 米跑以上要在最后 400 米或稍长的距离开始冲刺跑。终点撞线技术与短跑撞线技术相同。

（二）中长跑的练习方法

1. 匀速跑 40～60 米。体会正确的上体姿势和摆臂动作。
2. 走跑交替。练习过程中，随着耐力的提高，逐渐缩短走的距离。
3. 重复跑 200～400 米。改进技术，注意跑的节奏。
4. 重复跑 400～800 米。时间间隔 3～5 分钟。
5. 变速跑（100 米快＋100 米慢）。通过快跑与慢跑的交替进行，提高跑的加速能力。
6. 定时跑，以均匀的速度跑 6～8 分钟。
7. 弯道练习跑。体会弯道跑技术。

8. 发展力量练习。立定跳、多级跳、单足跳、跨跳、蛙跳及各种跳跃游戏、俯卧撑、立卧撑、俯卧屈伸腿、轻器械练习(如实习球、哑铃、沙衣、沙袋等);利用地形条件(如山坡、台阶、沙滩、沙地等)进行跑的练习以及其他的负重练习。

(三)易犯错误与纠正方法

1. 身体重心起伏大,跑的直线性差。

纠正方法:沿着画好的直线跑进,注意膝关节向正前方摆动及脚着地位置,加强弱腿及弱臂的力量训练。

2. 后蹬不充分,臀部后坐,形成“坐着跑”。

纠正方法:加强关节灵活性、柔韧性和有关肌群力量训练;多做后蹬跑、跨步跳、多级跳等练习,强调送髋动作。

3. 呼吸方法不正确,跑时动作紧张、不协调。

纠正方法:明确正确的动作过程和相应呼吸方法;多做柔韧性练习,增强弱肌肉群的力量,使各部分肌肉力量发展平衡。利用慢跑、中速跑等练习呼吸节奏。

三、接力跑

接力跑是由短跑和传、接棒技术组成的集体项目,能培养集体主义精神。正式比赛项目有男、女 4×100 米和 4×400 米接力。

(一)接力跑基本技术

接力跑技术包括短跑技术和传、接棒技术两个部分。接力跑成绩的好坏,取决于各棒队员的速度,熟练的传、接棒技术。

1. 4×100 米接力跑技术

(1)起跑:第一棒运动员通常采用蹲踞式起跑,用右手的中指、无名指和小指握住棒的末端,用大拇指和食指分开撑地,接力棒不得触及起跑线或起跑线前的地面,起跑技术和短跑相同。(图 6-1-8)第二、三、四棒运动员用站立式或一手撑地的半蹲踞式起跑姿势站在选定的起跑位置。(图 6-1-9)第二、四棒运动员站在跑道外侧,所以都把左腿放在前面,右手撑地,身体重心稍向右偏,头转向左后方,且面视跑来的同队队员和自己的起动标记。第三棒运动员因跑弯道而站在本跑道左侧,右腿在前,与第二、四棒运动员技术要求相同,只是左右相反。当传棒队员跑到标志线时,接棒队员便迅速起跑。

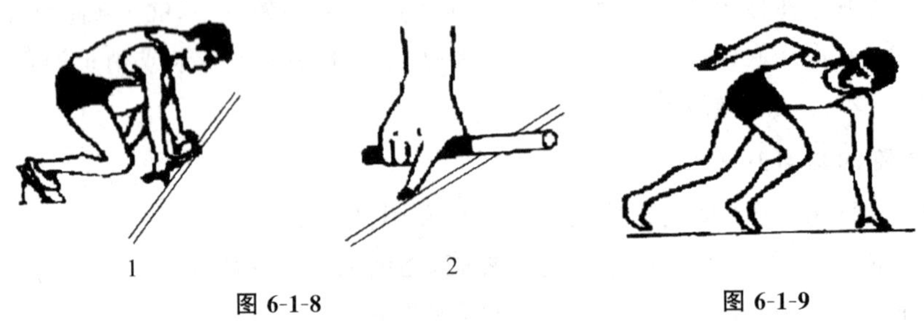

图 6-1-8　　图 6-1-9

(2)传、接棒方法:

传、接棒一般采用“上挑式”和“下压式”两种方法。

“上挑式”:接棒的手臂自然向后伸出,掌心向后向下,虎口张开朝下,递棒人将棒由下向上

方送入接棒人的手中。(图 6-1-10)

“下压式”:接棒运动员手臂后伸,四指并拢,虎口张开向后,掌心向上,递棒运动员由上而下柔和传入接棒人手中。(图 6-1-11)

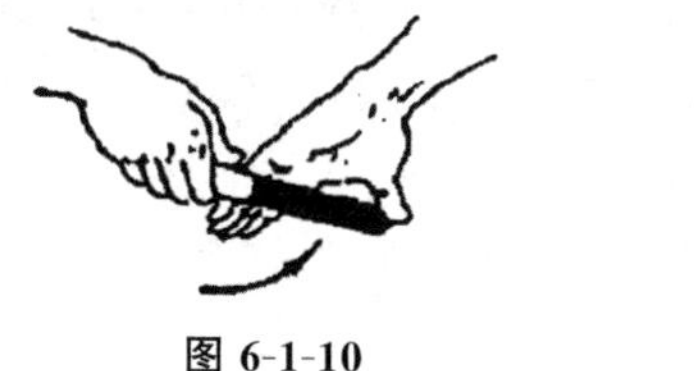

图 6-1-10

图 6-1-11

(3)标志线的确定和传、接棒的时机:

标志线的确定:标志线离接棒队员起跑处的距离,是根据传、接棒队员的跑速和传、接棒技术的熟练程度而定。

传、接棒的时机:接棒队员在预跑线内或接力区后端,在看到传棒队员跑到标志线时,便迅速起跑。当两队员相距 1.5～2 米时,便立即向接棒队员发出信号(嗨或接),接棒队员立即向后伸手接棒。传棒队员完成传棒动作后逐渐降低跑速,待其他道次队员跑过后方可离开跑道。

(4)各棒队员的确定:接力跑是由 4 人密切配合完成全程跑的。因此,在安排各棒队员时,必须考虑每个队员的特长和优势。第一棒安排起跑好、跑弯道技术好者;第二棒是直线快速跑,应安排速度耐力好,传、接棒技术好者;第三棒必须会跑弯道;第四棒安排全队实力最强、短跑速度最快、冲刺能力最强的队员。

2.4×400 米接力跑基本技术

4×400 米接力跑,第一棒运动员必须采用蹲踞式起跑,沿自己的跑道跑完 400 米,第二棒运动员在各自分道接力区内交接棒,跑完一个弯道过抢道标志线后可切向内道跑进,第三、四棒运动员在终点前后 10 米接力区内完成交接棒任务。4×400 米接力跑由于速度不快,接棒运动员采用站立式起跑,起跑距离视前棒运动员的速度而定。传、接棒一般采用左手接棒后立即换到右手。第四棒队员一般不换手,一直跑到终点。传、接棒方法采用“下压式”、“上挑式”都可以。

4×400 米接力队员棒次安排原则:第一棒需要安排具有良好技术的,实力较强的队员。第四棒应是全队实力最强的队员,必须具备良好的战术意识和速度控制能力以及心理素质。如果 4×400 米接力队全队实力不平衡,一般可以安排全队实力第二位的队员跑第一棒,实力次弱的队员跑第二棒,实力最弱的队员跑第三棒,全队实力最强的队员跑第四棒。

(二)接力跑的练习方法

1. 原地持棒摆臂做“上挑式”和“下压式”传、接棒练习。

2. 在慢跑中做“上挑式”和“下压式”的传、接棒练习(在接力区中进行)。

3. 在快跑中做“上挑式”和“下压式”的传、接棒练习(在接力区中进行)。

4. 进行 4×50 米、4×100 米接力跑练习,并在反复练习中确定起跑标志线的距离和传、接棒的时机。

(三)易犯错误与纠正方法

1. 传、接棒信号过早或过晚,接棒人起跑过早或过迟。

纠正方法：进一步讲清传、接棒的时机，加强心理训练，排除干扰，反复进行配合练习。

2. 接棒人没有沿着应跑的路线跑进，造成传、接时两队员前后重叠。

纠正方法：反复讲解和示范队员正确的跑进路线和传、接棒技术，并反复进行练习。

3. 标志线确定得过远或过近，造成不能在预定地点完成传、接棒动作，甚至犯规。

纠正方法：画出接力区、标明标志线，反复进行配合练习。

4. 接棒队员接棒时回头看，影响跑速。

纠正方法：反复在中速跑的过程中练习传、接棒技术，并消除紧张状态。

5. 传、接棒过程中掉棒。

纠正方法：反复练习传、接棒技术，要求接棒队员接棒时手要稳定，传棒队员传棒时动作要规范、正确。

三、跨栏跑

跨栏跑，是一项在快速奔跑中，连续跨过固定数量、固定距离、固定高度栏架的径赛项目，也是一项运动技术比较复杂，锻炼价值较高的项目。从事跨栏跑运动，可以培养勇敢、顽强、果断的意志品质，并能有效地发展速度、弹跳力、柔韧性和灵敏性等身体素质。

（一）跨栏跑的基本技术

跨栏跑的成绩，取决于运动员的平跑速度、跨越栏架的完善技术，以及跑、跨协调配合的能力。只具备好的跑速，没有掌握完善的跨栏技术，是不能在跨栏跑中获得优异成绩。同样，只具备合理的技术，而无良好的跑速，也是不能在跨栏跑中获得好成绩的。列入奥运会比赛的跨栏跑项目如表 6-1-1 所示。

表 6-1-1　不同跨栏跑栏架设置表

项　目		栏高（厘米）	栏架数目（个）	起跑至第一栏距离（米）	栏间距（米）	最后一栏至终点距离（米）
男子	110 栏	106.7	10	13.72	9.14	14.02
	400 栏	91.4	10	45	35	40
女子	100 栏	84	10	13	8.5	10.5
	400 栏	76.2	10	45	35	40

跨栏跑的技术由起跑至第一栏技术、跨栏步技术、栏间跑技术和终点跑技术四个部分组成。

1. 男子 110 米跨栏跑技术

（1）起跑至第一栏的技术。起跑后正确地跨过第一栏是跑好全程的重要环节。起跑后的疾跑，身体前倾角度比短跑小。起跑到第一栏一般跑 8 步，身高腿长、弹跳力和速度好的运动员，也有跑 7 步的。一般运动员可跑 9 步或 11 步。

（2）跨栏步。跨栏步是指腾空过栏的那一步，从起跨腿着地起跨开始，至摆动腿过栏后着地为止。包括起跨、过栏两个阶段。

①起跨：一般起跨点距栏架约 2～2.20 米，初学者可适当缩短。为了迅速踏上起跨点，起跨前一步的长度应比倒数第二步短 15～25 厘米，形成一个快速短步，使身体重心快速前移，为起跨做好准备。当倒数第二步摆动腿着地时，起跨腿的大腿积极前摆，并用前脚掌准确地踏着起跨点。摆动腿的大腿积极向前上方摆动，小腿随惯性与大腿自然折叠，用以加大前摆的速度。当身体重心移过垂直部位后，起跨腿用力蹬地，使髋、膝、踝与上体成一直线。起跨腿与地

面形成的夹角比短跑要大。两肩正对前方，摆动腿异侧臂有力地前摆，形成一个攻栏姿势。

②过栏。所谓过栏，是指起跨腿蹬离地面后，身体处于腾空状态，摆动腿的大腿随惯性继续抬高，膝关节放松，小腿向前伸展，脚尖勾起，然后，向下向后用力做压栏动作。上体积极前倾，摆动腿异侧臂前伸，在摆动腿开始下压的时候，上体的前倾度最大。同时，起跨腿屈膝外展，勾脚尖，收紧小腿，以大腿带动小腿经体侧向前提拉。起跨腿同侧臂向后摆动，摆幅比短跑要大。当臀部快要移过栏架的瞬间，摆动腿积极下压，用前脚掌着地，上体适当前倾，髋关节前移，使着地点尽量靠近身体重心射影点，以便顺利地转入栏间跑。

(3)栏间跑。110 米高栏的栏间距离为 9.14 米，用三步跑完。第一步稍小，第二步稍大，第三步适中。跑的技术同短跑中的途中跑。但由于栏间距离是固定的，所以栏间跑要有一定的节奏。在不影响栏间节奏的前提下，增大第一步的步长是必要的，这样能减小身体重心的起伏。由于栏间距离和步数是固定的，所以提高栏间跑速度主要靠提高步子频率来完成。

(4)终点跑。最后一个栏下栏后，应加强腿的蹬摆，加大躯干前倾，加快摆臂动作，以顽强的意志力奋力冲向终点，并做好撞线动作。

2. 女子 100 米跨栏技术

女子 100 米跨栏技术和男子 110 米跨栏技术相似，只是动作幅度小，起跨点较近，后蹬角度较小。

3. 400 米跨栏技术

起跑与 400 米跑的技术相同。400 米跨栏起跨点离栏架 2 米左右。栏间跑用 15 步或 17 步，一般前半程跑 15 步，后半程跑 17 步。400 米跨栏应注意跑时的速度分配，一般采用匀速跑为好。

为了掌握弯道过栏技术，要学会右腿起跨。并且左腿前摆时要略向左偏，上体向左稍倾斜，左肩低于右肩。下栏时以脚掌外侧着地，下栏后的第一步也应向左用力。

(二)跨栏技术的专门练习

1. 原地站立，摆动腿屈膝高抬，然后积极下压大腿，做“扒地”动作，同时摆动腿异侧臂协调前伸和摆动。

2. 摆动腿前跨一步，起跨腿做过栏动作的练习。两臂协调摆动，上体稍前倾。

3. 面对肋木(原地站立或走几步)，摆动腿屈膝高抬前摆，并伸小腿踏在肋木上。与此同时，起跨腿蹬直，上体前倾，摆动腿异侧臂前伸。

4. 从栏侧走几步做摆动腿攻栏和起跨腿过栏的练习。

5. 用低栏慢跑跨过 2～3 个栏。

6. 起跑过半程栏练习。

7. 起跑过全程栏练习。

(三)跨栏跑中常见的错误与纠正方法

1. 摆动腿方向不正，左(右)绕过栏架及跳栏。

纠正方法：适当把起跨点移远(可在起跨点处划一标志，让学生踏上这一标志)。多做屈腿攻摆练习，发展柔韧素质。

2. 起跨腿提拉时，小腿向上提成直立，形成上体扭转。

纠正方法：用手撑着墙壁或树干，使身体向前倾，反复做起跨腿的提拉平拖腿的练习，在练习中纠正不正确的姿势。除此之外，也可以降低栏高，让运动员在栏侧小跑几步，反复做起跨腿向上提拉再平拖过栏的动作练习，过栏时提示学生加大上体前倾。

3. 栏间直线跑直线性差，脚跟着地。

纠正方法：改进攻栏技术，把栏架放在跑道线上，沿白线跑进。改进前摆落地技术和上体平衡能力。加强关节和脚掌肌的力量。

4. 栏间跑小碎步、节奏混乱。

纠正方法：缩短栏间距离，或将下一栏架的高度降低，减少运动员对栏架所产生的心理压力，克服怕栏的思想。同时，加强腿部力量的训练，增强过栏的自信心。

5. 上体直立、重心高、摆动腿停留在栏上。

纠正方法：加长起跨距离，加快起跨前的速度，减小起跨角度。

知识窗

哪届奥运会开始使用400米跑道?

从1920年第7届比利时安特卫普奥运会开始，田径比赛正式使用400米跑道。首届现代奥运会田径场为U形，而从第1届至第6届现代奥运会，田径赛场均无统一标准。为了田径运动的标准化和规范化，在本届奥运会上第一次使用了沿袭至今的周长400米跑道。虽然当时正逢大雨，田径场被踩得一塌糊涂，但在400米跑道上仍创造了8项奥运会纪录。在这次田径比赛中，芬兰选手表现突出，打破了由美国运动员独霸天下的局面。

第二节 跳 跃

教学目标：

通过对跳跃基本技术的学习，掌握简单的身体活动能力，培养学习的兴趣，发展体能，促进身心健康。

跳跃是非周期性运动项目，是运动员经过助跑起跳后，使身体腾起，以克服最大的垂直方向或水平方向的空间距离为目的的运动项目。主要有跳高、跳远、三级跳远等项目。通过学习跳跃能有效地增强下肢力量，提高弹跳力，发展灵活、协调等身体素质，培养勇敢、顽强、沉着、果断的意志品质。

一、跳高

在跳高技术的发展过程中，曾出现过跨越式、剪式、滚式、俯卧式、背越式等姿势，唯有背越式跳高被世界优秀运动员普遍采用，使世界跳高纪录不断提高。

(一)背越式跳高技术

背越式跳高是人体通过弧线助跑、起跳后，以背对横竿的姿势越过横竿的一种跳高方法。技术是由助跑、起跑、腾空过竿、下落着地等四部分组成，这些动作是紧密相连、相互作用的一个完整的统一体(图6-2-1)。

1. 助跑。助跑的任务是使人体获得一定的水平速度，为起跳和顺利过竿创造条件。背越式跳高的整个助跑过程中，前4～6步是直线助跑，后4～6步是弧线助跑。助跑前段的技术与普通加速跑基本相似，后段弧线助跑时身体向圆心方向倾斜，这样就使身体重心比跑直线时的

图 6-2-1

位置相对地降低，为加快踏上起跳点的动作和快速有力的起跳提供了有利的条件。

弧线助跑通常采用走步丈量法，即先从起跳点沿横竿的平行方向走 5 步，然后向助跑起点方向（与横竿垂直）走 6 步并做一个标记为弧线助跑点，再继续向前走 7 步，最后一步落点就是助跑的起跑点。把标记点与起跑点用弧线连接即为助跑弧线（图 6-2-2）。

2. 起跳。起跳的任务是在助跑获得水平速度的基础上，尽可能地获得最大的垂直速度，改变人体运动方向，使身体充分向上腾起，为腾空过竿做好准备。起跳包括放脚、缓冲和蹬伸三过程：

（1）放脚：在助跑最后一步前，起跳腿以髋带动大腿快速向前迈步，最后用脚跟外侧先着地，迅速滚动至全脚掌支撑。放脚起跳时，身体仍向圆心倾斜，此时，两臂屈臂摆到靠近躯干的两侧。

（2）缓冲：起跳腿用脚跟着地后，由于助跑速度的惯性和身体重力的作用，迫使起跳腿髋、膝、踝三关节迅速弯曲缓冲，此时，摆动腿和两臂已开始从体后或体侧加速向体前摆起。

（3）蹬伸：在完成了缓冲动作后，就进入了起跳蹬伸阶段。由于完成蹬伸动作的时间直接影响身体重心腾起的初速度，因此，蹬伸阶段要快速有力地伸直起跳腿的髋、膝、踝三关节，摆

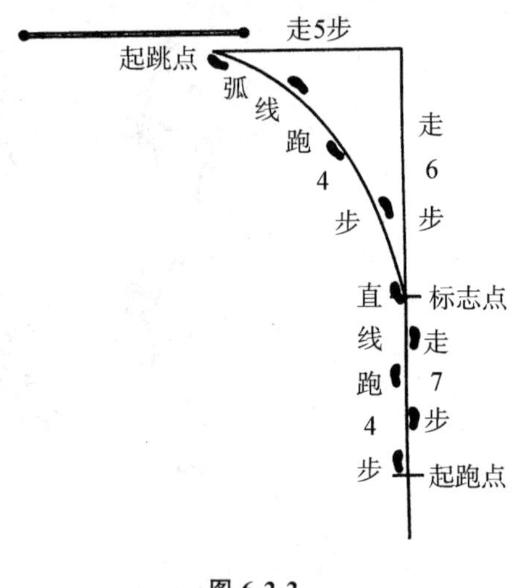

图 6-2-2

动腿和两臂与起跳腿蹬伸动作紧密配合进行摆动，提肩、拔腰，使整个身体充分向上伸展，最后是脚尖蹬离地面。

3. 过竿和落地。腾空过竿阶段的任务是充分利用身体重心腾起的高度，采用合理的过竿姿势和动作，使整个身体顺利地越过横竿。落地阶段的任务是及时做好缓冲动作，安全落地。

当起跳离开后，人体在飞向横竿的过程中，身体沿纵轴旋转，逐渐转为背对横竿。首先是右臂过竿(左腿起跳者)，然后是头、肩和左臂过竿。当头、肩过竿后，头向后仰，两臂向体侧张开。此时，摆动腿保持上抬并稍向外转，起跳腿也屈膝外展，髋部随即向上挺起形成背弓形。随后，髋继续保持上挺姿势，待臀部过竿后，要及时做低头、屈髋和小腿上甩伸直动作，使整个身体越过横竿，肩、背先着海绵垫。

(二)学习步骤与练习方法

背越式跳高的教学重点是起跳，难点是弧线助跑转为垂直起跳，身体在起跳后向背对横竿方向“旋起”和竿上身体与横竿成正交叉并成“桥”形姿势。

1. 过竿及落地技术练习

(1)手扶肋木送髋。两手于背后扶肋木下蹲，慢慢起立，肩后倒送髋至最大限度，然后起立。

动作要求：头后仰，越向前移，越要挺胸送髋，使身体反弓成“桥”形(图 6-2-3)。

(2)下蹲抓脚跟送髋起。原地下蹲，两手于体侧抓住脚跟。起立时，先向前移重心，提踵，前脚掌着地，向前跪膝挺胸，由下蹲慢慢向上起立，手仍抓住脚跟，身体后仰，迫使送出髋关节，至最大限度时，慢慢松手，继续送髋，挺胸站立(图 6-2-4)。

图 6-2-3

图 6-2-4

动作要求：起立时要掌握身体平衡，送髋时要提脚跟，加大髋部前送的幅度。

(3)原地倒体送髋。背对垫子站立，两臂屈肘于体前，提脚跟，上体后移，挺胸、送髋，肩后倒至肩背落在垫子上。腰臀继续向上送起不落垫，脚跟仍然提起(图 6-2-5)。

动作要求：压肩后倒时必须提踵送髋，落垫时必须肩背落垫。还未落垫时，要迅速而及时低头，以免头部着垫而受伤。

(4)立定背越式跳。两脚屈膝半蹲，然后用力向上跳，两臂配合向上摆，肩向后伸展，抬臀挺髋，在空中成反弓形，然后低头收腹举腿，用肩背着垫(图 6-2-6)。

图 6-2-5

图 6-2-6

动作要求:大胆向上跳,大胆向后倒体送髋,落垫时低头收腹举腿,用肩背着垫。

(5)原地背越式过竿:用橡皮筋或横竿,其方法和要求同(4)。

(6)走或跑二三步接着做过竿落地动作,反复练习。

2. 助跑起跳技术练习

(1)沿直径约 15 米的圆弧做加速跑。

动作要求:加速跑时脚掌始终落在弧线上,身体向圆心方向倾斜。

(2)沿弧线跑 6~8 步后起跳。

动作要求:逐步加快助跑节奏并自然起跳,体会离心力对身体的作用。

(3)直线助跑后进入弧线跑。直线段跑 6~7 步,弧线跑 4~5 步。

动作要求:直线段助跑逐渐加速,身体重心位置较高。转入弧线段时动作流畅,身体重心内倾。

(4)同上练习,接上步起跳。

(5)学习全程助跑丈量方法。用走步法丈量全程助跑。

动作要求:助跑稳定,在直、弧段交接处做标记,并在练习中进行调整。

3. 全程背越式跳高技术练习

(1)全程助跑起跳练习,检查助跑步点,并强调助跑的节奏。先画好适合自己的助跑弧线,放置高横竿。助跑道上放置 2~3 个助跑标记,练习者在适当的距离上选一个起跑点。先从预跑到直线段加速,较柔和地转入弧线加速,快而准地踏上标志点。摆动腿落地后顺其惯性沿横竿另一端放松跑 3~4 步。

动作要求:通过反复助跑练习,把握全程助跑的节奏。整个助跑起跳过程要做到快而稳。

(2)四步助跑过横竿练习。

动作要求:步点准确,起跳后身体充分向上腾起,过竿时身体舒展。

(3)6~8 步助跑过竿练习。

(三)易犯错误及纠正方法

1. 助跑节奏乱,使助跑与跳结合不起来。主要是助跑步点不准确,拉大步、捣小步或没有沿助跑弧线落脚。

纠正方法:改进直线进入弧线的助跑技术,按划好每步的标记助跑;反复进行助跑练习。

2. 起跳向前的力量太大而跳不起来。主要是助跑过快失去控制;最后一步放脚太慢,未完成起跳动作就向横竿倒体展肩,急于过竿;倒数第二步偏离弧线;助跑弧度不够,最后几步没有保持身体向内倾斜;起跳时转体过早背对横竿起跳。

纠正方法:多做短、中程助跑结合起跳的练习,注意改进放脚、摆腿和摆臂的技术动作,提高助跑结合起跳的速度；多做弧线助跑结合起跳后练习，强调身体从内倾迅速转成垂直和正确完成起跳后再做过竿动作。

3. 起跳时制动大，减弱了水平速度，做过竿动作时，身体压竿。主要是倒数第二步时，身体重心下降太多，身体向内倾斜不够；起跳前身体后仰过大，起跳脚落地不够积极，前伸太远。

纠正方法：多做弧线助跑结合起跳的模仿练习，如连续做10～15米直径圆圈上助跑几步接起跳的练习；弧线助跑起跳用头触高物，强调起跳要积极，上体要正直。

4.“坐”式过竿，臀部及大腿碰落横竿。主要是起跳时身体；重心没跟上，过早曲髋做不出“桥”的动作，腾空高度不够；小腿太紧张，收腹举腿过早。

纠正方法：利用弹跳板或低跳箱，做立定背越式跳高，逐渐增加高度，克服害怕心理；立定背越式跳高，臀部落在垫垛边，保持挺髋和小腿弯曲姿势；在过竿的上空放一标志物，过竿时用髋触及标志物后，再收腹举腿。

5. 起跳后转体不够，使身体斜着交叉过杆。主要是起跳时摆动腿摆动迟缓或摆动方向不正确，使身体沿纵轴转不够；最后两步角度太大，以致起跳时摆动腿转髋困难。

纠正方法：多做摆腿的模仿练习并结合摆臂动作；弧线助跑起跳触高物后转体90度；反复做大弧线的助跑练习。

6. 竿上动作僵直。主要是起跳腾空后，两膝关节不放松，腹肌紧张，做“桥”动作困难，灵敏性、协调性太差。

纠正方法：加强柔韧性、灵敏性和协调性的练习，提高动作的放松能力；做短、中程助跑起跳的过竿练习，在竿的下前方设一标志物，过竿时两小腿后屈，用脚跟或小腿触标志物。

二、跳远

跳远技术是由助跑、起跳、腾空和落地等4个紧密相连的动作环节所组成。

(一)跳远基本技术

1. 助跑。跳远助跑的任务是为了获得可控制的最大水平速度和为起跳做好准备。助跑的距离要根据练习者的素质状况和技术水平高低来定，男子一般为30～40米，跑16～22步；女子一般为25～35米，跑14～20步。助跑距离的测定，可从起跳板(线)用助跑速度向反方向跑，最后一步踏跳点即为起跑点。助跑起动方式对步点准确性有一定影响，站立式起动或走或跑几步后踏标志线开始助跑是常用的两种起动方式。

全程助跑应轻松而有节奏，速度应逐渐加快，最后几步达到最高速度。助跑的最后几步，是跳远技术中的重要环节，它能够影响起跳前的速度、踏板的准确性和起跳动作的合理性。在助跑的最后阶段，为了准备起跳，助跑的节奏稍有变化，主要是倒数第2步的步长稍有增加，身体重心稍有下降。最后一步由于加快起跳腿的放脚动作，步幅稍短，重心略升高，进入起跳状态。

2. 起跳。起跳的任务是在尽量减少水平速度损失的情况下获得必要的垂直速度，改变身体重心向前运动的方向，使人体沿适宜的腾起角向空中腾起。

起跳动作包括放脚、缓冲和蹬伸三个过程。助跑最后一步，当摆动腿支撑时，应用力蹬地使身体尽快向起跳板推进。起跳腿快速折叠前摆，并积极下压大腿，用脚跟触及并迅速滚动至全脚掌，身体重心越过支撑点时蹬直髋、膝、踝三个关节。同时摆动腿积极向前上方摆至水平位置，摆动时小腿自然下垂，上体正直，两臂协调配合，起跳腿同侧臂屈肘摆至体前上方，异侧臂屈肘摆至体侧(图6-2-7)。

图 6-2-7

蹬伸不仅是起跳腿快速有力的蹬地，而且要与摆腿、摆臂、提肩、提腰等动作协调配合，使整个身体向前上方伸展。当摆动腿与两臂摆动到一定位置时，要有意识地做“突停”，以维持身体的平衡，减小起跳腿的压力，增加起跳腾起的速度。

3. 腾空。跳远腾空阶段的任务是维持身体在空中的平衡，并为合理、完善的落地动作创造有利的条件。正确的腾空应是上体正直，摆动腿保持起跳时的前摆，起跳腿自然、放松地留在身体后面。这一起跳结束时延续在空中的动作姿势，叫“腾空步”(图 6-2-8)。“腾空步”以后的空中姿势分为蹲踞式、挺身式和走步式三种。

图 6-2-8

(1)蹲踞式(图 6-2-9)。蹲踞式跳远时，“腾空步”的时间相对较长，摆动腿大腿抬得较高，膝关节的屈度较大，两大腿之间的夹角较大。当身体重心达到抛物线的最高点时，起跳腿屈膝向前提拉并与摆动腿并拢，形成“蹲踞”姿势，上体前倾，两臂同时自前向下、向后摆动，小腿自然前伸准备落地。

图 6-2-9

(2)挺身式(图 6-2-10)。挺身式跳远起跳后，保持“腾空步”的时间比蹲踞式稍短。起跳后摆动腿自然下放，小腿向后下方弧形摆动，两腿迅速靠拢，形成挺身姿势。两臂在摆动腿放下时同时下落，然后配合收腹举腿作绕环摆动，接着前伸小腿准备落地。挺身式跳远的空中动作，能拉长体前肌肉，有利于做收腹举腿和伸腿落地动作，效果比蹲踞式好。但要注意挺身反弓的程度和时机，否则会使动作紧张，不利于身体在空中的平衡。

图 6-2-10

4. 落地。正确的落地动作能帮助提高成绩,同时可防止伤害事故发生。因此,当人体将要落地时,应保持上体前倾,高抬大腿,前伸小腿,脚触地刹那,迅速向前屈膝缓冲,髋部前移,两臂屈肘前摆,使身体尽快移过支撑点,并向前或向侧倒体,避免后坐。

(二)学习步骤与练习方法

教学重点是助跑与起跳相结合的技术,难点是助跑快而步点准确,板前不减速地跳起来,以及(蹲踞式跳远)腾空后的蹲踞动作和(挺身式跳远)腾空后的挺身动作。

1. 助跑与起跳结合技术的练习方法

(1)摆臂练习。起跳腿同侧臂屈肘向前上方摆动,异侧臂屈肘摆向体侧,两肘与肩平时急停,同时顶肩拔腰。

(2)摆腿练习。摆动腿屈腿高抬向前上方摆出,并把同侧髋带出。

(3)起跳腿放脚攻板练习。起跳腿低平而快前摆,大腿积极下压,脚掌由上向下后扒踏,同时配合摆腿和摆臂动作。

(4)走步、小步跑、半高抬腿跑等结合起跳成“腾空步”。

(5)3～4 步助跑起跳成“腾空步”。

(6)6～8 步助跑起跳成“腾空步”,以摆动腿落坑向前跑出。

2. 落地技术练习

(1)立定跳远练习。空中团身,落地前及时伸腿,并利用两臂前摆,使身体重心移到落地点,然后前倒或侧倒入沙坑。

(2)高台原地单腿起跳团身落地练习。抬腿、伸腿、移重心等要求同上。

3. 蹲踞式动作练习

(1)悬垂于单杠或支撑于双杠上成“腾空步”姿势,接着起跳腿屈膝提举,与高抬的摆动腿靠拢成蹲踞姿势。

(2)原地单腿起跳成蹲踞式练习。起跳腿提举拉收,与摆动腿靠拢成蹲踞姿势。

(3)4～6 步助跑蹲踞式跳远。

4. 挺身式动作练习

(1)原地模仿练习。成“腾空步”姿势,随即摆动腿下放后摆,手臂配合由上向下向后上方摆动,展髋挺身成“反弓”,然后身体跃起,收腹举腿落地。

(2)3 步助跑起跳成“腾空步”,完成挺身式动作。

(3)4～6 步助跑成“腾空步”,完成挺身式动作。

(4)6～8 步助跑成“腾空步”,完成挺身式动作。

5. 完整技术练习

(1)丈量全程助跑步点前,进行全程助跑练习。

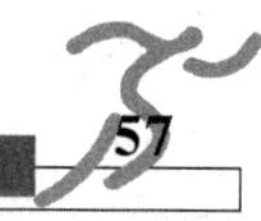

(2)在准确的步点基础上完成起跳成“腾空步”。

(3)进行蹲踞式或挺身式的完整技术练习。

(三)易犯错误及纠正方法

1. 助跑步点不准。主要是开始助跑的姿势不固定;助跑节奏不稳定;场地、气候和生理、心理因素的影响。

纠正方法:固定助跑的开始姿势,正确使用助跑标志;反复跑步点,固定助跑节奏;在不同场地、气候练习助跑,培养适应能力。

2. 助跑最后几步减速。主要是步点不准,最后几步步长过大或过小;怕越板犯规或跑快了跳不起来;急于做强有力的起跑;快跑中起跳能力差。

纠正方法:反复跑步点;大胆加速,不受越板影响;改进起跳技术,采用俯角越跳板,提高起跳速度。

3. 挺身式跳远中以挺腹代替挺身。主要是腾空步后摆动腿下落不积极;摆动腿没有后摆,上体后仰。

纠正方法:短距离助跑起跳,上体保持正直;短距离助跑起跳,摆动腿积极下落并向后摆动;做挺身式各种模仿练习。

三、三级跳远

(一)三级跳远基本技术

三级跳远是助跑之后沿直线连续进行3次跳跃。第一跳(单脚跳)须用起跳腿落地,第二跳(跨步跳)须用摆动腿落地,第三跳(跳跃)用双脚落入沙坑(图6-2-11)。三级跳远的速度取决于由助跑获得的水平起跳所产生的垂直速度。每一跳的动作质量,身体平衡能力和三跳比例也同远度紧密相关。尽可能地减少三跳过程中水平速度的损失,是三级跳远技术的关键。

图 6-2-11

1. 助跑。三级跳远的助跳与跳远的不同之处是助跑最后几步无明显变化，身体重心较高，起跳点更靠近身体重心投影点，上体保持一定前倾角度。

2. 第一跳(单脚跳)。第一跳起跳同跳远稍有区别，几乎是伸直腿着板，起跳腿膝关节稍放松。攻板时上体略前倾，摆动腿屈膝快速前摆，髋部前送，起跳腿缓冲后，迅速蹬伸。双臂同时配合摆动，身体重心沿长而平缓的轨迹行进。腾空后，摆动腿自上而下向后弧形摆动，起跳腿同时屈膝自后向前上方提摆。此时上体稍前倾，两臂协调配合两腿，由体前下向体侧后方摆动，以维持身体平衡，空中“换腿”后做“扒地”准备。

“扒地”式落地是大腿快速下压，小腿自然前伸，起跳腿做向前、下、后的弧形鞭打动作。脚落地点尽量靠近身体重心投影点，同时迅速缓冲，身体重心迅速前移，两臂同时配合摆动，以维持身体平衡和减少水平速度的损失，为第二跳起跳创造条件。

3. 第二跳(跨步跳)。第一跳落地缓冲后，起跳脚向前上方蹬伸，腾空后起跳腿自然弯曲留在体后，摆动腿前摆，两臂同时由前上方向下后方弧形摆动，形成大跨步的姿势。为了在较长的时间内保持这种大跨步姿势，尽可能地延长脚落地的时间，在腾空距离的后1/3处时，摆动腿大腿应带动髋部又一次做向前上方抬摆的动作。接着摆动腿开始下落，准备着地进入第三跳。

4. 第三跳(跳跃)。第二跳落地缓冲后，支撑腿迅速蹬伸，摆动腿积极前摆，两臂配合同时上摆，形成跳远的腾空姿势。空中动作用蹲踞式或挺身式均可。

5. 技术类型和三跳比例关系。三级跳远应有强烈、鲜明的节奏。正确的节奏较为均匀，为“嗒、嗒、嗒”，节奏正确才能保持身体平衡的协调和有效地用力。

确定三跳长度比例的主要依据是练习者的速度和支撑力量的水平。按其三跳比例和技术特点分为力量型(高跳型)和速度型(平跳型)两种。力量型不仅第一跳跳得高而远，而且每一跳都跳得较高，水平速度损失大，三跳的比例关系大约是38%、29%、33%。采用这一技术类型要求有较强的腿部力量；速度型第一跳平而低，较多地保持了水平速度，三跳远度均匀，比例关系大约为35%、30%、35%。采用这一技术类型要求速度快和快速起跳能力强。一般普通练习者采用前两跳低而平的速度型较为适宜。

(二)学习步骤与练习方法

三级跳远的教学重点是维持身体平衡，按适当比例有节奏地完成三级跳。难点是扒地式落地，保持三跳的水平速度，第二跳有一定远度并能不减速地连续跳起来。

1. 三级跳远落地动作练习

(1)在草地上或锯末跑道上连续做跨步跳练习。要求支撑腿蹬地充分，两臂配合摆动，摆动腿前摆幅度要大，落地时扒地积极，各跳之间衔接紧密。

(2)立定三级跳远练习。要求连续跨跳时注意后扒着地，并做好缓冲。

(3)学习掌握上一步三级跳远。建立起跳、落地的第一跳技术动作概念。

2. 掌握第一、二跳动作相结合技术

(1)学习第一跳空中换步动作。原地单足跳屈膝提腿空中换步练习；连续单足跳低空换步练习，两臂配合两腿做前后摆动；4～6步助跑起跳空中换步，起跳足落在沙坑里跑过。要求做到起跳时蹬地角小，重心平稳，起跳腿屈膝提腿带髋，两臂前后摆动，着地缓冲后注意支撑工作和继续蹬伸，摆动腿前迈跑过。

(2)学习第一、二跳相结合的技术，学习原地五级跳。距沙坑10米(男生11米)画线，跳法同立定三级跳一样，即用力脚先跳出，摆动腿做跨步跳。动作顺序是左－右－左－右－跳，两臂配合跨跳前后摆动，也可双臂摆动。连续跨步跳过实心球，注意球与球之间间隔要适中，否

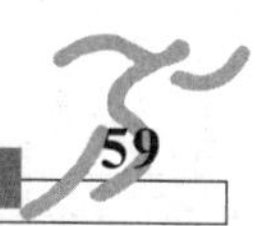

则会破坏跨越节奏。

连续单足跳接跨越练习,动作顺序是左—左—右—左—左—右。要求单足跳时有换步动作,跳跃的步幅宽大富有弹性,摆臂要协调配合,否则身体不平衡,会影响跳跃的直线性。避免用脚跟着地,着地时用膝踝缓冲,蹬摆跨跳中髋部前送。单足跳与跨步跳的步长宜均匀而有节奏,如能在草地上做最好。

3. 掌握完整技术,改进三跳节奏

(1)4～6 步助跑三级跳远练习。自然走 6 步跑 4 步,走 10 步跑 6 步,助跑要有加速。要求标出三跳长度,踏上标志线起跳,强调放松,协调均匀有节奏。三跳比例,男子(6 步助跑)为 3.50 米—2.80 米—3.20 米,合计 9.50 米;女子(6 步助跑)为 2.80 米—2.30 米—3.00 米,合计 8.10 米。

(2)确定全程助跑距离。从教学角度出发,考虑到初学者腿部力量不足,可用中程助跑加速,即 8～12 步助跑。一般可用自然走步法丈量,如走 22 步跑 12 步。

(3)全程助跑三级跳远练习。要求技术完整,节奏均匀,三级跳比例适当,用以巩固提高技术,也可重点改进某一跳技术。

(三)易犯错误及纠正方法

1. 第一跳跳得太高,距离较短,换步动作不明显。主要是起跳时用力方向和节奏控制不好。

纠正方法:常采用连续单足换步跳练习;全程助跑起跳。标出第一跳的远度,并在中间放一实心球,提示换步时机。

2. 第一、二跳衔接不好。主要是第一跳落地过早前伸小腿,影响第二跳的远度;两臂和摆动腿配合不好,破坏了第一跳的空中平衡。

纠正方法:常采用多做空中换步跳练习和摆臂摆腿动作配合练习,掌握正确的扒地式落地技术;提高腿部力量,特别是弱腿力量。

知识窗

十项全能包括 4 项径赛、3 项跳跃、3 项投掷,共 10 项。第一天 100 米、跳远、铅球、跳高和 400 米;第二天 110 米栏、铁饼、撑竿跳高、标枪和 1500 米。

跳高起源于古代人类在生活和劳动中越过垂直障碍的活动。现代跳高始于欧洲。18 世纪末苏格兰已有跳高比赛,19 世纪 60 年代开始流行于欧美国家。1827 年 9 月 26 日在英国圣罗兰·博德尔俱乐部举行的首届职业田径比赛中,威尔逊(Adam Wilson)屈膝团身跳越 1.575 米,这是第一个有记载的世界跳高成绩。比赛时,运动员必须用单脚起跳,可以在规定的任一起跳高度上试跳,但第一高度只有 3 次试跳机会。男、女跳高分别于 1896 年、1928 年被列为奥运会比赛项目。

跳远源于人类猎取或逃避野兽时跨越河沟等活动,后成为军事训练的手段。为公元前 708 年古代奥运会五项全能项目之一。现代跳远运动始于英国,1827 年 9 月 26 日在英国圣罗兰·博德尔俱乐部举行的第一次职业田径比赛中,威尔逊越过 5.41 米的远度,这是第一个有记载的世界跳远成绩。男、女跳远分别于 1896 年和 1948 年被列为奥运会比赛项目。

三级跳远起源于 18 世纪中叶的苏格兰和爱尔兰,两者跳法不同。苏格兰采用单足跳、跨步跳、跳跃,而爱尔兰用的是单足跳、单足跳、跳跃。现规定必须使用苏格兰跳法。最早的正式比赛可以追溯到 1826 年 3 月 17 日首次举行的苏格兰地区运动会,比蒂(Andre Beattie)创造了 12.95 米的第一个纪录。男子三级跳远于 1896 年被列为首届奥运会比赛项目,女子三级跳远于 20 世纪 80 年代初逐渐广泛开展,1992 年被列为奥运会比赛项目。

3. 第二跳跨步中高度和远度差。主要是上体前倾，动作紧张，跨跳幅度迈不开。

纠正方法：常采用多做五级跳，增加腿部力量。

4. 第三跳腾不起来。主要是第二跳起跳制动大，破坏了跨步跳节奏。

纠正方法：常采用加强三跳的节奏感，强调第二跳着地时的扒地动作。

5. 三跳的节奏不正常。主要是第一跳太高太远，第二跳太近太低。

纠正方法：建立三级跳的正确节奏概念，多采用 4 步助跑三级跳远练习；全程助跑中调整三跳的远度比例，画出第一、二跳标志，反复练习助跑做三跳练习，注意腿臂配合。

第三节 投 掷

教学目标：

学会投掷的基本技术和技能，发展速度、力量等素质。充分理解投掷对人类生活和工作的重要价值，培养良好的意志品质和道德修养，促进身心全面发展和适应社会发展的需要。

投掷是人类基本活动技能之一，田径运动中的投掷是人体运用自身的能力，通过一定的运动形式，将手持规定器械进行抛射，并尽可能获得远度的运动项目。传统项目有铅球、标枪、铁饼、链球、手榴弹等。经常练习可增强四肢和躯干的肌肉力量及身体的协调能力，能培养坚毅、顽强的意志品质。

一、铅球

推铅球技术有侧向滑步推球、背向滑步推球和旋转推球三种，这里着重介绍侧向滑步推铅球技术。

(一)侧向滑步推铅球技术

侧向滑步推铅球的完整技术由握球、持球、预备姿势、滑步和最后用力投出后的缓冲等几部分组成。

1. 握球和持球(以右手为例)

(1)握球：握球手五指自然分开，球托于食指、中指和无名指的指根面上，拇指和小指扶在球的两侧，手腕背屈(图 6-3-1)。

(2)持球：握好球后，将球置于锁骨窝处，颈部贴紧铅球，右臂屈肘稍外展，掌心向前，上臂与躯干约成 45°角，完成持球动作(图 6-3-2)。

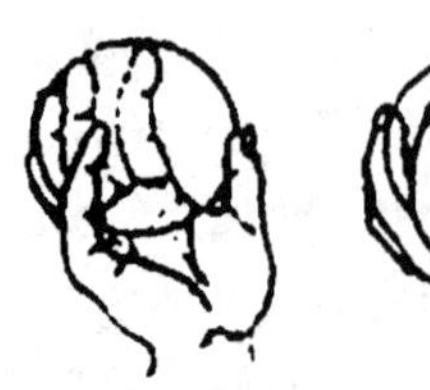

图 6-3-1

图 6-3-2

2. 预备姿势：上体正直，身体左侧对投掷方向，两脚左右开立与肩同宽，右脚靠近投掷圈的后沿，左脚前脚掌内侧着地，重心落在右腿上。然后上体稍向右倾，左臂微屈在体前上方自然举起。

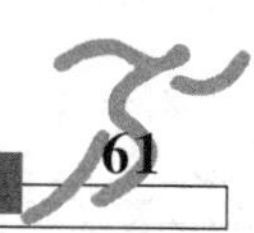

知 识 窗

奥运项目知识

投掷项目包括短投项目(铅球、铁饼)和长投项目(标枪、链球)。正式比赛男子铅球重量为7.26千克，女子铅球重量为4千克。比赛时，投掷圈直径为2.135米，用单手将球从肩上推出。男子铁饼重2千克，女子铁饼重1千克。运动员应在直径2.50米的圈内将饼掷出，铅球和铁饼必须落在34.92°的角度线内方为有效。

男子标枪重800克，长260～270厘米；女子标枪重600克，长220～230厘米。比赛时，运动员必须单手将标枪从肩上方掷出，枪尖必须落在投掷区29度的扇形区线内方为有效。标枪运动员不能在投掷后转身完全背对他投出的标枪。男子链球重7.26千克，总长117.5～121.5厘米，女子链球重4千克，总长116.0～119.5厘米。比赛时，运动员必须在直径2.135米的圈内用双手将球掷出并落在40°的扇形区线内方为有效。

3. 滑步：滑步的目的是为了使器械获得预先速度，并为最后用力推出创造良好的条件。滑步前左腿向投掷方向作一两次预摆，预摆时左腿微屈以大腿带动小腿向投掷方向摆起，上体向右倾倒，接着左腿屈膝回摆靠近右腿。同时右腿屈膝，降低重心，上体稍前倾，收腹含胸，左臂摆至身前准备滑步。滑步时左腿积极用力向投掷方向摆出，右脚用力蹬地，使身体重心向投掷方向移动。在右腿蹬离地面的瞬间，右腿积极收拉右小腿，前脚掌落在圆心附近。同时左腿积极下压，用前脚掌内侧着地(与右脚几乎同时着地)，并与投掷方向成45°角，以形成稳固有力的左侧支撑，且左脚尖与右脚跟在一条与投掷方向一致的直线上，人体重心落在弯曲的右腿上，完成滑步动作(图6-3-3①～⑩)。滑步的关键是身体移动快，重心起伏小。滑步结束时，身体处于最后用力前的有利姿势。

图 6-3-3

4. 最后用力：最后用力是推铅球技术的关键环节，动作的正确与否直接影响出手速度、角度和出手高度。当左脚即将着地的瞬间，右脚迅速蹬地，右膝内转，右髋积极前送，使上体抬起并转向投掷方向。当身体左侧移至与地面垂直的瞬间，左臂摆至身前制动，以左肩为轴，右肩积极向投掷方向送出，抬头挺胸，右臂快速伸直将球推出，其出手角度约38°～42°。当球离手刹那，两腿充分伸直，手腕内转屈腕，手指拨球，加快铅球出手的初速度（图6-3-3⑪～⑱）。

（二）学习步骤与练习方法

1. 原地侧向推铅球动作练习

（1）练习握球与持球的方法。

（2）徒手做原地推铅球的预备姿势和最后用力推铅球的模仿练习。

（3）正对投掷方向，左脚在前，脚尖稍向内转，右脚在后，膝关节稍屈，用前脚掌着地。右肩向右扭转，右腿用力蹬地，转身挺胸将球推出。

（4）原地侧向推铅球练习（用轻铅球）。注意体会正确的用力顺序和做好左侧支撑。

2. 侧向垫步推铅球动作练习

（1）徒手模仿持球做侧向垫步移动练习。要求落地时重心应控制在右腿上，右肩右转。

（2）持轻铅球做侧向垫步推球练习。

（3）听信号做原地推铅球练习。要求着重体会快速推球动作，并注意在出手后保持身体平衡。

知识窗

田径主要规则

径赛不分道跑项目：运动员在比赛中从左侧超越、挤撞或阻挡别人走或跑，应取消比赛资格。因此而受严重损失的运动员，经径赛裁判长同意，可令其参加另一组的比赛或下一赛次的比赛，或令该组重新比赛（被取消资格的运动员不得参加比赛）。

运动员在比赛中不得接受或外界提供的任何帮助，如伴跑或技术指导等。

自2003年1月1日起，对第一次起跑犯规的运动员给予警告，之后的每次起跑犯规的运动员（全能比赛，一名运动员允许二次起跑犯规）应取消比赛资格。

跨栏比赛中，在过栏瞬间脚或腿低于栏顶水平面、跨越他人栏架、有意用手或脚推倒、踢倒栏架等，均按犯规判处。

在所有的接力赛跑中，必须在接力区内（20米标志线）传接棒，接力棒到达接棒运动员手中才算完成传接棒任务。是否在接力区（20米标志线）内，应以接力棒的位置为准，不以运动员的身体或四肢的位置为准。

在弯道跑中，运动员跑出自己的内侧分道线，则应判犯规。在直道上跑出自己的分道线或在弯道跑出自己的外侧（右侧）分道线，未从中获得实际利益，也未阻挡其他运动员，则不应判犯规。

当比赛中的一组或几组运动员因计时器故障无全自动计时成绩时，应以该组的手计时成绩作为正式成绩公布，其他各组仍以全自动计时成绩作为正式成绩公布。

判定运动员的终点名次，应以其躯干（不包括头、颈和四肢）任何部位抵达终点线后沿垂直面的顺序为准。

全能项目：任何一个项目比赛，如果某运动员未能准时参加起跑或起掷（跳），则不能参加后续项目的比赛，按放弃比赛处理，不能计算总成绩。

运动员参加田赛兼径赛或参加两项以上的田赛同时进行时，有关田赛裁判长每次可允许该运动员在某一轮次中的试跳、试掷顺序改变，但不得要求将应试跳或试掷次数连续做完，回来后也不得补其已错过的比赛轮次与顺序，一旦该次试跳（掷）时限已过，将作该次试跳（掷）作

免跳(掷)处理;在高度项目中当所有运动员都完成比赛,该运动员未到且试跳时限已过,则视其为中退。

田赛项目成绩丈量。高度项目应从地面垂直丈量到横竿上沿的最低点,远度项目应从着地最近点垂直丈量到跳板起跳线或经圆心量到起掷弧内沿距离。均以1厘米为最小单位。

在田赛项目中。如远度成绩相等:(1)应以其次优成绩判定名次。(2)如果次优成绩仍相等,则以第三较优成绩判定,余类推。(3)如仍相等,并涉及第一名者,则令成绩相等运动员,按比赛顺序,进行新的一次起掷(跳),直至分出名次为止。

如高度成绩相等:(1)在出现成绩相等的高度上,试跳次数较少者名次列前。(2)如成绩仍相等,则在包括最后跳过的高度在内的全赛中,试跳失败次数较少者名次列前。(3)如成绩仍相等并涉及第一名时,则在造成其成绩相等失去了继续试跳权利的最低失败高度上,每人再试跳一次。(4)如有关运动员都跳过或都未跳过而仍不能判定名次,则横竿应提升或降低:跳高为2厘米,撑竿跳高为5厘米。他们应在每个高度上只试跳一次,直至分出名次为止。涉及其他名次,成绩相等的名次并列。

高度项目比赛中,运动员可在事先宣布的横竿升高的任一高度起跳,也可在以后的任一高度免跳,在任一高度上,只要连续3次起跳失败,即失去继续比赛资格。

3. 侧向滑步推铅球动作练习

(1)侧向滑步的预备姿势练习。

(2)徒手或持球做侧向滑步的模仿练习。

(3)侧对投掷方向,做左腿不摆动的右腿蹬地滑步练习,可连续做。

(4)侧对投掷方向,做左腿摆、右腿蹬密切配合的滑步:练习。

(5)持球做上述练习,进一步体会滑步技术。

4. 滑步与最后用力结合的动作练习

(1)侧向滑步推铅球。在画好的白灰线上做侧向滑步推铅球练习,要求练习过程中逐渐加大摆动的幅度和强调最后用力速度。

(2)在投掷圈内做上述练习。要求动作协调连贯,力争把球推远。

知识窗

田径项目的起源与分类

田径是体育运动中最古老的项目,有“运动之母”的美称。田径运动的形成与人类社会的发展有着千丝万缕的联系。远古时代,我们的祖先为获得生活资料需要走跑各种距离、跨越各种障碍、投掷各种器械,这些最基本的动作经不断延续、发展,得以保存下来,流传至今,形成传统项目。

田径运动由田赛、径赛、公路跑、竞走和越野跑组成。田赛和径赛必须在体育场内进行,田赛可分为跳跃、投掷两类项目,跳跃项目包括跳高、撑竿跳高、跳远、三级跳远,投掷项目包括推铅球、掷铁饼、投链球、掷标枪;径赛项目可分为短跑、中跑、长跑、接力跑、跨栏跑、障碍跑;公路跑必须在公路上进行,有各种距离的公路跑和公路接力跑,包括半程马拉松、马拉松等;竞走项目特殊,在体育场内或场外均可进行;越野跑必须在原野、草地等自然环境中进行。此外,还有以部分田赛和径赛项目组成的全能运动。在体育场内进行比赛的项目均设世界纪录,在公路上进行比赛的项目仅设世界最好成绩。

田径运动是比速度、比高度、比远度和比耐力的体能项目,或要求在很短的时间内表现出最大的速度和力量,或要求在很长的时间内表现出最大的耐力,最能体现奥林匹克“更快、更高、更强”的格言。田径运动是奥运会的必备项目,也是奥运会金牌最多的项目,所以有人用“得田径者得天下”来表述田径在奥运会中的地位。

(三)易犯错误及纠正方法

1. 推铅球时肘关节下降,球离肩过早,形成抛球。纠正方法:注意持球时手臂的动作,多做正面推铅球和原地推铅球的模仿练习。

2. 滑步和最后用力衔接不上。纠正方法:加强滑步技术练习,保持重心平稳;左脚积极落地,形成有力的双脚支持;右腿拉收快速蹬转,加强滑步与最后用力衔接。

3. 推铅球臀后坐。纠正方法:做推铅球预备姿势;反复做右腿蹬地转髋成“满弓”姿势;徒手做最后用力练习,要求用右手触及体前上方一定高度和远度的标志物。

第七章

三 大 球

第一节　篮　　球

教学目标：

通过篮球的基本技术、战术、规则的学习，不断增强学生体质，提高健康水平，学会欣赏篮球运动，培养优良个人品质和团队精神，最终养成自觉锻炼身体的习惯及具备终身锻炼身体的能力。

一、篮球运动概述

1. 篮球运动的起源与发展

1891 年，由美国马萨诸塞州斯普林菲尔德市基督教青年会训练学校体育教师詹姆士·奈史密斯博士发明的。当时，在寒冷的冬季，缺乏室内进行体育活动的球类竞赛项目。奈史密斯从工人和儿童用球向“桃子筐”投准的游戏中得到启发，设计将两只桃篮分别钉在健身房内两端看台的栏杆上，桃篮口水平向上，距地面 10 英尺，以足球为比赛工具向篮内投掷，入篮得 1 分，按得分多少决定胜负。因为这项游戏最初使用的是桃篮和球，遂取名为篮球。1904 年，在第 3 届奥林匹克运动会上第一次进行了篮球表演赛。1895 年，篮球运动传入我国天津，以后在上海和北京等地传播发展。在 1910 年旧中国首届全国运动会上，篮球首次被列为表演项目。1936 年第 11 届奥运会将男子篮球列为正式比赛项目，并统一了篮球竞赛规则，1968 年成立了“国际小篮球委员会”，1976 年第 21 届奥运会又增加了女子篮球比赛。

20 世纪 30 年代以前的篮球运动处于传播和推广时期，技术和战术尚处于初级阶段。从 1936 年至 1948 年间，由于规则的不断修改，促进了篮球攻防战术的变化运用，提高了攻防的速度。进入 50 年代，世界各强队普遍重视和发展高度，成为这一时期的显著特点。在 1952 年第 15 届奥运会篮球比赛中，出现了身高 2 米以上的高大队员。他们在高空争夺中占有明显的优势，掌握了比赛的主动权。但此时的高大队员灵活性差，技术单调，篮下死打硬攻，因而战术呆板，使比赛速度受到影响。针对上述情况，国际篮联对规则进行了修改，扩大限制区，增加了 30 秒区和干扰球规则。

20 世纪 60 年代是高度、技术和速度同步发展时期，各国在重视发展高度的同时，加强了高大队员技术和灵活性的训练。70 年代是高度、技术、速度相结合、相统一并持续发展的阶段，世界强队的身高增长到惊人的程度。80 年代篮球运动是在高水平上的全面对抗。

2. 篮球运动的特点和价值

现代篮球运动首先表现为多层次性：职业竞技、群众业余、商业赞助等全方位发展，特别是群众业余篮球活动的迅猛开展，爱好者越来越多，3 人篮球赛的吸引力越来越大就是一个例证。篮球运动的健身娱乐价值迅速提升。其次是现代篮球运动的商业和社会价值被逐渐关注和开发，由于参与人数多，观赏性强等特点，引起了政府、社会和企业等的关注。来自政府及社会较大的投入极大地改善了篮球运动的环境。

现代职业竞技篮球运动将继续向“高”、“快”、“全”、“准”、“变”和女子篮球“男子化”、明星更加突出、技战术运用向“精练化”、“技艺化”、“智谋化”的方向发展，而“高、快、全、准、变”等的含义又有了新的变化。随着现代篮球运动的继续发展，将会使人感觉到球场越来越小、比赛时间越来越短、篮架越来越低、篮筐越来越大、场上变化越来越快、队员身体接触越来越频繁剧烈、核心球员的特殊功能越来越突出、女子篮球越来越接近男子。

篮球运动的内在价值已远远超出了强身健体的范围，其在现代社会中的功能和社会教育价值已经被全社会所认识。篮球运动不仅对青少年有着良好的社会行为规范的教育作用，而且对整个社会均有着多层次、多方位的教育价值。对现代社会而言，篮球运动无疑是一项既能健身娱乐，且能促进社会化文明进程的良好竞技运动项目。

二、篮球的基本技术

(一)移动技术

移动基本技术以降低身体重心利用蹬地和跑动等徒手动作来完成的。移动技术很多，目的都是摆脱对方的防守，跑到有利的位置去接球。防守时脚步要提前抢位进行断球，不断给对方造成威胁。

1. 基本站立姿势

动作要点：两脚左右开立与肩同宽，两膝微屈上体稍前倾，身体重心位于两脚之间，两手臂自然弯曲于身体侧面，两眼平视前方。

2. 起动和快跑

起动是由静止状态转向运动状态的一种脚步动作。

动作方法：按基本站立姿势，上体前倾或侧转，向跑的方向移动重心，后脚用力蹬地。向前跑出(如两脚平行站立，可用任一脚蹬地)。头两步要小而快，并用前脚掌蹬地，迅速摆臂以提高跑速。

动作要点：移重心、蹬地快、频率快。难点：重心移动要及时。

3. 变向跑

变向跑是队员在跑动中突然改变方向以摆脱防守或堵截对方进攻的一种方法。

动作方法：变向跑时(以向右变向跑为例)，左脚在脚踏出时(最后一步)要屈膝，脚下尖朝右，身体重心落在左脚上，接着左脚前脚掌的内侧蹬地，上体向右转，同时右脚向右前方跨出一小步，左脚随即向右脚的斜前方跨出一大步，从右侧超越对手。

动作要点：蹬地有力，上下肢协调配合，跨步迅速。难点：掌握重心，要有突然性。

4. 侧身跑

侧身跑是队员跑动中为了抢位，摆脱防守，接侧向或侧后方传来的球而采用的一种移动方法。

动作方法：跑动时，头部和上体放松地向球的方向扭转，上体侧肩，脚尖朝着跑动的方向。

动作要点：上体侧转，两脚自然向前跑动。难点：身体平衡要稳定。

5. 急停

队员快速跑动中突然停住叫急停，急停可以分为跨步急停和跳步急停两种。

● 跨步急停：由两步构成也叫两步急停，第一步稍大，上体微后仰，脚跟先着地迅速过渡到全脚抵住地面，同时屈膝降低重心，减缓前进冲力；第二步着地时，脚尖稍向内，两膝深屈，前脚掌内侧用力支撑，重心落在两脚之间。

动作要点：重心移动要低，上下肢协调配合。

问题：你知道跳步急停如何做吗？

6. 转身

转身是队员以一脚为轴(为中枢脚)进行旋转,另一脚蹬地向前后跨步,身体随之转动,改变站立位置和方向。转身可分为前转身和后转身。

• 前转身:移动的脚从自己身前跨步使身体改变方向叫前转身。如向右做前转身时,以右脚的前脚掌为轴(脚跟提起),左脚前脚掌内侧蹬地,身体向右转动。

动作要点:转体蹬跨有力,保持身体平衡。

问题:你知道后转身如何做吗?

7. 滑步

滑步是防守技术的主要移动方法,滑步可分为侧滑步、前滑步、后滑步。

• 侧滑步:滑步前,两脚左右开立,两膝微屈,上体稍前倾.两臂向两侧张开,两眼平视对方。向左滑步时。左脚先向左迈出,右脚掌内侧迅速用力蹬地滑动,两脚保持一定距离,重心落于两脚中间,脚下不要擦地也不要离地过高,两脚不要交叉。向右滑步的动作与左滑步动作要领相同,只是方向相反。

动作要点:滑步的步幅要大,步速要快,以达到领先强占位置(滑步要抢在对方跨出的前脚的稍前方),控制并破坏对方突破路线的目的。

难点:滑步的步幅和步速,滑步的方向和后续滑步的步频,以及身体重心的控制。

问题:你知道前滑步、后滑步如何做吗?

练习方法:

(1)横滑步技术设5米距离计时往返练习比赛。

(2)3.50米的等边三角形做滑步。

(3)结合持球做一攻一防练习。

在移动基本技术的教学中要注意:

(1)合理安排练习的项目,每节课安排1～2个练习项目为宜。

(2)练习的时间不宜长。

(3)练习次数不宜过多。

(二)传接球

传接球的最佳效果是传接球之间力量上恰到好处,接球者不需要校正动作就可以直接做其他进攻动作;而传接球的最佳线路是尽可能减少失误。

1. 双手胸前传球

动作要领:两手五指自然分开,持在球的两侧后上方,拇指相对呈“八”字形,掌心空出,两肘自然下垂位于体侧,两脚前后(或左右)站立即可,然后按伸臂、翻肘、拨指的用力顺序将球出手(如图7-1-1)。

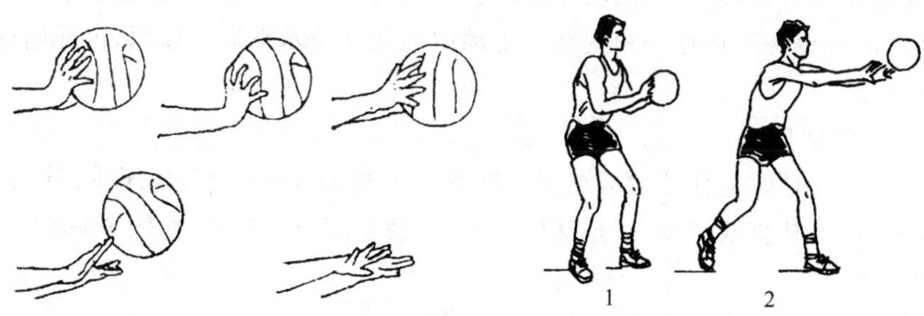

图 7-1-1

2. 单手肩上传球

动作要领：以右手传球为例，传球时两脚前后开立，左脚在前，左肩侧对传球方向，右手持球于肩上后引。然后右脚蹬地，转身，前臂迅速向前挥摆，用手腕通过手指的力量将球传出（如图 7-1-2）。

图 7-1-2

3. 双手接球

动作要领：在接来球时，两臂自然伸出迎球，手指自然分开，两拇指相对成“八”字形其他手指向前上方成一个半圆形，朝来球方向。手指触球时，两臂迅速后引收回缓冲把球接住。

练习方法：

(1)二人对面原地徒手及传接球练习。

(2)原地跨步、跳起接不同方向的球。

(3)三人跑动换位传接球。

(4)二人全场行进间传接球。

易犯错误：

(1)手心贴球，两拇指距离过大或过小，持球不正确。

(2)两肘外展过大。

(3)没有摆臂、拨指、抖腕的动作。

(4)迎球时，臂、指、腕紧张，引球动作不及时。

纠正方法：

(1)多做正确模仿练习。

(2)多做抛、接练习，养成张手、伸臂、引球、及时曲臂的习惯。

(三)运球

运球时手腕要放松，用向下挤压动作拍球。要训练两只手都能熟练地运球。开始先学习原地运球，熟练后可以一边运球一边走动。走动中的运球技术掌握好以后，再开始逐渐增加移动速度，直至全速。

1. 移动中直线运球

(1)动作方法：运球时应使球的落点在运球手同侧脚的外侧前方，异侧手、臂、腿和上体前倾护球，目视前方，保持直线移动，按拍球的后上方，使手脚协调配合（如图 7-1-3）。

(2)练习要求：

①移动速度与球和地面的入射角成反比。

②移动速度与按拍球的力量成正比。

图 7-1-3

2. 移动中变向运球

(1)动作要领:运用右手运球向一侧移动,然后突然变向将球拍至身体另一侧,同时换左手运球。

(2)练习要求:

①自右向左变向时,右脚向左侧方跨出,上体要左转肩。

②变向运球时,右手先推拍球的侧上方,换左手运球时应推拍球的后上方。

(3)练习方法:

①原地在体前用左、右手做变向运球练习。

②移动中用右手直线运球,变向后换左手做直线运球练习。

③5 米“Z”变向运球。

易犯错误:

(1)运球时低头,不能观察。

(2)运球时掌心触球或手指拨球。

(3)手、脚、身体不协调。

纠正方法:

(1)反复模仿正确技术。

(2)进行熟悉球性练习。

(3)设置障碍进行变向运球练习。

(四)持球突破

持球突破是持球队员运用脚步动作和运球技术相结合,快速超越对手的一项攻击性很强的技术,分为原地交叉步突破和原地同侧步突破。

1. 原地同侧步突破

动作方法:原地持球,以左脚为中枢脚,身体向左侧做假动作,然后右脚向右侧前方跨步,同时向右侧转体,待球离手后,左脚蹬离地面,快速运球向前。

2. 原地交叉步突破

动作方法:原地持球,以左脚为中枢脚,身体向右侧做假动作,然后右脚蹬地向左侧方迈一大步,同时转身推放球,待球离手,左脚蹬离地面,迅速运球向前。

易犯错误:

(1)侧、探肩不够,重心高,后蹬无力,加速不快。

(2)运球突破时球的落点靠后。

(3)中枢脚离地过早。

纠正方法:

(1)反复模仿正确技术,明确中枢脚。

(2)提醒侧探肩和降低重心,强调快速蹬地。

(3)设置障碍进行运球练习。

问题:你知道持球突破的最佳时机吗?

(五)投篮

投篮是篮球比赛中唯一的得分手段,是一切技术、战术运用的最终目的和全部攻守矛盾的焦点,是篮球技术体系的核心。

1. 原地单手肩上投篮

(1)动作方法:以右手投篮为例,右手五指自然分开,手心空出,用指根以上部位持球,大拇指和小拇指控制球体,左手扶球的左侧,右手屈肘,肘关节自然弯曲,置球于右肩上方。

两脚左、右或前后开立,两膝微屈,重心落在两脚上。投篮时,下肢蹬地发力,右臂向前上方伸直,手腕前屈,食、中指用力拨球,通过指端将球投出。球出手的同时,身体随投篮动作向前伸展(如图 7-1-4)。

(2)动作要点:上、下肢要协调用力,伸臂充分。难点:中、食指控制方向,将球柔和地拨出。

图 7-1-4

2. 原地跳起单手肩上投篮

(1)动作方法:以右手投篮为例,双手拿球于胸前,起跳时屏住呼吸,两腿屈膝蹬地向上垂直起跳,双手举球于肩上,右手托球,左手扶球,保持身体平衡。当身体接近最佳点时,迅速向前上方伸直右臂,手腕前屈,用食、中指发球(如图 7-1-5)。

(2)动作要点:蹬地,举球要同时。难点:上、下肢动作协调一致。

(3)练习方法:

①徒手做原地投篮动作的模仿练习,体会动作方法。

②不对球篮的投篮练习。

③正面定点投篮练习。

④不同角度的投篮练习。

易犯错误:

(1)持球手法不正确,用手心托球。

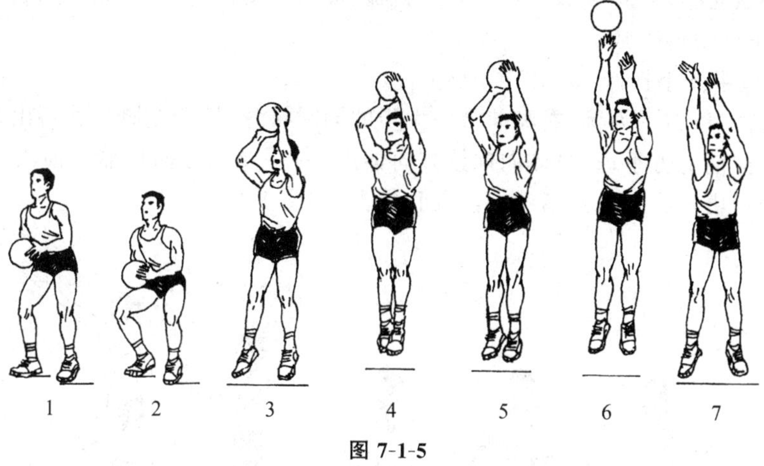

图 7-1-5

(2)肘关节外展过大，上肢各关节用力方向不一。

(3)投篮时抬肘伸臂不够，导致手臂前推，抛物线偏低。

(4)双手投篮时，用力不均，伸臂不充分。

纠正方法：

(1)反复模仿正确技术，示范动作要点。

(2)近距离模仿练习，纠正肘关节外展过大。

3. 行进间单手肩上投篮

(1)动作方法：以右手为例，右脚向前跨一大步的同时接球，接着左脚迅速跟上蹬地起跳，右膝提起，右手向上托举球。当身体接近最高点时，手腕上挑，用食指、无名指向上拨球，通过指端将球柔和投出(如图 7-1-6)。

图 7-1-6

(2)动作要点：跨步同时接球，举球伸臂、屈腕、拨指的动作连贯。

难点：上、下肢协调一致。

4. 行进间单手低手投篮

(1)动作方法：以右手为例，右脚前跨一大步的同时接球，接着左脚迅速跨出第二步并用力蹬地起跳，双手向前上方举球，身体向球篮方向伸展，右手要充分向球篮的前沿举球，用屈腕、挑指的动作，使球由食指和中指指端向前柔和投击(如图7-1-7)。

图 7-1-7

(2)动作要点：跨步及时、腾空高、伸展充分、出手柔和、方向准确。

难点：护好球，正确判断离球篮的距离。

(3)进行间投篮练习方法：

①徒手慢跑做行进间投篮的模仿练习。体会跨步、接球、起跳、举球、出手、落地等动作。

②走步式做行进间投篮练习。迈右(左)脚接球，上左(右)脚起跳投篮。

③运球接行进间投篮练习。

④传切上篮练习。

问题：怎样才能提高投篮命中率？

(六)抢篮板球

抢篮板球是关系到攻守转化的一项技术。夺得进攻篮板球，就获得了再次进攻的机会，可以连续进攻或在篮下直接得分；夺得防守篮板球，不但中断了对方的进攻，而且为本队获得了控球权，为发动快攻反击提供了有利条件。

1. 抢进攻篮板球

进攻队员抢篮板球时，应根据场上所处位置，及时地判断球可能反弹的方向，利用快速起动，直接冲向篮下或借助于闪晃的假动作迅速绕过对手，积极主动地去争抢篮板球或补篮。

动作要点：判断，冲抢。

易犯错误：

(1)冲抢时，重心高，起跳无力，没有挤靠防守队员。

(2)得球后，未保护好球。

2. 抢防守篮板球

防守队员在争夺篮板球时，首先挡住对手，同时判断球的反弹方向，牢记“先挡后抢”的原则，阻挡对手的同时冲向篮下争夺篮板球。

动作要点：抢篮板球的关键是抢占位置，要设法抢占在对手与球篮之间的位置上。进攻要强调“冲抢”；防守要强调“挡抢”。

难点：判断篮板球反弹的一般规律，掌握移动、抢位、挡人、起跳的技术动作。

易犯错误：

(1)投篮出手后，看球不看人，或相反。

(2)挡人不及时。

(3)得球后，未保护好球。

(七)防守技术

1. 防守对方球员

防守对手是队员合理地运用防守动作，积极抢占有利位置，破坏和阻挠对手的进攻意图和行动，并以争夺控制球权为目的。防守对手的基本姿势：

(1)防无球队员：要根据球和对手所处位置，确定和变换自己的防守站位，即防守队员与球和对手按三角形保持相等距离，及时识破对手移动路线，采取封、堵、卡、滑、贴、挤、夹等防守技术，阻截对手空切、溜底线接球。

(2)防有球队员：要根据对手所处位置，站于对手与球篮之间，在前后左右移动中，及时识破对手进攻意图，采取抢球、打球、断球等防守技术，阻截对手突破、投篮和传球。

练习方法：

原地防守基本姿势练习，各种脚步？练习如：滑步。

移动选位练习。

一攻一防脚步移动练习。

易犯错误：

(1)防守视野太小，不能人球兼顾。

(2)防守中重心太高，重心起伏不稳定。

纠正方法：

(1)矫正防守姿势和角度，有利于扩大视野。

(2)强调低重心，屈膝、弯腰。

(3)强调防守注意力集中。组织二对二、三对三的防守练习。

问题：防有球队员与无球队员的区别？

2. 打球与抢断

(1)打球：当对手持球由胸以上部位向下移位时，采用由下而上的打球方法，掌心向上，用手指和掌根击球的下部。当进攻队员持球较低(腹部以下)，就采用由上而下的方法打球，掌心向下，用手指和手掌外侧打球。

(2)抢球：抢球者首先靠近对手，看准对手持球的空隙部位，动作迅速、突然、果断。当两手手指触球和控制球时用力猛拉。可用手臂后拉、两手转动的方法把球抢过来，也可采用转体的方法把球抢过来。

(3)断球：是从接球队员的侧面或后面跃出截获球的动作。断球时，屈膝，降低重心，准备起动。当球刚从对方手中传出的一刹那突然起动，以短而快的助跑，单足或双足用力蹬地跃出，身体伸展，双臂前伸，用单手或双手截获球。

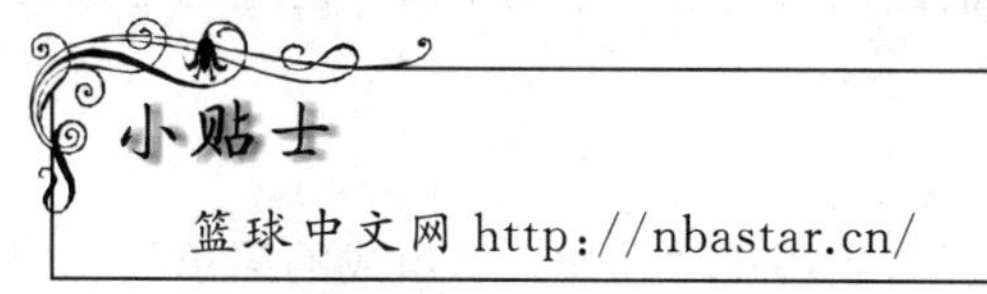

三、篮球的基本战术

(一)防守配合

1."关门"配合

关门配合是两个防守队员协同防守突破的配合方法。当进攻队员运球突破时,防守突破的队员向侧后方移动挡住其移动路线,临近突破一侧的防守队员,应及时快速向突破队员的前进方向移动,与突破的队员靠拢,像两扇门一样关起来,堵住进攻者的前进路线。

战术要点:"关门"时,动作要快,配合要默契,二人要靠紧,不留空隙。与突破队员距离很近时,则可横移关门,堵截突破者的去路。

示例:如图 7-1-8 所示,④向右侧突破时,❹和❻进行"关门",向左侧突破时,❹和❺进行关门。

2. 交换防守配合

这种配合是破坏掩护配合的一种方法。进攻队员利用掩护已经摆脱防守时,防掩护的队员及时发出换防的信号,与同伴互换各自的对手。在适当时候在换防原来的对手。

战术要点:交换防守前,一般是由防守掩护者的队员主动提示同伴,换防时,动作要果断、快速。在适当时候再换回来,防守各自原来的对手。

示例:如图 7-1-9 所示,⑤去给④掩护,❺要提示同伴,④被挡住时,❺主动呼唤同伴换防,❺防守④的运球,❹应迅速调整位置防守⑤。

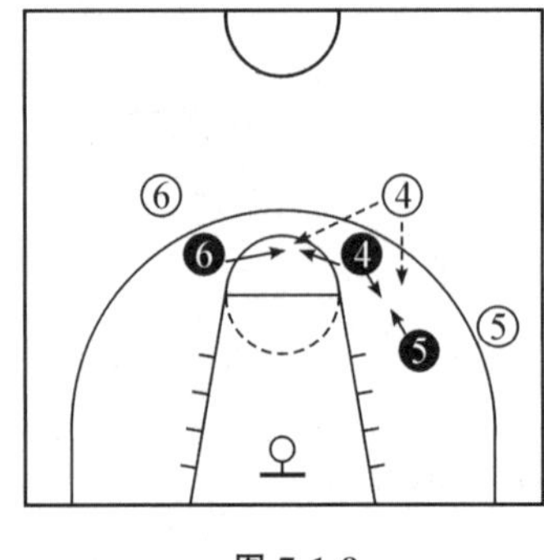

图 7-1-8

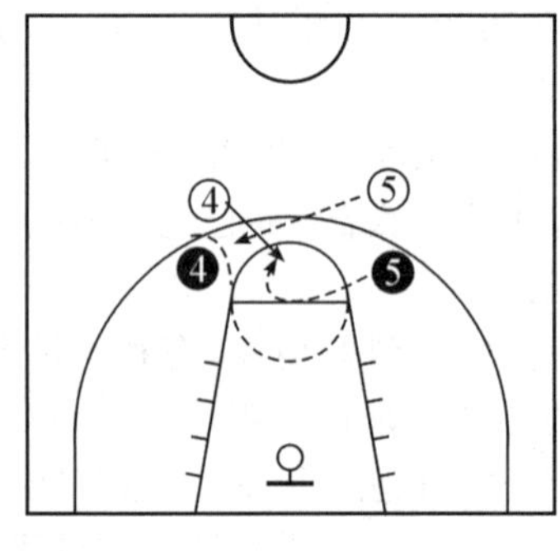

图 7-1-9

3. 半场人盯人防守

半场人盯人防守是篮球比赛中运用最广泛的防守战术。半场人盯人防守战术是在每名防守队员分别防守一名进攻队员的基础上,相互协作的一种全队防守战术。

战术要点:以球为主,球、人、区域兼顾。

4. 区域联防

区域联防是指每名防守队员负责防守一定的区域,严密防守进入该区域的球和进攻队员,并以一定的形式把每个防守区域的同伴有机地联系起来的全队防守战术。

战术要点:在区域联防形式下增强人盯人防守,形成新型的以胁迫球为主的对位联防。

问题:你知道区域联防的运用时机吗?半场人盯人防守的运用时机吗?

(二)进攻配合

1. 传切配合

传切配合是同队队员之间,利用传球和切入所组成的简单战术配合,常在进攻中采用。

(1)一传一切:持球队员传球给同伴后,徒手摆脱对方向篮下切入,再接回传球投篮或突破。

(2)空切配合:是指无球队员突然摆脱对手,切向防守空隙区域接球投篮,或做其他进攻动作。

(3)练习要求:

①要利用假动作摆脱防守,做到动作突然。

②传球要隐蔽,预先用进攻假动作迷惑对手,把握传球时机。

示例一:如图 7-1-10 之一所示,④传球给⑤后,立刻摆脱对手向篮下切入,接⑤传来的球投篮。

示例二:如图 7-1-10 之二所示,在⑤与⑥互相传球之际,⑤乘其对手不备之机,突然空切篮下,接外围同伴的传球,然后投篮。

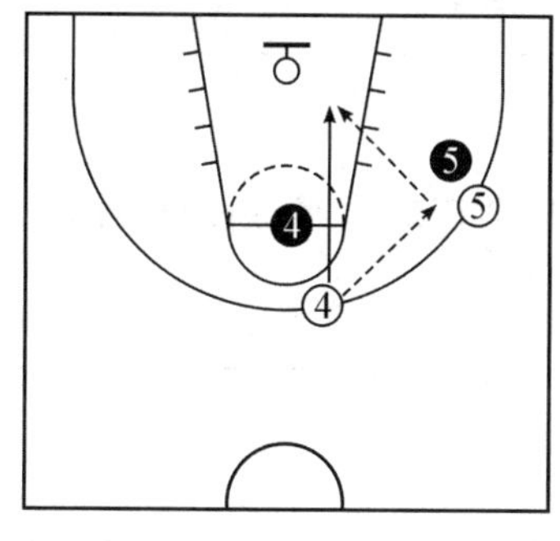
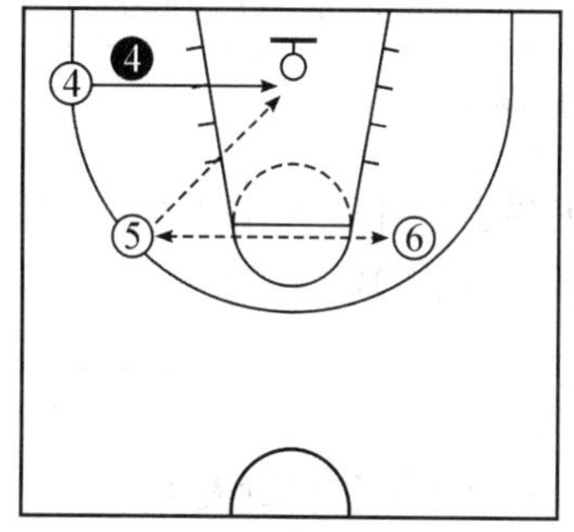

图 7-1-10

2. 掩护配合

掩护配合是进攻队员用合理的身体动作,挡住防守者的移动路线,为同伴摆脱防守、创造进攻机会的一种配合方法。

(1)前掩护:掩护队员传球给同伴后,跑至防守者身前为同伴创造摆脱对手的机会。

(2)运球掩护:掩护队员利用运球接近防守者,为同伴摆脱防守创造机会。

(3)练习要求:

①掩护队员应站在防守队员必经的路上约半步距离,不得有任何犯规动作。

②切入队员要提前做吸引对手动作,及时借助同伴的掩护摆脱防守。

示例一:如图 7-1-11 所示,④传球给⑤后,先做向篮下切入的假动作,然后突然跑到❺身前,形成前掩护。⑤接球后投篮或做其他进攻动作。

示例二:无球队员给无球队员做侧掩护。如图 7-1-12 所示,⑤传球给④后,去给⑥做掩护,⑥摆脱防守切入篮下,接④的传球投篮。④传球前要利用假动作吸引住自己的对手和调整配合的时间。⑤掩护后要及时转身跟进。

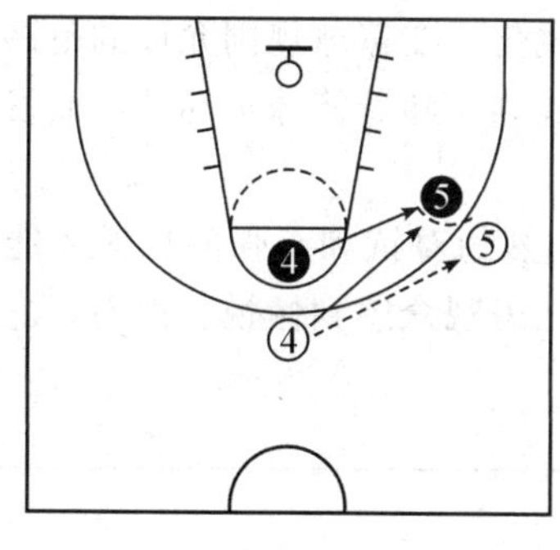

图 7-1-11

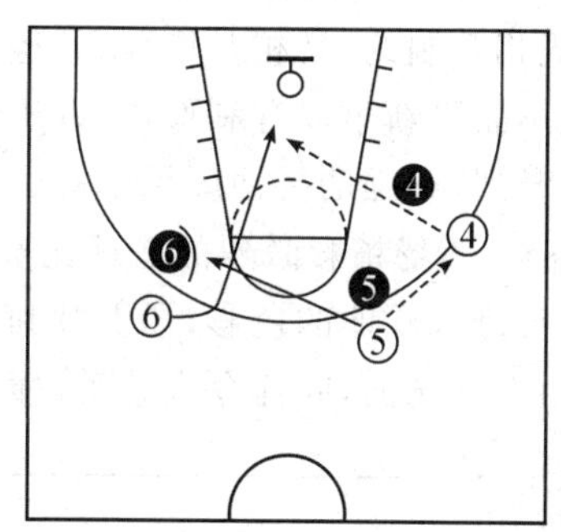

图 7-1-12

小贴士

组织战术的主要因素

位置：每个队员按一定的阵形落位。

路线：队员或球按一定的计划有目的地移动，从而形成一定的路线。

任务：在完成战术配合中，每个队员必须完成不同的职责。

技术：以娴熟的技术来保证配合完成。

时间：必须根据战术的结构，严格地按一定时间程序去完成。

四、篮球运动欣赏

目前世界上篮球重大比赛有：世界篮球锦标赛、奥运会篮球比赛、斯坦科维奇洲际篮球冠军杯篮球赛、美国 NBA 等。

小贴士

你知道 CUBA 篮球联赛吗？

"CUBA"是指中国大学生篮球协会举办的联赛，首创于 1998 年，它仿效美国 NBA 赛制，采取南北分区，然后南北区冠军再进行总决赛的形式，至今已成为高校各代表队踊跃参加的常规赛事，且深受普通大学生的欢迎。中国大学生篮球联赛已成为中国篮坛两大赛事之一，影响力仅次于中国男子篮球职业联赛，每年的高校参赛队伍近 700 支。CUBA 篮球联赛有严格的规定，参赛队员必须是在校注册的全日制大学生，凡参加过体工队、体育运动技术学院的运动员，在国家体育总局注册的队员均不得报名参赛。

网址：http://www.cuba.com.cn/

（一）如何欣赏篮球比赛

1. 形体美：形体美是指人体在运动过程中，通过力量、速度、柔韧、灵敏等身体素质所表现出来的美。篮球比赛过程中腾空扣篮、空间的争夺和地面的争夺，无时无刻不体现着力的存在。篮球运动员转身投篮、后仰投篮、飞跃断球、大幅度的伸展等均充分体现了篮球运动员的柔韧美。

2. 运动美：竞争性是每个运动项目都有的，而篮球运动是一项有着身体直接接触的竞争性剧烈的运动，它既斗体力、技术，更斗智力。竞争双方在一场比赛中，自始至终处于攻与守之中，攻与守既相互制约，又相互依存，其运动动作非程式化。在篮球规则允许的范围内，双方根据攻守情况不断更新争取有利形势，以压倒对方获得胜利。随着篮球运动的不断发展，场上的争夺越来越激烈，顽强的拼搏屡见不鲜。

3. 风格美：一场精彩激烈的篮球比赛，往往经过剧烈的对抗和顽强的拼搏才能分胜负，这显示出一种英雄式壮丽的色彩，场上胜利者的微笑会使得观众感到愉悦。然而，失败者那黯然神伤、催人泪下的场面，同样令人感动，撞击人的心灵。

小贴士

中国篮球博物馆 http://www.basketball.cn/zhishi/

(二)篮球运动的主要规则

1. 比赛时间

每场比赛分为4小节,第一、二节和第三、四节分别为上、下两半时。每节比赛为10分钟。在第一节和第二节之间、第三节和第四节之间以及每一次决胜期之间有2分钟的休息时间。两个半时的休息时间为15分钟。

2. 跳球(争球)

比赛开始,由双方各1名队员在中圈跳球。比赛中发生争球、每节开始执行交替拥有。

3. 违例

比赛场上队员出现一下情况时判违例,判由对方在违例地点附近的界线外发界外球。

(1)有关时间的违例:

①3秒钟违例:某队在前场控制活球时,同队队员在对方限制区内停留超过3秒钟;

②5秒钟违例:掷界外球、罚球或持球队员被紧逼防守时5秒内未将球掷出;

③8秒钟违例:一个队从后场控制活球开始,未在8秒内使球进入前场;

④24秒钟违例:两个球队在场上控制活球时,未在24秒内投篮出手;

(2)球回后场:控制球队的队员在前场将球传回后场。

(3)带球走:运球时在球离手前,不准提起中枢脚,投篮和传球时中枢脚可提起,但脚落地前脚必须离手;

(4)两次运球:两手同时运球;运球时手掌向下时有明显的翻腕动作或使球在手中有明显停留现象;运球后将球接住又继续运球。

(5)球出界:球或持球队员触及界线或界线以外的区域;在场外发球,触及界线及场内地面。

4. 犯规

(1)侵人犯规

与对方队员发生不合理的身体接触。

罚则:对投篮队员犯规判给两次罚球(3分线外的投篮判罚3次);若投篮命中有效,则追加罚球1次;对非投篮队员犯规,则判罚发界外球。

(2)故意犯规

队员不是为了抢球,而是故意和对方队员发生身体接触,称为故意犯规。

罚则:对不持球或持球没有投篮的队员犯规,判罚两次罚球后由罚球方队员在中场边线外发界外球。

对投篮队员故意犯规,则投中有效,判罚球1次后,无论中与否,均由罚球方在中场发界外球。

(3)双方犯规

双方队员同时犯规。

罚则:应给每一犯规队员登记一次侵人犯规;如犯规时有一方投篮命中,则投中有效,由对方在端线发界外球;如果某队控制了球或拥有球权,应将球判给该队在最靠近犯规的地点掷界外球;如果任何一队都没有控制球或拥有球权,则执行交替拥有。

(4)五次犯规

某队员全场各种犯规累计达5次。

罚则:由其他队员替换。

(5)每节全队4次犯规

比赛的每节(决胜期作为下半时的继续)犯规达 4 次以后，每一次犯规均判罚球。

罚则：对不投篮的队员犯规，判 2 次罚球；对投篮队员犯规，则投中有效，并追加 1 次罚球。

(6)控制球队队员犯规

失去球权，由对方在就近的边线外发界外球。

(7)技术犯规

场上队员、场外教练员、替补队员等违反规则，不服从裁判，影响比赛顺利进行的犯规。

罚则：视情节轻重，可判罚为劝告、提醒、警告；判罚球两次后在中场边线外由对方发界外球，直至取消比赛资格。

5. 三人篮球赛

三人制篮球赛是近年来新兴起来的一种休闲运动和比赛方式。由于它具有参加人数少、场地小、时间短等特点，在基层广泛开展，并深受青少年喜爱。

问题：

1. 如果球向上抛再接住算违例吗？
2. 运球高过头违例么？
3. 防守人员在背后对进攻者的投篮盖下，但身体上没有任何接触，防守人员是否犯规？
4. 怎样构成技术犯规？

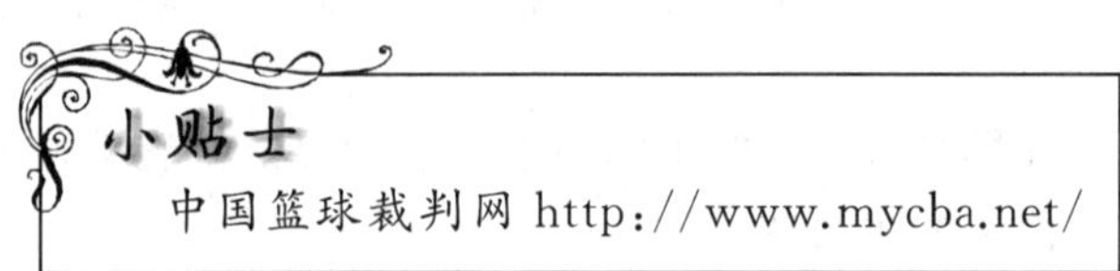

三人制篮球赛规则

一、场地和器材

第一条

1—1　场地：半个标准的篮球场地(14 米×15 米)或按照半场比例适当缩小(长度减少 1 米，宽度减少 2 米)，地面坚实、平整。

1—2　球篮：距地面 3.05 米的球篮提供给男女成年组和男子初中(含初中)以上青年组，距地面 2.8 米的球篮提供给男子小学组、女子初中和小学组。

1—3　球：男女成年组和男女初中(含初中)以上青年组可使用圆周在 75～78 厘米、质量在 567～650 克的球；男女小学组可使用圆周在 68～72 厘米，质量在 450～500 克的球。

二、规则

第三条

3—1　运动员人数：比赛双方可报名 4～5 人，上场队员为 3 人。

3—2　比赛时间：

3—2—1　全场比赛时间为 10 分钟(组织者可根据参赛队数多少修订时间为 12 或 15 分钟)。比赛进行到 5 分钟和 9 分钟时，记录员各宣布一次时间。如比赛安排为 12 或 15 分钟，则分别允许请求一次或两次暂停，每次暂停时间为 30 秒。

3—2—2　比赛中除在罚球、暂停、球员受伤及比赛结束等情况下停止计时表外，其余情况均不停表。

第四条

4－1　比赛开始：双方以掷硬币的形式决定发球权，然后在发球区掷界外球开始比赛。

决赛阶段，上半时获发球权的队，下半时不再获发球权，由对方队在发球区掷界外球开始比赛。

4－2　发球区：中圈不在场地中的半圆叫做发球区，发球区的地面（包括线）算界外。

4－3　发球：在发球区掷界外球算做发球。

第五条

5－1　攻守转换：

5－1－1　每次投篮命中后，都由对方发球。

5－1－2　所有交换发球权的情况（如违例、界外球及投篮命中后），均为死球，在发球区掷界外球继续比赛。

所有不交换发球权的情况（如不执行罚球的犯规），则在就近的三分线外发球。在这种情况下，发球前，必须由裁判员递交球。

5－1－3　守方队员断球或抢到篮板球后，必须将球运（传）出三分线外（持球队员必须双脚踏在三分线外），才可以组织进攻，否则判进攻违例。

5－1－4　争球时，在罚球圈跳球，任何一方得球都必须将球运（传）出三分线（持球队员必须双脚踏在三分线外），才可以组织进攻，否则判进攻违例。跳球中得意外投中无效，重新跳球。

第六条

6－1　20秒规则：24秒规则改为20秒

6－2　犯规法则：

6－2－1　比赛中，每个队员允许三次犯规，第四次犯规罚出场。

6－2－2　任何队员被判取消比赛资格的犯规，则取消该队比赛资格。

6－2－3　每个队累计犯规达5次后，该队的第六次以后的侵人犯规由对方执行2次罚球。前5次犯规中，凡对正在做投篮动作的队员犯规：如投中，记录得分、对方个人和全队犯规次数，不追加罚球，由守方发球继续比赛；如投篮不中，则判给攻方被侵犯的队员1次罚球，如罚中得1分，并由攻方继续掷界外球，如罚不中，仍由攻方掷界外球。

第七条

7－1　替换：只能在比赛计时钟停止的情况下替换，被换下的队员不能再被替换上场（场上队员不足3人时除外）。

第八条

8－1　得分相等和决胜期：

比赛时间终了，以得分多者为胜方。初赛及复赛阶段，比赛时间终了，如得分相等，执行一对一依次罚球，只要出现某队领先1分即为胜方，比赛结束。

在决赛阶段，比赛时间终了，如得分相等，则增加3分钟决胜期，发球权仍以掷硬币的形式决定。如果决胜期得分仍相等，执行一对一依次罚球，只要出现某队领先1分即为胜方，比赛结束。

小贴士

中国篮球裁判网 http://www.mycba.net/

第二节 排 球

教学目标：

了解排球的起源与发展，领会排球运动的锻炼价值，着重掌握排球基本技术、基本战术、积极参与此项运动，学会欣赏国内外重大排球比赛。

一、排球运动简介

1. 排球运动的起源与发展

排球运动起源于1895年，是由美国麻省霍利约克市基督教青年会干事威廉·基·摩根发明的游戏。它是一种用篮球胆当球，挂起球网，在网上将球拍来拍去，不让球落地，以便为上年纪的人寻找一种既不紧张又有一定竞争性和娱乐性的游戏。

排球运动于1900年传入亚洲，1905年传入我国广州和香港，随后波及上海、浙江、汉口等地。1913年被列为首届远东运动会正式比赛项目，1914年第2届旧中国的全国运动会把排球列为比赛项目，1921年女子排球在广东运动会上出现。从排球运动传入我国后，经历16人制、12人制和9人制的演变过程。1917年排球传入欧洲后，立即按6人制被列入正式比赛项目，由于欧洲和亚洲排球参赛项目人数不同，规则也不尽相同，排球始终被限制在不同地域范围发展。1947年4月世界排球联合会在巴黎成立，统一了排球比赛规则，举行世界性排球比赛(每四年举行一次)。1949年举行了第一届世界男排锦标赛。1964年，国际排联修改规则后，第18届奥运会排球被正式列入比赛项目。

1905年中国就有了排球运动，真正有记载的是1913年2月中国体育代表团参加远东运动会将其带回，教给广东中学的体育老师。当时排球比赛每队上场队员16人，分4排站立，每排4人。由于比赛是按“排”站立。因此称之为排球。后来比赛人数逐渐变成12人、9人，直至1950年中国推广了6人制排球。

中国排球经过了几代人的艰苦奋斗，已培养出一支强大的教练员、运动员队伍。中国女排以“攻防全面、快速多变、高快结合、密切配合”的独特打法，获得了1981年第三届、1985年第四届世界杯排球赛冠军，1982年第九届、1986年第十届世界排球锦标赛冠军和1984年第23届奥林匹克运动会冠军等“五连冠”。并于2003年第九届世界杯排球赛、2004年第27届奥林匹克运动会连获冠军，在中国的排球历史上又写下了光辉的一页，对世界排球运动会的发展作出了贡献。

2. 排球运动的健身价值

排球运动是广大群众和青少年所喜爱的运动项目之一。运动场地小，设备简单，运动量可大可小，既可比赛也可在空地上进行传垫球练习，不分年龄、性别，融竞技、娱乐于一体。经常参加排球运动，能发展人的力量、速度、灵敏性和耐力等身体素质，提高人体中枢神经系统的调节功能和心血管系统的供给作用，促进机体的发育和机能的发展，促进身心健康，能够培养勇敢顽强、机智灵活、沉着果断的心理品质和团结协作的集体主义精神。

二、排球基本技术

(一)传球

传球是排球运动的基本技术，是进行比赛与组织战术的基础，主要用于衔接防守和进攻。

1. 正面双手上手传球

(1)手型

当手接触球时,两手自然张开呈半球,使手指与球吻合,手腕稍后仰,以拇指、食指和中指托住球的后下部,手指、手腕保持适当距离,以承担球的压力。两拇指相对,接近"一"字,两手间要有一定距离(不超过球的直径)。用拇指内侧、食指全部、中指的二三指节接触球,无名指和小指在球的两侧辅助控制传球方向。两肘适当分开,两前臂之间约成90°角(图7-2-1)。

图 7-2-1

(2)动作要领

首先移动至球下,对准传球方向。当球来到脸前一臂距离时,便做迎球动作;球到脸前约一球距离时,开始击球。当手触球时,其手型应该是两臂弯曲,肘部自然下垂;两手张开,手腕稍后仰;手指微屈成半球状,小指在前,拇指相对接近"一"字形,以拇指、食指、中指负担球的压力,无名指和小指帮助控制球。传球时,手指的弹力和手腕、手臂与身体用力的方向要一致、协调用力把球传出去(图7-2-2)。

图 7-2-2

2. 背传球

传球技术中,背对传球目标的传球叫背传球。

动作要领:传球前身体背面要对正传球目标,上体保持正直或稍后仰,击球点比正面传球要稍高。迎球时,微微仰头挺胸,在下肢蹬地的同时,上体向后上方伸展。击球时,手腕适当后仰,使掌心向后上方,手指击球的底部,利用抬臂、送肘的动作使手指、手腕主动向上方用力以及两拇指主动上挑的力量将球向后上方传出(图7-2-3)。

3. 练习方法

(1)徒手模仿传球的蹬地、伸膝、伸臂,在额前上方用正确手形做推送动作。

(2)轻轻向额前上方抛球,在额前上方用正确的手形将球接住,然后将球体放掉,自己检查手型和击球点正确与否。

(3)两人一组,一人按传球手形持球于脸前,另一人用手以适当的力量压住球,持球者以传

图 7-2-3

球动作向前上方伸展，体会身体和手臂的协调用力。

(4)每人一球，原地自传，自传高度约离手 1 米左右。

(5)两人一组，相距 4～5 米，面对面站立。一人抛球，另一人模仿传球动作，以传球手形在脸前方将球接住，再抛回给同伴。彼此轮流做。

(6)网前二人对传在离网 0.5～1 米距离处传球。

(7)三人一组对传，练习时相距 5 米左右，一人固定，另两人轮流传球后换位(图 7-2-4)。

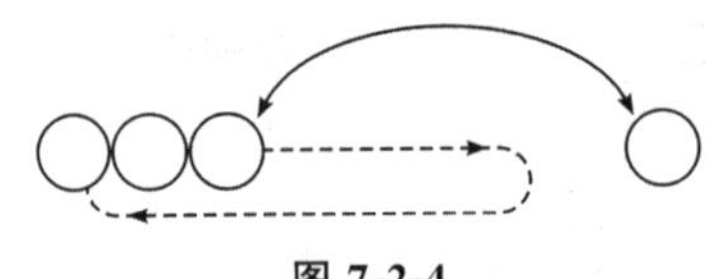

图 7-2-4

(8)三人一组，三角传球。开始可以一抛一传一接，轮流做。接下来可顺时针或逆时针方向传球。要先转身面对传出球的方向再传球(图 7-2-5)。

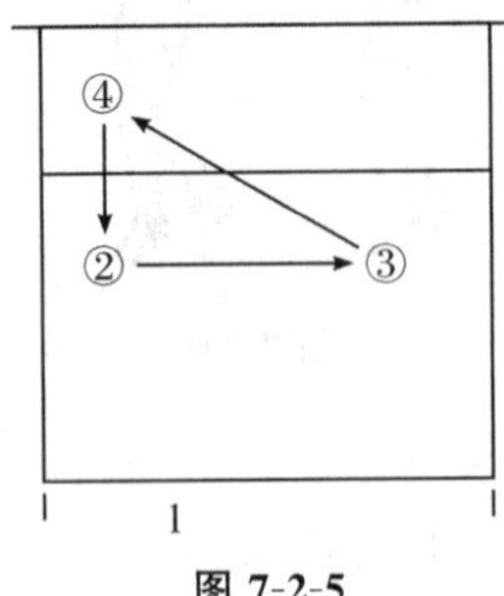

图 7-2-5

4. 易犯错误及纠正方法

(1)击球点过高或过低

纠正办法：

①使学生明确合理的击球点位置和击球点不正确造成的不利影响。

②击球点偏低，多练背传、自传、近网对传等；

③击球点高，多做平传、坐地传、自抛传远球。

(2)手指手腕缺乏弹击力

纠正方法：

①讲清传球前应根据来球情况，保持适宜的紧张度迎击球。指出手指、手腕太紧张或太放松带来的不良后果。

②原地自传或对墙传球。

③发展手指手腕力量，多做辅助练习。

(3)手型不正确，触球部位离身体太远，大拇指朝前

纠正方法：

①反复讲解并示范正确的击球手形。

②多做传球的模仿动作和用传球的手形接住抛来小实心球练习。

③多做近距离的对墙传球和自抛对墙传球的练习。

④用两手的拇、食指做原地自传(其他手指不触球)，防止拇指前伸。

(4)传球时上体后仰

纠正方法：

①向前移动中传球。

②先向前自传一次，再立即跟上传出。

③传后跟进保护垫球。

④传球出手后，手触地板一次。

(5)传球时视野不宽，不能用余光来观察四周情况和传球目标。

纠正方法：

①传球前先看一下某一指定的目标，或先看对面队员的动作后再传球。

②先抢位，四周环视一次再传球。

③在网前用余光观察对方拦网和防守情况后再传球。

(二)垫球

垫球主要用于接发球、接扣球、接拦回球，有时也用来组织进攻和其他球，是比赛中争取少失分多得分，由被动转为主动的主要技术。

1. 正面双手下手垫球

(1)手型

当球接近腹前时，两手掌根紧靠，两手手指重叠后合掌互握，两拇指平行，手腕下压，两臂处翻形成一个平面(图 7-2-6)。

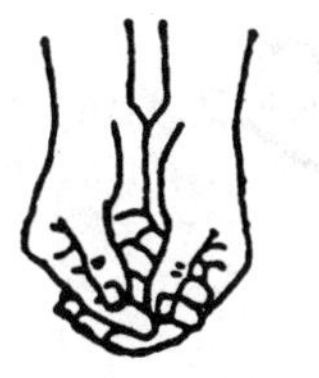
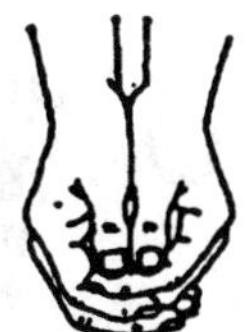

图 7-2-6

(2)动作要领

当球快到体前时，两臂自然下垂，一手半握拳，另一手抱着半握拳之手，两拇指平行，两臂伸直，两小臂尽量靠近。插于球下垫球时，用前臂腕关节以上 10 厘米左右的桡骨内侧的平面，在腰部以下击球的后下部，同时提肩、收胸，并用身体协调力量将球击起。(图 7-2-7)

图 7-2-7

2. 体侧双手垫球

动作要领:左侧垫球时,应先以右脚前脚掌内侧蹬地,左脚向左跨出一步,身体重心随即移至左脚,并保持两膝弯曲。与此同时,两臂向左侧伸出、左臂高于右臂,右肩微向下倾斜,两臂组成的击球面对准来球并拦击来球。击球时,以腰部发力,并借助左脚蹬地的力量,使身体重心微向内转,同时提肩抬臂将球垫起(图 7-2-8)

图 7-2-8

3. 背向垫球

动作方法:在决定采用背垫时,首先要判断来球的落点和离网的距离,迅速移动取位,背对垫出球的方向。垫球时,两臂夹紧伸直,利用蹬地、抬头、挺胸及上体后仰的动作带动两臂向后上方迎击球。击球时要抬臂压腕触球的前下方,将球向后上方击出。背垫的击球点,一般要比正面垫球高(图 7-2-9)。

图 7-2-9

4. 练习方法

(1)集体徒手模仿垫球练习。

(2)每人一球,连续向上自垫。

(3)两人一组垫击固定球:两人一组。

(4)两人相距 7～8 米,一掷一垫。

(5)两人一组相距 4～5 米对垫。

(6)两人一组,相距 8～9 米以上,一人抛掷球,另一人对正来球后将球垫起,若干次后交换。

(7)2～4 人一组,一人发球,另外的人轮流接发球。

(8)3 人一组进行发、垫或隔网一人发球,一人传球,一人垫球。

(9)三人三角形站位接发球练习。

5. 易犯错误及纠正方法

(1)屈肘翘腕两臂关不拢,不会用力。

纠正方法:

多做徒手动作,垫固定球练习。

(2)垫球时抬臂动作过大,没有运用身体的协调力量来垫球。

纠正方法:

多做徒手和垫击固定练习,体会身体协调用力的方法;可结合一抛一垫来纠正动作。

(3)垫击部位不合理,垫在手腕、拇指或肘关节部位。

纠正方法:

多练习由准备姿势到两臂组成垫击面插入球下对准球的徒手动作,强调两前臂伸直靠紧,养成用正确的垫击面去找球的习惯。

(4)两臂用力不等,动作不协调。

纠正方法:垫固定球,体会用力和协调发力。

(三)发球

发球技术有正面发球、侧面下手发球、正面上手发飘球、勾手大力发球、高吊球等。近几年又出现了跳起发球和上手砍式发球。发球是进攻的开始,可以直接得分,可以破坏对方的战术组成,起到先发制人的作用。

1. 正面下手发球的动作要领

发球前,面对球网两脚前后开立,左脚在前,右脚在后,两膝弯曲,上体前倾,左手持球置于腹前。右臂自然下垂;两眼注视球。发球时左手将在体前右侧抛起,离手约 20～30 厘米。在抛球的同时要做好右臂的后摆动作。击球时,右脚踏地,身体重心前移,右臂伸直,以肩为轴,向前摆动到腹前,用虎口、掌根手掌击球的后下部。随之重心前移,迅速入场(图 7-2-10)。

2. 侧面下手发球动作要领

左肩对网,两脚左右开立,与肩同宽。两膝微屈,上体稍前倾,重心落在两脚之间,左手持球于腹前。左手将球平稳抛至胸前约一臂距离,离手约 30 厘米高。在抛球的同时,右臂摆至右侧下方,接着利用右脚蹬地向左转体的力量,带动右臂向前上方摆动,在腹前用全掌击球的后下方。击球后,立即进行比赛(图 7-2-11)。

图 7-2-10

图 7-2-11

3. 正面上手发球动作要领

两脚自然开立,左脚在前,左手托球于身前。用抬臂和手掌的平托上送,将球平稳地垂直抛于右肩的前上方,高度适中。在左手抛球的同时,右臂抬起,屈肘后引,肘与肩平,上体稍向右侧转动。挥击时利用蹬地使上体向左转动,同时收腹带动手臂挥动。在右侧肩上方直手臂的最高点,用全手掌击球的中下部,击球时手指自然张开与球吻合,手腕要迅速主动做推压动作,使击出的球呈上旋飞行。击球后随着重心前移,迅速进场比赛(图 7-2-12)。

图 7-2-12

4. 练习方法

(1)两人相距 10 米左右,互相对发。

(2)两人一组,近距离隔网的发球练习。

(3)两人一组,站在端线外发球过网。

(4)连续发球,巩固技术。

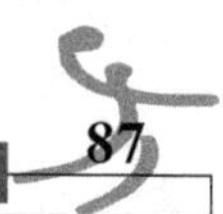

(5)6 人一组,发球接发球比赛分成

5. 易犯错误及纠正方法

(1)抛球不好,抛球过高过低、时前时后或忽左忽右,影响发球的质量

纠正方法:观察其抛球动作的错误原因,要求进行专门性练习,固定抛球的位置与高度,使抛球动作正确、熟练。

(2)击球点不好,击球点偏前偏后、偏侧;击球点过低,形成击球时手臂挥不直,用不上力量等。

纠正方法:多击固定球;或先要求把球抛好,眼睛要盯住击球部位,及时挥臂击球。

(3)击球时手掌控制不住球,击不准球。

纠正方法:提醒要看准击球部位击球,抛球后先不用全力击球,用较轻的力量击中球。也可多击固定球,提高其击球时手掌的感觉,从而不断改进击球动作。

(4)身体动作不协调或发力方法不准确,用不上力量。

纠正方法:提醒注意全身的协调动作和正确的用力方法,多做徒手练习。注意抛球和挥臂动作的配合。

(5)发球时紧张或思想不集中,不加思考随便就将球发出。

纠正方法:教育学生对待发球应有认真负责、一丝不苟的态度。每次发球前要稳定自己情绪,调整好呼吸,把精力集中在抛球和挥臂击球上,完成好每一环节的动作。

(四)正面扣球

扣球是排球的基本技术之一,是得分、争发球权的主要手段。扣球的成败体现了全队的战术质量和效果,是能否取胜的关键。

1. 动作要领

(1)准备姿势

采用稍蹲姿势,两臂自然下垂,观察来球,做好向各个方向助跑起跳的准备。

(2)助跑

助跑的步数要视球的远近和个人习惯采用一步、二步、三步等不同的步法。

扣球助跑可采用并步法起跳、跨跳法起跳(图 7-2-13)。

图 7-2-13

(3)空中击球

起跳后挺胸展腹,上体稍向右转,左臂向后上方摆起,身体成反弓形。挥臂时以迅速

转体收腹动作发力，依次带动肩、肘、腕各关节成鞭甩动作向前上方挥击。击球时五指微呈勺形，并保持紧张，以全手掌包满球，掌心为击球中心，击球的后中部。同时主动屈腕指向前推压，使扣出的球加速上旋。击球点在起跳的最高点和伸直手臂最高点的前上方。(图 7-2-14)。

图 7-2-14

(4)落地

前脚掌先着地，再过渡到全脚掌着地，顺势屈膝，收腹，并立即做好下一个动作的准备。

2. 练习方法

(1)做徒手挥臂动作，然后每个学生左手托一个球，用右手做击球手法练习，也可让学生自己练习，体会助跑步法和起跳方法。

(2)利用吊球做原地手臂挥摆击球动作。

(3)一人一球，对墙(网)自抛自扣。

(4)集体或分组结合球网做助跑起跳的完整动作练习。

(5)一人将球举在网上扣固定球练习。

(6)利用网前抛球进行扣球练习。

(7)结合二传球进行扣球练习。

3. 易犯错误及纠正方法

(1)击球臂不是弧形挥摆，而是直接伸向球直臂压球。

纠正方法：

①利用固定吊球重复进行手臂挥摆的示范。

②教师可以拉着学生的手臂用慢速成弧形挥摆的练习。

③让学生模仿教师动作，和教师一起做弧形挥摆的练习。

④在教师指导下做原地扣固定吊球练习。

(2)击球时肘关节没有挥直和肩、肘关节过分紧张僵硬。

纠正方法：

①教师模仿肘关节甩不直和肩、肘关节紧张的情况，使学生看清楚这些错误动作对扣球效果的影响。

②在教师指导下，让学生肩、肘放松地做匀速徒手摆臂练习，教师要随时提醒肘关节放松挥直，并强调大臂带小臂，小臂带动手掌的快速鞭打动作。

③让学生持小沙包等做挥臂鞭打练习。

④利用固定吊球，使学生肩、肘放松，做原地的击球挥臂练习。

(3)击球时肘关节下拖，影响击球点和击球的力量。

纠正方法：

①教师握住学生的大臂做肘关节向前上方运动的练习。

②固定吊球练习。吊球高度与击球臂伸直的高度相同。

(4)助跑步幅顺序不合理，第一步大，第二步小。

纠正方法：

①教学生观察判断球飞行情况，掌握好助跑开始的时间，并进行反复练习达到熟练程度。

②在地面上按照正确步幅划上线，让学生踏着线进行助跑扣球练习。

(5)击球点保持不好，多数情况是击球点靠后。

纠正方法：

扣固定吊球的方法，并在正确的起跳点处划条线，做助跑起跳扣球练习。

(6)起跳时机把握不准，非早即晚。

纠正方法：

①讲清楚根据二传出手的情况，什么时候开始助跑，并进行示范。

②学生练习时，教师可用提示性语言给以强化。

(五)单人拦网

拦网是防守的第一道防线，是得分的重要手段，拦网水平的高低直接影响着比赛的胜负。

1. 动作要领

准备姿势：

队员面对球网，两脚平行站立，距离 30 厘米，约同肩宽，两膝稍屈，两臂在胸前自然屈肘。

(1)移动：运用并步、左右滑步、交叉步、跑步移动。

(2)起跳：起跳时重心降低，两膝弯曲，用力蹬地，使身体垂直起跳，起跳技术要与跑步技术相结合。

(3)空中击球：起跳时，两手从额前贴近并从平行于球网上沿的前上方伸出，两臂伸直，尽量上提，前臂靠近网，两臂保持平行。拦网时，两臂尽力过网伸向对方上空，两手自然张开，屈指、屈腕呈勺形。当手触球时，两手要突然紧张，手腕用力下压盖住球的前上方(图 7-2-15)。

图 7-2-15

(4)落地：如已将球拦回，可面对对方，屈膝缓冲，双脚落地。如未拦到球，则在下落时就要随球转头，转身面对后场，做下一个动作的准备。

2. 练习方法

(1)原地做拦网徒手练习。

(2)教师站在高台上双手持球，学生轮流起跳拦网。

(3)两人一组,隔网站立,一人向网的上沿抛球,一人起跳拦网。

(4)由4号位向2、3号位做并步、交叉步或跑步移动起跳拦网,也可从2号位向4号位方向移动。

(5)两队员隔网相对,对称移动起跳拦网,空中两人双手互击掌。

(6)两人在中间3号位拦网后,向两边移动与2号和4号位配合双人拦网。

3. 易犯错误动作及纠正方法

(1)拦网时,手臂有扑打动作,容易触网犯规。

纠正方法:讲清拦网手臂的正确动作,并再次让学生看示范动作。也可用对比的方法,让学生分辨正确动作和扑打动作,以加深对正确动作的理解。

示范讲解后,教师在网边抛球让学生体会正确动作。

(2)拦网时起跳时间不对,较多的是早跳。

纠正方法:

①指出早跳的原因和急于求成反而拦不到球的道理。

②讲解拦各种球的起跳时间。

(3)拦网时手指手腕放松,易挫伤手指。

纠正方法:

①结合实例讲解手指手腕放松为什么容易挫伤手指道理。

②教师扣球(掌握力量),让学生原地站立拦网(球要扣在拦网手上),让学生体会手指手腕紧张用力和放松的不同感觉,以加深对拦网时手指手腕紧张用力的认识。

③利用低网,让学生站在球网两侧,做原地扣拦练习,体会手指手腕正确用力。

(4)过中线或碰网

纠正方法:练习原地起跳含胸微收腹。

三、排球运动基本战术

在排球比赛中,队员根据规则和排球运动的规律,采用合理技术,相互间有意识、有目的、有组织的个人和集体行动,充分发挥特长,限制对方的优势,以达到取胜目的的行为称为排球战术。在现代排球比赛中多数都是以组织强有力的扣球为某战术的终了。在强攻中要利用高度、力量和个人技巧突破拦网。在快攻中利用快球及快球掩护下组成各种战术打法。对于每一个队的战术组成,应有明确的指导思想,即要根据实际情况制定战术,不能保守,也不能冒进,然后再有计划地培养战术意识,经过多次训练和实战不断完善、不断成熟。

(一)阵容配备

1.“四二”配备

即两个二传手,四个攻手,四个攻手中又分两个主攻手、两个副攻手。此种配备在中等水平队中采用。两名二传前后排始终保持一名,便于接应传球,又可插上传球保持前排三点进攻(图7-2-16)。

2.“五一”配备

即一个二传手,五个攻手,其中和二传对角位置一个为接应二传,两名主攻手,两名副攻手。此种配合在较高水平和高水平队中采用。对二传的要求较高,其在前排时有三轮为前排两点攻(图7-2-17)。

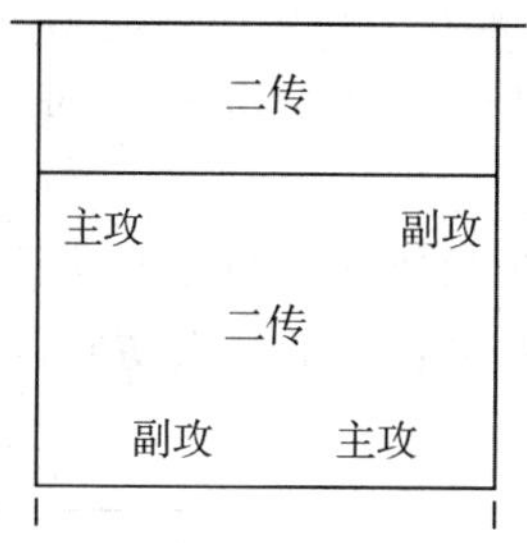

图 7-2-16

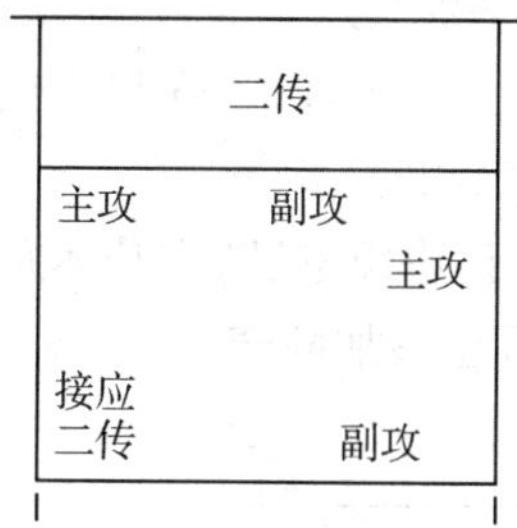

图 7-2-17

（二）进攻战术

进攻战术可分为“中一二”、“边一二”、“插上”、“二次球”、“后排进攻”五种。这里主要介绍“中一二”和“边一二”进攻战术。

1.“中一二”战术

“中一二”进攻战术的基本配合方法是由前排 3 号位队员担任二传，其他五名队员都将来球垫给二传队员，这种进攻配合方法称为“中一二”进攻战术，它是进攻战术中最基础、最简单的一种进攻战术形式（图 7-2-18）。

2.“边一二”进攻战术

“边一二”进攻战术也是一种比较简单的进攻战术形式。它与“中一二”进攻战术相同之处，都是前排只有两名进攻队员，其不同之点是二传队员不是站在 3 号位，而是站在 2、3 号位之间，将球传给 3 号位或 4 号位队员进攻。这种进攻战术称为“边一二”进攻战术（图 7-2-19）。

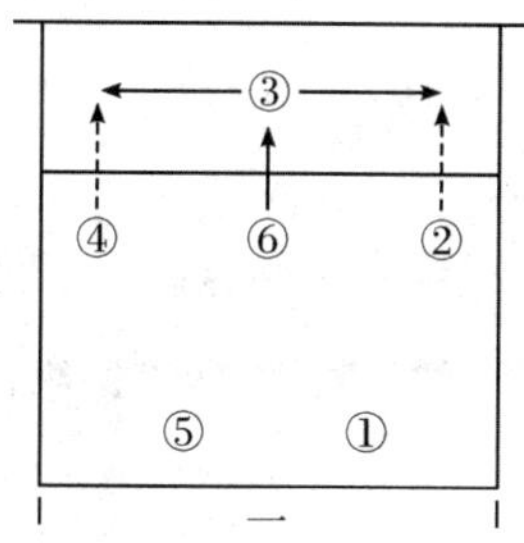

图 7-2-18

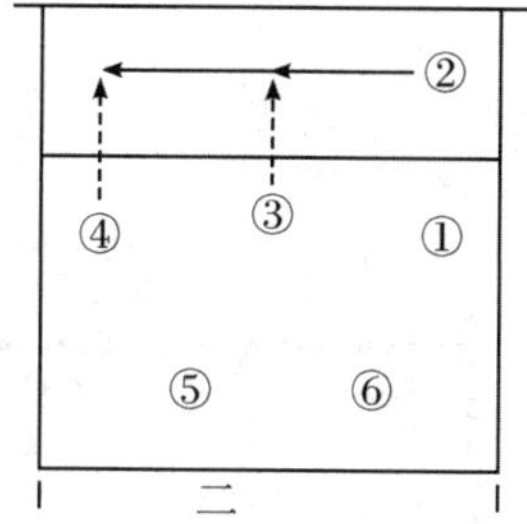

图 7-2-19

（三）防守战术

防守技术包括“无人拦网的防守战术”，“单人拦网的防守战术”，“单人拦网的防守战术”，“双人拦网的防守战术”，“集体拦网防守战术”四种，下面主要介绍“单人拦网的防守战术”和“双人拦网的防守战术”。

1. 单人拦网的防守战术

在对方进攻威力不大，路线变化不多时，一般多采用单人拦网防守战术。单人拦网防守战术，是最基础的接扣球防守战术（图 7-2-20）。

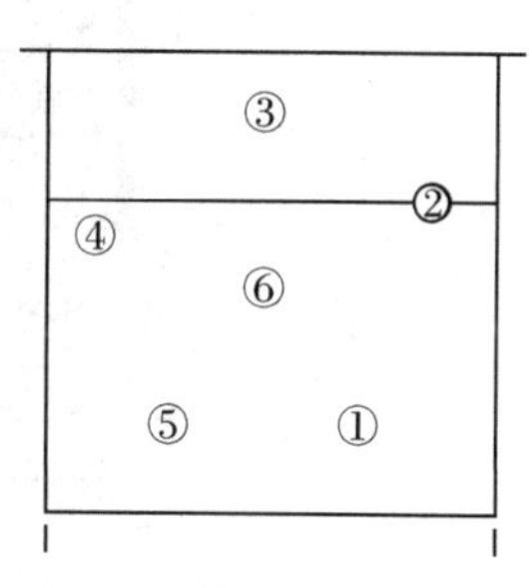

图 7-2-20

2. 双人拦网的防守战术

当对方进攻的威力较大，路线变化较多，单人拦网不足以阻拦对方进攻时，应采用双人拦网防守战术(图 7-2-21)。

3. 双人拦网"心跟进"防守战术固定由 6 号位队员跟进保护、防吊球的防守形式,称为"心跟进"防守(图 7-2-22)。

4. 双人拦网"边跟进"防守战术就是由 1 或 5 号位队员跟进作保护的防守形式。前排不拦网的队员要后撤参加防守,与后排三名队员要形成面对进攻点的弧形防守区(图 7-2-23)。

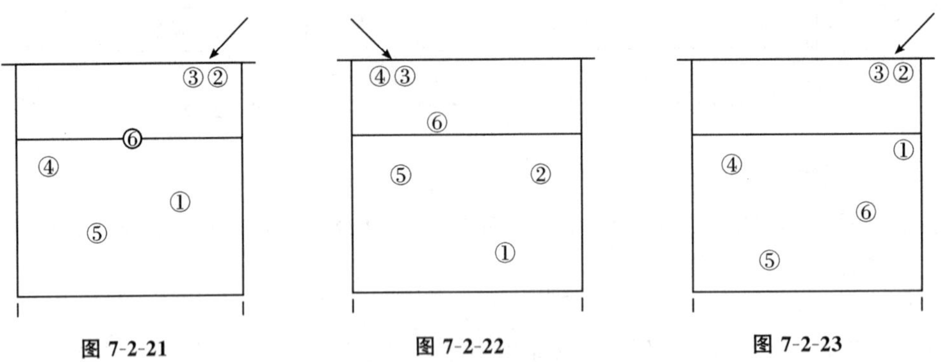

图 7-2-21　　图 7-2-22　　图 7-2-23

四、排球竞赛规则简介

(一)排球比赛通则

1. 比赛场地

排球比赛的场地长 18 米、宽 9 米(图 7-2-24)。男子比赛网高 2.43 米,女子比赛网高 2.24 米,场地的所有界线均宽 5 厘米,场地的长和宽包括界线,压线球为界内球。

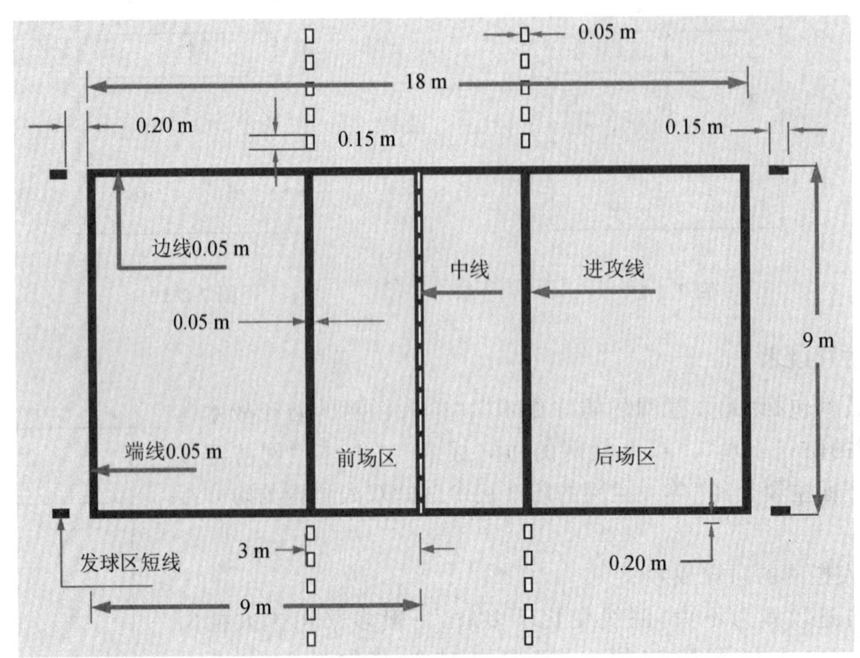

图 7-2-24　排球比赛场地

2. 比赛位置轮转图

凡是取得发球权的队按顺时针方向轮转一个位置(图 7-2-25)。

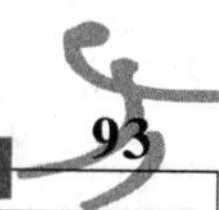

3. 比赛胜负

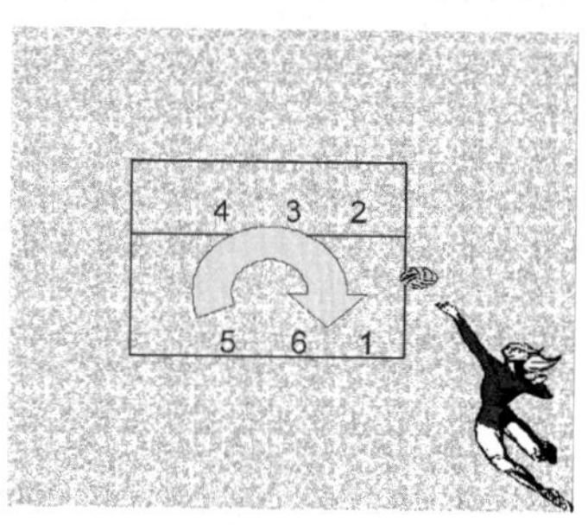

图 7-2-25

正式比赛采取五局三胜制和每球得分制，即攻防任何一方失误均由对方得分并发球，每局比赛队满 25 分并比对方至少多得 2 分为胜一局。当双方比分 24 平时，应继续比赛至某队多领先 2 分为止，某队先胜三局即取得该比赛胜利。如双方比分前四局出现 2 比 2 平局时，第五局为决胜局。在该局比赛中，只要一方先得 8 分应交换场地，场上队员位置不变继续比赛。当比分 14 比 14 时，此时无最高分限制，先超过对手 2 分的获胜。

4. 暂停

在每局比赛中，每队可请求暂停两次，每次 30 秒钟。暂停必须是比赛成死球时，由场上队长或场外教练提出。每局比赛只准换人 6 人次，再上场时只准换替换他的队员。

5. 自由防守人

(1)自由人在比赛中，必须穿与本队队员颜色不同的比赛服。

(2)成死球时可不经裁判同意，不记换人次数任意替换后排一名队员。

(3)自由防守人不能拦网、不能发球。

(4)不得在前排参加扣球及拦网动作。

(5)在进攻区内自由人传、垫出的球，其他队员不得高于网直接击入对方场区。

6. 后排队员犯规

(1)后排队员不得在进攻区内参加拦网

(2)后排队员不得在进攻区内把高于网上沿的球直接击入对方场区。

7. 触网犯规

比赛中，队员触及标志杆、触及球网上沿的网带为触网犯规。在不影响比赛的情况下，触网上沿的网带以下球网不判犯规。

小贴士

各具特色排球比赛趣闻

1. 1981 年在巴黎近郊克拉马市举行的一年一度的“一日排球赛”上，275 个队、近 2500 名男女运动员，从早到晚在足球场地上划定的 54 个排球场上进行了 1200 场角逐，队员中男女老少齐上阵，背着孩子出场的大有人在。有近 10 万观众观看了排球比赛。

2. 1983 年 7 月苏联男排访问足球王国巴西，同巴西男排在可容纳 10 万观众的足球场中进行了比赛，观赛者有 96000 人，因天降倾盆大雨使比赛中断 45 分钟，竟无一人退场。雨停了以后，比赛又继续进行了。

3. 排球“马拉松”

1986 年地中海岛国马耳他创办了一年一度的排球马拉松。排球马拉松从每年 8 月的第一个周末 22 时正式开始比赛。比赛在 6 支队伍间连续轮换进行。1986 年连续进行了 100 个小时，1987 年 120 小时，1988 年 144 小时，1989 年 170 小时，1990 年 180 小时，1991 年 190 小时，1992 年 195 小时，而今已超过了 200 小时。排球马拉松吸引了全城 85％的人前往观战，受到了国际奥委会、国际排联、欧洲排联等国际体育组织的祝贺。

8. 过中线犯规

队员的一只(两只)脚部分越过中线触及对方场区的同时,其余部分接触中线或置于中线上空是允许的。队员脚以上的身体任何部位,触及对方场区是允许的,但不得干扰对方比赛。

思考题

1. 试述排球运动的特点及其锻炼价值。
2. 排球垫球动作要领、易犯错误及纠正方法有哪些?
3. 排球有哪些基本技术?说明各技术在比赛中起什么作用?
4. 自由人有哪些规定?

五、气排球运动

(一)概述

1. 气排球运动起源

气排球运动是由我国自创的一种排球衍生项目,是由我国呼和浩特铁路局集宁分局的铁路职工在1984年首创并发展成为正式群众竞赛项目的。

1995年5月16日世界乒乓球锦标赛期间,前国际奥委会主席萨马兰奇应邀专程从天津来到铁道科学研究院和北京铁路局,观看了老年人气排球赛的表演。萨翁说:"气排球很好,既适合老年人也适合中年、青少年。"这一消息当时在国内各报纸刊登,广播、电台、电视台转播后,加快了老年气排球运动的推广进程。

2. 气排球运动的发展现状

气排球是中国老年人在体育项目领域的一项创新和贡献,同时,气排球也是中国老年人体协自2004年开始,向全国推广的优秀老年体育健身项目之一。由于它健身性强、运动强度适当而且具有浓厚的趣味性,很快就受到了老年朋友们的普遍喜爱,开展气排球运动在全国蔚然成风。近年来又逐步向中年人、青年人和学校推广。在江苏、浙江、福建、广西、湖南等气排球开展较好的地区,气排球运动发展呈现出良好的发展态势。但我国各地气排球运动发展水平不平衡,推行的比赛规则、规程、比赛用球、场地规格等许多方面都不尽相同。中国老年人体育协会2011年10月正式成立了气排球专项委员会,在第一次会议上,与会专家代表经过讨论认为,鉴于气排球运动处于发展阶段,当前气排球运动的发展重点在于普及推广,提出了"交流活动区域化,项目管理专项化"的发展目标。对于当前气排球运动的发展表示乐观,同时,对于气排球运动在各地不同的发展方式进行了思想统一,认为气排球当前的推广发展阶段在用球、规则等方面将不做硬性规定,不做强制统一,鼓励各地开展气排球运动"百花开放"。

近年来气排球运动的开展态势良好,参与活动的人员年龄段越来越低,许多城市成立了气排球协会、气排球俱乐部等各种气排球组织,初步形成了有组织、有管理的气排球竞赛与活动管理运行机制,活动的形式为自发参与与相关部门统一组织相结合。城市内各俱乐部之间的联赛、各城市之间的俱乐部超级联赛,每年的比赛持续不断;各种规模、类型的比赛层出不穷,很多的行业系统已经把气排球比赛当成一个常规赛事,比赛规模越来越大,参赛队伍越来越多,比赛的技战术水平有较大的提高,竞技的激烈程度也愈来愈高。有的省、区还把气排球比赛列入了省、区运会,对气排球运动在当地的开展起到了很好的推动作用。目前,广东的气排球界与香港、澳门的气排球爱好者保持着良好的联谊关系;海峡两岸气排球比赛也成了常规的赛事;广西则采用"走出去、请进来"的办法,将广西的绣排球(气排球的又一变种)项目送到了台湾花莲县,这些都为气排球运动走出国门、冲出亚洲、走向世界打下了良好的基础。

3. 气排球运动的特点与功能

(1)气排球运动的特点

作为一项新兴的大众体育健身集体项目,气排球有自己项目的显著特点:

①简单易学,“入门”快;

②具有较高的健身价值;

③观赏性和趣味性强;

④技术的全面性和独特性;

⑤亲和性好。

(2)气排球运动的功能

作为排球运动的衍生项目之一,一方面具有排球项目的一般功能,另一方面又具有大众体育健身集体项目的独特功能。

①娱乐休闲强身健体;

②锻炼提高心理品质;

③提高判断应变能力;

④培养团队协作意识。

(二)气排球主要技术

气排球技术包含六人排球的大部分技术,如发球、扣球、拦网等。气排球由于球体体积较大,击球面大成了气排球击球稳定的一个重要条件,同时由于气排球的重量较轻,在运行中受气流的影响会较多地产生“晃动”、“下沉”和“变线”的现象,因此在防守击球技术、二传技术、扣球技术中,均显示出气排球独特的技术特点。以下对气排球主要技术进行论述。

1. 防守击球

防守击球指的是接发球与接扣球采用的防守技术。主要有“插托球”、“捧球”、“双手小臂垫球”等技术,其中“双手小臂垫球”技术与六人排球动作相同。

(1)双手插托垫球

双手插托垫球是指面对来球,在腰部以下空间高度接球的技术。该技术的明显特征是:一手掌心朝上,五指朝前,另一只手掌心朝前,五指朝侧,两手在球的后下方形成一个与球相吻合的弧形。用于接发球和接各种攻击过网的球,它是气排球中特有的一项技术动作(图 7-2-26)。

动作方法(以左手下、右手上为例)

①准备姿势:面对来球,两脚开列与肩同宽,根据来球的速度和力量,成半蹲或稍蹲姿势站立。

②迎球动作:当来球接近体前时,开始蹬地、伸膝、手指张开从腹前迎球。全身各部位动作应协调一致。

③击球手型、击球部位与击球点:双手形成一个与球体相吻合的弧形,一只手在球下,称之为托球手;另一只手在球后,称之为护球手。触球时,两肘弯曲,托球手五指分开掌心朝前上且手指朝前呈勺型(手心空出不触球),用手指、指根触及球的后下部,护球手五指分开掌心朝向来球的方向且手指朝侧呈勺型,手指触球的后方。

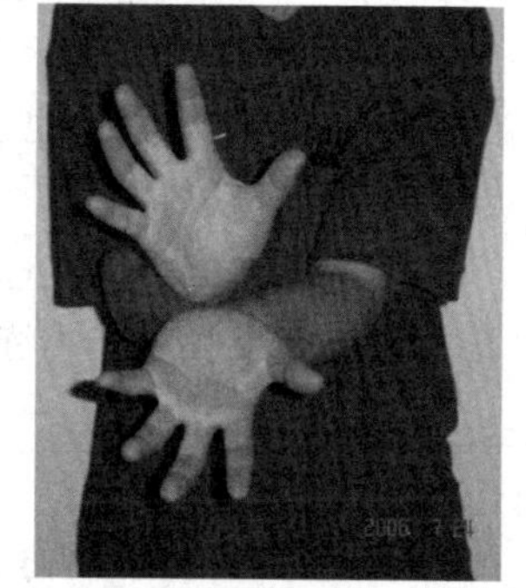
图 7-2-26　双手插托垫球

④用力方法:在迎球动作的基础上,当手和球即将接触前,手腕和手指要有顺势后下展的

动作，击球时，托球手手掌、手指给球体以撩拨动作，手掌手指的撩拨用力从球体重心的后下方通过，使球在向前上方抛起的同时产生上旋。

护球手同时翻顶球的中后部，利用托、翻、抬的合力将球传出。

插托垫球在气排球比赛中还可以演变成为“抱球”技术动作，用于防守、二传球等动作中。

(2)捧球

捧球是指将离身体较远的正面来球或低球接起的动作，也称捞球或托球。它也是气排球中特有的一项技术动作。它的明显特征是：双手掌心朝上，拇指朝前，其余手指相对，成形成一个与气排球大小相吻合的弧形。

动作方法：

①准备姿势：面对来球，两脚开列与肩同宽，根据来球的速度和力量，成半蹲或稍蹲姿势站立。

②迎球动作：当来球接近体前时，开始蹬地、伸膝、手指张开从腹前迎出。全身各部位动作应协调一致。

③击球手型：两肘弯曲，上臂与前臂夹角大于90°，两手平行，位于腹前，手背与前臂成45°夹角。两手掌心朝上，手腕内扣，手指张开，拇指朝前，其余手指相对，形成弧底形。

④击球部位与击球点

双手形成一个弧形(手心空出)，以手指和指根部触击球的后下部。

⑤用力方法：击球瞬间，两手插入球底部，两手托住来球，靠手腕的抖动、手指的弹拨力量将球捧出。

(3)防守击球的教学与训练

①教学与训练难点

防守击球在比赛中主要用来接发球和接扣球。根据比赛的需要，防守击球技术的运用可分为接发球垫球、接扣球垫球、接拦回球垫球和垫击二传球等。防守击球技术种类尽管繁多，但是在教学的开始阶段仍然要以插托球、抱球、捧球为重点，其教学训练难点是击球手型、击球点和击球部位。

②教学训练步骤

A. 讲解与示范

a. 讲解：教师首先讲解防守击球技术在气排球比赛中的作用、技术特点和动作要领。重点讲解手型，击球部位，击球点，手臂角度及身体上下肢的协调用力动作。

b. 示范：教师先做各种垫球的完整动作示范，让学生建立相关垫球技术的完整动作概念。然后再进行分解示范，也可以边讲解边示范，正面与侧面示范要结合运用，让学生加深印象。

B. 组织练习顺序

徒手试做→击固定球练习→击抛球练习→移动防守击球→接发球练习→接扣球练习→结合教学比赛及各种串连练习。

C. 练习方法

a. 徒手模仿练习

手型练习：徒手模仿练习，教师及时检查并纠正错误动作。

b. 结合球的练习

- 击固定球练习：两人一组，一人双手持球于腹前，另一人做击球动作。重点体会正确的击球点、手型及手臂用力时的肌肉感觉。

● 垫抛球练习:2 人或 3 人一组,相距 4 米,一抛一击或一抛二击。要求先教会学生用双手下手抛球,抛出的球弧度适宜,不太旋转,落点准确。垫球者先将球击高击稳,然后要求击球准且到位。

● 对墙练习:学生每人一球,距墙 2 米处连续对墙击球。要求击球手型、垫击点和击球部位正确,用力协调,控制球能力强。

c. 结合移动的垫球练习

● 移动自垫球练习:每人一球,向左、向右、向前、向后移动击球。要求学生在移动时低重心正面做各种垫球动作。

● 两人或 3 人一组,一人抛球,另一人或两人轮流向左、右、前、后移动击球。要求移动速度不宜太快,垫出的球要稍高,并控制好落点。垫球者尽量做到正对击球方向击球。

● 3 人一组跑动击球或 4 人一组三角移动击球。要求击球人尽量移动到位,对正来球,把球准确击到位。

d. 结合接发球的击球练习

● 两人一组相距 7～8 米,先一掷一击练习,再过渡到一人下手发球或上手发球,一人接发球。要求接至假设的二传位置上。

● 两人一组,相距 9 米,一发一垫,或 3 人一组,一发二人轮流接发球。要求开始发球要稳,然后逐步拉长发球的距离,增加发球的难度。

● 3 人隔网或不隔网,一发一击一传练习。要求发球准,接发球者积极移动取位把球击到传球队员的位置上,传球队员再将球传给发球人。

e. 结合接扣球、吊球的垫球练习

● 两人一组,一扣一防练习。要求接扣球者做好防守准备姿势,开始练习时扣球要稳,随着防守者逐步适应,可逐步增大扣球的难度。

● 3 人一组,一扣一防一传练习。要求扣球队员扣、吊结合,防守队员相互配合,互相呼应,互相保护。

(4)常犯错误与纠正方法(表 7-2-1)

表 7-2-1 各种垫球技术常犯错误与纠正方法

技术	常犯错误	纠正方法
插托球	没有形成正确的手形,手形不是半球状,手指触球部位不准确,两手发力不协调	进一步示范、讲解,用抱球动作接球,体会手形,近距离的对墙抱球,体会手指触球
捧球	没有形成正确的手形,手指触球部位不准确	进一步示范、讲解,用捧球动作接球,体会手形,体会手指触球

(5)教学训练中应注意的问题

第一,垫球教学应先在简单条件下进行练习,如原地徒手练习以及击固定球的练习,原地垫击一般弧度和落地比较固定的轻球,再进行移动垫球练习。在学生垫球动作基本正确,能初步控制垫球的方向和落点后,再逐步加大练习的难度。

第二,发球、接发球是两个相联系的对立面,因此在教学与练习中应使两者紧密结合,互相促进,不断提高。接发球又是组织进攻的基础,应抓住控制球能力这个重点和难点反复练习,以提高手臂对球的控制能力。

第三,在接扣球技术教学中,应强调做好防守的判断,准备姿势,加强起动和移动步法的练习。要教会学生观察和判断来球的方法，提高起动速度和移动取位的能力，防止只重视手法不重视步法的倾向。

第四，随着垫球技术的不断熟练，要尽量结合攻防战术进行练习。如在防守练习中，垫球与拦网、保护、调整传球和反攻扣球等技术串连起来进行练习，这样既能提高技术的运用能力，又能培养战术意识和同伴间的默契配合。

2. 扣球

由于气排球场地比较小及球体的原因，气排球的扣球技术比较多采用原地或一步起跳方法与冲跳方法。

(1)原地与一步起跳扣球

气排球的扣球常采用原地与一步起跳技术，在比赛中，这种方法可以使扣球者及时地扣到球，保持良好的扣球时机。

动作方法：助跑的最后一步既是助跑的结束步法又是起跳的准备动作。

常用的起跳步法有两种：一种是并步起跳，即一脚跨出一大步后，另一脚迅速向前并步，随即蹬地起跳。这种方法便于调整起跳时间，适应性强，制动效果好，身体重心易保持稳定，但对起跳高度稍有影响。另一种是跨跳步起跳，即一脚跨出一大步的同时，另一脚也跟着跨出去，双脚有一个腾空的阶段，两脚同时着地，蹬地起跳。这种方法能利用人体下落的重力加速度，增加弹跳高度，但不便于加快助跑速度，易影响起跳节奏，不利起跳。

(2)冲跳扣球

助跑的最后一步称为起跳步，冲跳扣球是起跳步的两脚间有比较大的距离，利用蹬地的力量使身体获得比较大的向前和向上的力量的一种起跳扣球技术。这种方法便于向前跳起，能及时快速扣打球，提高扣球速度，但对起跳高度稍有影响。这种扣球一般在二传球比较近网的情况下进行，动作方法与正面扣球大致相同，特点是二传高度低、速度快、节奏快，因而实扣效果好。

动作方法：扣球时要快速起跳。要浅蹲快跳，以便于加快起跳速度。跳起在空中扣球时，击球手臂后引动作要小，主要利用含胸、收腹的动作，带动前臂和手腕快速鞭打式挥动，用全掌击球的后上部。

(3)扣球教学与训练

①教学与训练难点

在气排球扣球的几个动作环节中，选择好起跳点及起跳时机，保持好人与球的关系是扣好球的基础，挥臂击球是完成扣球动作的关键环节。抓好起跳及击球是扣球的教学难点。

②教学训练步骤

A. 讲解与示范

a. 讲解：教师首先讲解扣球技术在排球比赛中的作用，技术方法与动作要领。在初步掌握技术动作后，再进一步讲解助跑节奏、时机、起跳点的选择，击球点及手掌包满时的鞭甩动作等。

b. 示范：教师首先做完整扣球技术的示范，让学生建立完整、直观的动作概念。然后做分解示范(可徒手，也可以结合球)，关键环节放慢示范速度，必要时也可边讲解边示范，重点突出动作要领和关键。教师示范扣球时，力量要适当，动作要轻松，效果好。要引导学生观察技术动作的结构，挥臂动作的发力，击球的手法，球飞行的路线、弧度与旋转等。

B. 组织练习顺序

助跑起跳练习→挥臂击球练习→原地自抛自扣练习→助跑起跳扣抛球练习→完整扣传球练习。

③练习方法

A. 助跑起跳练习

第1，原地双脚起跳练习：听教师口令练习原地起跳技术。要求双脚蹬地力猛快速，两手臂配合划弧摆动起跳，顺势扣球手臂上举，后引，抬头，展腹，身体成反弓形，落地时双脚前脚掌过渡到全脚着地，屈膝缓冲。

第2，一步或两步助跑起跳练习：集体听教师口令做一步或两步助跑起跳。要求练习速度由慢到快，手脚配合协调，注意控制身体平衡。

第3，学生分别站在进攻线后，听教师口令向网前做两步助跑起跳练习，在此基础上再学习多步助跑，变方向助跑和跑动起跳。要求学生注意助跑起跳的节奏和起跳点位置的选择。

B. 扣球挥臂动作的击球手法练习

第1，徒手模仿扣球挥臂练习：按规定的队形听教师口令做挥臂练习。要求挥臂放松自然，弧形挥动，有鞭甩动作。

第2，扣固定球练习：扣吊球；或两人一组，一人双手持球高举，另一人原地扣固定球；或自己左手举球，右手做挥臂击球练习。要求击球时全手掌包满球，做快速鞭打动作。

第3，自抛自扣练习：每人一球，距墙5米左右先抛一次扣一次，然后连续对墙扣反弹球，或两人面对相距6～7米对扣，也可在低网上自抛自扣等。要求击球力量不宜过大，动作放松，手腕有推压鞭甩动作，使击出的球成上旋飞行。

第4，扣抛球练习：两人或多人一组，一人站在距墙5米处抛球，另一人或多人依次对墙扣抛球。在低网前的一抛一扣练习，或在低网前轮流扣教师的抛球练习。要求抛球距离有近有远，弧度由低到高，扣球者选好起跳点，保持好击球点，挥臂击球手法正确。

C. 完整扣球练习

第1，结合一传的扣球练习：接对方发的：球，垫给二传，然后进行助跑起跳扣球。要求以中等力量扣球，注意正确的挥臂击球手法，选好击球点。

第2，个人跑步扣球或结合进攻战术的扣球练习：要求在不同位置上跑动进行扣球，主要培养扣球者在不同位置的扣球能力，场上应变能力和集体战术配合能力。

(4)常犯错误与纠正方法(表7-2-2)

表7-2-2　气排球扣球技术常犯错误与纠正方法

技术	常犯错误	纠正方法
扣球	助跑起跳前冲，击球点保持不好	1. 进一步讲解，并多做助跑起跳练习 2. 做限制性练习，如设置障碍物起跳，地上划出起跳点与落点 3. 扣固定球，接垫球，一步起跳扣球
	上步时间早，起跳早	1. 以口令、信号限制起动起跳时间 2. 固定二传弧度练习扣球
	击球手法不正确，手未包满，击出的球不旋转	1. 击固定球，对墙平扣、打旋转 2. 低网原地扣球练习 3. 练习手腕推压、鞭甩动作

(5)教学训练中应注意的问题

第一,扣球技术是学生最感兴趣的技术,学生的积极性都比较高,但学生的注意力往往会集中在扣球效果上,而忽视对正确扣球技术动作的掌握,在教学中应注意引导学生掌握正确的扣球技术动作,为其他扣球技术的学习打好基础。

第二,扣球教学中,应重点抓好助跑起跳和正确的击球手法练习,解决好人与球的位置关系。初学时,应加强分解动作练习,并适时地与完整动作练习相结合。对于扣球技术的重要环节,必须进行反复、系统地强化练习。

第三,在教学课中,扣球教材的安排,尤其是上网扣球,最好安排在传、垫球技术练习之后。因为在扣球练习时学生的积极性高,如安排在课的前段对其他技术的学习有影响。

第四,初学者上网扣球时,应由教师或技术水平较好的学生担任二传,以便使初学者掌握助跑起跳的时间和起跳点,尽快正确掌握扣球技术。

(三)气排球主要战术

气排球比赛有五人制、四人制两种。老年人比赛一般采用五人制,中青年比赛一般采用四人制。本节主要介绍四人制战术。

1. 进攻阵型、进攻位置与打法

(1)进攻阵型

气排球的进攻阵型分为中二、中三、插二、插三进攻阵型,在比赛中上场队员多为两个二传,中二、中三的进攻阵型运用较多。

中二是指由 2 号位或 3 号位队员作二传,组织两点攻的进攻方式(图 7-2-27)。中三是指由 2 号位或 3 号位队员作二传,组织三点攻的进攻方式(图 7-2-28)。插二进攻阵型是指由后排队员(1 号位或 4 号位)插到前排担任二传,组织两点攻的进攻阵型(图 7-2-29)。插三进攻阵型是指由后排队员插到前排担任二传组织三点攻的进攻阵型(图 7-2-30)。

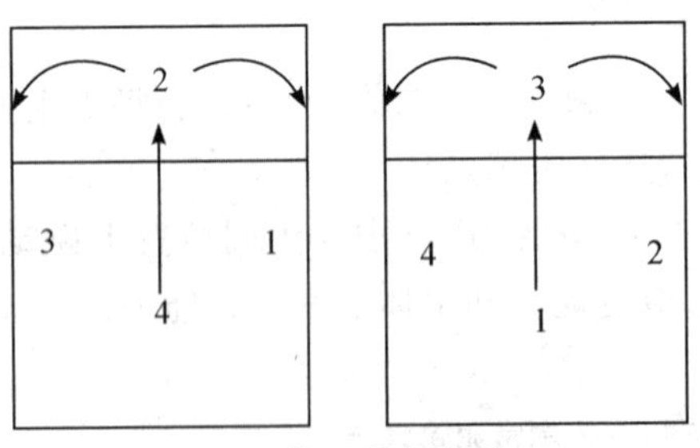

图 7-2-27 中二进攻阵型

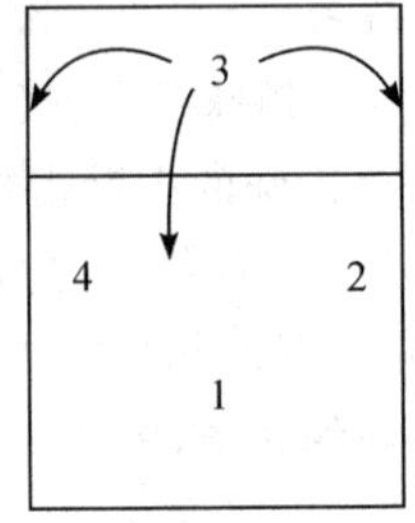

图 7-2-28 中三进攻阵型

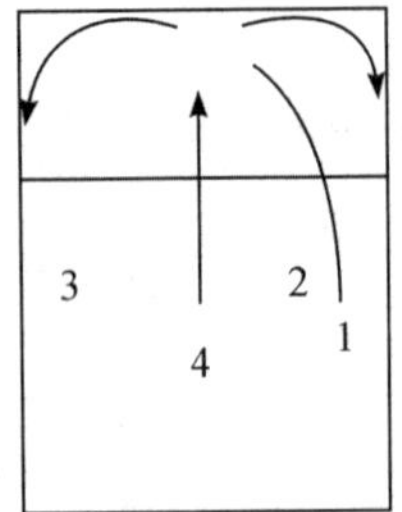

图 7-2-29 插二进攻阵型

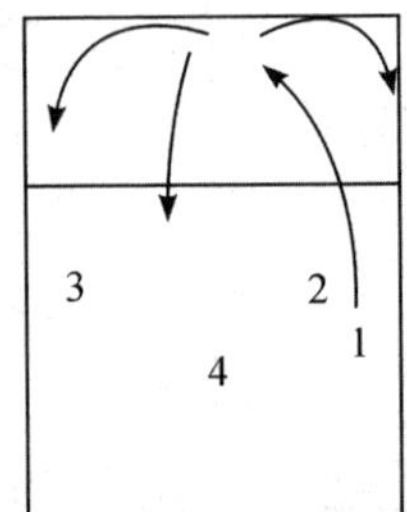

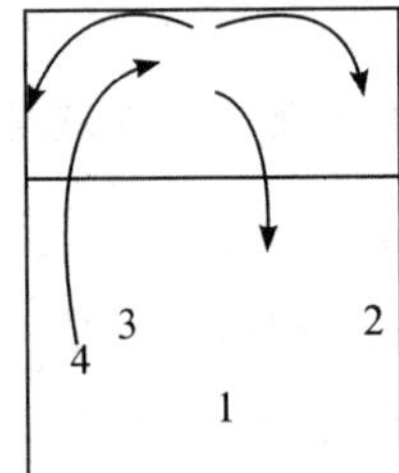

图 7-2-30 插三进攻阵型

(2)进攻位置与打法

通过对比赛的分析,气排球进攻位置主要以后左和后右的进攻为主,且主要采取的进攻方式为集中进攻和调整进攻,二次攻等。与室内排球相比,气排球没有明显的主攻和副攻的区别,在哪个位置都便于组织进攻。由于气排球规则限制,只能在进攻线后扣球,因此可以采用三点进攻。在比赛中,组织拉开进攻打法效果较好,集中进攻方式不利于突破拦网。此外,气排球球轻,在传球过程中,不易传得太高,二传球太高易受空气阻力的作用,增加攻手对球判断的难度,容易打乱进攻的节奏,不易控制球。

2. 防守阵型

气排球比赛防守阵型采用三人接发球的深"V"和浅"V"阵型,接扣球的防守阵型有单人拦网和双人拦网的防守阵型,且队员多采用双人拦网的防守阵型,以下是对"四攻"系统下的防守阵型的分析。

接发球阵型:接发球阵型是由3人接发球组成,二传不参与接发球,目前大多人采用深"V"形(图7-2-31)和趋于"一"字形的浅"V"形站位(图7-2-32),根据对方发球的特点,选择合理的站位,这种接发球站位分工合理,形成3点进攻阵型,有利于快速组织进攻。

接扣球阵型:根据参加拦网人数分为无人拦网、单人拦网、双人拦网的防守阵型(图7-2-33、图7-2-34),比较多采用双人拦网的防守阵型,加强第一道防线,减少后排防守压力,气排球扣球速度加大,落地速度快,前排拦网容易,但是后排防守难,因此,在比赛过程中,队员往往采用双人拦网的防守阵型。

接拦回球阵型:除扣球队员外,其他3名队员均可参加拦回球,根据扣拦情况灵活采用不同的站位,当本方3号位进攻时,4号位跟进,形成第一道防线,1号位和2号位形成第二道防线。

接传垫球阵型:根据对方来球的特点,可采用3人、2人接球阵型,其中以3人接球为多。当对方来球轻,吊球时4号位跟上防吊,1号位和3号位后撤,组织2点进攻。当对方来球落在本方后场区时,1、3、4形成浅"V"字防守阵型,组织3点进攻。

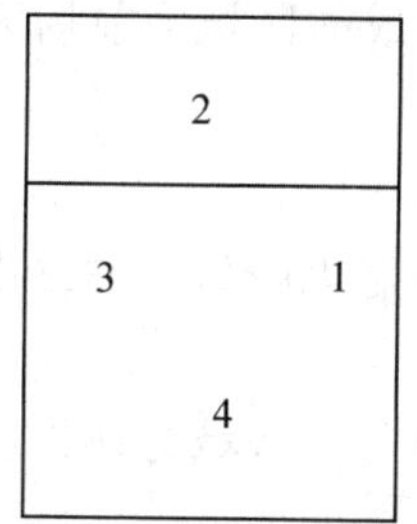

图7-2-31　接发球防守阵型深"V"

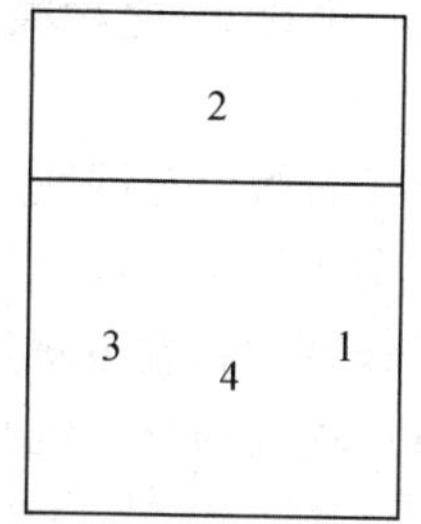

图7-2-32　接发球防守阵型的浅"V"

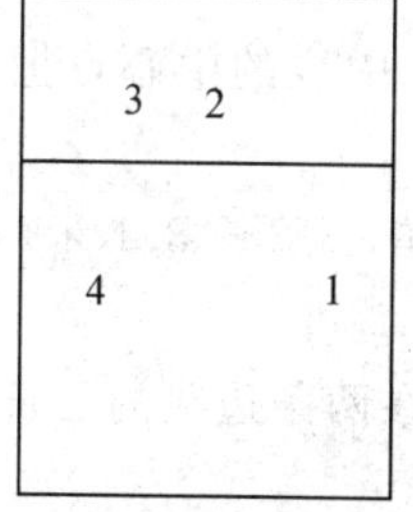

图7-2-33　双人拦网的防守阵型

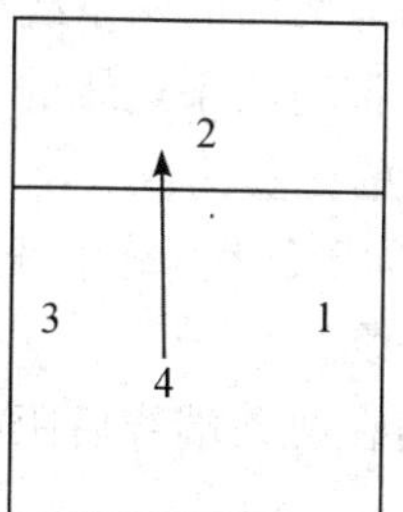

图7-2-34　单人拦网的防守阵型(4号位跟进防吊)

(四)气排球主要竞赛规则

1. 气排球比赛的场地、器材、设备

(1)气排球比赛的场地和规格

气排球比赛场地(图 7-2-35)由比赛场区和无障碍区组成。比赛场区为长 12 米、宽 6 米的长方形。无障碍区为场区的周边有 2 米宽的无障碍区,从地面向上至少有 7 米高的无障碍空间

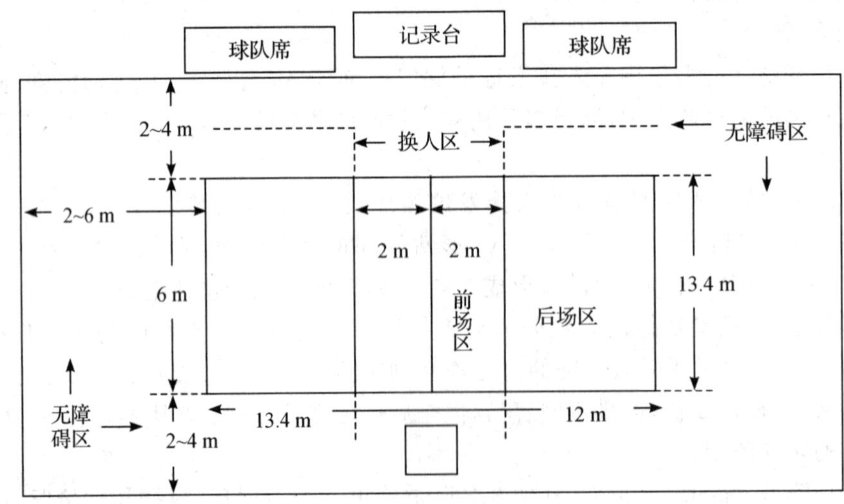

图 7-2-35 气排球比赛场地

(2)气排球比赛的场区与界线

①场区

A. 比赛场区:两条边线和两条端线规定的区域为比赛场区。边线和端线的线宽都包括在比赛场区的面积内。

B. 前场区:中线与进攻线(也称限制线)的实线所组成的区域为前场区。进攻线线宽包括在前场区的面积内。

C. 后场区:进攻线的后沿至端线所组成的区域为后场区。

D. 罚球区:端线实线外与边线延长线上的罚球短线至无障碍区的终端所构成的区域为罚球区。两条发球短线线宽包括在发球区面积内。

E. 换人区:两条进攻线的延长线与其边线至记录台前的区域为换人区。

②界线

A. 边线:比赛场地的两条长线称边线,各长 12 米。

B. 端线:比赛场地两端的两条线称端线,各长 6 米。

C. 中线:在网下接连两条边线的中点的线称中线。中线的中心点把场地一分为二,分成 6 米见方的两个相等的比赛场区。

D. 进攻线:(又称限制线)离中线的中心点 2 米处有一条长 8.1 米(实线长 6 米,虚线长 2.1 米)的线,称进攻线。

E. 发球区短线:在两条端线后距端线 0.2 米处,并在两条边线的延长线上有两条 0.15 米的短线,称发球短线。

F. 场地内所有的界线线宽均为 0.5 厘米

(3)气排球场地检测

检查方法:将钢尺的一端固定在场地的端线一角点,然后分别向两条进攻线、中心线和另一条端线的对角线分别进行测量。例如:近端进攻线为 7.21 米,中心线为 8.485 米,远端进攻线为 10 米,端线为 13.42 米

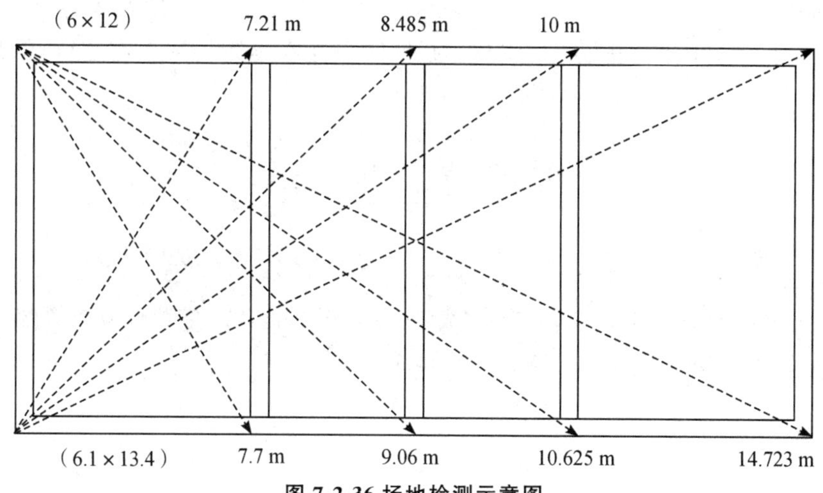

图 7-2-36 场地检测示意图

(4)气排球比赛的用球

①球是圆形的,由柔软的材料制成。

②球的颜色为白色、黄色或彩色。

③球的圆周为 76～78 厘米,球的重量为 100～120 克,球的气压为 0.16～0.17 千克/平方厘米。

2. 主要规则

气排球比赛规则一方面有六人排球比赛的基本要求,如位置轮转,三次击球过网、触网、过中线等;另一方面又有气排球项目特点,如比赛计分方法、进攻区域,发球轮换、持球、连击、前场区击球过网,拦网限制等。

(1)计分方法

①比赛采用每球得分制。

②胜一分:某队因失误或犯规以及受到其他判罚时判对方得一分。

③胜一局:先得 21 分的队为胜一局。当比分打到 20∶20 时,先得 21 分的队胜该局。

④胜一场:比赛采用三局两胜制,先胜两局的对为胜一场。

⑤决胜局:当双方胜一局后应进行决胜局的比赛,决胜局 8 分时应交换场地,当比分 14∶14 时,比赛继续进行至某队领先两分(16∶14、17∶15)为止。

(2)击球时的犯规

①将球接住、抱住、停留为持球犯规。

②一名队员连续击球两次或球触及身体的不同部位时伴有两个不同的动作时为连击犯规。允许一个动作下的球触及身体的不同部位击球。

(3)发球次序

队员发球次序按位置表的顺序进行。当发球队胜一球时须按顺时针轮转一次发球,当接发球队胜一球时,获得发球权并轮转。每个队员发一次球就要轮转换由另一人发球。

(4)进攻区域

气排球进攻区域是进攻线后组成的区域。在进攻线后将高于球网的球击过网方为合法击球。

(5)前场区击球过网规定

前场区击球过网时球必须有明显向上的弧度。

(6)拦网规定

手不能在对方场区上空进行拦网击球。拦网时只能在本方场区上空进行,但是拦网击球后手随球过网是允许的。

第三节 足　球

教学目标:

了解足球运动的起源与发展。领会足球运动的锻炼价值。掌握足球的基本技战术,积极参与此项运动,学会欣赏国内外重大足球比赛。

一、足球运动简介

1. 足球运动的起源与发展

根据多方面的考证后,2004 年 2 月 4 日,国际足联在伦敦对外宣布:足球最早起源于中国——中国古代的蹴鞠就是足球的起源。它是一种游戏(蹴鞠),从目前的史料看,早在战国时代(公元前 475—前 221 年)就有记载。在汉代,足球游戏由战国时代的娱乐活动演变成为军事训练的一种手段,增加了竞赛性。唐宋时期,节日里进行蹴鞠娱乐不仅流行于民间,也流行于宫廷。而古代女子足球也最早见于中国,历朝均有女子足球活动,但多在宫廷和艺人中进行,作为供人娱乐的手段。

现代足球运动起源于英国。据史料记载,在中世纪英国就有了类似今天的足球运动,当时的足球比赛在城市的街道上进行,对参加的人数、场地等无规则限制。1863 年 10 月 26 日,伦敦 11 个最主要的俱乐部和学校举行会议创立了英格兰足球协会,与此同时也产生了世界上第一个统一的足球规则“剑桥规则”,共 14 条。这一天被世界公认为现代足球的诞生日。由于欧洲许多国家已成立了足球协会,国际的比赛日趋增多。1904 年 5 月 21 日在法国召开了欧洲各国足球协会代表会议,由法国、比利时、丹麦、荷兰、西班牙、瑞典、瑞士 7 个国家共同创立了国际足球联合会。现在国际足球联合会会员协会已达到 207 个国家和地区,成为会员协会最多的国际单项体育组织。

现代世界性足球比赛包括男子世界杯比赛、奥运会足球比赛、19 岁以下世界青年比赛、17 岁以下世界少年比赛、五人制足球比赛等,女子世界女子足球赛、奥运会足球比赛等。

1992 年以来,作为我国体育领域内的改革突破口,国内足球改革向着职业化的发展方向迈出了具有历史意义的一步。这一步以 1992 年在北京召开的全国足球工作会议为标志。这次会议明确提出了改革体制、转换机制的根本问题,提出要推行俱乐部体制,走职业化的发展道路。改革的主要内容是实现足协实体化,建立和完善足球俱乐部体制,开展职业联赛,实行人才流动与引进,运动员实行注册制,比赛实行许可证制。从 1994 年起,我国开始实行以俱乐部职业队为主的全国甲级 A、B 组联赛,实施“绿茵工程”。

2. 足球运动的健身价值

(1)有利于增强体质、促进健康。

(2)有利于良好的心理品质及思想品德的形成。

(3)有利于精神文明建设。

(4)有利于振奋民族精神。

二、足球运动基本技术

(一)颠球

1. 动作要领

脚背颠球。脚向前上方摆动，用脚背击球，击球时踝关节固定，击球的下部。两脚可交替击球，也可一只脚支撑，另一只脚连续击球。击球时用力均匀，使球始终控制在身体周围。

2. 要点与练习方法

(1)一人一球颠球

要点：触球时间、触球部位、触球力量和动作协调。

(2)两人一球颠球

要点：可用身体各部位颠球，控制触球力量，不让球落地。

(3)四、五人围圈用两球颠球

要点：掌握触球的次数与部位，颠、传时注意观察，防止两个球同时颠传给同一伙伴。

(二)踢球

踢球是指运动员有目的地用脚把球击向预定目标的技术。它是由助跑、支撑脚站位、摆动腿的摆动、击球部位和击球后的随摆五个环节组成，它主要用于射门和传球。踢球动作可分为脚内侧踢球、脚背正面踢球、脚背内侧踢球、脚背外侧踢球、脚尖踢球和脚跟踢球几种方法。

1. 脚内侧踢球(又称脚弓踢球)动作要领

踢定位球时，直线助跑，支撑脚踏在球侧的约 15 厘米处，膝微屈，脚尖指向出球方向，踢球腿以髋关节为轴由后向前摆动，摆动至大腿与地面约垂直时，小腿加速前摆，膝踝外展，脚掌与地面平行，踝关节紧张，脚形固定。以脚内侧部位对准球，击球的后中部(如图 7-3-1)。踢地滚球时，要根据来球的速度、方向以及摆腿的时间，确定支撑脚的选位，保证踢球腿能充分地摆踢发力。踢空中球时，大腿要抬起，小腿应拖后，利用小腿的加速度前摆踢球，抬腿的高度要与来球高度相适应，摆腿的时间应与来球速度相对应，并根据出球的目标调整击球的部位。

图 7-3-1

2. 脚背正面踢球(又称正脚背踢球)动作要领

踢定位球时,直线助跑,最后一步稍微大些,支撑脚积极着地支撑,在球的侧面 10～15 厘米处,脚尖正对出球方向,膝关节微屈,踢球腿以髋关节为轴,大腿带动小腿由后向前摆动。当膝关节摆至接近球的正上方时,小腿做爆发式的摆动,脚踝绷紧,以脚背正面部位(如图 7-3-2)击球后中部,击球后身体及踢球腿随球前移(如图 7-3-3)。

图 7-3-2

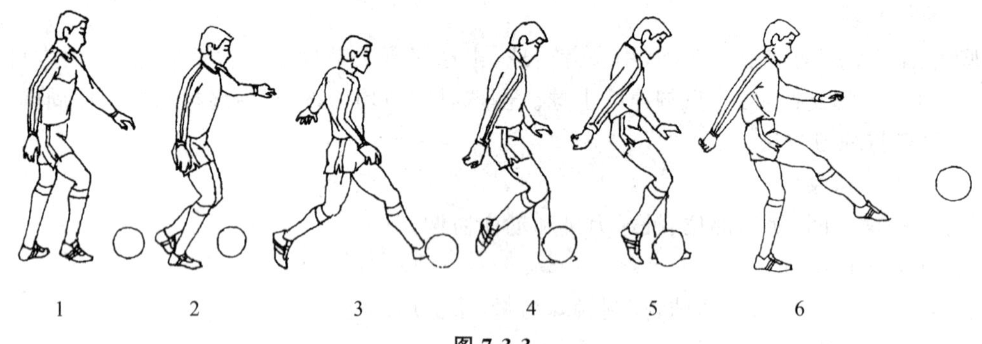

图 7-3-3

3. 脚背内侧踢球(又称内脚背踢球)动作要领

踢定位球时,斜线助跑,助跑方向与出球方向约成 45°角,支撑脚踏在球侧后方约 25 厘米,膝关节微屈,脚尖指向出球方向,重心稍倾向支撑脚一侧。在支撑脚着地的同时,踢球脚已完成后摆,并开始以髋关节为轴大腿带动小腿由后向前摆动,当大腿摆至与支撑腿近同一平面时,小腿做爆发式摆动,此时脚尖外转、脚跟上勾、脚背绷直,以脚背内侧部位触击球。击球后踢球脚继续随球向前(如图 7-3-4)。

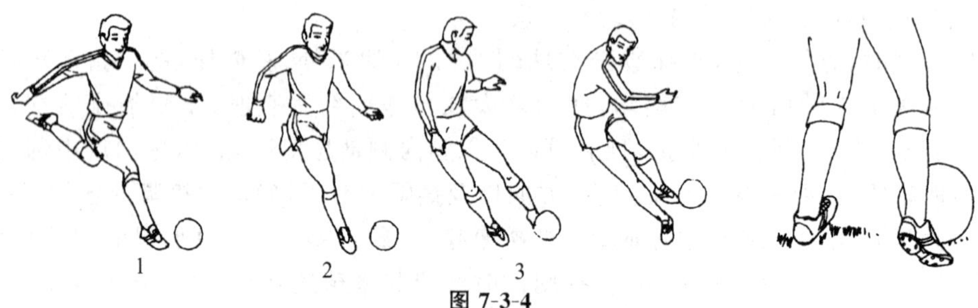

图 7-3-4

4. 脚背外侧踢球(又称外脚背踢球)动作要领

脚背外侧踢球的动作要领类似脚背正面踢球,只是摆踢时,脚背绷紧,脚趾向内扣紧,脚尖指向斜下方,用脚背外侧击球的后中部,击球后,踢球腿顺势前摆(如图 7-3-5)。

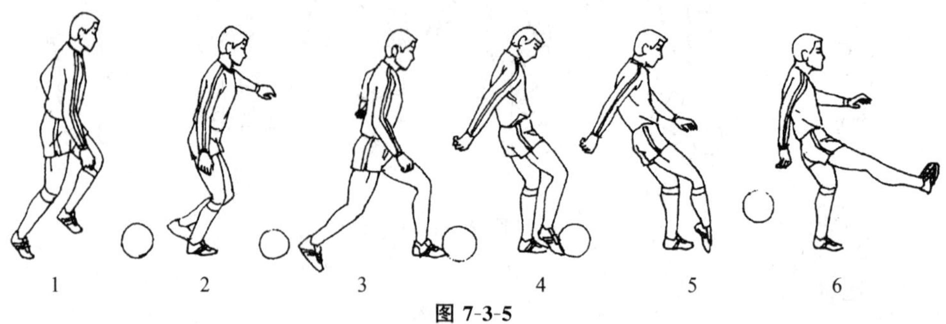

图 7-3-5

5. 要点与练习方法

(1)二人一球,相距10～15米对踢。

要点:控制踢球力量,踢球部位。

(2)二人一组,加大距离做长传球。

要点:传球准确。近距离踢球时击球后中部,中长距离传球时,击球后下部。

(3)运球到罚球区附近射门。

要点:速度由慢到快。

(4)传球射门:

要点:一人作向前传球,踢球者快速上前踢球射门。

6. 易犯错误及纠正方法

(1)脚内侧踢球易犯错误:

①脚弓和球接触面不正确,影响了击球的准确性。

②踢球脚离地过低,踢在球的底部,易成高球。

③动作过度紧张,使用力量不及时,特别是脚击球的一刹那,没有用力,只靠腿的摆动力量踢球。

纠正方法:

①讲解示范,反复练习,体会动作要领,掌握动作方法。

②一人持球,一人做脚内侧踢球,注意触球部位。

③一人脚踩球,一人做脚内侧踢球动作。

④原地和助跑踢定位球或正面、左右两侧地滚球,要求变换击球部位而踢出低球、平球。

(2)脚背正面踢球易犯错误:

①支撑脚的位置靠后,造成踢球时身体后仰,脚背击在球的后下部,出球偏高。

②踢球腿前摆时,小腿过早地做爆发式前摆,造成直腿击球,出球无力。

③摆腿方向不正,造成脚触球部位不准。

④因怕脚尖触地,脚背没有充分跖屈,造成脚趾背面触球。

纠正办法:

①明确脚背正面踢球动作的要领,反复进行练习。

②采用一人踩固定球,一人以脚背正面踢球的方式,练习踢准触球部位。

③摆动腿注意前后摆动,一边练习一边检查。

(3)脚背内侧踢球易犯错误:

①助跑的斜线角度过小,击球点偏外,出球不准。

②支撑脚的位置偏后,踢球时上体后仰,出球过高。

③踢球脚的脚背外转不够,脚接触部位不正确。

④没有向出球方向摆腿,形成划弧动作,击球点偏外,出球不准。

纠正方法:

①踢定位球,练习斜线45°助跑,脚触球时,注意击球部位。

②二人相距10～15米对踢,反复练习,体会动作要领,掌握动作方法。

(4)脚背外侧踢球易犯错误:

①助跑出现斜线角度,击球点偏内,出球不准。

②支撑脚的位置偏后,踢球时上体后仰,出球过高。

③踢球脚的脚背内扣不够，脚的接触部位不正确。

④没有向出球方向摆腿，形成划弧动作，击球点偏外，出球不准。

纠正方法：

①踢定位球，脚背触球时。注意击球部位。

②二人相距10～15米对踢，反复练习，体会动作要领，掌握动作方法。

(三)接控球

接球是指运动员有目的地用身体的合理部位把运行中的球接控在所需位置的控制范围内。在比赛中接球不是最终目的，而是为传球、运球、过人和射门做准备。接球的方法有多种，常用的有脚内侧、脚背正面、脚背外侧、脚底、大腿、腹部、胸部、头部等部位。这里重点介绍以下几种。

1. 脚内侧接球

脚内侧接触球面积大，易将球接稳，并且便于改变方向和结合下一个动作，多用来接地滚球和空中球。

(1)动作要领

①脚内侧接地滚球：支撑脚正对来球，膝关节微屈，接球腿屈膝外转并前迎，脚尖微翘起，当脚与球接触前的一刹那开始后撤，在后撤过程中用脚内侧接触球，缓冲来球力量，把球控制在衔接下一动作所需要的位置上(如图8-3-6所示)。

②脚内侧接反弹球：支撑脚踏在球落地点的侧前方，膝关节弯曲，上体稍向前倾并向接球方向微转，同时接球腿提起，踝关节放松，用脚内侧对准来球的反弹路线，当球落地反弹刚离地面时，用脚内侧推球的中上部(如图8-3-7所示)。

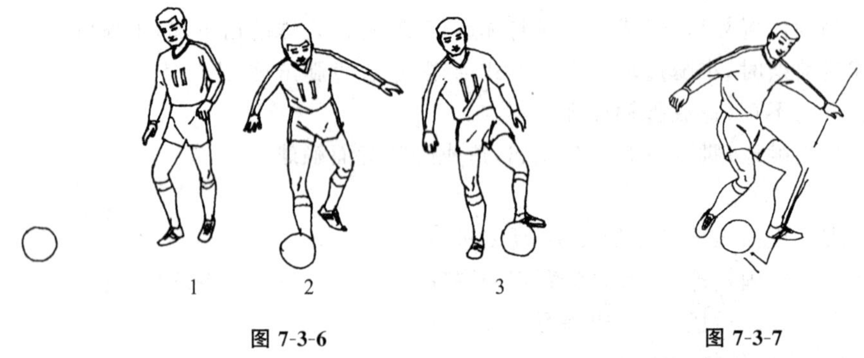

图7-3-6　　图7-3-7

③脚内侧接空中球：一种方法是根据来球的高度，将接球脚抬起前迎，脚内侧对准来球路线，在脚与球接触前的刹那开始后撤。在后撤过程中用脚内侧触球，缓冲来球力量，把球控制在所需要的位置上。另一种方法是将脚提起稍高于选择的接球点，在脚与球接触的一刹那开始下切，在下切过程中用脚内侧切于球的侧上部，将球控制在地上。接空中球时，先提大腿，腿弓正对来球。触球时，小腿放松下撤。(如图8-3-8所示)

(2)要点与练习方法

①二人一组，相互踢接球。

要点：力量由轻到重。

②二人一组，一人踢地滚球，另一人跑上接球。

③二人一组，互相踢接球，要求接控球后快速传球。

图 8-3-8

要点:触球部位适当放松,并要做好迎撤动作。

(3)脚内侧接球易犯错误与纠正方法

易犯错误:

接球脚肌肉太紧张,当球与脚弓接触时未做后撤动作,使球弹出。

纠正方法:

①讲解示范,反复练习,领会动作要领,掌握动作方法。

②一脚支撑身体重心,一脚练习接球的迎球和后撤动作。

③接低球或接反弹球时,可采用由同伴抛球的练习方法,先在原地,后可在跑动中逐渐体会动作。

2. 脚底接球

脚接触球面积大,易将球接稳。比赛中多用于接正面来的地滚球和反弹球。

(1)动作要领

①脚底接地滚球:身体正对来球支撑脚站在球的侧后方,膝关节微屈。接球腿提起,膝关节自然弯曲,脚尖翘起高过脚跟(脚跟离地面稍低于球高),踝关节放松,用前脚掌触球的中上部(如图 7-3-9 所示)。

②脚底接反弹球:身体正对来球,支撑脚踏在落点侧后方,当球着地的一刹那,用前脚掌对准球的反弹路线,触球的中上部(如图 7-3-10 所示)。

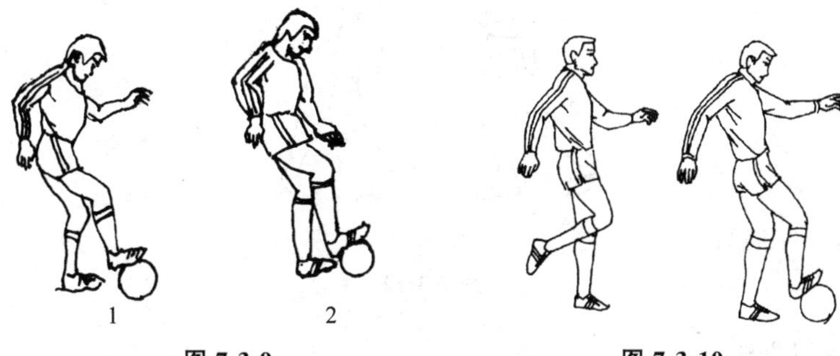

图 7-3-9　　图 7-3-10

(2)要点与练习方法

①一人用脚内侧踢地滚球,一人用脚底接球。

②一人抛球,一人用脚底接控反弹球。

③反复练习,体会要领,掌握动作方法。

要点:

踝关节充分放松，接球脚抬起不易过高。

3. 胸部接球

由于胸部接球部位较高，加之胸部面积大、肌肉较丰满等特点，易于掌握，适于接高球和平直球。胸部接球包括挺胸接球、收胸接球两种方法。

(1)动作要领

①挺胸接球：

一般用于停高于胸部的下落球。身体正对来球，两脚前后开立，重心落在两脚之间，两膝弯曲，两臂自然张开，上体稍后仰，收下颔。当球与胸部接触前的刹那，脚跟提起，向上挺胸，使球弹起，然后落于体前(如图 7-3-11 所示)。

图 7-3-11

②收胸接球：

动作要领：一般用来接胸部高度的水平球。身体正对来球，两脚前后开立，两臂自然张开，挺胸迎球，当球与胸部接触的刹那迅速收胸、收腹，以缓冲来球力量，把球控制在自己的范围内(如图 7-3-12 所示)。

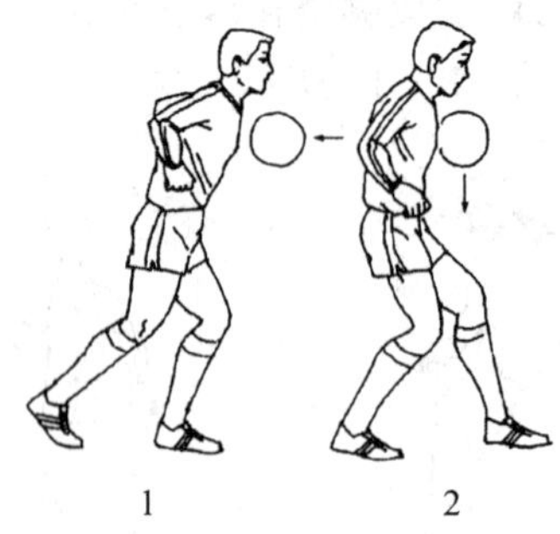

图 7-3-12

(2)要点与练习方法

①二人一组，约距 10 米，互抛互接。

②二人一组，约距 10 米，加大来球速度，互抛互接。

要点：

注意收下颔，充分展胸、后仰，控制球。

(3)易犯错误与纠正方法

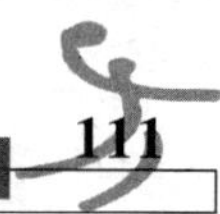

易犯错误：

收胸过早或过晚，不能缓冲来球力量，易将球弹出。

纠正方法：

①明确动作要领。当球与胸部接触时，迅速收胸、收腹，以缓冲来球力量。

②通过讲解示范与反复练习，掌握正确的胸部接球方法。

(四)运球

运球是运动员在跑动中用脚连续推拨球，使球处于自己控制范围内的动作，是完成个人突破与战术配合必不可少的技术。常用的运球方法有脚背内侧运球、脚背正面运球、脚背外侧运球等。

脚背外侧运球和脚背内侧运球较为灵活，便于改变速度和改变方向，是比赛中常用的运球方法。

1. 动作要领

跑动时身体自然放松，上体前倾，步幅可大可小。脚背内侧运球时，运球脚提起，脚尖稍向外摆，以脚背内侧推球前进(图 7-3-13)。

脚背外侧运球时，运球脚提起，脚尖稍内转(图 7-3-14)。

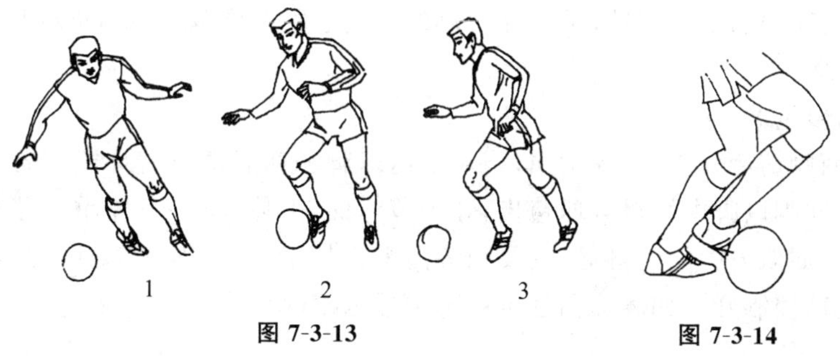

图 7-3-13　　**图 7-3-14**

2. 要点与练习方法

(1)在慢跑中分别用单脚脚内侧运球，脚背正面运球，脚背外侧运球，运球方向沿直线进行。

要点：练习时要求步子小，轻松自然，两臂自然摆动。

(2)在慢跑中沿弧线运球，用脚背内侧、脚背外侧沿中圈线做顺时针、逆时针方向运球。

要点：触球部位准确。

(3)队员分成两组 20 米左右，成“一”字形相对排列。每组第一人运球到对面的运球起点线，把球交给相对应一组的第一人，然后跑到排尾，依次循环。

要点：重心放在支撑脚上，同时上体稍向运球方向前倾，推拨球的后中部。

(4)绕 6 根标杆曲线运球(杆距 2 米)练习。

要点：注意变向过程的重心移动和运球速度与节奏。

3. 易犯错误与纠正方法

(1)易犯错误

①低头看球运球，而不是随时观察场上情况，以致不能达到及时完成传球或射门的目的。

②运球时不是推拨球而是踢球，以致离人过远而失去控制。

(2)纠正方法

①通过讲解示范,明确动作要领。

②推拨运球前进,注意触球部位。运球时注意抬头观察场上情况。

(五)射门

1. 射门

比赛中运用技术、战术的最终目的是为了达到射门得分,所以能否在最后临门一脚或用头顶将球射进对方球门,是比赛胜负的关键。

(1)脚背内侧射门:脚背内侧射门力量大,多用于斜线运球射门。当球在身体侧前方或离身体稍远时,都可用脚背内侧射门。

(2)脚背外侧射门:外脚背射门威胁力大,突然性强,具有隐蔽性,能射各种方向来球,如射正面、小角度、横侧、前后斜侧、凌空球等,并能射出直线球和弧线球。

(3)脚内侧射门:脚内侧射门准确性高,但力量小,宜做各种近距离射门和罚点球等。

(4)脚背正面射门:正脚背射门力量大、准确性高,运用最广,是射门脚法的基础脚法。

(5)脚尖射门:脚尖射门快速、突然,在门前争夺激烈时,没有起脚摆腿的时间,用脚尖"捅球"射门能出奇制胜。

(六)抢截球

抢截球是防守中的主动行动,是转守为攻的积极手段。抢截球包括抢球和截球两个内容。

1. 动作要领

(1)正面跨步抢球

面向对手两脚前后开立,两膝微屈,当对手运球脚触球后即将着地或刚着地时,支撑脚立即用力后蹬,抢球脚以脚内侧对着球跨出,膝关节弯曲,上体前倾,身体重心移至抢球脚上,另一脚立即前跨。如双方脚同时触球,则要顺势向上提拉,使球从对方脚背滚过,同时身体重心要迅速跟上,把球控制好。如离球稍远可用脚尖捅抢截(图 7-3-15)。

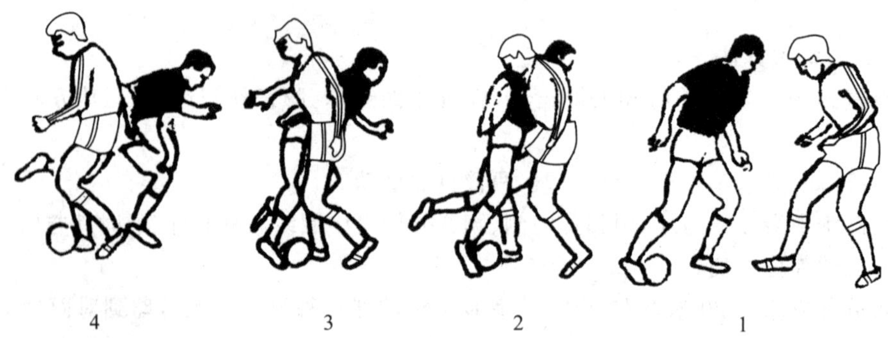

图 7-3-15

(2)合理冲撞抢截动作要领

当与对方平行跑动争球时,稍降低身体重心,两臂紧贴身体,可用肩和上臂做合理冲撞动作,使对方失去平衡,从而截获其球。

(3)侧面铲球动作要领

防守人追到距运球人侧后 1 米左右,进行铲球。当运球人将球拨动后,防守人先蹬腿,抢球腿跨出,用脚掌将球破坏掉或截获其球。

2. 要点与练习方法

(1)二人并肩走步中练习合理冲撞,慢跑和快跑中进行合理冲撞。

要点:采用合理冲撞的方法。

(2)一人在慢速运球,另一人练习侧面合理冲撞抢球。

要点:用脚内侧抢球。

(3)一对一运球抢截,正面抢截后相互交换,以抢到球为准。

(4)二人一组,相距 7～8 米,一人直线运球,另一人做正面跨步抢球。

要点:观察对手身体重心移动,掌握冲撞时间和冲撞动作。

(5)原地练习铲球,一人轻推拨球,一人从侧后方跑上来练习铲球倒地动作。

要点:选择适当位置,原地连续做蹬地铲球动作。

(6)助跑练习铲球,一人带球前进,一人在带球人身后,待球推出时铲球。

要点:动作连续,练习铲控、铲传。

3. 抢截球易犯错误与纠正方法

易犯错误:

(1)抢球时犹豫不决,判断不准,盲目出脚抢球。

(2)抢球时支撑脚重心不稳,重心落在抢球脚上,容易被撞到。

纠正方法:

(1)通过讲解示范,反复练习,体会动作要领,掌握动作方法。

(2)抢截球时判断要灵敏、果断、准确。

(3)抢截球时要注意控制支撑脚重心,体会合理冲撞的方法。

(七)头顶球

头顶球是运动员在比赛中为了争取时间和取得空中优势,用头部的前额部击球的动作,常用来传球、抢截球和射门,是进攻和防守中不可缺少的重要技术之一。头顶球分为前额正面顶球和前额侧面顶球。这两个部位都可以做原地顶球、跑动顶球、跳起顶球和鱼跃顶球等。

1. 动作要领

(1)前额正面原地顶球

动作要领:面对来球,两脚前后开立,膝微屈,重心放在两脚上。顶球前,上体先后仰,重心移到后腿上,两臂自然展开,保持身体平衡,两眼注视来球。顶球时后腿用力蹬地,上体由后向前快速摆动,借腰腹及颈部力量,用前额正面将球顶出。顶球过程中,身体重心从后腿移到前腿(图 7-3-16)。

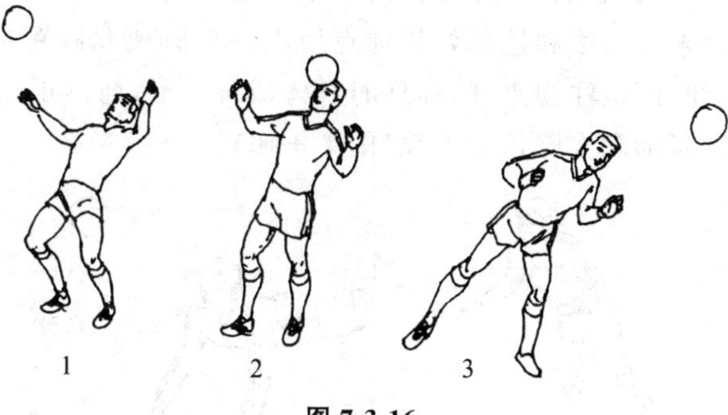

图 7-3-16

(2)单脚跳起顶球

动作要领:起跳前要有三至五步的助跑。最后一步踏跳时要用力,步幅要稍大些,踏跳脚以脚跟先着地再迅速移到脚掌,同时另一腿屈膝上提,两臂向上摆动。身体腾起后上体随之后仰。顶球时,上体由后向前摆动,借助腰、腹和颈部力量将球顶出,然后两脚自然缓冲落地(图 7-3-17)。

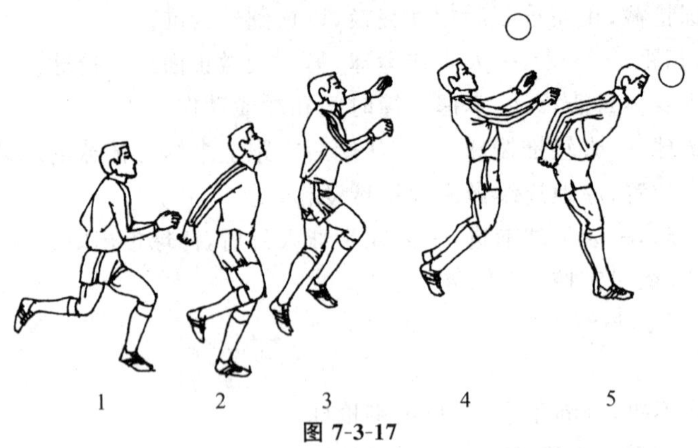

图 7-3-17

(3)双脚跳起顶球

动作要领:判断来球落点,选择起跳位置两膝先弯曲,然后两脚蹬地向上跳起,同时两臂屈肘上摆,上体后仰,两眼注视来球,两臂自然张开,以保持身体平衡。当跳到最高点并在来球接近身体垂直线时,收腹、甩头,用正额将球顶出(图 7-3-18)。

图 7-3-18

(4)鱼跃顶球

动作要领:在顶离身体较远的平直球时,为了争取时间射门或解围,可以运用鱼跃顶球方法。动作要领是判断好来球路线和选择好顶球点后以一单脚或双脚蹬地,身体呈水平状态向前跃出,两臂微屈稍前伸,两眼注视来球,顶球时身体成背弓形,前额正面顶球后,两臂屈肘,两手前伸着地,接着以胸、腹部和大腿依次着地(图 7-3-19)。

图 7-3-19

2. 要点与练习方法

(1)徒手做头顶球模仿练习。

要点:动作连续。

(2)自抛自顶,体会顶球部位。

要点:注意向后展体和前摆击球的时间和额触球的部位。

(3)二人一组,相距 10 米左右,一人抛球,另一人顶球(可结合助跑顶球)。

要点:助跑起跳时间,击球部位。

(4)顶球射门练习。

要点:顶球队员站在罚球弧附近,掷球队员站在球门或球门侧面将球抛至罚球点附近,顶球队员跑上顶球入门。

3. 易犯错误与纠正方法

易犯错误:

(1)顶球时闭眼、缩脖,不敢主动迎击球。

(2)顶球点选择的不正确,顶不到球。

(3)顶球时身体没有展体和用到腰腹力量。

纠正方法:

(1)头部顶球位置要正确,顶球时要注意用到腰和腹部力量。

(2)反复练习,掌握技术动作要领。

(八)掷界外球

由于接掷界外球时接球人不受越位规则限制,因此不仅用于恢复比赛,而且可以为进攻创造有利条件,尤其是在前场 30 米内掷界外球,将球直接掷入门前,可以给对方造成很大的威胁。

1. 动作要领

(1)原地掷界外球

动作要领:两手手指自然张开,持球的后半部,两脚前后或左右站立,膝微屈,将球举在头后,身体重心放在后支撑脚上,上体后仰。掷球时两脚蹬地,收腹屈体,同时两臂快速前摆,身体重心前移,手腕、手臂、腰和腹部同时用力将球掷出(图 7-3-20)。

图 7-3-20

(2)助跑掷界外球

动作要领:助跑时将球持于胸前,在最后一步迈出的同时将球举至头后,蹬地、收复、向前快速摆臂,并用扣腕力量将球掷出。

2. 要点与练习方法

(1)持球模仿掷界外球动作。

要点:动作须正确。

(2)二人一球,相隔规定距离内进行对掷界外球练习。

要点:出球高度适宜、落点准确。

(3)向规定的目标掷准。

要点:连贯、准确。

(九)守门员技术

守门员技术是指守门员把守球门和发动进攻时的动作方法的总称。由于位置的独特性,守门员与其他队员的技术存在显著的差异。守门员技术可分为接球、扑接球、托球、拳击球、投掷球和抛踢球等。

1. 接球

接地滚球分为直立接球和单膝跪地接球两种。

接平球时,前臂屈肘置于胸前两侧,在球接触胸前的一瞬间,两臂夹紧,收缩两手,抱住球的侧上部,迅速含胸收腹,屈上体,缓冲来球力量将球抱住。

接高球时,两手自然张开,拇指相对,成"八"字状,当手接触球时,手腕和手指适当用力将球挡住,同时屈肘、收臂向下带引球,顺势翻掌将球抱于胸前。要求判断球路与落点要准,跑动起跳要准,控制高球时要快。

2. 托球和拳击球

起跳后身体成背弓,单臂快速上伸,手掌前部和手指用力将球向后上托出或用拳将球击出。

三、足球基本战术

足球比赛攻守过程中采取的个人行动和集体配合,称为基本战术。

足球战术可分为进攻战术和防守战术两大类,在进攻战术和防守战术中都包含着个人局部、整体定位球的战术。

(一)比赛阵形

比赛阵形是比赛场上队员的位置排列、攻守力量搭配和职责分工的形式。选择阵形要以本队队员的特长、体能、技术水平与球队的特点为依据。

根据队员的职责和排列的层次分为后卫线、前卫线和前锋线。阵形的人数排列原则是从后卫数向前锋的,守门员不计算在内。

1."四三三"阵形

"四三三"阵形是由"四二四"阵形变化来的,是把一名前锋回撤到中场而形成的,这加强了中场控制,使防守更加稳固,进攻更加灵活。

2."四四二"阵形

"四四二"阵形是由"四三三"阵形变化的,它是将一名前锋回撤到中场,以两名前锋而形成的。主要特点是全队防守更加稳固,有利于快速反击,场上队员更加机动,中、后场队员可随机插上进攻。

3."五三二"阵形

"五三二"阵形是由"四四二"阵形变化来的，它是把一名前卫撤到后卫线，成为盯人中卫而形成的，主要特点是能组成稳固的防线，有利于快速反击，中、后场队员可随机插上进攻，增加了进攻的突然性。

目前世界上普遍采用的阵形有"四三三"、"四四二"、"四一二三"、"三五二"等。在以上阵形中，除"四四二"阵形以防守为主，反击为辅外，其他阵形均以进攻为主。尤以"三五二"阵形更为突出。

阵形绝不是僵化的规定，它只是队员在场上活动的大体安排。可根据临场情况不断变化，场上每个队员都应在明确基本位置和主要职责前提下进行创造性的活动。

(二)进攻战术

进攻战术是指在比赛中，为了战胜对方所采取的个人进攻行动和集体配合的方法。

1. 个人进攻战术

它包括摆脱、跑位、运球过人等。这是在对方紧逼防守的情况下采取的有效措施，摆脱自己的对手，跑到有利的位置，接应控制球的同伴巧妙的传球配合以达到有效进攻的目的。

(1)传球

传球是队员在比赛中有目的地把球踢(顶)给同伴或踢(顶)向预定的方向的方法。传球是整体战术配合的基础，是组织进攻，变换战术和创造射门机会的重要手段，也是迅速逼近对方球门最有效的方法。

(2)运球突破

运球突破是进攻战术中极为重要的个人战术，也是突破密集防守，创造射门机会的有效手段；是冲破紧逼盯人造成局部地区以多打少，觅得传球空当，获得射门机会的有效手法；同时也是扰乱对方防线的锐利武器。

(3)跑位

跑位是指在比赛中队员在无球情况下，通过有意识的跑动，为自己或同伴创造进攻机会的行动。跑位是整体进攻战术的基础，是进攻队员为获得球的准备行动，也是拉开对方防线、创造传球空当的重要手段。根据跑位目的和开始跑位状态可分为：摆脱跑位或接应跑位；切入或插上；扯动牵制或制造空当。

2. 局部进攻战术

它指两人以上的战术配合行动。此战术可以丰富和完善全队的进攻战术，是实施全队战术的基础。一般常用的有传切配合二过一、三过二进攻配合。

(1)交叉掩护配合

在局部地区两名进攻队员在运球交叉换位时，以自己身体掩护同伴越过一名防守队员的配合方法。

(2)传切配合

控球队员将球传给切入的进攻队员的配合方法。

(3)二过一配合

在局部地区两名进攻队员通过两次连续传球配合越过一名防守队员的配合方法。二过一配合的形式根据传球和跑位的路线有：斜传直插二过一、踢墙式二过一、直传斜插二过一和回传反切二过一配合等等。

①斜传直插二过一配合(图 7-3-21A)

进攻队员⑥作斜传，⑦直接插到❶的身后空当接球、突破防守。

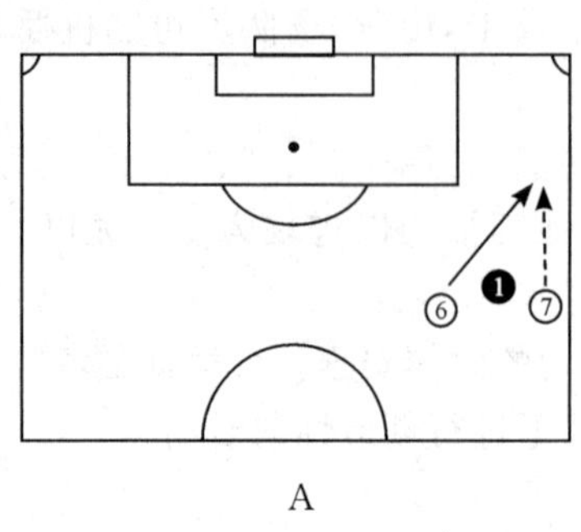

A

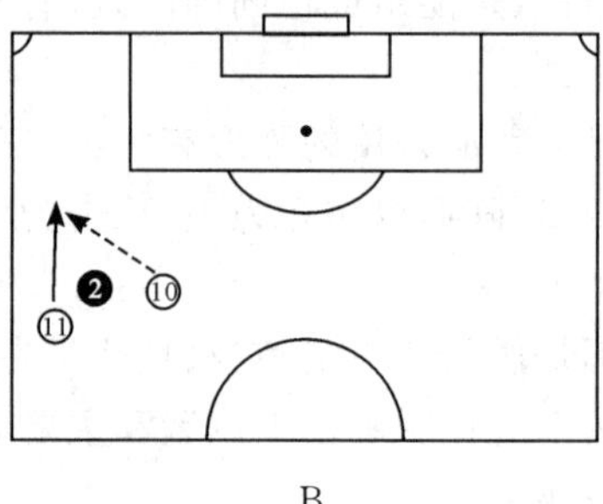

B

图 7-3-21

②直传斜插二过一配合(图 7-3-21B)

进攻队员⑪直线传球给斜插的⑩，⑩从防守队员❷的内线斜插入到他身后的空当接球。

③踢墙式二过一配合(图 7-3-22)

⑨号队员与⑧队员通过一次撞墙配合，突破❸。

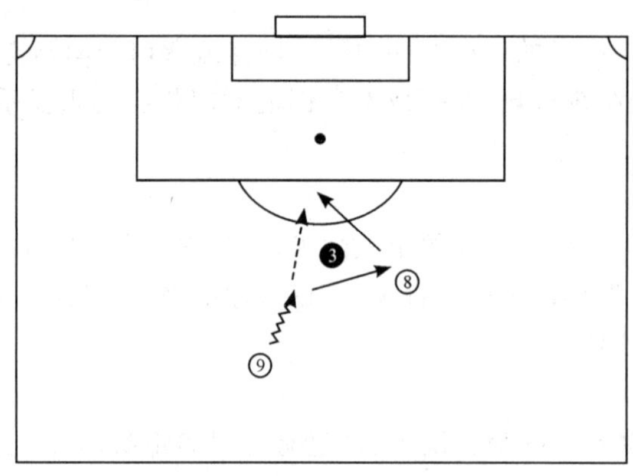

图 7-3-22

3. 整体进攻战术

(1)边路进攻

它主要通过边锋或交叉到边上的中锋，直接插上前卫、边后卫，运用个人带球突破或传球配合从边路区域突破对方防线传中(外围传中、下底传中、切底迂回传中)的目的。由中锋或另一侧边锋包抄射门。

(2)中路进攻

中路进攻能直接威胁球门，但中间防守队员密集，不易突破。因此通过中锋，内切的边锋或插上的前卫用在中路区域的配合或个人运球过人等方法突破对方防线。

(3)转移进攻

当一侧进攻受阻，另一侧进攻有利时要及时快速转移进攻方向。此方法多是采用有效而准确的中长距离传球来实现的，以拉开对方的一面防守，达到声东击西的进攻目的。

(4)快速反击

在防御中积极拼抢，一旦得球，对方立足未稳时，快速传球，以多打少，达到射门得分取胜的目的。

(二)防守战术

防守战术是指在比赛中,为了阻止对方的进攻和重新获得球权所采取的个人防守行动和集体配合的方法。

1. 个人防守战术

它是局部和整体防守的基础,包括堵(迎面堵、贴身堵)、抢(迎面抢、侧面抢、侧后铲)、断等技术在防守中的运用。选位与盯人也是重要的个人防守战术。

2. 集体防守战术

有全攻全守的全场防守、半场防守、紧逼防守、区域防守、盯人结合区域防守、密集防守等多种防守战术。不论采用哪种战术都要考虑到本队的特长,更要针对对方的进攻技术,采用有效的防守战术,阻止对方的进攻。

3. 造越位防守

它是防守队员主动制造对手越位的配合,以破坏对方的进攻节奏和攻势,是由守转攻的一种手段。

四、足球竞赛规则简介

(一)比赛场地(图 7-3-23)

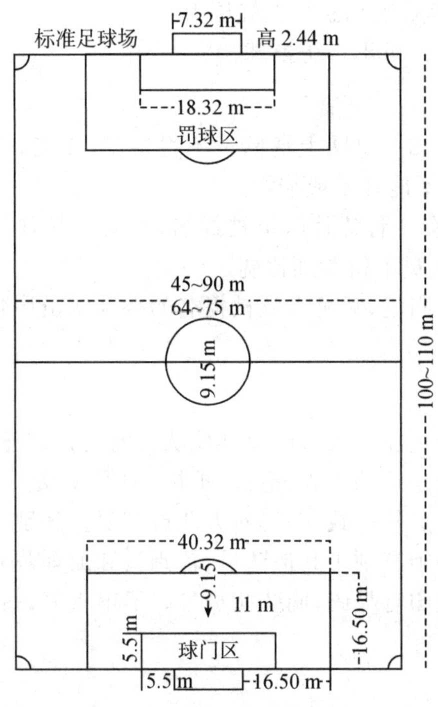

图 7-3-23

1. 比赛场地必须是长方形。两条较长的线叫边线,两条较短的线叫球门线。线内区域是比赛时运动员的基本活动区域,未经裁判员许可,队员不得擅自离场或进场。当球的整体从地面或空中越过边线或球门线时,即为球出界成死球,分别以掷界外球、踢球门球、角球或中圈开球(胜一球)恢复比赛。

2. 比赛场地长度 90～120 米,宽度 45～90 米。国际比赛场地长度 100～110 米,宽度 64

～75 米。世界杯决赛阶段比赛场地为长 105 米，宽 68 米。

3. 所有线的宽度不超过 12 厘米。

4. 比赛场地被中线划分为两个半场，在场地中线的中点做一个中心标记，以距中心标记 9.15 米为半径画一圆圈。

5. 从距每个球门柱内侧 5.5 米处，画两条垂直于球门线的线。这些线伸向比赛场地内 5.5 米，与一条平行于球门线的线相连接，此区域范围是球门区。

6. 从距每个球门柱内侧 16.5 米处，画两条垂直于球门线的线。这些线伸向比赛场地内 16.5 米，与一条平行于球门线的线相连接，此区域范围是罚球区。在罚球区内距球门柱之间等距离的中点向场内垂直 11 米处，设置一个罚球点。在罚球区外，距罚球点 9.15 米为半径画一段弧叫做罚球弧。

7. 在场地每个角上各竖一根不低于 1.5 米的平顶旗杆，上系小旗一面。以距每个角旗杆 1 米为半径画一个四分之一的圆。

8. 球门必须放置在每条球门线的中央。球门的内沿宽度是 7.32 米，高度是 2.44 米。球门柱和横梁的直径相同，均不超过 12 厘米。球门柱和横梁必须是白色的。

(二)球

1. 球必须为圆形，用皮革或其他适当的材料制成。

2. 球的圆周长 68～70 厘米，重量在比赛开始时应为 410～450 克，压力应在 0.6～1.1 个大气压力之间(世界杯赛一般采用 0.9 个大气压力)。

3. 在比赛中未经裁判员许可不得更换球。

(三)队员人数

1. 一场比赛应有两队参加。每队上场队员不得多于 11 名，其中必须有一名守门员。如果任何一队少于 7 人则比赛不能开始或继续。

2. 正式比赛前，每队可有 7 名替补队员被提名，并交给裁判员。每场最多可以使用 3 名替补队员，未被提名的替补队员不得参加比赛。

3. 队员在开球前被罚令出场，只可以从被提名的替补队员中选一人替换。队员在比赛中被罚出场，则不能替换。

(四)队员装备

1. 队员不得使用或佩戴可能危及自己及其他队员的装备或任何物件。

2. 队员必需的基本装备是运动上衣、短裤、护袜、护腿板、足球鞋。

3. 同队队员的服装颜色必须一致，并与对方队员有明显区别。

4. 守门员的服装颜色必须有别于其他队员、裁判员和助理裁判员。

5. 队员的上衣和短裤应印有号码，同队队员号码不得重复，每个队员号码应该固定，队长须佩戴袖标。

(五)裁判员

1. 每场比赛由一名裁判员控制，他具有全部权力去执行与比赛有关的竞赛规则。

2. 与助理裁判员及第四官员一起控制比赛。

3. 裁判员根据与比赛相关的事宜做出的最终决定，更改自己的判罚只有在比赛重新开始前。

(六)助理裁判员

每场比赛应委派两名助理裁判员，他们的职责(由裁判员决定)应为协助裁判员控制比赛：

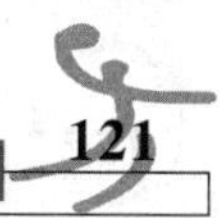

1. 当球的整体越出比赛场地，示意应由哪一队踢角球、球门球或掷界外球。

2. 示意队员处于越位位置。

3. 示意比裁判员更接近犯规地点的犯规或发生裁判员视线外的任何事件。

4. 示意替换队员。

(七)比赛时间

1. 比赛分为两个半场，每半场 45 分钟。

2. 队员有中场休息的权利。未经裁判员同意，中场休息时间不得超过 15 分钟。

3. 每半场比赛中因替换队员、队员受伤的处理、故意拖延时间及任何其他原因所损失的时间，裁判员根据判断给予扣除。

(八)比赛开始和重新开始

1. 通过掷币，猜中的队决定上半场比赛的进攻方向，另一队开球。

2. 开球时，球应放定在中点上，所有队员在各自本方半场内，待裁判员发出信号，当球被踢并向前移动时比赛即为进行。

3. 开球队员在球未经其他队员触及前不得再次触球，否则判由对方踢间接任意球。

开球可以直接射入对方球门得分。

(九)比赛进行及死球

1. 下列情况比赛成死球：当球不论从地面或空中全部越过球门线或边线时；当比赛已被裁判员停止时。

2. 其他所有时间均为比赛进行中，包括球从球门柱、横梁、角旗杆或从比赛场地上的裁判员、助理裁判员身上弹回场内。

(十)计胜方法

1. 当球的整体从球门柱间及横梁下越过球门线，而此前未违反竞赛规则，即为进球得分。

2. 在比赛中进球数较多的队为胜者。如两队进球数相等或均未进球，则比赛为平局。

(十一)越位

1. 越位位置：队员在对方半场并较球更接近于对方的球门线，且在他与对方球门线之间，对方队员不足两人；队员处于越位位置并不构成越位犯规。

2. 判越位：处于越位位置的队员，在同队队员踢或触及球的一瞬间，裁判员认为它正在干扰比赛、干扰对方队员或利用越位位置获得利益时才被判越位。

3. 不越位：如果进攻队员直接从球门球、掷界外球、角球情况下接到球，则没有越位。

(十二)犯规与不正当行为

1. 裁判员认为队员故意违反下列规则中的任何一种，将判给对方踢直接任意球：踢或企图踢对方队员；绊摔或企图绊摔对方队员；跳向对方队员；冲撞对方队员；打或企图打对方队员；推对方队员；拉扯对方队员；争抢球时，在触球前触及对方队员；向对方队员吐唾沫；故意手球。

2. 如果守门员在本方罚球区内行为符合下列违例中的任何一种，将判给对方踢间接任意球：用手控制球后在发出球之前持球时间超过 6 秒或在发出球之后未经其他队员触及，再次用手触球；用手触及同队队员故意踢给他的球或同队队员直接掷入的界外球。

3. 队员在出现下列情况时，也将判给对方踢间接任意球：动作具有危险性；阻挡对方队员；阻挡对方守门员从其手中发球。

4. 队员行为符合下列犯规中的任何一种，将被警告并出示黄牌：犯有非体育道德行为；以语言或行动表示异议；持续违反规则；延误比赛重新开始；妨碍罚角球和任意球；擅自进场或离场；故意犯规破坏对方明显的进攻机会。

5. 队员行为符合下列犯规中的任何一种，将被罚令出场并出示红牌：严重犯规或暴力行为；向任何人吐唾沫；故意犯规破坏对方的进球或明显的进球得分机会；使用无礼的、侮辱的或辱骂性的语言及动作；在同一场比赛中得到第二次黄牌警告。

(十三)任意球

1. 直接任意球：如果直接踢入对方球门，判为得分。

2. 间接任意球：只有当球进门前触及另一名队员才可得分；当裁判员判间接任意球时，应单臂上举过头，直到球被其他队员触及或成为死球为止；如果间接任意球直接踢入对方球门，判由对方踢球门球。

(十四)罚点球

比赛进行中，队员在本方罚球区内出现了可判为直接任意球的犯规之一，应执行罚点球：

1. 罚点球可直接射门得分。

2. 球放在罚球点上，明确主罚队员。

3. 防守方守门员留在本方球门柱间的球门线上，面对主罚队员，直至球被踢出。

4. 其他队员应处于比赛场地内、罚球区外、距罚球点至少 9.15 米。

(十五)掷界外球

1. 当球的整体从地面或空中越过边线时，由最后触球队员的对方，从球越出边线处掷界外球。

2. 掷球队员必须面向场地，两脚均应站在距边线 1 米范围内不得全部离地，使用双手将球从头后经头上掷出，球一进入场地，比赛即为进行。

3. 掷球队员的掷球违反规则，由对方掷界外球。

4. 掷球队员在其他队员触球前再次触球，判由对方在犯规地点踢间接任意球。若手触球则判罚为直接任意球。

5. 掷界外球不能直接进球得分。

(十六)球门球

1. 当球的整体从地面或空中越过球门线，而最后触球者为攻方队员，由防守方从球门区内的任何一点踢球门球。

2. 如果球未被直接踢出罚球区前被任何人触及，应重踢。

3. 球门球可以直接射入对方球门得分。

(十七)角球

1. 当球的整体从地面或空中越过球门线，而最后触球者为防守队员，由攻方队员将球放在离球出界较近的角球弧内踢角球。

2. 踢球队员在其他队员触球前再次触球，由对方在犯规地点踢间接任意球。

3. 角球可以直接射入对方球门得分。

思考题

1. 足球规则中的"越位"判罚需具备哪些条件？

2. 足球局部战术、二过一配合有哪几种配合形式？

第八章 三小球

第一节 乒乓球

教学目标：

了解乒乓球运动的起源与发展，熟悉乒乓球的特点与健身价值，掌握乒乓球的基本技术，了解乒乓球的基本战术和主要竞赛规则。

一、乒乓球运动的起源发展及健身价值

(一)乒乓球运动的起源

根据国际乒联1976年的资料，参阅日本《百科辞典》(1973年版)、南斯拉夫《从伦敦到萨拉热窝》中的有关部分和我国1935年出版的《乒乓须知》等书记载，乒乓球最早起源于英国，它是由网球运动派生出来的一项由两名或两对选手，用球拍在中隔一网的球台两端轮流击球的一项球类运动。其英文名字为“桌上网球”(table tennis)。

乒乓球最早是一种宫廷游戏，后来逐渐传入民间。20世纪初，乒乓球运动逐渐在世界各国开展起来，这引起了人们的兴趣和重视，许多国家相继成立了乒乓球协会，这对乒乓球运动的开展和提高起到了推动作用。

(二)世界乒乓球运动发展概况

乒乓球运动自诞生至今，大体经历了以下几个重要的发展阶段：

第一个阶段(1926—1951年)欧洲乒乓球运动的鼎盛时期；

第二个阶段(1952—1959年)日本队称雄世界乒坛时期；

第三个阶段(1959—1969年)中国队崛起时期；

第四个阶段(1971—1979年)欧洲复兴及欧亚对抗；

第五个阶段(1981年至今)中国打世界、世界打中国。

21世纪，中国乒乓球与世界各国之间仍将继续激烈的对抗与争夺。同时，国际乒联为适应乒乓球技术的发展与创新，为了增加击球板数，提高比赛的观赏性，增加比赛胜负的偶然性，打破由少数国家或地区的运动员包揽金牌的局面，扩大乒乓球运动的市场，在2000年10月开始使用直径40毫米大号乒乓球，2001年9月开始实行11分制记分法以及2002年开始执行无遮挡发球新规则的基础上，仍然会继续对乒乓球的竞赛规则进行不断的修改和更新，以使比赛更加规范、标准、统一并更具观赏性。

现代乒乓球技术发展的总趋势将会继续朝着“技术全面、特长突出、无明显漏洞、快速凶狠”的方向进一步发展。

(三)中国乒乓球运动发展概况

1. 旧中国的乒乓球运动

1904 年，上海四马路文具店的经理王道平从日本买来 10 套乒乓球器材摆设在店中，他亲自做打球的表演和介绍在日本看到的乒乓球运动的情况，从此，我国开始有了乒乓球活动。但在旧中国，由于政府腐败无能，人民生活贫困，根本没有条件从事体育锻炼，乒乓球运动也不可能得到广泛的开展。

2. 新中国的乒乓球运动

1949 年新中国成立后，在中国共产党和人民政府的重视和关怀下，我国的乒乓球运动获得了新生，乒乓球运动得到了迅速的普及和提高。1952 年 10 月，举行了第一次全国乒乓球比赛大会，赛后组建了中国乒乓球队，与此同时，中华体育总会乒乓球部加入了国际乒联。

从 1959 年容国团夺得第一个世界冠军至今，中国乒乓球队在世界乒乓球锦标赛中共获得 114.5 个世界冠军，再加上奥运会乒乓球比赛、世界杯乒乓球锦标赛等重大比赛中获得的冠军，中国乒乓球队取得世界冠军的总数已达到 170.5 个。乒乓球已成为中国的国球。

(四)乒乓球运动的特点和健身价值

21 世纪的今天随着物质生活水平的提高，人们渴望寻找一些高尚、健康、有益的休闲娱乐活动，集健身性、竞技性、娱乐性于一体的乒乓球运动正能满足这种渴望。

1. 乒乓球运动的特点

(1)乒乓球运动的特点是器材、设备简单，室内室外都可以进行，运动量可大可小，不同年龄、性别和身体条件的人都可以参加，很容易被大众所接受，这项运动易于开展和普及。

(2)乒乓球运动球小、速度快、旋转强、变化多。标准的乒乓球直径为 40 毫米，重 2.7 克，正手扣杀的平均速度为 17 米/秒；拉球时球的平均转速为 116.5 转/秒。对人的反应能力、应变能力和神经系统的灵敏性和协调性有很高的要求。

(3)乒乓球运动项目多，有单打、双打，还有团体赛。技术种类多，据统计，从 20 世纪 20 年代至今产生了 80 多项技术，可划分为五大类型 12 种打法，因此有很高的趣味性。

2. 乒乓球运动的健身价值

(1)最佳的健脑益智运动；

(2)能明显改善心血管系统和呼吸系统的功能；

(3)增强运动系统的功能；

(4)提高心理素质；

(5)可以促进交流、增进友谊。

二、乒乓球运动基本技术与教学方法

(一)基本站位

1. 站位动作要点(以右手持拍为例)

(1)不同的打法类型有不同的基本站位

左推右攻的运动员，其基本站位在近台偏左 1/3 处距球台 30～40 厘米。两面攻打法的运动员其基本站位也在近台中间偏左，距球台 40～50 厘米。弧圈球打法的运动员，其基本站位在中近台偏左，距球台 50～70 厘米处。两面拉弧圈球的运动员，其站位在中台中间略偏左，距球台 70 厘米处。攻削结合型打法的运动员，其基本站位在中台中间附近，距球台 70 厘米左右。以削为主结合进攻型打法的运动员，其基本站位在中远台或远台附近，距球台 70～100 厘米以外。

(2)不同的运动员自身情况和打法特点有不同的基本站位

乒乓球的基本站位需要根据运动员的个人技术特点及身体条件决定。例如：同为弧圈型打法，但侧身抢拉多的运动员，其基本站位就比使用反手多的运动员要略偏左一些。而身材高大的运动员，其基本站位就要比矮小运动员站的稍远一些。

2. 基本站位教学方法

(1)讲解并示范基本站位特点与作用、动作要点。

(2)练习步骤：

①根据站位动作要点，按教师指令做模仿左推右攻打法、两面攻打法、弧圈型打法、攻削型打法和削攻型打法的站位徒手想象练习，体会不同的站位方法。

②根据个人打法特点和自身情况做徒手站位模仿练习。

③根据不同技术练习路线，做徒手模仿练习，如左方斜线对推站位、右方斜线对攻站位、中路平挡球站位等等。

(二)准备姿势(基本姿势)(图 8-1-1)

1. 准备姿势的概念

准备姿势包括击球前的准备姿势和连续击球之间需要保持的身体姿态。

2. 准备姿势动作要点(以右手持拍为例)

(1)两脚平行开立(攻削结合型)，右脚稍前、左脚稍后开立(以削为主结合进攻型)，左脚稍前、右脚稍后开立(快攻、弧圈型)，两脚距离略比肩宽，保持身体平稳，身体重心置于两脚之间。

(2)两脚稍微提踵，前掌内侧着地，两膝微屈内扣，上体含胸收腹略前倾。

(3)执拍手和非执拍手均应自然弯曲置于腹前，保持相对平衡，执拍手臂手腕保持自然放松。

(4)下颌稍向下收，两眼注视来球。

图 8-1-1

3. 准备姿势教学方法

(1)讲解并示范准备姿势的特点作用、动作要点。

(2)练习步骤：

①模仿教师做的各种打法准备姿势，做模仿练习，体会动作要点。

②看教师手势或口令，由准备姿势开始做向前、后、左、右方向移动练习，要求保持好身体平衡。

③单线路的推、攻、搓技术动作练习，同时保持正确的准备姿势。

④看中外优秀运动员技术录像，建立准备姿势的正确概念。

(三)握拍法

握拍法指的是运动员打乒乓球时手握球拍的方法。目前世界上流行的握拍法主要分为直握法和横握法两大类。

1. 握拍法动作要点

(1)直拍握法(以右手握拍为例)

①直拍快攻型握法(图 8-1-2)

在球拍的正面、拇指、食指自然弯曲,用拇指的第一指节和食指的第二指节扣住球拍的两肩,两指间距适中,虎口向下贴住拍柄,中指、无名指、小指自然弯曲重叠,以中指第一关节抵于拍背,击球时,五指应随击球动作的需要作适当移动,以保证合适的击球方向、旋转和发力。

②直拍弧圈型握法(图 8-1-3)

这种握法球拍的拍身大多为长方形,在拍柄部位有一较高的软木垫,亦称“日式”球拍。其握法是:握拍时,虎口向下贴住拍柄,拇指紧贴拍柄左肩,食指从拍柄右肩扣住拍柄,与虎口、拇指三者形成一个环状,紧握拍柄。中指、无名指、小指在球拍背面自然伸直,以中指末节抵住拍背中间。

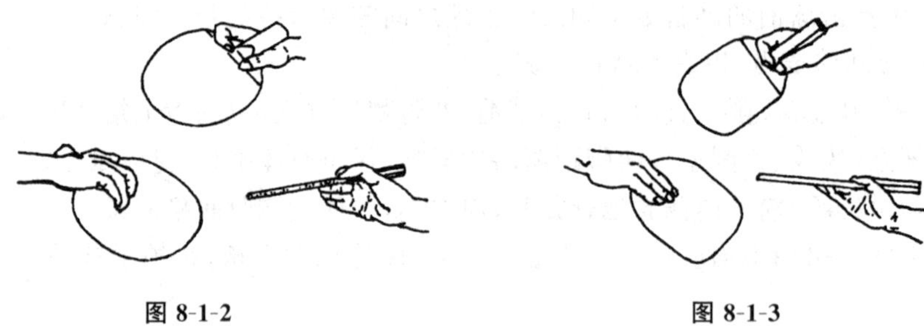

图 8-1-2　　图 8-1-3

(2)横拍握法(图 8-1-4)

横拍握法,因个人的习惯和打法特点不同分深握和浅握两种,防守打法采用深握法的居多,而进攻型打法的大多采用浅握。其基本握法是中指、无名指和小指自然地握住拍柄,拇指在球拍的正面轻贴于中指旁边,食指自然伸直斜贴于球拍的背面。深握时,虎口紧贴球拍。浅握时,虎口轻微贴拍。在正手或反手攻球时,拇指和食指适当配合移动,以便于固定拍形和发力,提高击球的准确性。

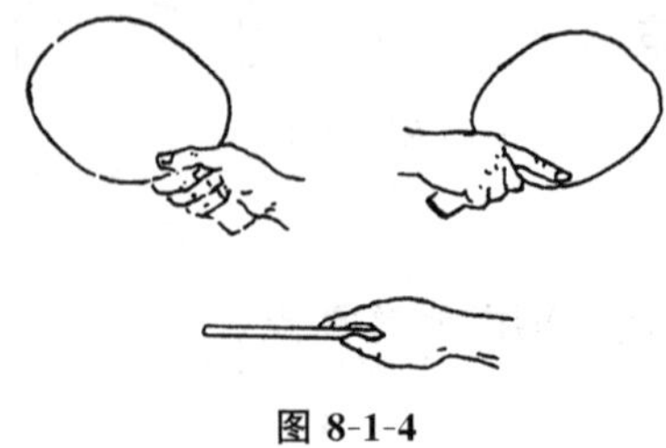

图 8-1-4

2. 握拍法教学方法

(1)讲解并示范直、横拍握法优缺点及握拍方法。

(2)练习步骤:

①徒手持拍模仿直横拍握法练习,教师检查初学者握拍时的各手指位置及用力情况。

②两人一组,互相对击球、教师观察、纠正握拍动作。

③用单项技术两人一组，单线定点击球，如推挡、攻球、教师检查纠正握拍动作。

④观看优秀运动员握拍技术录像，掌握正确握拍方法。

（四）乒乓球基本步法

步法是指乒乓球运动员在击球时为选择合适的击球位置所采用的各种脚步移动方法。

1. 基本步法种类与动作要点

（1）单步（图 8-1-5）

这种步法是在来球离身体一步以内的小范围内使用。其动作要点是：以一只脚作为轴心，前脚掌内侧蹬地用力，另一只脚向来球方向做前、后、左、右移动一步。身体重心随之落到移动脚上，挥拍击球。

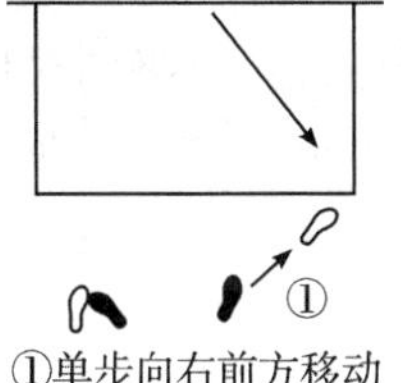

①单步向右前方移动

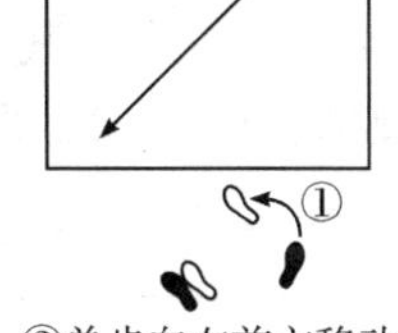

②单步向左前方移动

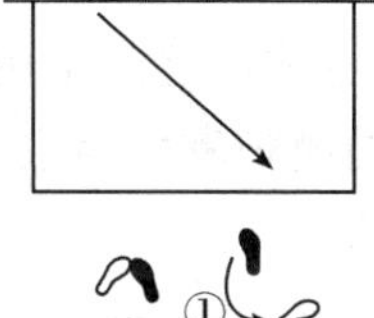

③单步向右后方移动

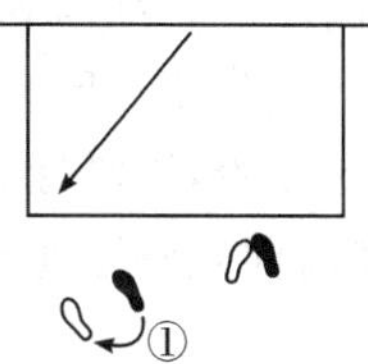

④单步向左后方移动

图 8-1-5

（2）跨步（图 8-1-6）

这种步法是在来球离身体一大步的范围时使用，此步法移动速度快，多用于借力回击，由于一脚移动幅度较大，使身体重心降得较低连续使用不容易。其动作要点是，用来球方向的异侧脚的前脚掌内侧用力蹬地，同侧脚向来球方向侧跨一大步。并用前脚掌内侧蹬地制动缓冲，异侧脚再迅速跟上。

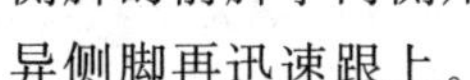

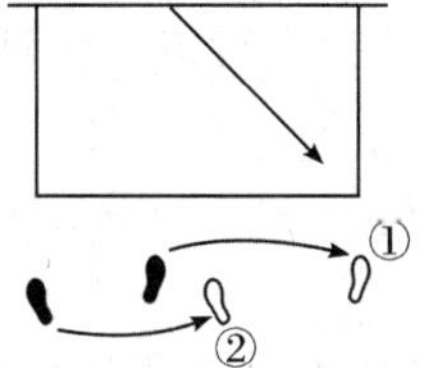

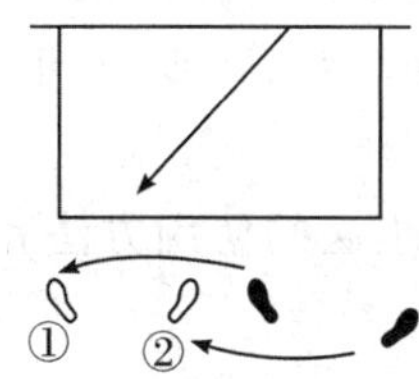

图 8-1-6

（3）并步（图 8-1-7）

这种步法是在来球离身体一步以上而移动幅度又不太大时使用，移动时脚步不腾空，身体重心比较平稳，有利于发力击球。移动的范围小于跳步。其动作要点是：先以来球方向的异侧脚向同侧脚并一步，然后同侧脚再向来球方向迈一步并挥拍击球。由于这种步法由两步组成，要求两脚移动时速度要快。

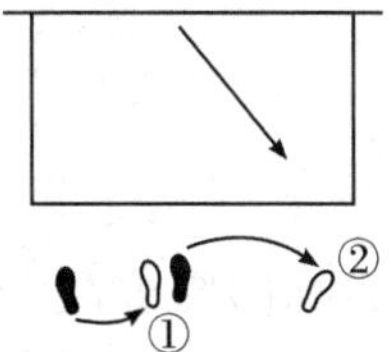

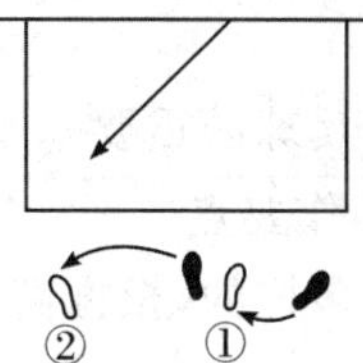

图 8-1-7

（4）跳步（图 8-1-8）

这种步法一般在来球较快、角度较大时采用，其移动范围较大，各类打法都经常使用。其动作要点是：以来球方向的异侧脚蹬地为主，两脚发力同时离地，异侧脚先落地，另一脚随即着地挥拍击球。在移动时，要注意使身体重心起伏不要过大。

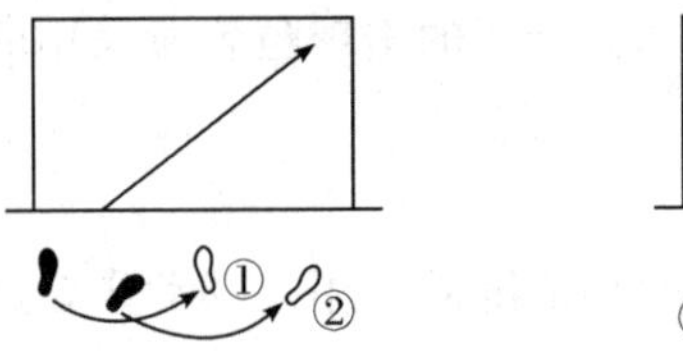

图 8-1-8

(5)交叉步(图 8-1-9)

这种步法一般在来球离身体较远时采用，其移动范围更大。其动作要点是：双脚同时向来球方向侧蹬，以来球方向的同侧脚发力为主，异侧脚迅速向来球方向提摆跨出一大步，两脚交叉，然后同侧脚迅速跟上挥拍击球。

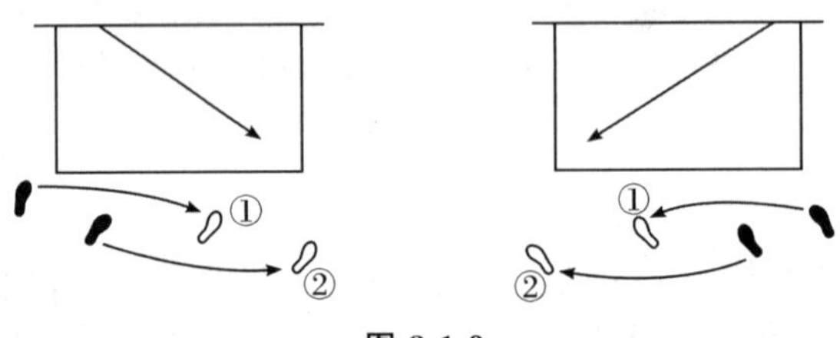

图 8-1-9

(6)侧身步

这种步法一般在来球逼近身体或来球在反手位而击球员想用正手进攻时使用。具体方法可根据上述五种步法采用单步、跨步、并步、跳步、交叉步进行侧身击球。

2. 步法的教学方法

(1)讲解并示范基本步法的使用方法和动作要点。

(2)练习步骤

①集体徒手练习准备姿势和单个步法练习，教师边发口令指挥边纠正动作。

②集体徒手站立持拍，结合击球动作进行各种步法移动练习。

③两人一组站在台后，结合击球动作进行各种步法移动练习。

④规定步法的次数或组数练习，或规定时间的步法练习。

⑤教师假设各种击球情况，发出口令或信号，学生选择适宜的步法进行练习。

⑥有发球机的学校，可利用发球机送不同落点球进行步法练习。

⑦加强腿部力量练习，采用蛙跳、单足跳等提高腿部力量，加快移动速度。

(五)发球与接发球技术

发球与接发球都是乒乓球的重要基本技术。

1. 基本发球种类与动作要点

乒乓球的发球是多种多样的，根据高职高专教学目标的要求，下面仅介绍几种基本的发球技术(以右手直握拍为例)。

(1)平击发球

动作方法：

①正手平击发球(图 8-1-10):站位近台,左脚稍前,击球前,左手掌心托球置于身体右前方,右手持拍也置于身体右侧,发球时,持球手将球向上抛起,同时身体右转,右臂内旋,使拍面稍前倾成半横状并向右后方引拍。击球时,当球由高点下降至网高时,持拍手从身体右后方向前挥动,击球中上部,上臂带动小臂发力击出的球的第一落点在球台中间。击球后。身体重心移至左脚,手臂顺势向前挥动并迅速还原。

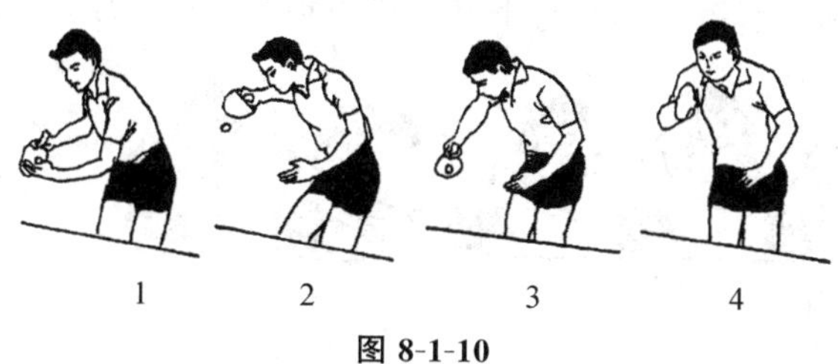

图 8-1-10

②反手平击发球(图 8-1-11):站位近台,右脚稍前,击球前左手掌心托球置于身体左侧前方,右手持拍置于持球手后面,发球时,持球手将球向上抛起,同时右臂外旋,拍面稍前倾成半横状并向身体左侧后方引拍。击球时,当球下落至网高时,持拍手从身体左后方向右前方挥动,拍面稍前倾,击球中上部,第一落点在球台中间。击球后,身体中心移至右脚,手臂顺势向前挥动并迅速还原。

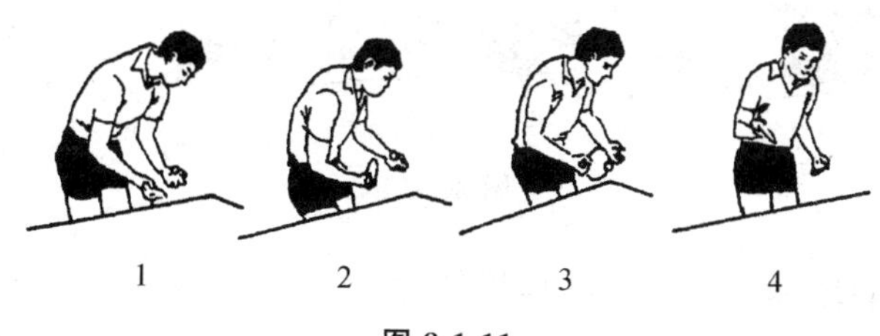

图 8-1-11

(2)发急球

动作方法:

①正手发急球(图 8-1-12):站位近台,左脚稍前,身体略向右偏。击球前,左手掌心托球置于身体右侧。发球时,左手将球向上抛起,同时右臂内旋,使拍面角度稍前倾,挥拍手腕自然下垂,肘关节高于前臂,向身体右侧后方引拍。击球时,当球下落近网高时,上臂带动前臂,腰部配合发力,持拍手腕从右后方向左前方抖动挥拍,击球的右侧中部并向中上方摩擦击球,触球瞬间,拇指压拍,击出球的第一落点接近本方球台的端线,击球后,手臂随势前挥,身体重心从右脚移至左脚并迅速还原。

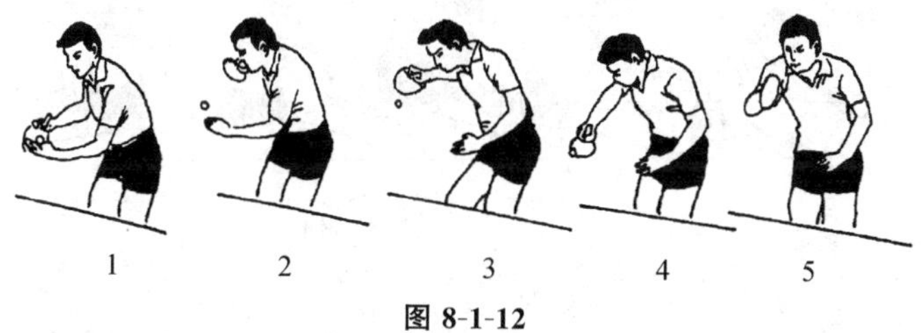

图 8-1-12

(3)发下旋加转球与不转球

动作方法：

①正手发下旋加转球(图 8-1-13)：站位近台，左脚稍前，身体略向后偏斜，击球前，左手掌心托球置于身体右前方。发球时，持球手向上抛球，同时右臂持拍向身体右后上方引拍。击球时，当球由高点下落时，腰部带动右臂，以身体的右后上方向左前下方挥拍，当球落至网高时，前臂加速向左前下方发力，同时持拍手屈腕内收，用球拍的左侧偏下部触球，击球中下部并向底部快速摩擦。击球后，手臂继续向左前下方随势挥拍并迅速还原。

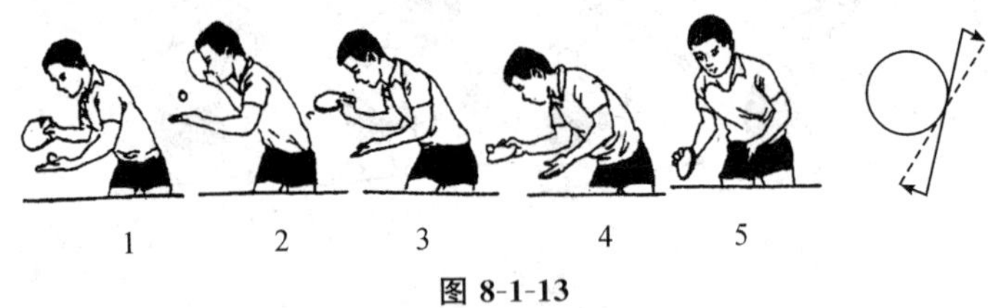

图 8-1-13

②正手发不转球(图 8-1-14)：动作方法与发下旋加转球近似，主要区别在于，击球瞬间手臂外旋幅度较小，减少拍面后仰角度，以球拍中后部偏右的地方触球，击球中部或中下部，减少向下摩擦球的力量，近似将球向前推出，使击球作用力接近球心，形成不转球。

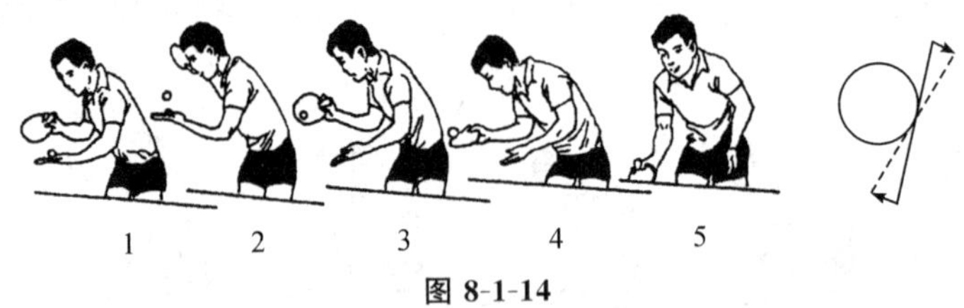

图 8-1-14

③反手发下旋加转球：站位近台，右脚稍前，身体略向左偏斜，左手掌心托球于身体左前方。发球时，左手将球向上抛起，同时右臂外旋，直握球拍手腕屈，横握球拍手腕外展使拍面后仰，向身体左后方引拍，击球时，球从高点下落时，持拍手臂从身体左后上方向右前下方挥拍，当球至网高时，持拍手前臂加速，以前臂和手腕发力，直拍手腕伸，横拍手腕内收，击球中下部并向底部摩擦球，第一落点在球台中区。击球后，手臂继续随势挥动并迅速还原。

④反手发不转球：大致与发下旋加转球相似，主要区别在于击球时减小拍面后仰角度，击球中部或稍下位置，减小摩擦力，稍加向前推进力，使作用力靠近球心而形成不转球。

动作要点：①抛球不宜过高，发球前手腕和前臂放松，击球时向前下方摩擦用力。②发加转球时，拍形稍后仰，从中下部向底部摩擦。发不转球时，减小拍形后仰角度并稍加前推力量。

(4)发左侧上(下)旋球(图 8-1-15)

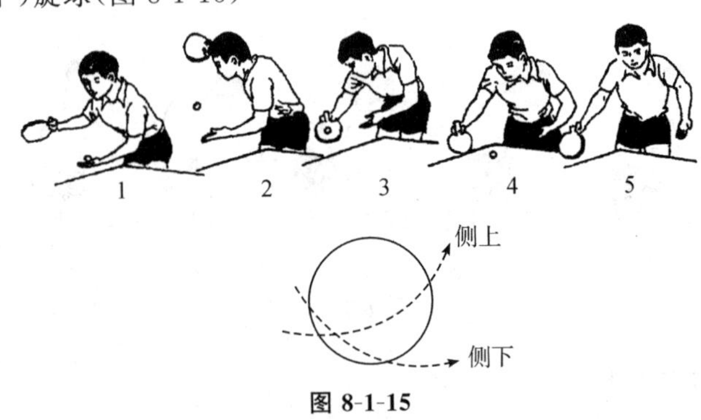

图 8-1-15

动作方法：

①正手发左侧上旋球：站位近左半台，左脚稍前，身体略向右偏，左手掌心托球位于身体右前方。发球时，持球手将球向上抛起，同时右臂外旋并向身体的右侧上方引拍，若横握球拍则手腕外展，拍面略向左偏，腰部略向右转。击球时，当球从高点下落时，持拍手从右上方向左下方挥拍，当球落至网高时，持拍前臂加速挥摆，手腕发力使球拍加速向左下方挥动，此时，直握球拍手腕屈，横握球拍手腕内收，球拍击球的中部并向左侧上方摩擦。根据发球的长短调整第一落点的远近。击球后，持拍手臂随势向左方挥动并立即还原。

②正手发左侧下旋球：正手发左侧下旋球的动作方法与发左侧上旋球的动作方法大致相同，区别在于，挥拍击球时，左侧上旋时屈腕垂拍，击球的中部向左侧上方摩擦，而左侧下旋则是沉腕压拍，拍形稍后仰，击球中下部并向左侧下方摩擦球。触球瞬间，前臂略外旋。

动作要点：①击球前，拍形稍向左偏斜，前臂和手腕由右向左挥动。②击球时，拍从球的中部向左上摩擦(左侧上旋)或拍稍后仰从球的中下部向左侧下摩擦(左侧下旋)。

(5)发右侧上(下)旋球(图 8-1-16)

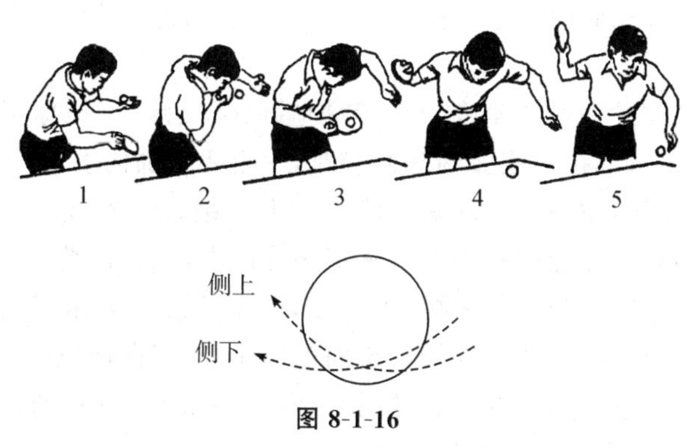

图 8-1-16

动作方法：

①反手发右侧上旋球：站位近左半台，右脚稍前，身体略向左偏，左手将球向上抛起，同时右臂内旋，持拍手向左后方引拍，拍面几乎垂直，拍柄略向下，腰部略向左转。击球时，待球从高点下落时，持拍手从身体左后方向右前方挥拍，当球落至网高时，腰部配合用力，前臂和手腕同时发力挥拍击球，击球中部偏下，触球瞬间手腕快速向右上方摩擦球，根据发球长短调整第一落点远近。击球后，持拍手臂顺势向右上方挥动并迅速还原。

②反手发右侧下旋球：与右侧上旋球大致相似，区别在于：挥拍击球时，手臂由左后上方向右前下方挥拍，击球中下部向右侧下方摩擦，这是拇指压拍，手腕与前臂较平直。横握球拍发右侧下旋球时要加大右上臂向右方挥拍的幅度。

动作要点：①击球前，指形稍向右倾斜，前臂和手腕由左向右方挥动。②击球时，击球，拍从球的正中部向右上方摩擦，击出的球是右侧上旋球，拍稍后仰从球中下部向右侧下摩擦击出的是右侧下旋球。

2. 发球的教学方法

在学习发球时，应注意由浅入深，循序渐进，先学习最简单的平击发球，待发球的准确性提高后，再学习发急球，加转与不转发球和左、右侧上(下)旋球。并在教学过程中注意根据学生的具体情况区别对待。

(1)讲解并示范各种基本发球的动作特点、动作要点。

(2)练习步骤:

①发球动作模仿练习,徒手作发球前的准备姿势,模仿抛球及发球的动作,体会动作要领。简要提示发球规则要求。

②两人一组在台上互相进行单一发球练习(不定点,定线)。

③单人多球的发球练习。

④两人一组在台上互相进行定点定线,发球练习,先斜线后直线,先长球后短球。

⑤先进行单一旋转性能的发球练习,后进行同一手法不同旋转不同落点的发球练习。

3. 接发球的基本方法

接发球的基本方法是由推、攻、搓、拉、削等等各种技术组成,其最基本方法是:

(1)接急球:发过来的球速度快,带有上旋,左方急球不宜移动过大,可采用侧身回接,一般用反手推挡或反手攻回击。右方急球用正手快带、快攻、借力回接,如果用削球回接,则必须移动步法向后退一些,等来球力量减弱时再回接。如对方发过来的是急下旋球,因为急并带有一定下旋,用推或攻回接时,应使拍面稍后仰以增加向上发力;用弧圈球回接时,应增加向上提拉的力量;用搓球回接时,首先应向后退一些,拍面角度不宜后仰过大,击球中部并向下发力以抵消来球的前进力。

(2)接下旋球:由于发过来的球速度较慢,触拍后向下反弹,用搓球回接时,应注意拍面后仰以增加向前上方的发力,用拉攻或弧圈球回接时,一定要增加向上提拉的力量。

(3)接左侧上(下)旋球:左侧上旋球是左侧旋与上旋结合的旋转球,一般采用推、攻回接。回接时,拍面角度稍前倾,拍面应向左偏斜以抵消来球的左侧旋,向前下方用力要相对加大,防止球触拍时向自己的右上方反弹。若用搓、削回接,除要注意拍面角度和所朝方向外,还要加大向下摩擦球的力量。用弧圈球回接要加大拍面前倾角度,多向前发力、少向上提拉。

左侧下旋是左侧旋与下旋结合的旋转球,接这种球一般采用搓、削。回接时,拍面角度要稍后仰,拍面所朝方向应向左偏斜以抵消来球的左侧旋,稍向上用力,以防止球触拍时向自己左下方反弹。如用推、攻回接,除应注意拍面角度和所朝方向外,还要加大向上摩擦球的力量。用弧圈球回接要注意拍面角度不宜过于前倾、多向上提拉、少向上前发力。

(4)接右侧上(下)旋球,这种发球是右侧旋与上(下)旋结合的旋转球。接右侧上旋球一般采用推、攻。回接时,拍面角度要稍前倾,拍面向右偏斜,以抵消来球的右侧旋,向前下方用力要相对加大,以防止球触拍时向自己右上方反弹。如用搓、削回接,除应注意拍面角度和所朝方向外,还要加大向下摩擦的力量。用弧圈球回接要加大拍面前倾角度,多向前发力,少向上提拉。

右侧下旋是右侧旋与下旋结合的旋转球。接这种球一般采用搓、削。回接时,拍面角度要稍向后仰,拍面向右偏斜以抵消来球的右侧旋,向上用力要相对加大,防止球触拍时向自己的右下方反弹。若用推、攻回接,除应注意拍面角度和所朝方向外,还要加大向上摩擦球的力量。用弧圈球回接要注意拍面角度不宜过于前倾、多向上提拉、少向前发力。

4. 接发球的教学方法

(1)讲解并示范各种来球性能及回接方法。

(2)练习步骤:

①用固定的方法回接单一旋转的来球。

②在上述基础上,练习用固定方法接对方用相似手法发出的不同旋转的来球,以提高适应能力。

③用不同的技术方法回接对方各种来球以提高适应能力。

④待接球命中率提高后，应注意练习接发球的控制落点能力。

⑤利用多球练习提高接发球技术(与发球结合)。

(六)推挡球技术

推挡球是我国直拍快攻打法的主要技术之一。

1. 推挡球技术的动作要点

(1)挡球(图 8-1-17)

特点：球速慢、力量轻、变化小、动作简单、容易掌握，是初学者的入门技术。

动作方法：

两脚平行站立，身体靠近球台，击球前，上臂贴近身体，前臂约与台面平行，球拍置于腹前，略高于台面横立状。击球时，拍面稍前倾，在来球的上升前期，手臂前伸触球的中部或中上部，借来球的反弹力将球挡回，击球后迅速还原，准备下一次击球。

动作要点：①上臂贴近身体，球拍成横立状；②手臂前伸迎球，借力击球，在上升前期击球中部。

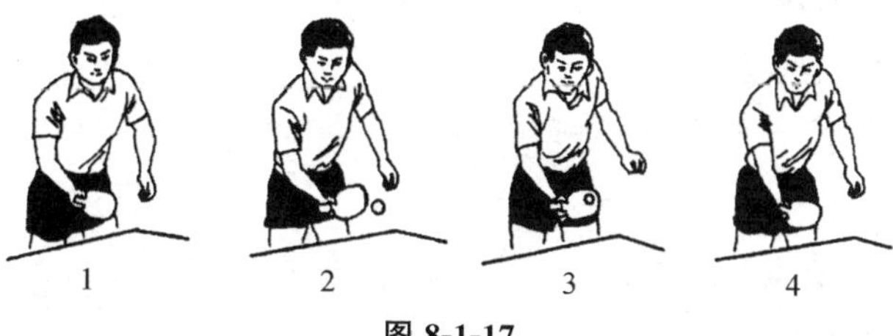

图 8-1-17

(2)快推(图 8-1-18)

动作方法：

站位近台，右脚稍后或两脚平行站立，上臂和肘关节靠近身体右侧旁，击球前前臂稍向后引，击球时前臂向前推出，同时配合食指压拍、拇指放松使拍面前倾，在来球的上升期击球的中上部，击球后，手臂顺势前送并迅速还原。

动作要点：①稍后撤引拍后前臂向前推出配合转腕；②在上升期击球中上部。

图 8-1-18

(3)加力推(图 8-1-19)

动作方法：

站位、准备姿势与推挡相同。击球前，前臂上提、球拍后引、肘部贴近身体、拍面稍前倾。击球时，中指顶住拍背使拍形固定，执拍手由后向前推压并配合伸髋转腰的动作加大力量，在来球的上升后期或高点期击球中上部。击球后手臂随势前送并迅速还原。

动作要点：①击球前前臂上提，拍面角度固定；②击球时，中指顶拍背，伸髋转腰配合向前加力;③击球上升后期或高点期。

图 8-1-19

2. 推挡球的教学方法

(1)讲解并示范挡球、推挡球动作要点。

(2)练习步骤:

①徒手模仿推挡动作练习,体会动作要领。

②反手对墙击球练习。

③一人发平击球,另一个人反手挡球练习。

④两人在台对练挡球,不限落点,要求击球过网,动作正确。

⑤两人在台上先练对挡中线,然后对挡斜线和直线,要求逐渐加力。

⑥反手 1/2 台快推斜线练习。

⑦反手一点推两点或一点推多点推挡练习。

(七)攻球技术

1. 攻球技术的动作要点

(1)正手快攻(图 8-1-20)

动作方法:

击球前,站位近台,左脚稍前,右脚稍后,两膝微屈,两眼注视来球。击球时,手臂向身体右后引拍至身体右侧,手臂自然弯曲并内旋拍面稍前倾。在来球的上升期,持拍手前臂和手腕迅速向前正方挥拍并配合内旋转腕,拍面稍前倾,击球中上部。击球后,球拍随势挥至额前,身体重心从右移至左脚并迅速还原。

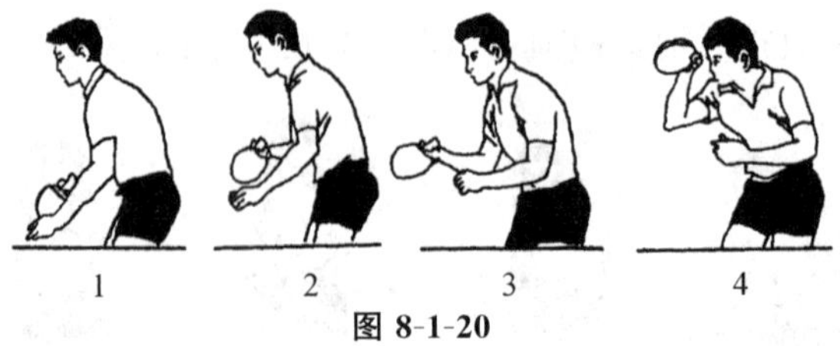

图 8-1-20

(2)正手扣杀(图 8-1-21)

动作方法:

击球前,两脚开立,左脚稍前,站位近台,引拍时,手臂自然弯曲并内旋使拍面前倾随腰髋的右转向右后移动,球拍引至身体的右上方。击球时,当球跳至最高点时,上臂带动前臂加速向左前下方发力挥拍,拍面前倾击球的中上部。同时身体重心前移,腰、髋向左转动配合发力。击球后,球拍随势挥至左肩前,并迅速还原成准备姿势。

动作要点:

①上臂带动前臂向前下方用力击球,腰、腿部配合用力;②在高点期击球中上部。

图 8-1-21

(3)正手拉攻(图 8-1-22)

动作方法:击球前,站位离台较正手快攻稍远,根据来球的旋转强弱,决定前臂的外旋垂直或稍后仰,旋较强,拍面稍后仰,旋转较弱,拍面垂直前臂下沉引至身体右后下方。击球时,在来球的下降前期,上臂带动前臂向左前上方快速挥动,前臂发力为主,结合手腕力量,视来球旋转强弱摩擦击球的中下部或中部。击球后,球拍随势挥至额前,身体重心移到左脚并迅速还原。

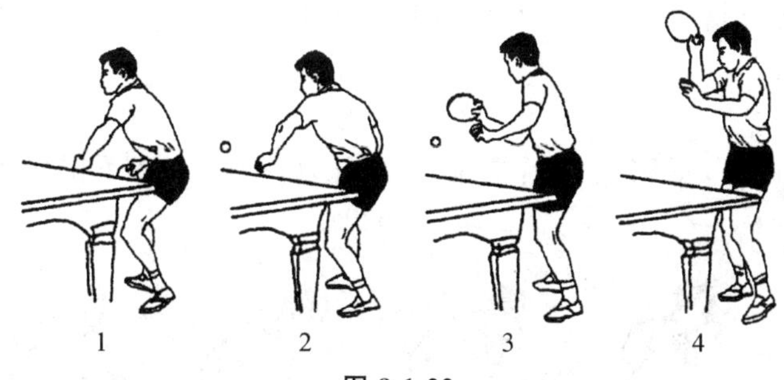

图 8-1-22

2. 攻球技术的教学方法

(1)讲解并示范单个攻球技术要点。

(2)练习步骤:

①原地持拍单一技术动作模仿练习,体会动作要领。

②结合步法单一技术动作模仿练习,提高上下技动作协调性。

③两人一台进行单个动作练习,一人发平击球一人练习攻球,打出一球后再重新发球。

④一人推挡一人攻球练习,先练习攻中线,后练习攻斜线,再练习攻直线。力量先轻后重。

⑤一人推挡,一人移动中攻球练习,移动范围由 1/2 台到 2/3 台,逐渐扩大攻球移动范围。

⑥正手对攻练习,先中线对攻,后右方斜线对攻,再侧身对攻。

⑦两人移动中对攻,先 1/2 台,后 2/3 台逐渐扩大对攻范围。

⑧两人对搓,一方拉攻练习。

(八)搓球技术

搓球是近台还击下旋球的一项基本技术。

1. 搓球技术的动作要点

(1)慢搓

动作方法:

①反手慢搓(图 8-1-23):

击球前，站位近台，离台约 50 厘米，右脚稍前，两膝微屈。引拍时，手臂自然弯曲，拍面角度稍后仰，前臂向左上方提起，手腕微屈将球拍引至左胸前上方。击球时，在来球的下降前期，前臂以肘关节为轴，快速向右前下方用力挥摆，伸手腕辅助用力，手指配合使拍面后仰，切击球的中下部。击球后，手臂随势向前下方挥摆并迅速还原。

图 8-1-23

②正手慢搓(图 8-1-24)：击球前，站位近台，两脚开立右脚稍后，身体离台约 50 厘米。引拍时，手臂外施使拍面后仰，前臂提起，向右上方引拍至肩高度。击球时，在来球的下降前期，手臂快速向左前下方挥摆，屈手腕配合辅助用力，切击球的中下部。击球后，前臂随势向左前下方挥拍后迅速还原。

动作要点：

①击球时拍面后仰，提臂引拍后向前下方用力；②在来球下降期摩擦切击球的中下部。

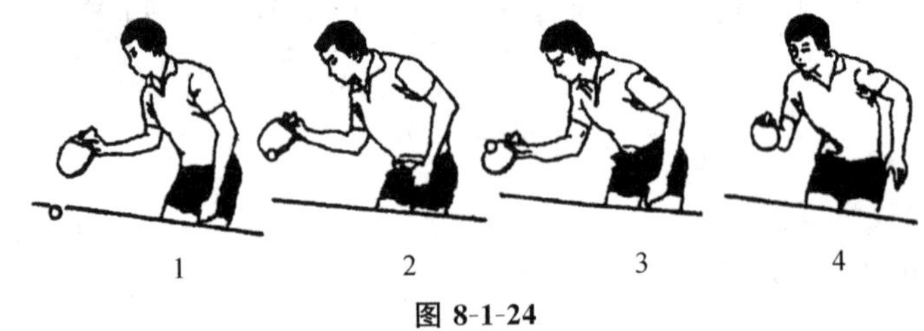

图 8-1-24

(2)快搓

动作方法：

①反手快搓：

击球前，两脚开立，右脚稍前，两膝微屈，身体离台约 40 厘米。引拍时，手臂自然弯曲，拍面稍后仰，前臂将拍引至身体左前上方。击球时，在来球的上升期，上臂迅速前伸，前臂跟随向前并迅速向前下用力切击球的中下部，借来球的前冲力还击。击球后，手臂随势向前下挥摆并迅速还原。

②正手快搓：(图 8-1-25)

击球前，两脚夫开立，左脚稍前，两膝微屈身体离台约 40 厘米，引拍时，手臂外旋使拍面稍后仰，前臂向右上方提起，将球拍引至身体右侧上方。击球时，在来球的上升期，上臂迅速前伸，前臂跟随向前并迅速向前下方用力切击球的中下部，借来球的前冲力还击。击球后手臂随势向前下挥摆并迅速还原。

动作要点：

①击球时拍面稍后仰，手臂要迅速前伸迎球，向前下方切击；②在来球的上升期，利用球的前冲力摩擦切击球的中下部。

图 8-1-25

2. 搓球技术的教学方法

(1)讲解并示范单一搓球动作要点。

(2)练习步骤：

①单一搓球徒手模仿动作练习,体会动作要领；

②自己向台上抛球,将球搓向对方台区；

③一人发下旋球,一人搓回；

④一人发下旋球,以相反线路将球搓回对方台区；

⑤对搓练习(先中线、后斜线、再直线)；

⑥固定线路正手和反手结合搓球练习。

(九)弧圈球技术

弧圈球是一种带有强烈上旋的进攻技术。

1. 弧圈球技术的动作要点

(1)加转弧圈球(以正手拉为例)(图 8-1-26)

图 8-1-26

动作方法：

击球前，两脚开立比肩稍宽，左脚稍前，身体离台约 60 厘米，引拍时，手臂稍内旋使拍面稍前倾，同时稍向右转腰，前臂自然下垂，将球拍引至身体右侧后下方，身体重心落在右脚。击球时，右脚蹬地转体，球拍从下向前上方迎球，在来球的下降前期，上臂带动前臂加速向左前上方挥动，拍面略前倾，击球瞬间挥拍加速度达到最大，全身力量作用于球拍，摩擦击球的中部偏上位置。击球后，球拍随势挥至头部位置，身体重心移至左脚并迅速还原。

(2)前冲弧圈球(图 8-1-27)

图 8-1-27

动作方法：

击球前，两脚开立比肩稍宽，左脚稍前，根据来球落点选择站位的远近；引拍时，前臂内旋使拍面前倾，同时向右转腰，持球拍引至身体右后下方(约与台面同高)，身体重心移向右脚。击球时，右脚蹬地转体，球拍由后向前上迎球，当来球的下降前期或高点期，利用蹬地转体的力量，上臂带动前臂快速向前，向上挥动球拍，拍面前倾，击球瞬间快速发力，击球的中上部，击球后，球拍随势前挥，身体重心移至左脚并迅速还原。

动作要点：①球拍引至腰部侧后位，身体各个部位配合用力，向前发力为主略向上发力，拍面前倾。②在来球的下降前期或高点期摩擦球的中上部。

2. 弧圈球的教学方法

(1)讲解并示范弧圈球技术动作要点。

(2)练习步骤：

①原地徒手模仿拉弧圈球的动作练习。

②在原地做上肢徒手动作的基础上结合下肢步法，做移动中徒手动作模仿练习。

③进行对墙自抛自拉练习，体会拉弧圈球动作要领。

④台上单个动作练习，一人发出台的下旋球，另一人练习拉弧圈球。

⑤两人对搓，固定一人搓中转拉。

⑥一人推挡，另一人连续拉弧圈球。

⑦一人攻球，另一人连续拉弧圈球。

⑧一人削球，另一人连续拉弧圈球。

⑨两人对拉弧圈球。

⑩发球后抢拉，冲练习。

(十)削球技术

削球是乒乓球一项防守技术。

1. 削球技术的动作要点

(1)远削

动作方法：

①正手远削：(图 8-1-28)

击球前，左脚在前，身体离台 1 米以外，持拍手外旋使拍面后仰，身体向右偏斜，手臂向右上方移动，前臂提起，同时直握拍手腕内收，横握拍手腕外展。击球时，在来球的下降后期，手臂向左前下方挥持，身体随之左转，上臂带动前臂发力，直握拍手腕微屈，横握拍手腕内收，拍面后切击来球的后中下部，击球时加大力量并向前送。击球后，身体重心前移，持拍手随势前送，然后迅速还原。

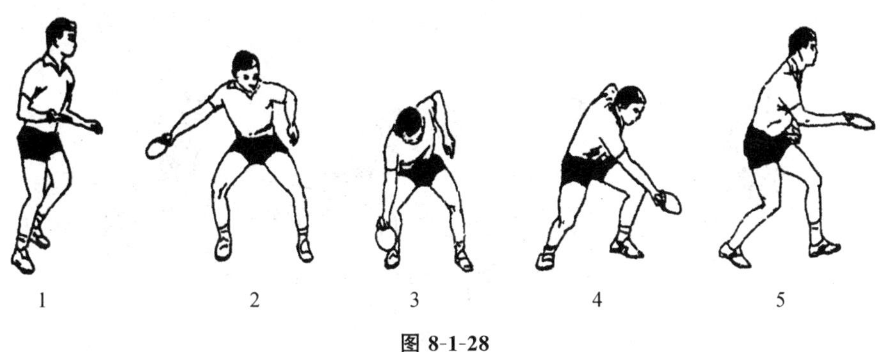

图 8-1-28

②反手远削：(图 8-1-29)

击球前，右脚在前，身体离台 1 米以外，身体向左偏斜，持拍手臂内收并内旋使拍面稍后仰，前臂提起，同时直握拍手腕微屈，横握拍手腕外展。击球时，在来球的下降后期，持拍手向右前下方挥拍，随之身体右转，上臂带动前臂发力，直握拍手腕伸直，横握拍手腕内收，拍面后仰摩擦切击球的后中下部，击球时要加大力量并向前送。击球后，身体重心前移，持拍手臂随势前送，然后迅速还原。

图 8-1-29

(2)近削

动作方法：

①正手近削：(图 8-1-30)

击球前，左脚稍前，身体离台约 1 米，持拍手臂外旋使拍面角度后仰，向右上方移动，身体向右偏斜，同时直握球拍手腕伸直，横握球拍手腕外展，将球拍引至身体右上方。击球时，在来球的下降前期，持拍手臂向左前下方迎球，身体左转，上臂带动前臂向左前下方挥动，同时直握球拍手腕微屈，横握球拍手腕内收，拍面稍后仰，摩擦击球中部偏下。击球后，持拍手臂随势向左前下方挥动，然后迅速还原。

(a)

(b)

图 8-1-30

②反手近削：

击球时，左脚稍前，身体离台约 1 米，持拍手臂内旋使拍面稍后仰，身体向左偏斜，沉右肩，屈手臂向左上方移动，前臂提起，同时直握球拍手腕微屈，横握球拍手腕外展，将球拍引至身体左上方。击球时，在来球的下降前期，持拍手臂向右前下方挥动，身体右转，上臂带动前臂向右前下方用力，同时直握球拍手腕伸直，横握球拍手腕内收，拍面稍后仰摩擦切击球的中部偏下。击球后，持拍手臂随势向前下方挥动，然后迅速还原。

2. 削球的教学方法

(1)讲解并示范削球技术动作要点。

(2)练习步骤：

①按照削球的动作结构做台下上肢徒手模仿动作练习，先学正手后学反手。

②结合步法移动做台下上下肢结合的削球动作徒手模仿练习。

③在接发球时用正手或反手将球削回对方。

④用正手或反手连续削回对方拉攻过来的球。

⑤用正手或反手削直线或斜线球。

⑥正手和反手结合向固定落点削球。

⑦移动中削球练习。

⑧削中结合攻球练习。

三、乒乓球基本战术

(一)乒乓球战术的概念

所谓乒乓球战术，是指乒乓球运动员在比赛中根据乒乓球运动的比赛规则，彼我双方的具体情况和临场发展变化，为争取比赛的胜利所采取的有目的，有意识地运用技术的方法。

(二)乒乓球基本战术的种类与方法

1. 发球抢攻战术

发球抢攻战术是利用发球力争主动,先发制人的一项战术,是得分的重要手段。发球抢攻战术以发球的旋转、速度、落点灵活变化为主要技术特征。常用的发球抢攻战术有以下几种:

(1)正手发转与不转短球,配合长球抢攻(图 8-1-31)。

(2)正手发急球,配合发近网短球抢攻(图 8-1-32)。

(3)侧身正手发左侧上、下旋长球,配合发直线奔球抢攻(图 8-1-33)。

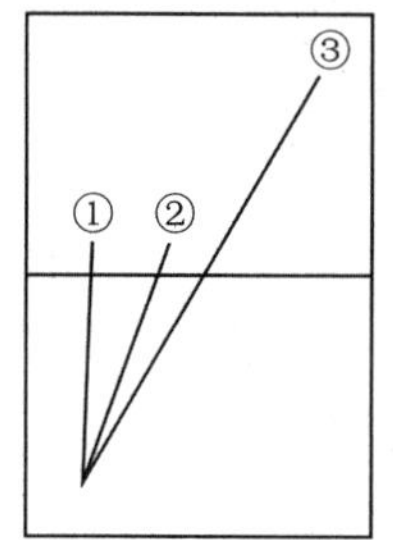

图 8-1-31

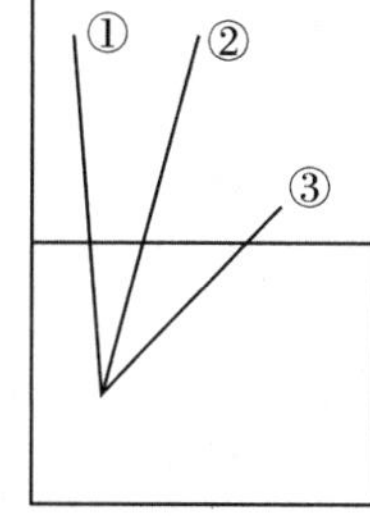

图 8-1-32

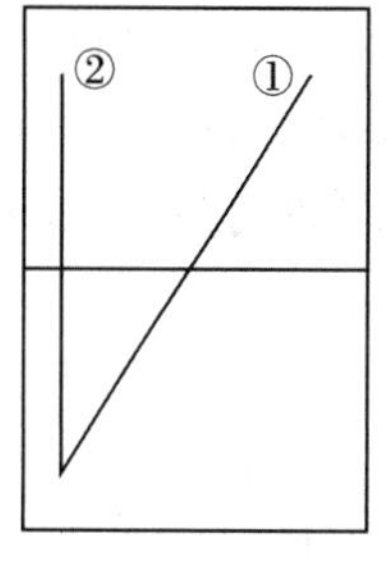

图 8-1-33

(4)反手发右侧上、下旋近网短球,配合底线长球抢攻(图 8-1-34)。

(5)反手发上、下旋急球,配合近网短球抢攻(图 8-1-35)。

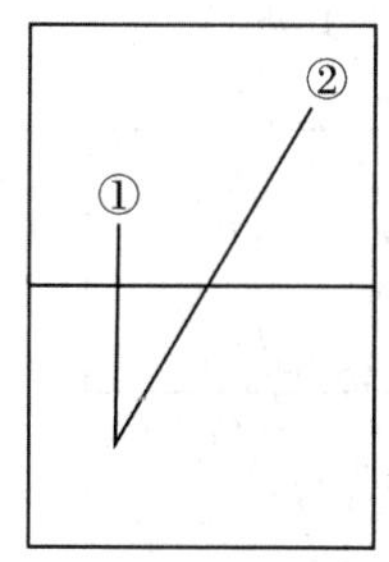

图 8-1-34

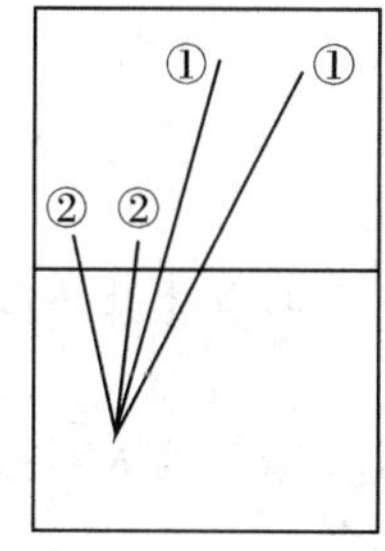

图 8-1-35

2. 发球抢攻战术教学方法

(1)讲解发球抢攻战术的方法并进行示范培养战术意识。

(2)练习步骤:

①正手发加转短球后抢拉。

②正手发不转短球后抢攻。

③正手发转为不转短球配合发底线长球后抢拉、抢攻。

④正手发急球后抢攻。

⑤正手发急球,配合发近网短球后抢拉攻。

⑥侧身正手发左侧上旋长球后抢攻。

⑦侧身正手发左侧下旋长球后抢拉。

⑧侧身正手发左侧上、下旋长球,配合直线急球后抢攻。

⑨反手发左侧上旋近网短球后抢攻。

⑩反手发右侧下旋近网短球后抢拉。

⑪反手发右侧上、下旋近网短球，配合底线长球抢攻。

⑫反手发上旋急球后抢攻。

⑬反手发下旋急球后抢攻。

⑭反手发上、下旋急球、配合近网短球抢拉攻。

3. 对攻战术

对攻是两名进攻型选手在相互对抗时，双方利用速度、旋转、落点变化来控制对方，力争主动的一种重要战术，对攻战术主要运用正反手攻球、推挡、弧圈球等技术手段，以快速多变来达到调动，攻击对方的目的，常用的对攻战术有以下几种：

(1)压反手，伺机正手侧身攻(图 8-1-36)。

(2)调右压左，转攻两角或追身(图 8-1-37)。

(3)压左调右，转攻两角(图 8-1-38)。

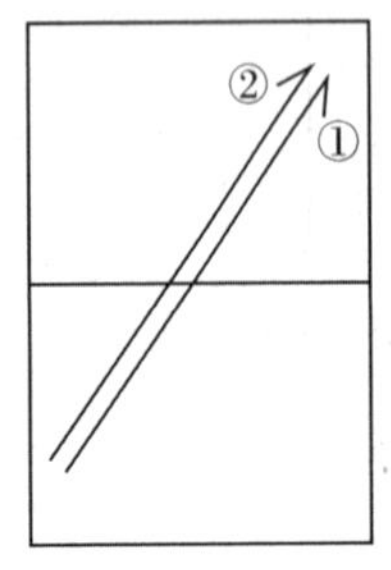

图 8-1-36

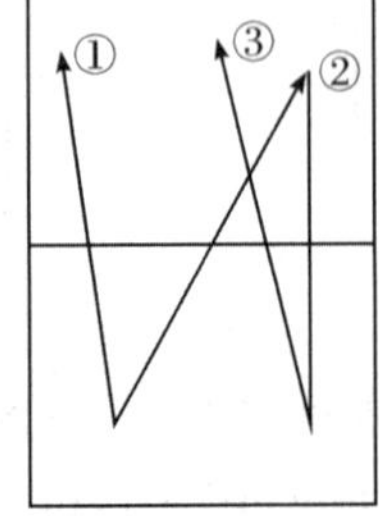

图 8-1-37

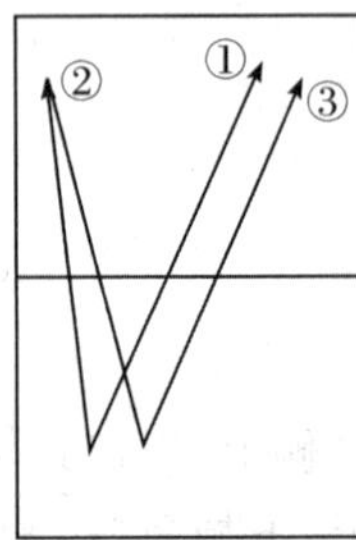

图 8-1-38

(4)连压中路，突变攻两角(图 8-1-39)。

对攻战术的教学方法：

(1)讲解常用对攻战术的方法并示范。

(2)练习步骤：

①两人一台，发底线长球后两人对推，主练方首先发力推反手大角度，然后侧身连续攻两角。

②两人一台，主练方反手推直线，另一方正手攻，主练方先发力推正手后突然推压反手，然后猛攻两角或中路。

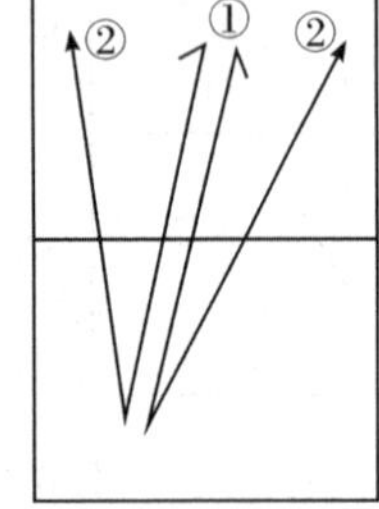

图 8-1-39

③两人一台，发底线长球后两人对推，主练方发力推反手大角度后突然变线正手，然后伺机正手进攻两角。

④两人一台，发底线中路长球后两人对推或攻，主练方用推或攻紧压对方中路，伺机突变正手攻两角。

4. 拉攻战术

拉攻战术是利用拉球的旋转和落点变化创造机会，进行突击(扣杀和抢冲)，从而达到控制对方、争取主动的一种重要手段。拉攻战术是进攻型打法对付削球打法的主要战术，以弧圈球和攻球为主要技术手段。常用的拉攻战术有如下几种：

(1)拉一角突击另一角(图 8-1-40)。

(2)拉两角杀中路(图 8-1-41)。

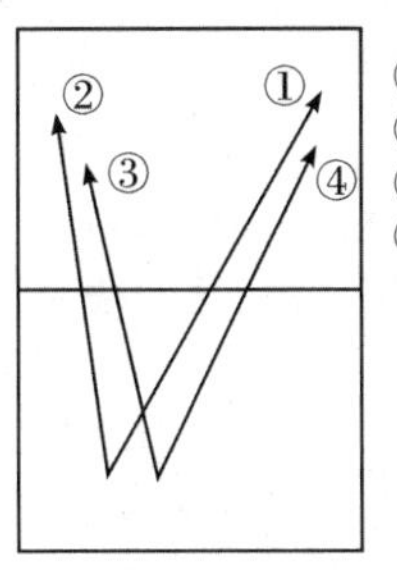

图 8-1-40

①拉两角
②杀中路

图 8-1-41

(4)拉中路杀两角(图 8-1-42)。

(5)拉长球配合搓、吊短球,伺机突击(图 8-1-43)。

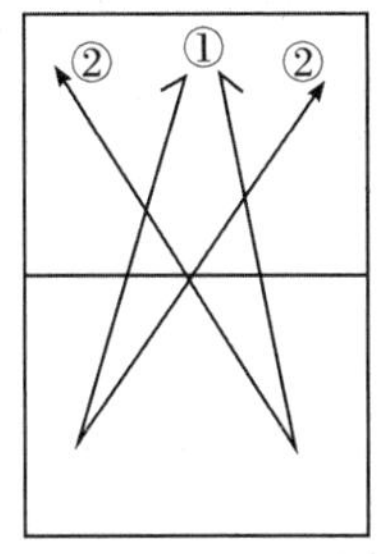

图 8-1-42

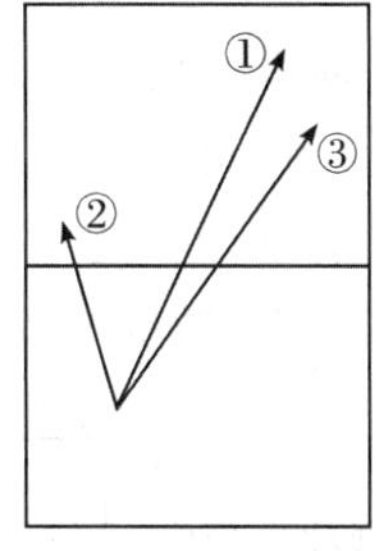

图 8-1-43

拉攻战术教学方法:

(1)讲解拉攻战术的方法并示范。

(2)练习步骤:

①发球后对搓,然后主练方抢拉对方薄弱的一角,伺机扣杀另一角。

②两人对搓,主练方抢拉两角后,伺机扣杀中路。

③两人对搓,主练方抢拉中路后,伺机扣杀两大角。

④一方削球,主练方连续拉长球,突吊短球,伺机扣杀,拉冲。

5. 搓攻战术

搓攻是利用搓球的旋转、速度、落点变化,为进攻创造机会,以达到攻击对方的一种手段。搓攻战术是进攻型打法必备的辅助战术。常用的搓攻战术有以下几种:

(1)搓逼反手大角,突变直线,伺机进攻(图 8-1-44)。

(2)快搓加转短球,结合快搓两大角,伺机进攻(图 8-1-45)。

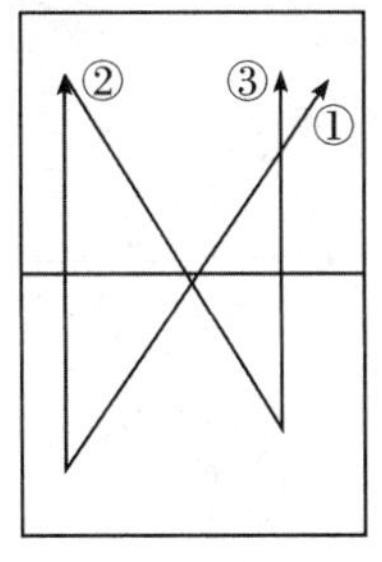

图 8-1-44

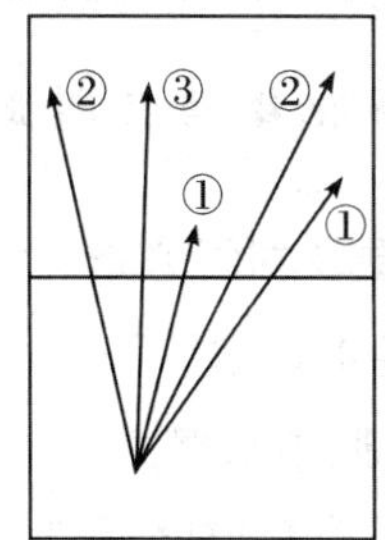

图 8-1-45

(3)快搓转与不转,创造机会,伺机进攻。

搓攻战术的教学方法:

(1)讲解搓攻战术的方法并示范。

(2)练习步骤:

①两人一台对搓,主练方反手搓逼大角突变正手,伺机抢攻。

②两人对搓,主练方先搓加转短球,然后快搓两大角,伺机抢攻。

③两人对搓,主练方先搓加转,后送不转,伺机抢攻。

④用多球单练形式完成上述练习效果更好。

6. 削攻战术

削攻战术是以削攻结合为主要打法的运动员在比赛中经常使用的战术,多以削球的旋转、节奏、落点变化来控制对方的攻势,并为进攻创造机会。常用的削攻战术有以下几种:

(1)削转与不转球,伺机反攻。

(2)削长,短球反攻(图 8-1-46)。

(3)削逼两角,伺机反攻(图 8-1-47)。

(4)逢直变斜,逢斜变直,伺机反攻(图 8-1-48)。

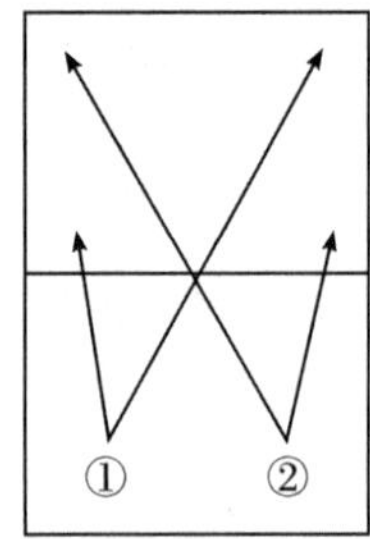

图 8-1-46

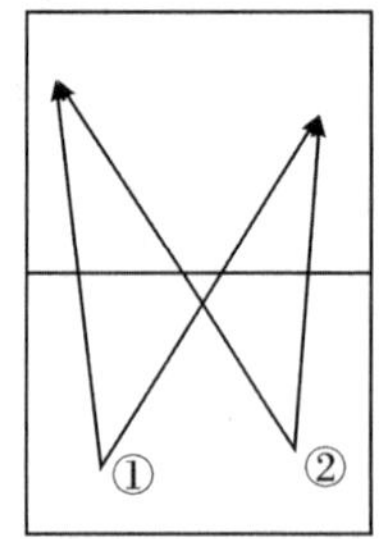

图 8-1-47

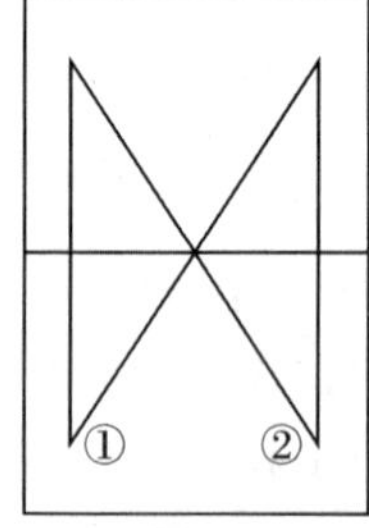

图 8-1-48

削攻战术的教学方法:

(1)讲解削攻战术动作方法并示范。

(2)练习步骤:

①两人一台,一人拉攻,主练削球方先削加转,后削不转,伺机反攻。

②一人拉攻,主练削球方先削加转短球,再削不转长球,伺机反攻。

③一拉一削练习,主练削球方用反手或正手削逼两角,伺机反攻。

④一人拉球,主练削球方削球逢斜变直,逢直变斜,然后伺机抢攻。

四、乒乓球基本技术易犯错误及纠正办法

(一)握拍法易犯错误及纠正方法

1. 握拍过深,妨碍拍形调节。

纠正方法:建立正确握拍法概念,体会正确的握拍方法。

2. 握拍过浅,不利于控制拍形,影响击球发力。

纠正方法:同 1。

3. 拍后三指过屈,妨碍拍形调节,影响击球发力。

纠正方法:练习时,在拍后适当位置作一标记,限定三指位置。

4. 拍后三指张开,妨碍拍形调节,不便于反手击球。

纠正方法:同1。

5. 横握拍虎口偏右,有利反手不利正手。

纠正方法:同1。

6. 横握拍虎口偏左,有利正手不利反手。

纠正方法:同1。

(二)发球易犯错误及纠正方法

1. 发球犯规,判罚失分。

纠正方法:学习规则,严格按规则要求练习。

2. 击球点过高或过低,发球准确性差,球易出界或下网。

纠正方法:明确击球点位置,反复进行正确的击球练习。

3. 发球时触拍部位不准确,发球准确性差,发球质量不高。

纠正方法:弄清各种发球的触拍部位,反复练习,加强手上调节,提高触拍部位的准确性。

4. 球发出后的第一落点位置不当,发球不过网或出界。

纠正方法:弄清各种发球第一落点位置,要求击球点准确,调节好击球时的拍面角度。

(三)接发球易犯错误及纠正方法

1. 接发球站位不合理,不利发挥自己的技术特长。

纠正方法:弄清正确站位,练习回接各种发球。

2. 判断发球性能不准确。接球失误或回球质量不高。

纠正方法:掌握判断发球的有关知识和方法,采服各种手段,提高观察、判断和反应能力,反复进行接发球练习,提高判断发球能力。

3. 接发球时脚步移动过早,易遭对方袭击空当。

纠正方法:加强对发球的观察能力,弄清和把握好起动接球的时机。

4. 接球时控制不好回球的弧线和落点,回球质量不高,回球准确性差。

纠正方法:提高发球判断能力,采用多球练习,增强手上控制调节能力。

5. 接球还原不及时,影响连续击球。

纠正方法:明确还原的意义和作用,在各种接发球练习时强调接球后及时还原。

(四)挡球和推球技术易犯错误与纠正方法

1. 引拍时,上臂远离身体,前臂不宜发力,动作不稳定;或上臂与身体夹的过紧,使前臂不宜向身体靠近,向前加速距离太短,不宜控制球和发力。

纠正方法:练习徒手动作,体会上臂靠近身体的感觉,上台练习时尽力将这种肌肉感觉打出来。

2. 站位时,左脚过于靠前,难以运用腰髋之力,影响了推挡的力量,也不利于回击左大角的来球。

纠正方法:明确正确的站位后,进行定点的推挡练习,教师不时提醒左脚不要太靠前,促其逐渐养成正确站位的习惯。

3. 手腕上翘或过分下吊，手腕与前臂动作不灵活，控制球能力低。

纠正方法：在左半台进行对推练习，利用捡球间隙，体会手腕的正确动作，然后在对推练习中打出正确的感觉。教师及时提醒上臂略贴身，手腕外展，拍形呈半横状。

4. 站位过死，膝盖没有微屈，不会随来球位置的变化移动脚步，动作不协调，适应范围窄。

纠正方法：教师边讲解边示范，将推挡时最常用的步法和身体姿势告诉学生并让其模仿练习，再上台体会。

5. 挡球时判断不准，拍形角度过于后仰，回球弧线高或出界。

纠正方法：提高判断能力，提醒学生击球前固定拍面角度。

6. 快推时拍面过于前倾，击球时间过早，球不过网。

纠正方法：提高手腕、手指控制、调节拍面角度的能力，在上升期击球。

7. 快推时拍面前倾不够，击球时间过晚，球易出界。

纠正方法：前臂手腕外旋使拍面前倾，在来球的上升前期击球。

8. 只有手臂动作，不会运用身体重心转换和腰部的力量，推挡无力，动作不协调，缺乏稳定性。

纠正方法：思想上明确身体重心转换和腰部配合作用，认真观察推挡技术好的学生的动作，着重注意他们腰、髋、腿、膝和脚的动作，并在脑中形成清晰的表象，从徒手动作到上台对推练习，要着重体会重心移动的方法并注意手上动作与腰部转动配合。

9. 前推动作过大，还原慢，影响速度。

纠正方法：减小上臂用力，加快回收速度。

10. 举拍位置过低，无法推压，易形成自下向上的毛病，回球弧线高、速度慢，吃加转弧圈球。

纠正方法：先从理论上明白，推挡时的球拍位置应高于或平于来球，再在练习中体会之。

(五)攻球技术易犯错误与纠正方法

1. 正手快攻

(1)架肘，多与两脚平站有关，引拍时大臂直向后拉，肘高，肩高。

纠正方法：肩放松，站位应右脚稍后，身体略右侧，引拍时，要求前臂横摆(即大臂旋后，不要直向后拉)。多练习打些离身球，让肩部放松，击球点位置稍远些，从而达到改正错误动作的目的。

(2)手腕过分僵硬，或上翘，或下吊，影响了手腕的灵活性。

纠正方法：通过讲授要领和徒手挥拍练习，使其对正确的手腕动作有所感觉，然后再上台练习慢慢体会。

(3)击球动作过直，过硬，攻球的弧线不好，常使球直通通地出界或下网。

纠正方法：对学生讲解击球原理，使其明白“打”、“摩”结合的道理，注意摩擦球的动作。

(4)击球的拍形后仰，攻球时有一翻腕动作，击球容易出界，尤其打上旋球。

纠正方法：使学生明白道理后，慢慢将拍形前倾击球，通过让学生多打上旋球练习，在实践中纠正拍形。

(5)只有手臂动作，没有腰腿配合，击球过程中重心始终落在一条腿上，动作显的不协调，发不了力，既影响与其他技术配合，还影响步法快速移动。

纠正方法：从徒手动作开始，强调击球动作的转腰动作，强调身体重心的交换，在单线定点练习中，要求必须有身体重心的交换，不允许“站死”打球。

2. 正手扣杀

(1)引拍动作过小，击球点离身体过近，击球动作半径太小，影响击球力量。

纠正方法：理论上明确加大引拍距离和动作半径的作用，然后反复做正确扣杀技术的徒手动作练习，最好用多球进行扣杀练习，边练习，边体会，边改正动作。

(2)只有手臂击球，没有腰髋腿的配合，尽管用力不小，但扣杀力量不大。

纠正方法：明确打球并非仅仅是用手臂发力，特别是扣杀技术，腰、髋和腿的力量更为重要。进而做徒手的扣杀动作练习，强调腰、髋和腿的配合用力，若用多球练习，效果更好。

(六)搓球技术易犯错误及纠正方法

1. 滥用手腕，造成腕、臂用力脱节，既难加转，又多失误。

纠正方法：明确手腕必须结合前臂发力，不能使二者脱节。反复做徒手动作，体会腕和臂结合发力。上台对搓时，开始先少动手腕，以前臂用力为主，慢慢再结合手腕的力量。

2. 不依来球旋转和高低长短变化而调整动作，易吃对方旋转，或出高球甚至失误。

纠正方法：明确应根据不同来球调整搓球动作，如来球下旋强烈，则应拍形后仰，增加向前的力量，来球不转，则应将拍稍竖，增加向下的力量。提高对来球的判断能力，在对方不断变化搓球或发球旋转和落点的情况下练习搓球，提高应变能力。

3. 没有向上引拍，直接撞击，球速快，下旋不强。

纠正方法：注意击球前前臂上引，加大击球距离。

4. 拍面过于后仰，击球底部，容易搓出网前高球或不过网。

纠正方法：调整拍面角度，减少后仰。

5. 拍面角度后仰不够，下网多，下旋不强。

纠正方法：调整拍面角度，加大后仰。

6. 击球后手臂立即停止不前，球不过网。

纠正方法：加强击球后随势挥拍练习。

7. 击球时间过早，太快，发不出力。

纠正方法：放慢击球时间。

8. 前臂只会向下用力，球拍撞击台面。

纠正方法：掌握前臂向下发力，同时随势挥动。

(七)弧圈球技术易犯错误及纠正方法

1. 正手拉加转弧圈球

(1)只用手臂发力，没有腰、髋、腿的配合，拉球费力但旋转不强，且难于连续拉。

纠正方法：在思想上明确拉弧圈球时腰、髋、腿的用力极为重要，然后专门观察教师在示范动作时这些部位的动作，再仿之进行徒手动作的练习，记住有关部位的肌肉感觉，上台练习时，注意体会上述感觉。

(2)引拍时，手臂伸的过直，球拍沉的很低，拍形过于前倾，整个动作向上为主，缺乏向前的力量，造成击球时间晚，上手速度慢，易漏球和难发力等弊端。

纠正方法:明确上述动作已经过时,现特别重视由后向前的迎球动作。让学生握拳为球教师做先拉后摩的示范,学生体会教师打手时的感觉,并力求将这种感觉在自己拉弧圈球时打出来,同时,再让学生在引拍时手臂保持自然弯曲,球拍不要下沉太多,适当增加向后引拍的动作,减小拍形的前倾角度。

(3)拉球时不用手腕,导致拉球的速度,力量和旋转都受到限制。

纠正方法:告诉学生,在引拍时手腕要有一个向后伸的动作,在触球瞬间才会有一个向前打向上摩擦球的爆发力。

(4)只能摩擦球的动作,蹭球太薄,但发不出力,拉球不转,易下网;或撞球过多,摩擦球太少,产生不了强烈旋转。

纠正方法:明确只有"打摩"结合,以"摩"为主,才能拉出强烈的上旋球,在纠正徒手动作时,可由教师用两个手指夹住一球让学生练习加转弧圈球的动作,教师根据自己的感觉纠正学生的动作,在此基础上,上台反复练习。

2. 正手拉前冲弧圈球

(1)引拍低、身体重心低,易拉球出界。

纠正方法:观看正确动作示范,特别留心其引拍的位置,自己上台练习时有意提高引拍位置。

(2)不能根据来球变换动作,一种动作打百样球,失误率高。

纠正方法:明确拉前冲弧圈球应视来球变化,适当调整动作,如来球下旋强,应触球中部偏上,拍形稍前倾,来球不转或略带上旋,应拍形前倾,触球中上部。

(3)单纯用上肢发力,没有腰、髋、腿的配合,拉冲没有前冲力。

纠正方法:与拉加转弧圈球,错误方法同。

(4)撞球过多,有人认为,撞球多就能使球前冲力大,其实不然,撞击球过多弧线不好,旋转不强,球的前冲力也小。

纠正方法:先端正认识,再做徒手动作和上台练习,体会"打"与"摩"的结合,增加摩擦球的动作。

(八)削球技术易犯错误及纠正方法

1. 引拍不够高,直接撞击,球速快,下旋力不强。

纠正方法:做引拍动作练习,将球拍引至肩高位置,再向下削球。

2. 击球时,拍面角度后仰不够,下旋不强,下网多。

纠正方法:调整拍而角度,加大后仰角度。

3. 击球时,拍面角度过于后仰,出高球或出界。

纠正方法:调整拍面角度,减少后仰角度。

4. 击球后手臂立即停止不前。击球弧线不稳定。

纠正方法:加强击球后随势挥拍的练习。

5. 击球点不准,击球点忽前、忽后、忽左、忽右。

纠正方法:加强步法移动,击球到位。

6. 削弧圈球手臂发力多,腰、膝配合少击球出界多。

纠正方法:减小手腕发力,保持相对稳定加大腰、膝力量。

知识窗

一、乒乓球竞赛主要规则

(一)常用语定义

(1)回合:球处于比赛状态的一段时间。

(2)球处比赛状态:从发球时球被有意向上抛起前静止在不执拍手掌上的最后瞬间开始,直到该回合被判得分或重发球。

(3)重发球:不予判分的回合。

(4)1 分:判分的回合。

(5)执拍手:正握着球拍的手。

(6)不执拍手:未握着球拍的手。

(7)击球:用握在手中的球拍或执拍手手腕以下部分触球。

(8)阻挡:对方击球后,在比赛台面上方或向比赛台面方向运动的球,尚未触及本方台区,也未越过端线之前,即触及本方运动员或其穿戴(带)的任何物品。

(9)发球员:在一个回合中首先击球的运动员。

(10)接发球员:在一个回合中第二个击球的运动员。

(11)裁判员:被指定管理一场比赛的人。

(12)副裁判员:被指定在某些裁判方面协助裁判员工作的人。

(13)运动员"穿或戴"的任何物品:指运动员在一个回合开始时穿或戴(带)的任何物品,但不包括比赛用球。

(14)越过或绕过球网装置:除从球网和比赛台面之间通过以及从球网和网架之间通过的情况外,球均应视作已"越过或绕过"球网装置。

(15)球台的"端线":包括球台端线以及端线两端的无限延长线。

(二)合法发球

1. 发球开始时,球自然地置于不持拍手的手掌上,手掌张开,保持静止。

2. 发球员须用手将球几乎垂直地向上抛起,不得使球旋转,并使球在离开不执拍手的手掌之后上升不少于 16 厘米,球下降到被击出前不能碰到任何物体。

3. 当球从抛起的最高点下降时,发球员方可击球,使球首先触及本方台区,然后越过或绕过球网装置,再触及接发球员的台区。在双打中,球应先后触及发球员和接发球员的右半区。

4. 从发球开始,到球被击出,球要始终在比赛台区的水平面以上和发球员的端线以外;而且从接发球方看,球不能被发球员或其双打同伴的身体或他们所穿戴(带)的任何物品挡住接发球员的视线。

5. 球一旦被抛起,发球员的不执拍手臂应立即从球和球网之间的空间移开。球和球网之间的空间由球和球网及其向上的延伸来界定。

6. 运动员发球时,应让裁判员或副裁判员看清他是否按照合法发球的规定发球。

7. 如果裁判员对运动员发球合法性有怀疑,在一场比赛中第一次出现时,判重发球并警告发球方。

8. 此后,裁判员对该运动员或其双打同伴发球动作的合法性再次怀疑,将判接发球方得 1 分。

9. 无论是否第一次或任何时候,只要发球员明显没有按照合法发球的规定发球,无须警告,应判接发球方得 1 分。

10. 运动员因伤病而不能严格遵守合法发球的某些规定时，可由裁判员做出决定免于执行。

(三)合法还击

对方发球或还击后，本方运动员必须击球使球直接越过或绕过球网装置，或触及球网装置后，再触及对方台区。

(四)比赛次序

1. 在单打中，首先由发球员发球，再由接发球员还击，然后两者交替合法还击。

2. 在双打中，首先由发球员发球，再由接发球员还击，然后由发球员的同伴还击，再由接发球员的同伴还击，此后，运动员按此次序轮流还击。

3. 在两名由于身体残疾而坐轮椅的运动员配对进行的双打中，发球员应先发球，接发球员应还击，此后，可由任何一名运动员还击，然而，运动员轮椅的任何部分不能超越球台中线的假定延长线，如果超越，裁判员将判对方得1分。

(五)重发球

1. 回合出现下列情况应判重发球

(1)如果发球员发出的球，在越过或绕过球网装置时，触及球网装置，此后成为合法发球或被接发球员或其同伴阻挡。

(2)如果接发球员或接发球方未准备好时，球已发出，而且接发球员或接发球方没有企图击球。

(3)由于发生了运动员无法控制的干扰，而使运动员未能成功发球，还击或遵守规则。

(4)裁判员或副裁判员暂停比赛。

(5)由于身体残疾而坐轮椅的运动员在接发球时，球出现下列情况。

①球触及接发球员的台区后，朝着球网方向离开接发球员的台区。

②球停在接发球员的台区上。

③在单打中，球触及接发球员的台区后，从其任意一条边线离开球台。

2. 暂停比赛的情况

(1)由于要纠正发球、接发球或方位错误。

(2)由于要实行轮换球法。

(3)由于要警告或处罚运动员。

(4)由于比赛环境受到干扰，以至该回合结果有可能受到影响。

(六)1分

除被判重发球的回合，下列情况运动员得1分。

1. 对方运动员未能正确发球。

2. 对方运动员未能正确还击。

3. 运动员在发球或还击后，对方运动员在击球前，球触及了除球网装置以外的任何东西。

4. 对方击球后，球没有触及本方台区而越过本方台区或端线。

5. 对方阻挡。

6. 对方连击。

7. 对方用不符合球拍条款规则的拍面击球。

8. 对方运动员或他穿戴的任何东西使比赛台面移动。

9. 对方运动员或他所穿戴的任何东西触及球网装置。

10. 对方运动员不执拍手触及比赛台面。

11. 双打时，对方运动员击球次序错误。

12. 执行轮换发球法时，接发球运动员或其双打同伴完成了13次合法还击(包括接发球一击)。

13. 裁判员判罚分。

(七)一局比赛

在一局比赛中，先得11分的一方为胜分，10平后，先多得2分的一方为胜方。

(八)一场比赛

一场比赛由奇数局组成，常采用五局三胜制或七局四胜制的比赛方法。一场比赛应连续进行。但在局与局之间，任何一名运动员都有权要求不超过1分钟的休息时间。

(九)发球、接发球和方位的选择

1. 选择发球、接发球和方位的权利应由抽签来决定。中签者可以选择先发球或先接发球，或选择先在某一方位。

2. 当一方运动员选择了先发球或先接发球或选择了某一方位后，另一方运动员必须有另一个选择。

3. 在获得每2分之后，接发球方即成为发球方，依此类推，直至该局比赛结束或者直至双方比分都达到10分或实行轮换发球法，这时，发球和接发球次序仍然不变，但每人只轮发1分球。

4. 在双打的第一局比赛中，先发球方确定第一发球员，再由先接球方确定第一接发球员。在以后的各局比赛中，第一发球员确定后，第一接发球员应是前一局发球给他的运动员。

5. 在双打中，每次换发球时，前面的接发球员应成为发球员，前面的发球员的同伴应成为接发球员。

6. 一局中首先发球的一方，在该场下一局，应首先接发球。在双打决胜局中，当一方先得5分时，接发球方应交换接发球次序。

7. 一局中，在某一方位比赛的一方。在该场下一局应换到另一方位。在决胜局中，一方先得5分时，双方应交换方位。

(十)发球、接发球次序和方位的错误

1. 裁判员一旦发现发球，接发球次序错误，应立即暂停比赛，并按该场比赛开始时确定的次序，按场上比分由应该发球或接发球的运动员发球或接发球；在双打中，则按发现错误时那一局中首先有发球权的一方所确立的次序进行纠正，然后继续比赛。

2. 裁判员一旦发现运动员应交换方位而未交换时，应立即暂停比赛，并按该场比赛开始时确立的次序，按场上比分运动员应站的正确方位进行纠正，再继续比赛。

3. 在任何情况下，发现错误之前的所有得分均有效。

(十一)轮换发球法

1. 如果一局比赛进行到10分钟仍未结束(双方都已获得9分的除外)，或者在此之前任何时间应双方运动员要求，应实行轮换发球法。

(1)当时限到时，球仍处于比赛状态，裁判员应立即暂停比赛，由被暂停回合的发球员发球，继续比赛。

(2)当时限到时，球未处于比赛状态，应由前一回合的接发球员发球，继续比赛。

2. 此后，每位运动员都轮发1分球，直到该局结束，如果接发球方进行了13次还击，则判接发球方得1分。

3. 轮换发球法一经实行，将一直使用到该场比赛结束。

二、乒乓球基本知识问答

1. 如何选择乒乓球拍?

答:练习者选择乒乓球拍,可以根据自身技术特点和打法,去选择适合自己的球拍,一般可以从以下三方面入手。

(1)底板:一先看外观,外观要平整,二要选适合自己打法的底板型号。三通过手指敲击听音判定底板弹性,音脆音源集中,弹性大,反之,弹性弱。一块好的底板,击球时要不感到震手,击球后有后劲且能控制的住球。一般进攻型选手选择弹性好的底板,能加快击球速度、防守型选手选择弹性弱的底板,比较稳健。

(2)胶皮:反胶胶皮容易制造旋转,拉弧圈选手适用,正胶和生胶胶皮速度快,适合近台快攻型选手使用。长胶胶皮颗粒长,旋转变化大,适合以削为主或削攻结型选手使用。

(3)海绵:厚度在2.2毫米,硬型海绵与正胶匹配适合弧圈型选手选用。次硬型海绵与正胶匹配适合近台快攻型选手选取用。软型海绵比较容易控制球,适合两面攻选手选用。厚度在1.8毫米的B类海绵与反胶匹配有利控制球,适宜削球选手使用。厚度为0.8~1毫米的C类海绵与长胶匹配,适合两面不同性能以削为主或削攻结合选手选用。

初学乒乓球者可选用性能一般的反胶海绵拍。有一定技术水平后,再通过选择、匹配、和自己粘贴或请商家粘贴适合自己的球拍。

2. 什么叫击球路线,有哪些?

答:击球路线是指从击球点到落台点之间形成的线。有右方斜线,右方直线,左方斜线,左方直线和中路直线(即追身球)。

3. 什么叫击球时间?

答:击球时间是指来球落本方台面弹起后其运行轨迹从着台点上升,再下降至触及地面以前的过程。具体可分为:上升前期(球从台面弹起刚上升的阶段)。上升后期(球弹起接近高点的阶段)。高点期(球弹起达到最高点的阶段)。下降前期(球从最高点开始下降的最初阶段)。下降后期(球下降到接近台面之前的这一阶段)。

4. 什么叫击球部位?

答:击球部位是指球拍在击球时触及球上的位置。按时钟表刻度可分为:上部(接近12点的部位)。中上部(接近1—2点的部位)。中部(接近3点的部位)。中下部(接近4—5点的部位)。下部(接近6点的部位)。

5. 什么叫击球拍形?

答:击球拍形包括拍面角度后拍面方向。拍面角度是指击球时,拍面与台面所形成的角度。拍面角度小于90°时,称为拍面前倾;接近90°时称为拍面垂直。大于90°时称为拍面后仰。拍面方向指的是击球时,球拍拍面所朝向的方位。一般拍面向左,击球的右侧部,拍面向右击球的左侧部,拍面向前击球的后中部。

6. 什么叫击球点?

答:击球点是指击球时,球拍与球接触瞬间的那一点所属空间的位置。这是对击球者所处的相对位置而言的,包含以下三个因素:(1)击球时,球处于身体的前后位置。(2)击球时,球与身体的远近距离。(3)击球时,球的高、低位置。

三、乒乓球运动的观赏

1. 领略乒乓球运动中文化的美。
2. 观赏乒乓球运动员精神之美。
3. 观赏乒乓球运动的精湛技术之美。
4. 观赏乒乓球教练员巧妙的排兵布阵和随机应变。

第二节　羽毛球

教学目标：

（一）掌握羽毛球运动的基本知识、技术、技能，能运用所学知识、技术、技能锻炼身体，参加与组织小型竞赛。

（二）通过多种练习，发展灵敏、速度、耐力和力量素质。

（三）通过羽毛球活动调节自身情绪，改善心理状态，养成积极乐观的生活态度。

（四）通过课程学习，形成良好的体育道德和团结合作、公平竞争、顽强拼搏的精神。

一、羽毛球运动的起源与发展

据英国《大不列颠百科全书》记载，“原始的羽毛球游戏活动至少在两千年前，在中国、日本、印度、泰国等就流行这项游戏活动了”。由于地区、民族及语言的差异，在中国叫作“打鸡毛球”或“打手毽”，法国称为“羽毛球”（feather ball），印度称为“普那”（poona），英国、瑞典、丹麦等国则叫“毽子板球”（battledore and shuttlecock）。14－15 世纪时的日本，球拍是木制的，球用樱桃核插上羽毛制成。19 世纪 60 年代，一批退役的英国军官把印度孟买的“普那”（Poona 球用圆形硬纸板插上羽毛制成，板是木质的一种类似羽毛球运动的游戏）带回英国。

1873 年在英国格拉斯哥附近的鲍费特公爵的伯明顿庄园举办了一次游园活动，由于下起了大雨，便改在室内进行羽毛球游戏，场地呈“葫芦型”，中间狭窄处挂着网。因此，羽毛球以“伯明顿”命名。1878 年，英国制定了渐趋完善和统一的羽毛球比赛规则。

1893 年，英国 14 家羽毛球俱乐部倡议并组成了世界上第一个羽毛球协会，进一步修订规则和规定了统一的场地标准。羽毛球用 14～16 根羽毛粘在软木上，重量为 4.6～5.5 克，场地为长方形。

二、羽毛球运动特点

1. 一种全身运动项目

无论是进行正规的羽毛球比赛还是作为一般性的健身活动，都要在场地上不停地进行脚步移动、跳跃、转体、挥拍，合理地运用各种击球技术和步法将球在场上往返对击，从而锻炼了上肢、下肢和腰部肌肉的力量，加快了锻炼者全身血液循环，增强了心血管系统和呼吸系统的功能。

2. 不受场地限制

羽毛球活动对设备的基本要求比较简单，只需两个球拍、一个球和一条绳索即可。平时进行羽毛球活动只要有平整的空地就可以了。在风不大的情况下，可以在户外进行活动，只要把球网架起来，就可以在一定长度和宽度的空地上画上几条线，双方对练。

3. 集体、个人皆宜

羽毛球运动既可单兵作战（两人对练），又可集体会战（双打或三人对三人对练）。单人对练时，练习者可以随心所欲地打出各种弧线、远度、力量、速度、落点的球来；集体会战则可以使练习者养成协调配合的习惯，培养集体主义精神。

4. 不受性别、年龄的限制

羽毛球运动游戏性较强，运动量可大可小。身强力壮的年轻人可以将球打得又刁又重，拼尽全力扑救任何来球，尽情迸发自己的青春气息；年老体弱的练习者可以把球轻轻地击来打去，根据自己的要求变换击球节奏，从而达到锻炼身体、延年益寿的功效，既活动了身体，又娱乐了心情。

三、羽毛球技术学习

羽毛球运动是一项技术动作复杂、技术性很强的运动项目。在比赛中运动员不仅需要有良好的击球方法，而且还要具备灵活的移动步法。因此，羽毛球运动的基本技术，大致可以分为手法和步法两大类。下面主要介绍基本手法、步法、战术以及竞赛规则、裁判法基础知识。

注：以下介绍，均以右手握拍为例。

羽毛球技术分类表

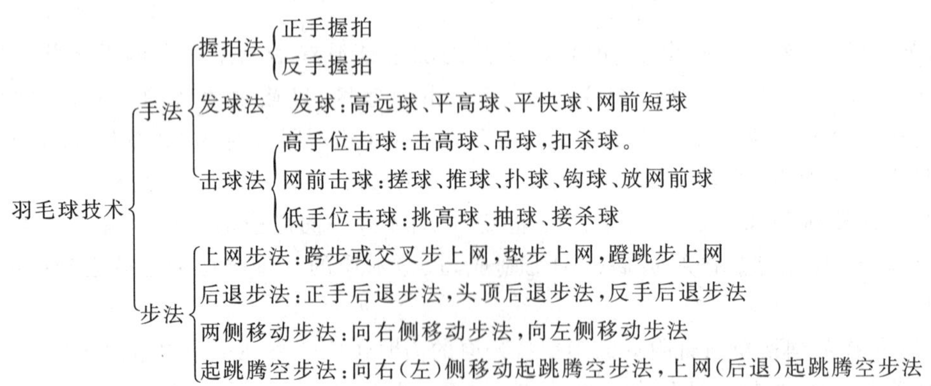

- 羽毛球技术
  - 手法
    - 握拍法
      - 正手握拍
      - 反手握拍
    - 发球法　发球：高远球、平高球、平快球、网前短球
    - 击球法
      - 高手位击球：击高球、吊球，扣杀球。
      - 网前击球：搓球、推球、扑球、钩球、放网前球
      - 低手位击球：挑高球、抽球、接杀球
  - 步法
    - 上网步法：跨步或交叉步上网，垫步上网，蹬跳步上网
    - 后退步法：正手后退步法，头顶后退步法，反手后退步法
    - 两侧移动步法：向右侧移动步法，向左侧移动步法
    - 起跳腾空步法：向右(左)侧移动起跳腾空步法，上网(后退)起跳腾空步法

(一)握拍

技术水平的发展，带来了握拍法的某些变化。但对初学者，首先要掌握好羽毛球最基本的技术：正手握拍法和反手握拍法。

1. 正手握拍法

正手体侧击球、正手高手击球、网前击球、头顶击球(球拍绕过头顶)等用正手握拍法。正确的握法是先用左手拿住拍的腰杆，使拍面与地面垂直，然后右手虎口对准拍柄侧面内沿，以握手式握住拍柄，小指、无名指和中指并握，食指稍分开，大拇指与中指相近，拍柄端约与小鱼际对齐。(图 8-2-1)

2. 反手握拍法

反手高手击球(反手高手击高远球和杀、吊球)和网前击球等用反手握拍法。在正手握法的基础上，拍柄稍外转，食指收回，拇指第二指节的内侧顶贴在拍柄内侧的宽面上，并注意把柄端靠紧小指的根部，使手心留有空隙。(图 8-2-2)

图 8-2-1　正手握拍法

图 8-2-2　反手握拍法

初学者较常见的不正确的握法有：拳握法、食指伸直按在拍柄上部、虎口贴在拍柄宽面、柄端露出太长。

(二)发球

1. 发球站位与准备姿势

(1)站位：

不论是左区发球或者右区发球，站位都应紧靠中线旁边。单打发球站位，可在前发球线之后约 1 米处。双打发球站位，可再靠前一些。混合双打男运动员发球站位，可比单打发球站位更靠后一些(通常让女运动员站位在前，准备下一拍封网前球)。

(2)正手发球准备姿势：

两脚左前右后自然开立，身体重心落在右脚。上体稍右转，左手持球在腹部前方(拇指与食指、中指夹持羽毛球的毛杆外围，球托向下)，右手以正手握拍向后举起，两眼注视接发球员的位置并观察其准备姿态。(图 8-2-3)

图 8-2-3 正手发球姿势

(3)反手发球准备姿势：

两脚前后开立(左脚或右脚在前均可以)，身体重心落在前脚，后脚提踵。左手持球在腹前腰下(拇指与食指、中指夹持羽毛，球托朝向腹部)，右手以反手握拍在体前，拍杆指向斜下方，拍面对着球托，两眼注视接发球员的位置并观察其准备姿态。

2. 正手发平高球

发平高球的飞行弧线应控制在对方跳起拦截不到的高度，落点尽可能接近或达到对方端线。发球时，左手轻放球下落，待球下落至膝关节高度时，右手握拍用前臂带动手腕经下方向前上方快速发力挥拍击球(拍面仰角小于 45 度)，同时身体重心前移至前脚。击出球后，握拍手臂肌肉随之放松，球拍随着惯性至左肩上方停止。(图 8-2-4)

图 8-2-4 正手发平高球

要点与练习方法：

①初学者挥拍路线需要强化，可采用身体右侧对墙站立(距离墙约 50 厘米)，做发球挥拍练习。

②初学者挥拍动作需要强化，可用细绳把球吊在击球点高度(膝关节高度)，按发球动作要领反复挥拍练习。

③掌握挥拍时机十分重要，过早挥拍容易出现球飞高不飞远，过迟挥拍容易发球下网。可以不断用语言提示挥拍时机(特别是在放球下落至适当高度时)。

④向前挥拍的速率要快，在作发球挥拍练习时应不断提示挥拍前的握拍手肌肉放松，体会

挥拍时手臂肌肉的向前发力。还可以对墙练习发球或者在球场上练习发球，直接体会挥拍发力动作。

⑤多球练习，强化技术动作、提高球感。

3．反手发网前短球

发网前短球的飞行弧线过网时应尽可能贴近球网上沿，落点尽可能达到对方前发球线或前发球线后附近。发球时，握拍手腕控制拍面角度(仰角小于 90 度)，大臂相对固定，以前臂带动手腕向前轻轻推进击球，击球瞬间持球手及时撤开。击出球后，球拍应立即停止在腹前。(图 8-2-5)

图 8-2-5　反手发球

要点与练习方法：

①要特别注意控制击球时的拍面角度，仰角过大，球过网的飞行弧线高，易被对方扑死；仰角不够，球不过网。在反复练习发球时，针对上一次球过网的飞行弧线高度偏高或偏低对拍面角度作相应的微调。还可以安排对手进行扑球练习，迫使发球者注意控制球的飞行弧线高度。

②注意控制击球时的挥拍力度，力度过大，球发太远失去发短球的意义；力度过小，球落在对方前发球线之前，失误。反复练习发球时，在对方前发球线之后画出距离前发球线 20～30 厘米的区域，规定落入这个区域的成功次数。

③还可以在墙上画一条线与球网高度一样，对墙练习发球，检验球过网时的飞行弧线高度。

④多球练习，强化技术动作、提高球感。

(三)接发球

1．接发球站位与准备姿势

不论单打或者双打，在左区接发球时，站位应在中间位置，在右区接发球时，站位应靠近中线，这样有助于防备对方发球直接攻击反手位。

(1)单打接发球站位：

不论在左区或者右区接发球，都可以在距离前发球线约 1.5 米处，这样有助于兼顾对方发网前短球或者发后场球。

(2)双打接发球站位：

因为双打接发球区比单打接发球区短了 76 厘米，所以双打接发球站位可以比单打接发球站位更靠近前发球线。

(3)接发球准备姿势：

单打或双打接发球时，一般采用两脚左前右后自然开立，双膝微屈，身体重心落在前脚，后脚稍提踵；上体稍右转前倾，收腹含胸；两臂自然屈肘在体前，拍面保持在脸部前方，集中注意力，两眼注视对方。（图 8-2-6）

图 8-2-6　接发球姿势

2. 接发球技术

（1）对方发后场球，可用平高球、吊球或扣杀回击。

（2）对方发网前球，可用平高球、平推球或放网前球回击。如果对方发球飞行弧线偏高，应及时用扑球进攻。

（3）如果对方发网前球并有发球抢攻的意图，可用平推球或挑高球回击，但回球路线要避开对方的拦截、落点要远离对方的站位。

要点与练习方法：

①准确的取位，保持正确的击球点。可采用多球发平高球至后场反手位，强化准确的取位，恰当的蹬起挥拍时机，建立正确的击球点动作意识。

②蹬起转体挥拍击球动作的协调性。可采用规定右脚位置，反复练习向后蹬起挥拍击打固定细绳吊球，结合语言提示。

③发力鞭打挥拍动作。可采用反复甩羽毛球掷远，多球甩乒乓球掷远，持壁球拍反复作挥拍练习。

④控制击球的飞行弧线高度。可用语言反复提示。

⑤一对一练习连续击平高球；也可以二对一，两人在后场两角打固定一点，另一人练习连续击直线、对角平高球。

（3）正手吊直线球

正手吊直线球常运用在对付正手位后场高球。吊球飞行弧线应自上而下，直线过网时贴近球网上沿，落在对方前发球线之前靠近单打边线的区域内。（图 8-2-7）

图 8-2-7　正手吊直线球

准备动作：与击平高球相一致，击球点应在头顶前上方。

击球动作：持拍右前臂向前上方发力“鞭打”式挥拍开始，在拍面正面击球瞬间，持拍前臂突然减力，拍面稍前倾。

结束动作：与击平高球相同。

要点与练习方法：

①可采用击平高球的练习方法①②。

②准备姿势应与击平高球的准备姿势尽可能相一致。

③发力挥拍后应突然减力。多球练习时，规定直线落点区域，不断用语言提示减力。

④控制吊球的飞行弧线高度。击球时用语言反复提示拍面前倾角度。

⑤控制吊球的飞行弧线远度。多球练习时,不断用语言提示球的落点。

⑥一对一,一人在网前挑高球,一人练习连续吊直线球。

(4)正手扣杀直线球

扣杀球是羽毛球运动的一项主要进攻技术。正手扣杀直线球是对付中后场的正手位高球(机会球),在尽量高的击球点上发力将球直线向对方下压,击球力量大、弧线直、速度快,是重要的得分手段。(图 8-2-8)

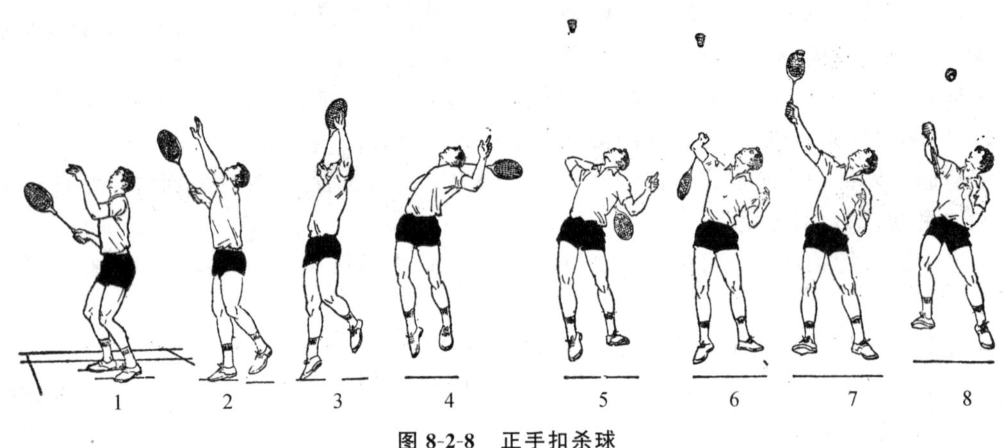

图 8-2-8　正手扣杀球

准备动作:与击平高球相一致。

击球动作:与击平高球相一致,击球瞬间,击球点在头顶前上方,持拍前臂稍内旋,带动手腕控制拍面稍前倾。正面向前下方"鞭打"击球的后部,使球自高向下快速过网飞向对方场区。

结束动作:与击平高球相同。

要点与练习方法:

①可采用吊直线球的练习方法①②。

②准备姿势应与击平高球的准备姿势尽可能相一致。

③强化发力挥拍时的鞭打动作。可用壁球拍练习快速挥拍。

④多球练习扣杀时,规定直线落点区域,不断用语言提示拍面的控制。

(四)击球

1. 高手位击球

高手位击球具有击球点高、速度快、力量大、主动性强、进攻威力大等优点,是快攻打法的最基本技术。在双打中,为了发挥力量与速度,高手击球更具有特殊作用。双打时,运动员采用半蹲式站姿,尽量高举球拍,其目的就是争取更多的高手击球机会。

(1)正手击平高球

正手击平高球常运用在对付正手位后场高球。平高球飞行弧线较低平(对手跳起拦截不到的高度)、落点在对方后场端线靠近两条单打边线的两个角区域;球的初速快,可以快速调动或压迫对方至后场,给自己创造进攻机会,具有更大的进攻威力。(图 8-2-9)

准备动作:移动到击球位置时,保持侧身迎球,两脚左前右后与肩同宽,身体重心落在右脚;两臂向两侧自然屈肘上举,拍面向前,击球点应在头顶前上方。

图 8-2-9　正手击平高球

击球动作：右脚向上蹬起，向左转体的同时上抬右肘，持拍前臂稍内旋（图 8-2-10）带动手腕向前上方发力“鞭打”式挥拍；拍面正面击球瞬间，持拍手臂自然伸直，左脚向后落下的同时左手协调地屈臂降至体侧协助转体。

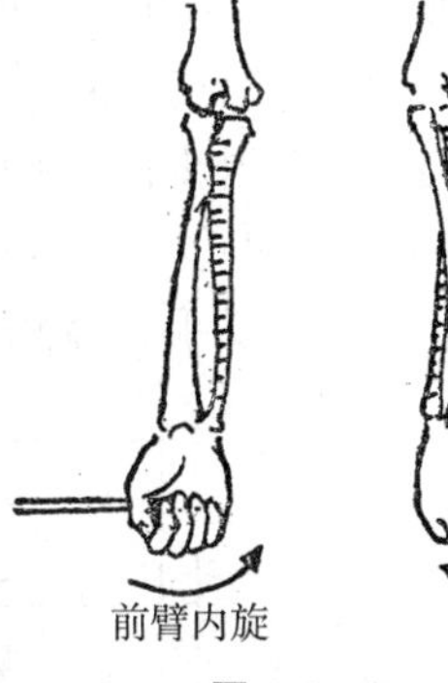

图 8-2-10

结束动作：球击出后，持拍手臂立即放松，球拍随惯性下落至体前左下方；身体重心前移落在右脚。

要点与练习方法：

①准确的取位，保持正确的击球点。可采用多球，反复强化准确的取位；反复挥拍击打固定细绳吊球，建立正确的击球点动作意识。

②蹬起转体挥拍击球动作的协调性。可采用反复挥拍击打固定细绳吊球，结合语言提示。

③发力鞭打挥拍动作。可采用反复甩羽毛球掷远；多球甩乒乓球掷远；持壁球拍反复作挥拍练习。

④控制击球的飞行弧线高度。可用语言反复提示。

⑤一对一练习连续击平高球；也可以二对一，两人在后场两角打固定一点，另一人练习连续击直线、对角平高球。

（2）头顶击平高球

头顶击平高球常运用在对付反手位后场高球，发挥正手击球能力较强以弥补用反手击球在力量、控球能力较弱的不足，其作用和要求与正手击平高球相同。（图 8-2-11）

准备动作：与正手击平高球一致，唯击球点应在左肩上方。

击球动作：右脚向后上方蹬起，向左转体的同时上抬右肘，持拍前臂稍内旋带动手腕向前上方发力“鞭打”式挥拍；拍面正面击球瞬间，持拍手臂自然伸直，左脚向后落下的同时左手协调地屈臂降至体侧协助转体。

结束动作：球击出后，持拍手臂立即放松，球拍随惯性下落至体前左下方；身体重心前移落在右脚。

（五）步法

一块羽毛球单打场地，半场面积约为 35 平方米，双打半场面积约为 41 平方米。要在这样

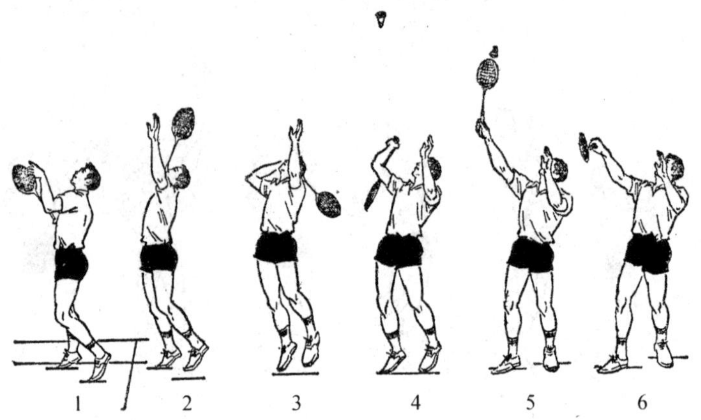

图 8-2-11　头顶击平高球

大的场地上前后、左右奔跑移动，或急停变向，或转体击球，或跳起扣杀，如果没有快速、合理的步法，就不可能充分运用各种击球技术，就会顾此失彼、疲于奔命。羽毛球基本步法可分为三类：上网步法、后退步法、两侧移动步法。

(1)跨步上网

不论正手或反手，当距离网前来球比较近时，可采用跨步上网步法。(图 8-2-12)

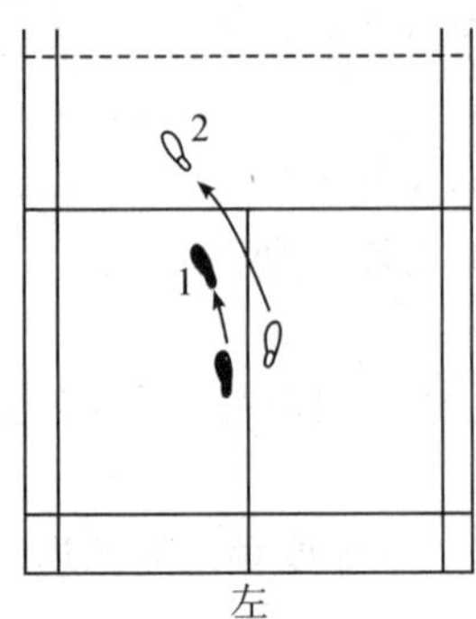

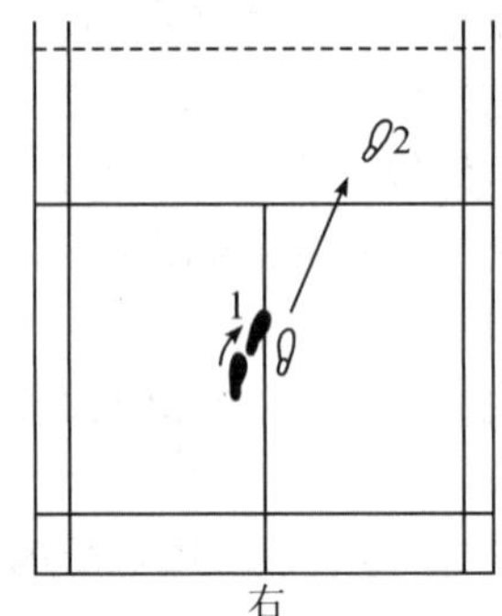

图 8-2-12　跨步上网

准备姿势：在本方场地中央稍靠后的位置，两脚左右开立微屈膝，右脚稍前，上体稍前倾，重心落在两脚前脚掌，两眼注视对方击球。

移动步法：距离较近的移动时，左脚蹬地，右脚向来球跨出一大步，落地成右弓步(右脚掌稍外展)。

结束动作：球击出后，用并步或交叉步迅速退回。

要点与练习方法：

①启动要快。可加强前脚掌、踝关节蹬地力量练习。

②用声音或手势，练习启动的反应。

③有球或无球移动练习。

(2)垫跨步上网

不论正手或反手，当距离网前来球比较远时，可采用垫跨步上网步法。

准备姿势：与跨步上网步法相同。

移动步法：右脚先迈出一小步，左脚随即垫一小步跟进，右脚再向来球跨出一大步，落地成

右弓步(右脚掌稍外展)。

结束动作:球击出后,用并步或交叉步迅速退回。

要点与练习方法:

①启动要快。可加强前脚掌、踝关节蹬地力量练习。

②用声音或手势,练习启动的反应。

③有球或无球移动练习。

(3)侧身并步后退步法

当对方击球至我方正手位或反手位后场时,均可用侧身并步后退步法,力争都用正手击球技术回击。但是,要根据来球的方向决定向后侧身的幅度大小,以侧身后两脚并步能后退到来球位置为准。(图 8-2-13)

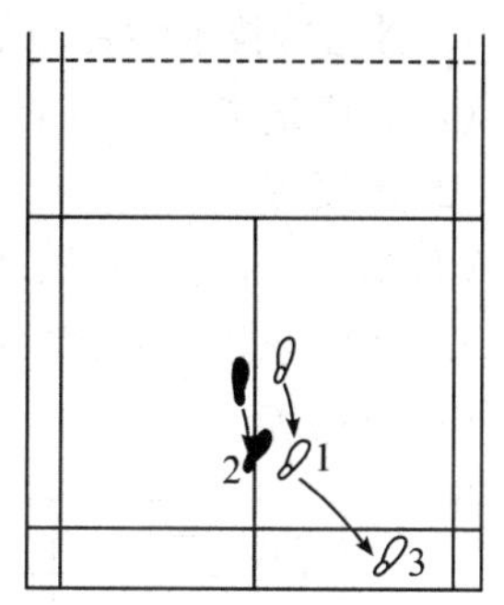

图 8-2-13　正手侧身并步后退

准备姿势:与跨步上网步法相同。

移动步法:右脚蹬地向后侧身,身体重心落在右脚,以肩对准来球至后场的位置;左脚向右脚靠拢落地的同时,右脚再向后跨出一步,左脚随即再向右脚靠拢,直至侧身并步移动到来球位置。

结束动作:球击出后,用并步或小跑步迅速回场地中心。

要点与练习方法:

①启动要快。可加强前脚掌、踝关节蹬地力量练习。

②用声音或手势,练习启动的反应。

③有球或无球移动练习。

(4)右侧移动步法

适用于向右侧移动击球。(图 8-2-14)

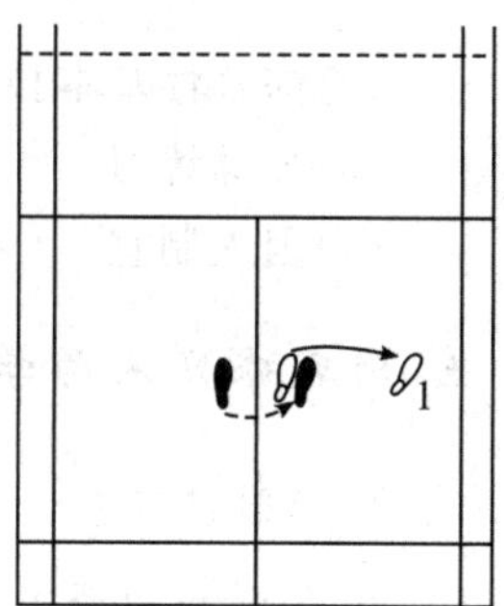

图 8-2-14　右侧蹬跨步

准备姿势:与跨步上网步法相同。

移动步法:距离来球较近时,左脚向右蹬地,右脚向右侧跨出一大步,称作右侧蹬跨步。距离来球较远时,左脚先向右脚旁垫步,右脚再向右侧跨一大步,称作右侧垫跨步。

结束动作:球击出后,用并步向左侧回场地中心。

要点与练习方法:

①启动要快。可加强前脚掌、踝关节蹬地力量练习。

②用声音或手势,练习启动的反应。

③有球或无球移动练习。

(5)左侧移动步法

适用于向左侧移动击球。(图 8-2-15)

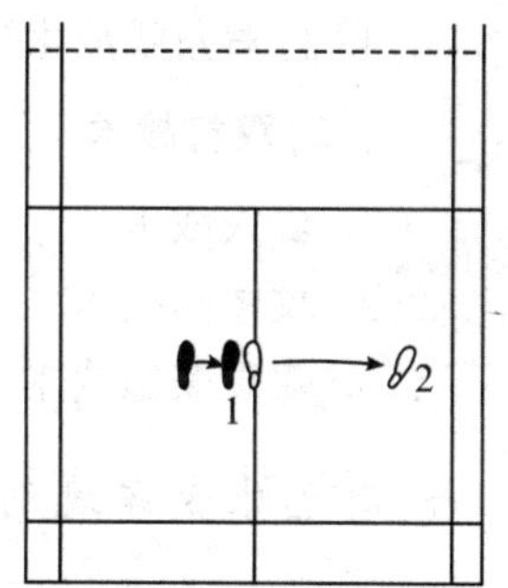

图 8-2-15　右侧垫跨步

准备姿势:与跨步上网步法相同。

移动步法:距离来球较近时,右脚向左蹬地,左脚向左侧跨出一大步,称作左侧蹬跨步。距离来球较远时,左脚先向左侧垫一小步,向左转髋的同时右脚再向左侧跨一大步,背向球网,称作左侧垫跨步。

结束动作:球击出后,向右转髋的同时右脚再向右侧跨步回场地中心。

要点与练习方法：

①启动要快。可加强前脚掌、踝关节蹬地力量练习。

②用声音或手势，练习启动的反应。

③有球或无球移动练习。

四、羽毛球基本技术的学习运用

1. 羽毛球技术学习与运用的基本要求

(1)循序渐进。

(2)重复练习。

(3)学、练与竞赛有机结合。

2. 学习与运用羽毛球基本技术的常用方法

(1)球路练习。

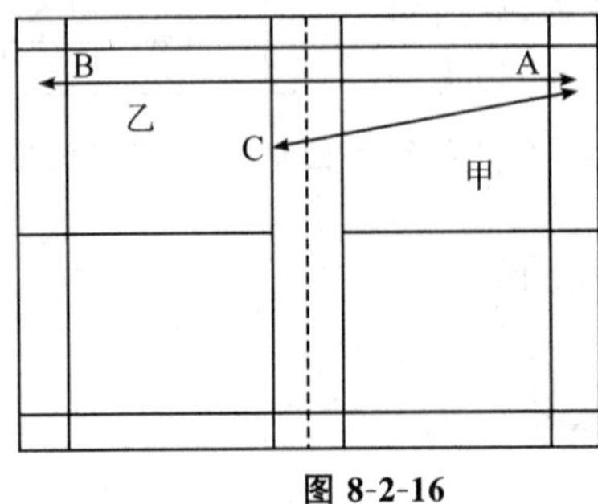

图 8-2-16

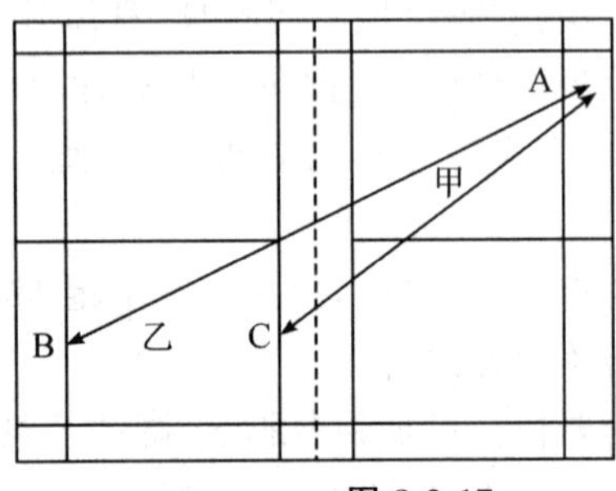

图 8-2-17

(2)综合性基本技术练习。

(3)多球练习。

(4)因人制宜。

五、羽毛球战术的学习与运用

(一)单打打法

1. 发球抢攻战术

2. 攻后场战术

3. 打四方球战术

4. 打对角线战术

(二)双打战术

1. 攻人战术

2. 攻中路战术

3. 软硬兼施战术

六、羽毛球竞赛规则与裁判法基础知识

(一)比赛基本规则

1. 计分方法

除非另有商定，一场比赛应以三局两胜定胜负。先得 21 分的一方胜一局。对方"违例"或球触及对方场区内的地面成死球，则该方胜这一回合并得一分。

20 平后，连续得 2 分的一方胜该局。29 平后，先到 30 分的一方胜该局。一局的胜方在下一局首先发球。

2. 交换场区

(1)第一局结束。

(2)第二局结束(如果有第三局)。

(3)在第三局比赛中，一方先得 11 分时。

如果运动员未按规则规定交换场区，一经发现，在死球时立即交换。已得比分有效。

(二)羽毛球场地标准

羽毛球场为一长方形场地，长度为 13.40 米，双打场地宽为 6.10 米，单打场地宽为 5.18 米。球场上各条线宽均为 4 厘米，丈量时要从线的外沿算起。球场界限最好用白色、黄色或其他易于识别的颜色画出。

按国际比赛规定，整个球场上空空间最低为 12 米，在这个高度以内，不得有任何横梁或其他障碍物，球场四周 2 米以内不得有任何障碍物。任何并列的两个球场之间，最少应有 2 米的距离。球场四周的墙壁最好为深色，不能有风。

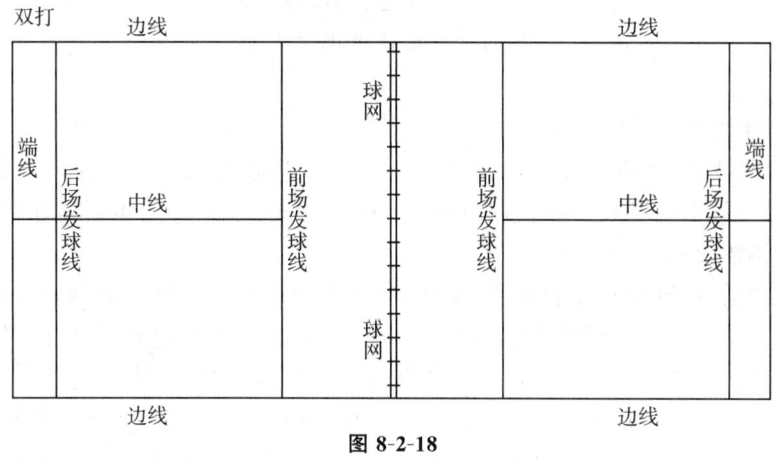

图 8-2-18

第三节　网　球

教学目标：

1. 领会网球运动的锻炼价值。
2. 掌握网球的基本技术，积极参与此项运动。
3. 学会欣赏国内外重大网球比赛。

一、网球运动简介

(一)网球运动的起源、发展及健身价值

1. 网球运动的起源与发展

网球与高尔夫球、保龄球、桌球并称为世界四大绅士运动。网球运动最早起源于12至13世纪法国传教士在教堂回廊里用手掌击球的一种游戏。渐渐地这种运动传入法国宫廷,并很快成为王室贵族的一种娱乐游戏。开始,他们是在室内进行这种游戏,后来移向室外,在一块开阔的空地上,将一条绳子架在中间,两边各站一个人,双方用手来击打一种裹着头发的布球。也有人认为网球运动起源应追溯到"百年战争"(1337—1453年法英战争)以前在法国民间流传的一种叫海欧·德·巴乌麦的球游戏。因为它们在场地和器具,以及在游戏方法上都与现在网球运动极为相似,所以有人把它看作是网球运动的原初形态。

近代网球运动一般认为是从1873年开始的。这一年,英国人沃尔特·克洛普顿·温菲德将早期的网球打法加以改进,使之成为夏天草坪上进行的一种体育运动,并取名"草地网球"。同年还出版了一本叫《草地网球》的小册子,对这种活动进行宣传和推广。同时在英国各地建立网球俱乐部。1875年建立英国网球俱乐部,并于1877年举办了全英网球男子单打锦标赛,即现在的温布尔登网球公开赛,并且出台许多的规则。

2. 世界著名赛事介绍——四大网球公开赛

温布尔登网球锦标赛、澳大利亚网球公开赛、法国网球公开赛和美国网球公开赛是每年举行一届的水平最高的网球单项赛,被称为四大网球公开赛。每个比赛都包括成年组和青年组的男女单打、男女双打及混合双打。而在所有项目中,成年组的男女单打最引人注目。在当年能获得所有四个比赛冠军的选手,被称为"大满贯得主",所以四大公开赛又被称为"大满贯赛"。

3. 中国网球运动的发展概况

1885年前后,网球运动传入中国。先是在上海、广州等大城市的外国传教士和商人中举行,后来开始在一些教会学校开展。1889年,上海圣约翰学院举行斯坦豪斯杯赛,这是中国网球史上最早的国内比赛。

新中国成立后,网球运动在起点低、基础差、交流少的情况下逐渐发展,1953年在天津首次举办了包括网球在内的四项球类运动会(篮、排、网、羽)。20世纪80年代以来,我国网球运动水平提高较快。在1986年第10届汉城亚洲运动会网球比赛中,我国选手李心意获女子单打冠军。在1990年第11届北京亚洲运动会网球比赛中,我国运动员获得三枚金牌、三枚银牌和一枚铜牌(男子团体冠军、潘兵获男子单打冠军、夏嘉平和孟强获男子双打冠军)。2004年我国女网选手表现出色,在ITF和WTA等多项赛事中取得较好名次;中国首次获得了奥运会女子双打冠军(李婷/孙甜甜);首次进入澳大利亚网球公开赛女双前八名(郑洁/晏紫);首次获得澳大利亚网球公开赛青少年女单冠军(孙胜男)。中国还再次夺得亚洲网球锦标赛女子单打冠军;国家男队也再次冲入戴维斯杯赛A组。

4. 网球运动的健身价值

打网球具有很高的锻炼价值,经常参加网球运动,能培养出准确的判断能力、快速的反应能力,并能提高人的速度、耐力、灵敏等素质。由于网球是通过人们的脚的跑动移位,通过手臂击球来完成技术战术动作,因此对调节肌肉用力的感觉和发展协调性有积极作用。同时网球运动是一项老少皆宜的运动,长期坚持网球运动,能使青年人保持青春活力和健美形态,老年人能保持旺盛精力、推迟衰老。

二、网球基本技术

(一)握拍方法

握拍是打网球的第一步，也是十分重要的技术。正确的握拍会使技术动作掌握和提高得更快、更好。

网球有三种握拍方法，即“东方式”，“西方式”，还有“大陆式”。

1. 东方式握拍法

(1)正手握拍法

先使拍面与地面垂直，然后如同与球拍握手一样握住球拍柄。这时大拇指与食指间的V型虎口，恰好在拍柄的上平面偏右的位置，拇指第一关节扣住拍柄的右平面，食指则轻绕至拍柄右侧至下平面。中指、无名指和小指紧握，并与大拇指接触。

(2)反手握法

使V型虎口略偏右侧，位于左平面和上平面之间的左上斜面，食指关节在右上斜面的位置。

2. 西方式握拍法

(1)正手握拍法

手掌V型虎口位于拍柄的上平面和右斜面的交接处，手掌中心握住拍柄的右平面，手腕稳固地贴近拍柄后侧的右平面，大拇指关节在拍柄的左上斜面的位置。

(2)反手握拍法

手掌V型虎口位于拍柄的上平面和左上斜面的交接处，拇指第一指节贴紧拍柄的左平面。

3. 大陆式握拍法

(1)正手握拍动作要领

手掌虎口正对拍柄的左斜上角，大拇指扣压住左平面，食指关节握住拍柄的上平面的边缘和右上斜面的位置。

(2)反手握拍

手掌虎口的位置与大陆式正手握拍法相同，不同之处在于拇指略放松一些，而非紧扣拍柄(图8-3-1)。

(二)要点与练习方法

1. 握拍转动及挥拍练习

2. 握拍颠球及对墙打球练习

要点：握拍方法要稳定，握拍要紧。

(三)易犯错误及纠正方法

1. 易犯错误

(1)虎口离球拍柄端太远。

(2)握拍太紧，手指并在一起。

(3)握拍无力，太松。

(4)握拍站立姿势，膝关节僵直或腰部过分弯曲。

2. 纠正方法

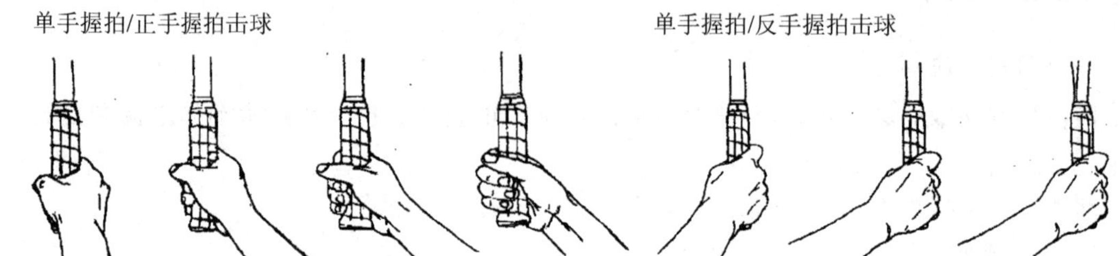

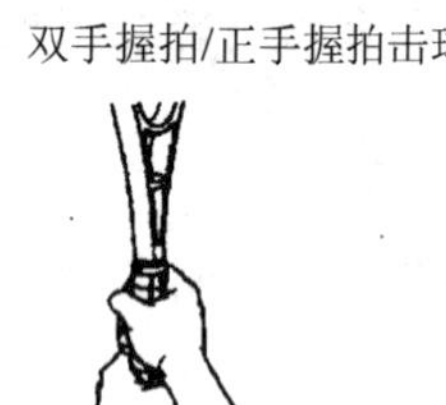
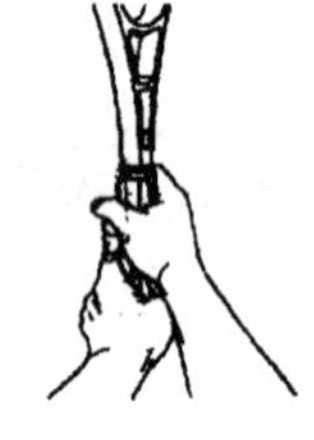
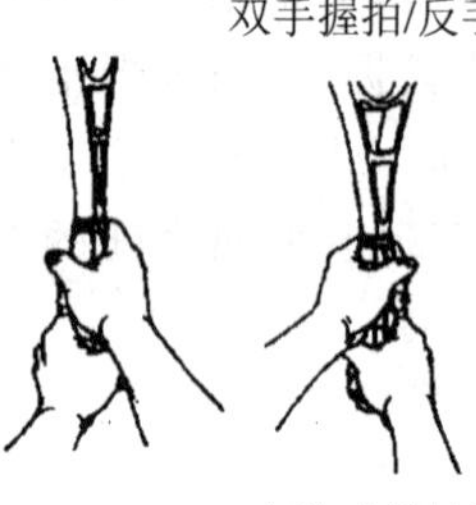
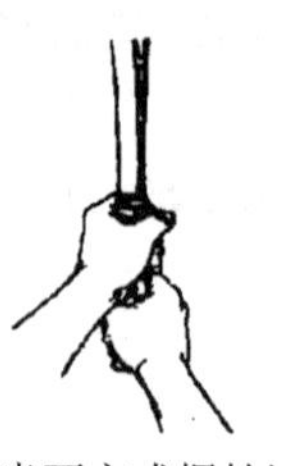

图 8-3-1

(1)讲解并示范正确的握拍方法,使握拍手的虎口离球拍柄端近一些。用改进的握法练习击球。

(2)握拍手指不要并拢太紧,手指指尖应略有空隙。

(3)适当加大握拍力量,强调在拍触球瞬间更要握紧球拍。

(4)重申正确站位的基本姿势,持拍时两脚开立略宽于肩,两膝微屈,脚跟稍抬起,上体微前倾,保持随时可以启动的准备状态。

三、准备姿势

(一)动作要领

面对对方场区站立,两脚开立略宽于肩,两膝微屈,上体略前倾,脚跟稍抬起,重心置于两脚掌间;右手握拍柄,左手扶着拍颈部位,持拍于体前;两眼注视对手或来球。

四、正反手抽击球

(一)正反手抽击球动作要领

1. 正手抽击球动作要领

正手抽击球是在短线附近回击来球和进攻对方的重要技术,正手抽球速度快,力量较大,球被击出后有一定的弧线,比赛中常用来进行底线长抽攻击,在上网前的一击中也多采用。

(1)准备姿势和握拍方法。双脚分开站立,约与肩宽或略比肩宽,两膝微屈、放松,上身稍前倾,身体重心放在两脚的前脚掌上。

(2)后摆动作。当你准确地判断对方击球朝你的正拍来时,要迅速向后拉开球拍,转髋转肩，以带动向后引拍，重心向后移。同时左脚向右前方45度迈出，右脚与底线平行，屈左臂前伸，以协助转体，保持身体平衡。

(3)击球动作。主动向前迎球，做到握紧球拍，手腕固定，臂弯曲。

(4)击球点。击球点应当在轴心脚的侧前方。

(5)随挥动作。击球后，球拍要沿着球飞行的方向充分挥动，肘关节向前上方跟进前送，转动身体(图8-3-2)。

图 8-3-2

2. 反手抽击球的动作要领

(1)握拍方法与准备姿势。当对方来球飞向反手位时，要迅速由东方式正拍握法变成东方式反拍握法，即右手虎口在网拍柄的左斜面上。反手抽击球的准备姿势与正手抽击球的准备姿势一样。

(2)后摆动作。当判断对方打来的球是反手位时，迅速向左后方拉开球拍。

(3)击球动作。为了更好地发力，应做到向前迎击来球。击球点在右脚的侧前方。

(4)随挥动作。击球后，身体顺势转向球网，在跟进动作时，网拍和手臂充分伸展，使网拍挥到身体的右前上方，球拍挥到头部高度即可(图8-3-3)。

图 8-3-3

(二)练习方法

1. 自己徒手挥拍练习。

2. 抛球，待球跳起后击球练习。

3. 对墙击球练习。

4. 两人一组，一人送球，一人正手抽击球、反手抽击球练习。

5. 两人正手击球对练。可进行斜线、直线练习。

6. 正手抽击球、反手抽击球斜线、直线练习。

(三)易犯错误及纠正方法

1. 正手抽击球

(1)易犯错误

①错误的步法,妨碍重心移向击球的方向。

②击球不及时或离身体太近,造成拍头垂落,挥拍呈垂钓状。

③腕部力量不足,过分转动手腕。

④挥拍动作始终在球的上方,而没有使拍低于来球。

⑤抽击时膝盖过于挺直,而身体又过于弯曲。

(2)纠正方法

①多做击球前正确上步的练习,击球动作完成后,要求重心随之移向击球方向。

②对墙练习或多球练习,掌握合适的击球点,强调拍触球时,要在前脚附近,并在体侧70～80厘米处。

③指出击球动作不只是靠手腕,主要是靠手臂转体的配合来完成。可通过在底线打深度球纠正错误。

④由后摆过高造成,在击球时应掌握适宜的高度,保持在腰与肩之间,并使球拍略低于来球。通过模仿动作和打自抛的落地球纠正错误。

⑤击球点太靠前造成。从正确的准备姿势做起,膝部略微弯曲,上体稍前倾。可通过对墙练习和打落地球来掌握正确的击球点。

2. 反手抽击球

(1)易犯错误

①反手抽击时左肩没有随着球拍向击球方向转动。

②击球不及时或身体太近,造成拍头垂落,挥拍呈垂钓状。

③结束动作时球拍在身体右侧挥动的幅度不够大。

(2)纠正方法

①反手抽击应靠身体移动与挥拍共同完成动作,如果左肩没有转向击球方向,说明只靠单纯挥拍而缺乏身体转动的配合。纠正时要练习以转体带动挥拍,结合击球体会正确动作。

②对墙练习或多球练习,掌握合适的击球点,强调拍触球时,要在前脚附近,并在体侧70～80厘米处。

③多做反手抽击模仿练习,要求结束动作时上体右转,配合向右前上方挥拍,以增大随球前送力量。

五、发球

发球是比赛开始的第一个动作,也应当把发球看作是进攻的开始。好的发球应具有攻击性,并使发出的球在速度,力量,旋转和落点方面均有变化,发球可分为大力发球,平击发球和削击球等。

(一)大力发球动作要领

1. 握拍方法。采用东方式反拍法或大陆式握拍法。

2. 站位与准备姿势。站位:单打站位在端线外中场标记附近,大约站在底线后 3－5 厘米处。准备姿势:两脚自然开立约同肩宽,重心在左脚上,用东方式握拍法(图 8-3-4)。

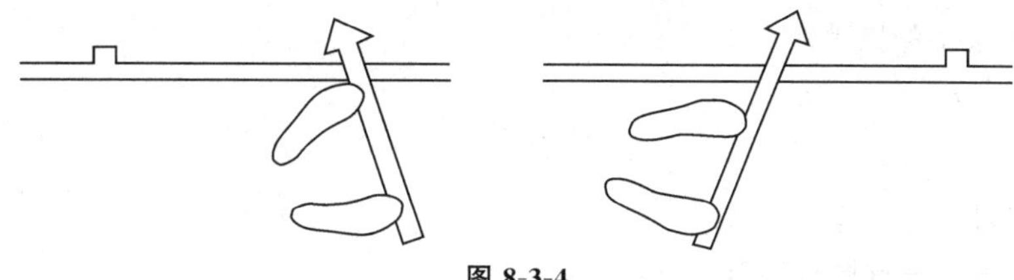

图 8-3-4

3. 抛球与后摆动作。抛球和后摆动作要同步进行。左手掌心向上,用拇指、食指、和中指握住网球(图 8-3-4),从抛球开始,身体重心从左脚移向右脚,然后,身体重心又开始前移,这时身体侧对球网。

4. 击球动作。左手向上将球抛出,右臂肘关节放松,使身体向前转,手臂做一个绕圈动作,成挠臂姿势。

5. 随挥动作。把球击出后,身体保持连贯、完整的向前上方伸展,以随挥的力量将球拍经体前左膝侧面挥向身体后。

6. 击球点和击球高度。抛球是发球中非常重要的环节,只有抛球做到稳和准,才能发好球。(图 8-3-5)

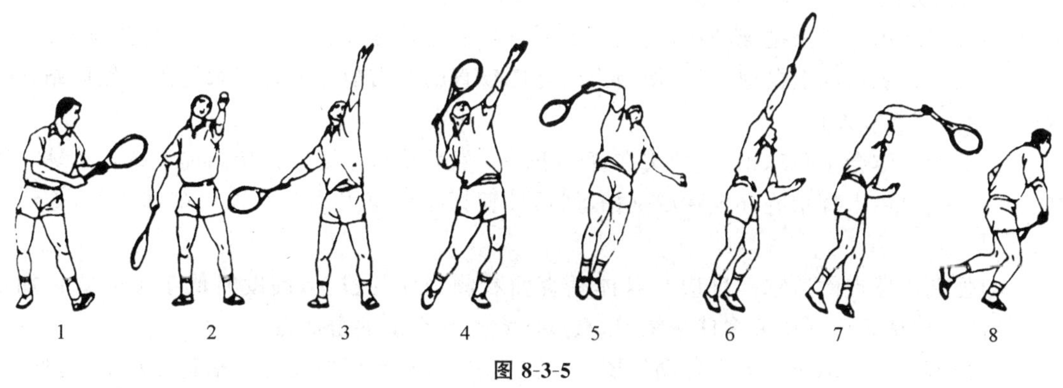

图 8-3-5

(二)平击发球动作要领

发平击球时,两眼要注视球,把握好击球点,用球拍面中心平直对准抛出的球,在身体的右眼前上方抽击球的后中上部(图 8-3-6)。

图 8-3-6

(三)削击发球动作要领

由球拍从球右上方往左下方切削击球的一种发球方法。优点是球速快、威力大、命中率高,故成为优秀选手的撒手锏。

(四)练习方法

1. 反复抛球练习。
2. 徒手练习准备姿势。
3. 采用多球法进行抛打结合的练习。
4. 对墙发球,距墙 6~7 米。
5. 二人一组对发球。

(五)易犯错误及纠正方法

1. 易犯错误

(1)向上抛球高度不够。

(2)抛球偏斜,球下落时常有偏左或偏右现象。

(3)后摆没有下垂球拍,拍头向上直接拍击。

(4)发球时击球点选择不适合,有时过高,有时过低。

(5)上体过于后仰,发球经常失误。

2. 纠正方法

(1)反复地练习向上抛球动作,使抛出的球有合适的高度,然后站在发球位置连续发球。

(2)反复地练习向上抛球动作,使抛出的球能较直的在右前上方升起和下落。然后站在发球位置用多球连续发球。

(3)徒手先体会下垂球拍,使拍头在背后下垂。然后从这一姿势开始向前上挥拍发球。待基本掌握后,再由下挥拍绕环至背后垂拍,然后伸臂挥拍将球发出。可采用多球练习,连续发球。

(4)强调击球点的适宜高度应在身体垂直面右侧稍前的位置,高度略低于个人臂长加拍长。可徒手模仿发球动作或多球来练习,重点注意选择合适的击球点。

(5)强调大力发球时注意发球动作要领,特别是击球点高度要合适。拍触球瞬间,肘伸直,手腕附加突发用力。在挥拍速度最快时击球,然后迅速挥至身体左侧。切记大力发球要充分发挥全身爆发力,但不能失去控制能力,采用多球进行练习。

六、接发球

要接好球必须掌握比较全面的基本技术,因为接发球之前,接球员对于对手可能发过来的球的方向、旋转、力量、速度等都无法预知。一旦对方将球发出来就要迅速做出反应和判断,并选择恰当的击球方式来完成接发球动作。

接发球包括正拍接发球法和反拍接发球法。这两种方法可以打出平击球和下旋球,还可以挑高球或放轻球,也可以接发球上网和接发球破网。

(一)接发球动作要领

1. 握拍方法:根据自己的特点选择。站位与准备姿势。接发球的站位,应该根据对手发球情况(力度、方法、水平)和自己的接发球能力来确定,一般站在底线前后 1.5 米左右。

2. 准备姿势:应以快速回击对方球为宜,即两脚自然分开,两腿略宽,与肩微屈,上体稍向前倾，双手持拍放在腹前，拍面基本上垂直于地面(图 8-3-7)。

正面

侧面

图 8-3-7

3. 击球

击球动作是根据发球的力量大小、速度快慢和球的旋转程度而采取的相应对策。

(二)练习方法

1. 多球接球练习。

2. 接发球打目标练习。

(三)易犯错误及纠正方法

1. 易犯错误

(1)接发球时随势挥拍动作不够大。

(2)接发球过程中，没有从外绕球的动作。

(3)接发球结束动作时，握拍手腕未保持与眼部同高。

(4)接发球肘部不能在下颚前方结束挥摆动作。

2. 纠正方法

(1)多做徒手模仿动作，体会由下向上的随势动作。

(2)由同伴送多球连续接发球。由下向上挥拍，握拍手腕也要随之向上，并挥至眼部高度。

(3)接发球强调挥拍向上送，肘部也须相应高抬一些，保持在下颚前结束挥摆动作为好。

七、截击球

截击球是网前技术中的一种攻击性击球方法，即当球在落地之前将球击回到对方场区。它回球速度快，力量重，威胁大。目前国内优秀网球运动员都普遍采用发球上网或接发球上网战术，因而截击球技术被提到进攻性打法不可缺少的重要地位。

截击球通常分为网前截击、中场截击；根据来球高度不同又可分为低球截击和高球截击。截击球可采用正拍或反拍。

(一)截击的动作要领

1. 握拍方法：东方式反拍握法，水平高的选手也可以使用大陆式反拍握法。

2. 准备姿势。两脚自然开立，约与肩同宽，身体重心在前脚掌上，上体放松稍向前倾，两手持拍于前体，两眼盯住来球根据对手击球挥拍动作，及时做出判断，以迅雷不及掩耳之势动作。

3. 击球动作。网前截击亦称近网截击，它是网前直接得分的重要手段，根据自身高度和手臂长短情况，一般距网 1～2.5 米为宜(图 8-3-8)

正手截击

反手截击

图 8-3-8

(二)练习方法

1. 徒手做挥模仿拍练习。

2. 持拍做模仿挥拍练习。

3. 结合步法做挥拍练习。

(三)易犯错误及纠正方法

1. 易犯错误

(1)后摆过大。

(2)腕力不足，难以有力地截击来球。

(3)截击球没有靠身体帮助压球，而只是靠手腕。

2. 纠正方法

(1)以转体附加后摆动作，可防止后摆过大现象。可采用 1 人在网前截击，2 人在底线连续抽球的方法或采用多球练习。

(2)强调在拍与球碰撞瞬间，手腕固定并增大握力，同时伴以转体压球动作。在网前可通过 1 对 2 方法练习或采用多球练习。

(3)强调截击时多靠身体转动带动球拍压球，触球瞬间要紧握球拍。可通过个人对墙连续击中空中球练习或多球练习纠正动作。

八、高压球

高压球多用在网前的击球动作，高压球分为原地高压球，跳起高压球，后退高压球。

(一)高压球的动作要领

1. 握拍法：大陆式握拍法。

2. 随球移动，选择最佳的击球位置，同时两眼一直盯准来球。

3. 侧身对球：在后退的过程中，要边退边侧身，握拍手上举向后拉拍，身体重心放在两脚掌上(图 8-3-9)。

图 8-3-9

4. 扣腕击球：击球点在体前头上方，用收腹、转肩、挥臂、扣腕将球击到对方场地的深区。近网高压球的击球点偏前，远网高压球的击球点位置稍后。

5. 跟进动作：高压击球后像发球那样随挥跟进，保持身体平衡。

(二)练习方法

1. 反复做徒手高压球的徒手模仿练习。

2. 持拍做模仿练习。

3. 一对一的高压球练习，即一人在网前练习高压球，一人在底线挑高球。

4. 用多球法练习打各种高压球。

九、挑高球

挑高球分防守性和进攻性两种。防守性挑高球是为了赢得时间，摆脱困境。进攻性挑高球是在对方上网时，将球挑到对方后场较深处，使之被动或失误。

(一)挑高球动作要领

1. 防守性高挑球：握拍方法和底线正、反拍击下旋球动作一样。两眼注视来球，做到目接目送；边跑动、边举拍、边后摆、边侧身对来球；充分地引拍后摆；挑球时，拍面要向上，击球的中下部像海底捞月一样，柔和地挥拍击球。

2. 进攻性挑高球：准备动作与前挥要与底线正、反拍抽击上旋球动作相同。击球前、中、后的整体过程，眼睛紧紧盯住球，在击球过程中手腕要紧固，握紧拍柄，机智地将球挑过对手头顶(图 8-3-10)。

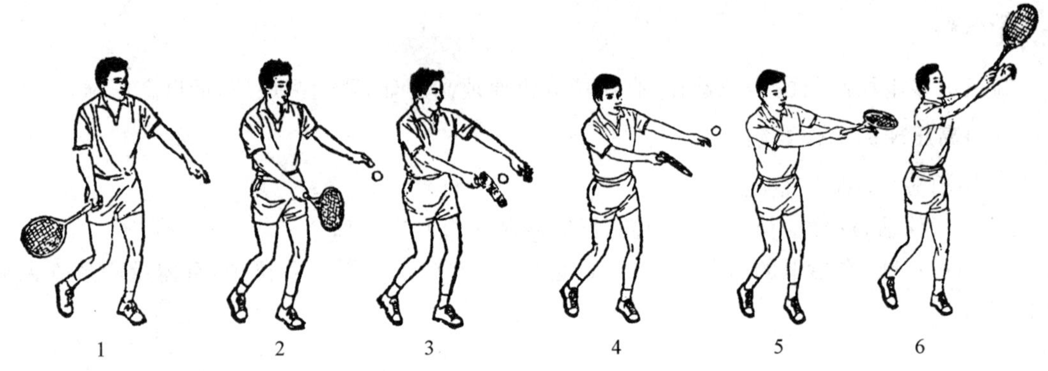

图 8-3-10

(二)练习方法

1. 利用多球法进行挑高球练习。
2. 利用多球法进行不定点挑高球练习。
3. 利用多球法进行平击挑高球练习。
4. 网前一人进行高压球练习,一人在底线挑高球。

十、步法

(一)步法动作要领

1. 练习接发球准备姿势:膝关节弯曲,脚跟提起,上体稍前倾,两脚不停地跳动。
2. 反复练习滑步、跑步、跨步、垫步、交叉等移动步法。
3. 徒手练习向前、后、左、右移动脚步的动作。
4. 持拍练习前、后、左、右做各种击球的挥拍步法。
5. 利用跳绳练习单脚跳、双脚跳、移动的单脚交替跳。
6. 采用多球法进行步法练习。

十一、网球基本战术

任何一项球类运动都有它自己的战略战术。在比赛中,战略是运动员在整场比赛中的指导思想,是针对不同的对手选择和制定的比赛方案。战术是指在比赛中运用的手段,是对战略指导思想的具体实施办法,它可以在整场比赛中不断变化,以便适应或破坏对方的战略战术。

(一)战术的指导思想

要了解对手,做好心理准备。在制定比赛战术之前,首先要通过观察比赛或别人的介绍来了解对手的一些情况,然后再来制定相应的比赛战术,做到有的放矢。需要了解对手的内容包括:年龄及体力情况、击球的力量、正反手特点、心理素质等等。

1."稳"字当头

比赛中要有耐心,击球要稳,不要滥用自己还不熟悉的打法或想一下把对方置于死地,因为这样打球所付出的比收获的多。一般击球落点在距边线 60 厘米以内的区域。

2. 把球打深

无论进攻型或防守型的选手,都遵循一个原则:把球打深。球的落点在离端线 60～90 厘

米处，以使自己有充裕的时间对回击做反应，并能阻止对方上网，以及缩短对方回球的角度。

3. 争取上网截击

上网截击可以使自己的击球范围增大，让对方疲于应付或失误，同时提高了击球速度，使对方来不及调整位置接球。

4. 调动对手，争取打出空当

在实际比赛中，双方有许多时候都是处在相持阶段，都在端线击球寻找进攻机会，这时可采用大角度调动对手，即轮流改变击球的方向，使对手左右跑动。

5. 集中攻击对方反手，打出空位球

发球上网是获取胜利的必要手段，而得分才是最终目的。但也绝非发球就能上网，重要的是要选择时机。采用大力发球，具有相当威力时，对手回击不利，勉强击回的球较高或者球速较慢，这时就可果断快速上到网前的位置进行截击球得分。或者当采用旋转发球时，如果发球成功，也可大胆上网。因为球的飞速较慢，落地后又弹跳弯曲，球的运行时间较长，有充足的时间上到网前，而对方由于跑动回击不能打出强烈的攻击性球。

(二)单打技术

单打战术的运用，要求选手要有独立作战的能力，头脑冷静，适应能力强，既能控制球路，不轻易失球，又能大力抽杀，积极主动地进攻。在战术的运用上，能灵活多变。根据自己的技、战术特点，把各种战术有机地结合起来运用。

1. 发球上网

发球时发出质量较高的球，使对方的回球不至于力量太凶猛或落点太刁钻。自己应果断地上网，移动到发球线与网之间，利于发挥速度和角度造成对方失误。如果机会不是很好，第一次截击可将球打深，落点在对方的弱点作为突破。在有机会的情况下也可上网截击。

随球上网战术是选手利用双方在底线对攻相持时或对方接发球时，出现质量不高的中场球(在发球线前后附近得球)时，果断地用正、反拍抽击，然后随球上网的一项战术，也是比赛中的主要得分手段。

2. 接发球

接发球时必须树立积极主动的思想，采取抢先进入的战术，积极利用快速多变的各种手段来接发球，尤其是接对方的第二发球时，应抢攻上网或推切上网，以便充分发挥自己打法的特点。

3. 把球打深

把球打深是指打出的球其落点是靠近球场端线附近。在单打比赛中，把球打深能将对手压在底线附近，这样可以防止对手上网，还能使自己有更充裕的时间为下次击球做好准备。另外，还能使对手回击的角度减小。对准备随球上网的队员来说，将球打深也有重要作用。这里应当注意，在底线击球要想把球打深，就应使球在网的上空较高处通过，大约离网上空至少 1.5 米。

4. 调动对手

调动对手也就是把对手调离其能较好发力击球的位置，使其在场上出现空当，这样就能争取比赛的主动权。一般通过打斜线球和打直线达到调动对手的目的。

打斜线球可以有较高的安全系数，因为斜线球要通过球网上空的中间位置，而球网中间的网要比两侧立柱的高度低 1.5 厘米，故容易击球过网，它对提高命中率有较大作用，这是球网特点所形成的，应充分利用。还有打斜线球比打直线球飞行距离长，经计算一般要长 1.98 米。

打直线球对调动对手也有特殊意义，因为直线球距离比斜线球相对来说要短一些，故它能适当加快回击速度。当对手打来斜线球时，以直线球回击，可以左右调动对手。在对手出现空当时,用直线球回击,可增大击球的威胁性。

5. 网前截击

队员处于较有利的网前位置时,可充分发挥网前快速截击的威力,截击时采用变线打法,能够向空当回击,取得良好效果。所谓变线打法就是对手打斜线球,用直线球回击,或者对手打直线球,用斜线球回击。

6. 综合打法

根据对手的情况,采用不同的打法。如对方频频上网,可采用挑高球迫使他退回去;如对方底线技术很好,可适当放一些小球诱使他上前,再用力将球打深来调动他。综合打法就是将底线和上网两种打法结合起来,根据场上情况,随机应变。

(三)双打技术

双打是业余网球比赛的主要项目,双打对体力要求较低,适合各种年龄层次的人参加。

1. 双打的站位

双打比赛一般是控制网前的队员赢分。发球员和接球员都应做好击球后上网的准备,双打时一般让技术水平较高的选手站在左区,或者由正拍技术较好的选手站在右区、反拍技术较好的选手站在左区。发球和接发球时的站位一般是:发球员站在中点与单打线的中间,发球员的同伴站在发球线和球网之间,并稍偏向单打边线些;接球员站在右区端线靠近单打线处,接球员的同伴站在发球线前边,略靠近中线。

2. 发球

双打发球落点要深,如果发球有足够深度,就能控制对手冲到网前进行截击。第一个发球应采用大力发球,发球后随球上网,这时动作要迅速,先冲前三四步,然后停下来,准备进行第一次截击。

3. 接发球

对方发球时,接发球的同伴一般站在发球线附近,接发球人回球的情况将直接影响其同伴的动作。如果接球队员能有效地接过发球,并且能够上网,这时两个人都应同时上网;如果接发球回击的球力量较弱,这时接球队员的同伴就应立即退到端线附近进行防御。如果两人同在后场站位时,应保持使球落在中间地带,以减小对手回球的角度。

4. 及时补位

双打比赛中两个人及时补位很重要,它可以补救场上出现的微弱地区。例如发球队员的同伴由于截抢冲力过大而冲过中线,这时发球队员就应及时向空当补位。如果遇到两个对手同时上网时,同伴向中路回球较低,被对手截击,这时处在截击队员对面的网前队员应及时截抢。如果接球队员将球打给网前队员,这时接球队员的同伴应迅速后退到中场。

5. 双打的配合

双打要求两个队员配合得像一个人,才能发挥出最高水平。比赛中两人相互间的距离不能拉开 3.5 米以上,以利于并肩战斗。当同伴移动到自己区域截击时,自己应迅速补位;当同伴退到底线接高球时,自己也不应继续留在网前,而应后退,使两人处于最佳防守位置。当对方上网时,自己可以挑进攻性高球,迫使对方退回后场。

十二、网球竞赛规则简介

(一)网球场地

场地白线以内(含白线)区域均为球场。白线至界限区域为外球场,界线以外设施则称为

附属设施。故网球场应是球场、外球场和附属的总称。

1. 网球场地的大小

一片标准的网球场地占地面积应不小于670平方米(长36.6米、宽18.30米),其中双打场地标准尺寸为长23.77米、宽10.97米。如果是两片或两片以上相邻而建的并行网球场地,两片场地之间的距离应不小于5米。场上的白线都有各自的名称,球场两端的界限称为“端线”,球场两边的界线称为“边线”;在网两侧6.40米处的场内各画一条与端线平行的横线为“发球线”;联结两发球线的中点画一条与边线平行的线为“中线”;中线与球网成“十”字形,将发球线与边线之间的地面分成四个相等的区域,称为“发球区”;在端线的中心,向场内画一条垂直于端线的短线称为“中点”。全场各区的丈量,除中线外都从各线的外沿计算,场上所有的线都应是同一颜色(白色或黄色)。

2. 场地各线段的宽度

全场除端线可宽至10厘米外,其他各线的宽度均在2.5～5厘米范围内。

3. 网柱

球网两侧的网柱高为1.07米,支柱的直径或边长不超过7.5厘米。

4. 球网

单打球网长为10.06米,双打球网长为12.80米,球网上沿用5～6.30厘米宽的白色帆布包缝,并用直径不超过0.80厘米的钢丝绳穿起来,挂在场中央离边线0.914米以外的网柱上,球网应充分展开,完全填满两柱之间的空隙,球网网孔的大小以不让球穿过为准。球网的中央高为0.914米,并用5厘米宽的白布带连于地面。要求球网的下边和地面接触。

5. 场地周围的空地

端线以外至少要有6.40米的空地,边线以外至少要有3.66米的空地。如果是室内网球场,端线6.40米以外的上空净高应不少于6.40米,室内屋顶在球网上空的净高不少于11.50米。国际网联规定,室内球场上空的净高应为12.50米。

6. 球场的固定物

球场的固定物除了球网、网柱、单打支柱、绳或钢丝绳、中心带、网边白布外,还包括球场四周的挡网(室外网球场地的四周挡网高度一般在4～6米之间)、看台、固定的或可移动的座位、座椅以及安置在场地周围上空的设备。在球网、中心带、网边白布或单打支柱上均不得有广告。如在球场后面放置广告或其他物品时,则不得使用白色或黄色或浅色。如广告放置在位于球场后面的司线员的座椅上,这些广告也不得使用白色、黄色或浅色,以免干扰运动员的视线。

7. 网球场的种类

网球场地有天然草坪和泥地(砂地),随着科学技术的发展,又出现了人造草皮网球场以及面层材料不同的塑胶网球场地等。不同类型的网球场地其面层材料具有不同的性能,在建造中都有一定的技术标准和规范要求。塑胶网球场地在维护和保养方面,必须注意防止化学溶剂、有色素的饮料的污染,禁止在场上进行基础作业,防止敲打、划伤场地表层等。

(二)选择权

1. 第一局比赛开始前以掷钱币的方法来决定选择权。

2. 选择发球或接发球,对方选择场区。

3. 选择场区,对方选择发球或接发球。

（三）发球

发球员在发球前，应站在端线后、中点或边线的假定延长线之间的区域里，然后用手将球向空中抛起，在球接触地面以前用球拍击球，为合法发球。若抛球后又决定不击球而将球用手接住，不算失误。

（四）脚误

1. 发球员在整个发球过程中，不得通过行走或跑动改变原来的位置。发球员如两脚轻微移动而未变更原位，不算行走和跑动。

2. 两只脚只准站在端线后、中点和边线的假定延长线之间，不能触及其他区域。

（五）发球员的位置

每局开始时，发球员应从右区端线后发球，得一分后，应换到左区发球（双分时在右区，单分时在左区）。发出的球，应落在对角的对方发球区内或其周围的线上。

（六）发球失误

1. 发出的球，在落地前触及固定物（球网、中心带、网边白布除外）。

2. 未击中球。

（七）第二次发球

发球员第一次发球失误后应在原发球位置上进行第二次发球。

（八）重发球

合法的发球触及球网、中心带、网边白布仍落在对方发球区内，或发球触及球网、中心带、网边白布后，在落地前触及接球员身体或其穿戴物。

（九）发球次序

一局比赛终了，接球员成为发球员，发球员成为接球员。以后每局结束，均依次交换。

（十）交换场地

双方在每盘的单数局结束后，以及每盘结束双方局数之和为单数时交换场地。

（十一）发球员得分

发出的球在落地前触及接球员的身体或穿戴物。

（十二）接球员失分

下列任何一种情况，均判失分：

1. 在球第二次着地前未能还击过网。

2. 还击的球触及对方场区界线以外的地面、固定物或其他物件。

3. 还击空中球失败（场外空中球也算）。

4. 比赛中故意用球拍拖带或接住球，或故意用球拍触球超过一次。

5.“活球”期间，运动员的身体、球拍及其他任何物体触及球网、网柱等对方场区。

6. 来球尚未过网即在空中还击。

7. 运动员球拍以外的任何部位触球。

8. 抛拍击球。

（十三）胜一局

运动员每胜 1 球得 1 分，先得 4 分胜一局。双方各得 3 分时为“平分”。“平分”后，一方先得 1 分时为“该运动员占先”;“占先”后再得 1 分,就胜一局,即净胜 2 分才算该局结束。

(十四)胜一盘

(一)一方先胜六局为胜一盘。如双方各胜五局时,一方必须净胜两局为胜一盘。

(二)当双方各胜六局时,可用平局决胜制来决定,先得 7 分者为胜该局及该盘。

思考题

1. 网球运动的健身价值是什么?
2. 试述正手攻球动作的技术要领。
3. 网球有哪些基本技术?
4. 单打技术有哪些?
5. 网球战术指导思想是什么?
6. 网球发球易犯错误及纠正方法有哪些?

第九章

健美操、啦啦操

第一节 健美操概述

教学目标：

使学生了解健美操的起源和分类，初步认识健美操的特点与锻炼价值。

一、健美操的起源与发展

(一)健美操的兴起与发展

健美操是近几十年发展起来的一项新兴的体育运动项目，它起源于传统的有氧健身操，是以有氧运动为基础，以健、力、美为特征，融体操、音乐、舞蹈为一体的大众健身方式，也是竞技运动的一个项目。健美操作为一个独立的体育运动项目兴起于 20 世纪 60 年代末 70 年代初，源于人们对健康健美的追求，是体操、音乐、舞蹈逐步结合与发展的产物。从 2005 年起，国际上将健美操统一命名为 Aerobics gymnastics。

(二)现代健身健美操的兴起与发展

现代健身健美操真正的形成是 20 世纪 60 年代末。1968 年，美国太空总署医生库帕博士根据宇航员所处特殊环境和对宇航员身体机能的特殊要求，为太空人的体能训练设计了 Aerobics Exercise(健美操锻炼)。这种有氧操出现不久便因其对身体机能，尤其对心血管和体型的作用引起了人们的注意。1969 年杰姬・索伦森综合了这种有氧操的特点，结合当时流行于美国黑人的各种爵士舞和非洲民间舞，创编了一种操、舞结合的健身舞。这种舞带有娱乐性，形式新颖，把较强的节奏性和自然而大幅度的动作融为一体，对现代健美操的形成产生了深远的影响。

美国健美操代表人物简・方达是 20 世纪 70 年代崛起的好莱坞电影明星，根据自己的健身锻炼经历撰写了《简・方达健身术》一书。该书自 1981 年出版后，被译成 20 多种文字，在世界 30 多个国家发行。她在书中写道："健美操可以改变你的形体，烧掉身体各处积存的多余脂肪，并且在你从未想到的部位增强肌肉张力，它使你身体上和心理上感觉更加良好。"她用健美操来保持身体健康和体态苗条的成功经验进行现身说法，对世界健美操运动的发展产生了巨大的影响。

(三)健美操在我国的发展

现代健美操传入中国是 20 世纪 70 年代末 80 年代初。开始是引入了扭动全身各关节的非洲民间舞蹈与基本体操相结合的迪斯科健美操，后来把中国古老的武术、民间舞蹈等与欧洲健美操融为一体，创造了具有中国特色的徒手健美操和持轻器械的健美操。1982 年 2 月中国

青年出版社出版了《美·怎样才算美》一书，选登了陈德易创编的“女青年健美操”和牛乾元创编的“男青年哑铃操”。从此“健美操”一词迅速被广大体育工作者采用。1984年北京体育学院成立了健美操教研室，接着上海体育学院也成立了健美操教研室，并率先开设了选修和专修课，培养了一大批健美操师资。目前健美操已被教育部列为普通高等学校体育教育专业的必修课程，并已成为我国各级各类学校体育课或课外活动中一项深受师生欢迎的教学内容和锻炼项目。与此同时，各种健美操中心、俱乐部、培训班不断涌现，许多人选择健美操作为自己主要的健身方式。

二、健美操的分类

健美操的内容丰富、形式多样、种类繁多，分类的方法也不尽相同，根据不同的目的和任务可将健美操分为健身健美操、竞技健美操、表演健美操三大类。

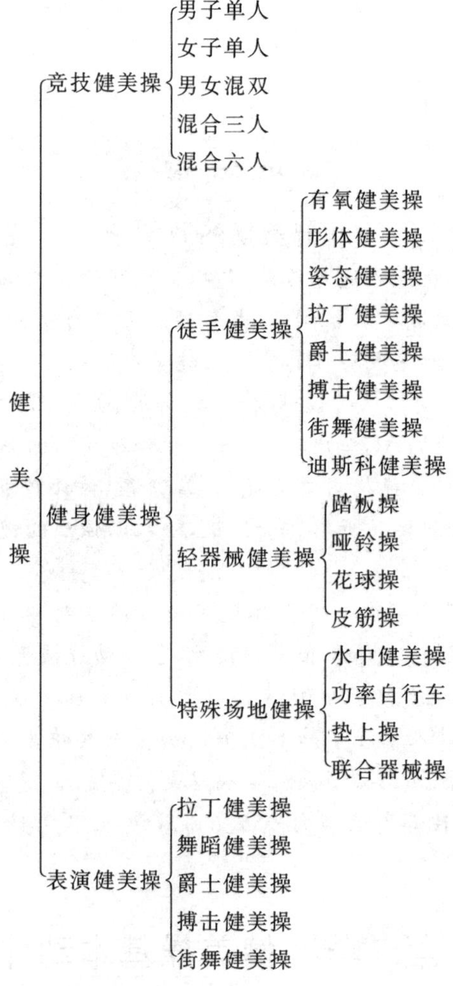

三、健美操的特点

（一）竞技健美操的特点

1. 有特定的竞赛规则和评分方法；

2. 竞争性(比赛);
3. 动作复杂多变;
4. 高难度、高体能;
5. 鲜明的竞技特质。

(二)健身健美操的特点

1. 保持有氧代谢过程,动作内容丰富、多变,简单易学;
2. 动作负荷的伸缩性空间较大;
3. 鲜明的节奏感,较强的艺术性;
4. 健身、美体、娱乐身心的实效性;
6. 广泛的适用性。

(三)表演健美操

1. 时尚性,观赏性;
2. 形式、规模多样性;
3. 讲究表演意识和集体配合性。

知 识 窗

健美操的欣赏

健美操的比赛不同于群众性的健身活动,是根据规则的要求编排而成。无论是中、老年或青年健美操比赛,还是竞技健美操比赛,要看成套操是否具有全面锻炼身体的价值,动作设计是否符合年龄的特点和队员所完成动作的能力。健美操的欣赏可以从以下三方面入手:

1. 成套动作的艺术性。动作编排设计要新颖、舒展、美观、大方,动作之间的连接要合理、巧妙,动作素材要新颖、多样化,成套动作要有好的开始和成功的结尾。集体项目,队员配合要默契,相互间要有交流。队形变换构图要清晰、丰富新颖、对比鲜明、变化流畅、显示动作并且要充分利用场地。音乐的选配要动听、优美、健康,给人以强烈的视听感觉,形成动作是无声的音乐,音乐为动作助澜之势。

2. 成套动作完美性。动作完成情况是体现完美性的主要内容,主要表现在:一是动作的准确性,所有的动作准确到位。二是合拍与一致性,包括动作幅度、力度、强度、速度,都要协调一致,整齐划一。三是队员的激情与活力,完成动作时的表现力也是很重要的,队员通过自己的表演和表情去感染观众,让人们在不知不觉中同队员一起快乐。一套好的健美操,集健身、艺术表现为一体,使人赏心悦目,振奋精神,给人以美的享受。

3. 服装:着装是健美操比赛或表演的一道亮丽风景,可提升队员的品位和魅力,使队员的形象更加优美动人。

第二节 健美操基本动作

教学目标:

基本学会健美操的基本手型、基本步法,体会和掌握基本的组合动作。

健美操基本动作是一切健美操组合与套路的构成因素,正确地掌握这些动作,能为学习健美操组合与套路动作打下良好的基础。

(一)基本手型

1. 动作要点与做法

(1)五指并拢的掌型:五指伸直,相互并拢。大拇指微屈,指关节贴于食指旁(图 9-1)。

(2)五指张开的掌型:五指用力伸直,充分张开(图 9-2)。

(3)立掌型:五指伸直,手掌用力上翘(图 9-3)。

(4)屈指掌型:手掌用力上翘,五指自然弯曲(图 9-4)。

(5)拳型:握拳,拇指在外,指关节弯曲,紧贴于食指和中指(图 9-5)。

(6)芭蕾舞手型:五指微屈,后三指并拢,稍内收,拇指内扣(图 9-6)。

(7)西班牙舞手型:五指用力,小指、无名指、中指自掌指关节处依次屈,拇指内扣(图 9-7)。

图 9-1

图 9-2

图 9-3

图 9-4

图 9-5

图 9-6

图 9-7

2. 易犯错误与纠正办法

(1)手指僵硬,不够灵活,芭蕾舞手型做不到位。

(2)力度不够,五指张开的掌要求力达指尖。

3. 要求:按要领反复模仿练习。

(二)七种基本步法

1. 动作要点与做法

(1)踏步:大腿抬平,小腿自然下垂,落地时用前脚掌过渡到全脚掌,两臂前后自然摆动。

(2)吸腿跳:上体正直,膝关节最低 90 度,脚尖过渡到脚跟落地。高、低超高强度。

(3)踢腿跳:一腿前踢并抬平或更高,膝盖伸直,收腹立腰。落地还原到位,两腿交替进行。

(4)开合跳:跳起分开落地,分腿时髋部、脚尖外开,膝关节向同方向弯曲;并腿时,膝缓冲。动作要起伏、连贯、有弹性。

(5)弹踢腿跳:动力腿屈膝后摆,两膝之间要靠拢,前弹时不要过分用力,膝关节、髋关节运动伸展要有控制,然后换另腿做。

(6)弓步跳:一腿后摆由脚尖过渡到前脚掌,上体(重心)必须在两腿之间,脚向前或平行,膝关节在主力腿脚的上方,脚后跟不需要着地,还原时屈膝缓冲,换另腿做,方向相反。

(7)后踢腿跳:一腿屈膝后摆,髋和膝在一条线上,跑跳过程中,膝、踝关节充分缓冲,手臂可自然摆动。

2. 易犯错误与纠正办法

(1)注意身体姿态,要“挺、直、高”。

(2)落地一定要屈膝缓冲。

3. 要求:身体放松,动作准确到位,全力以赴。

(三)基本动作组合

1. 髋部动作组合

这套髋部动作组合是由健美操基本动作之一——髋部动作,配以健美操手臂的特色动作组合而成，主要是躯干和上肢运动，它包括左右顶髋、臂屈伸及挥摆等。这套操有助于训练髋部运动的灵敏性和躯干与上肢配合运动的协调性。其特点是：短小(共 3×8 拍)，便于记忆，通过变换方向，改变动作顺序反复练习，还可以提高兴趣，增大运动量。

(1)动作要领与做法：原地顶髋是健美操髋部动作中最基本的一种。开立后左(右)腿屈膝内扣，同时向右(左)顶髋，上体保持正直。

①预备节(1×8 拍)(图 9-8)

预备姿势：开立，两手叉腰。

1～4 拍 保持预备姿势。

5 拍 左腿屈膝内扣，同时向右顶髋。

6 拍 右腿屈膝内扣，同时向左顶髋。

7～8 拍 同 5～6 拍。

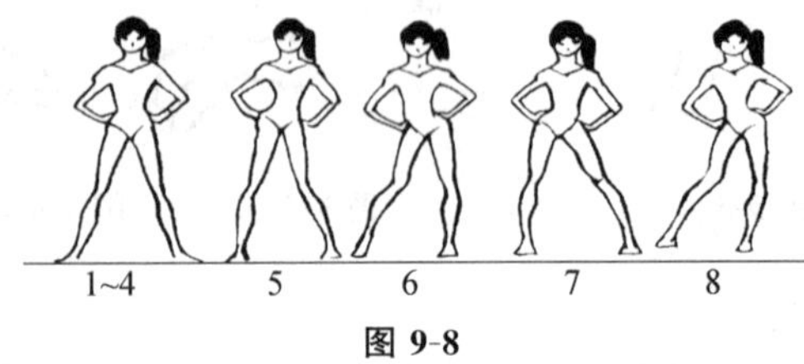

图 9-8

②第一个 8 拍(图 9-9)

1 拍 左腿屈膝内扣，同时向右顶髋，两臂胸前平屈(拳心向下)。

2 拍 右腿屈膝内扣，同时向左顶髋，两臂下伸(拳心向后)。

3～4 拍 同 1～2 拍。

5 拍 腿和髋同 1 拍，同时两臂经侧至头上交叉 1 次后成上举(五指并拢，掌心向前，两臂交叉时左手在前)，抬头。

6 拍 腿和髋同 2 拍，同时两臂头上交叉 1 次后成上举(两臂交叉时右手在前)。

7 拍 腿和髋同 1 拍，同时两臂肩侧屈(手指触肩)，头向右转。

8 拍 腿和髋同 2 拍，同时两臂还原至体侧(掌心向内)，头还原。

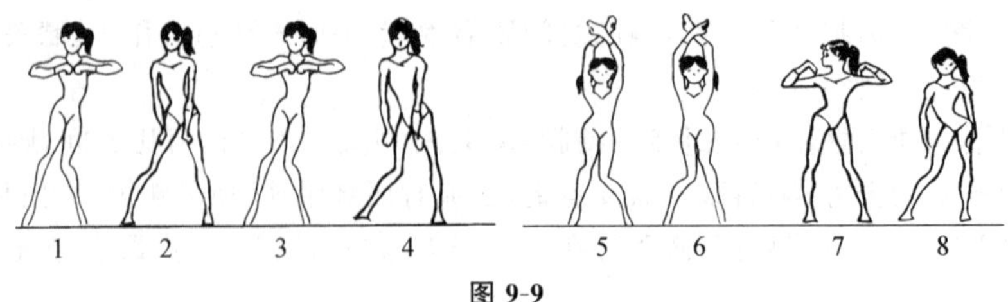

图 9-9

③第二个 8 拍(图 9-10)

1 拍 腿和髋同第一个 8 拍的 1 拍，同时左臂胸前屈(拳心向后)。

2 拍 腿和髋同第一个 8 拍的 2 拍，同时右臂胸前屈(拳心向后)。

3 拍 腿和髋同 1 拍，同时左臂前伸(五指分开，掌心向内)。

4 拍 腿和髋同 2 拍，同时右臂前伸(五指分开，掌心向内)。

5～6 拍 自左脚起踏步走 2 步，同时两手胸前击掌 2 次。

7 拍 双脚起跳成开立，同时两手叉腰。

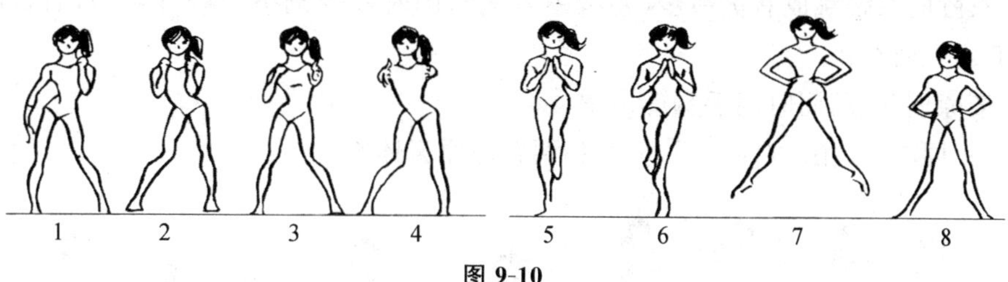

图 9-10

8 拍 不动。

(2)音乐选择:旋律清晰、节奏感强的迪斯科音乐,速度为 24 拍/10 秒。

要求:髋部动作幅度大,节奏感强;上肢动作到位,有力度,与髋部动作配合协调。

(3)练习方法:可采用递加法练习,熟练掌握整套组合后,可改变动作顺序。如:第一个 8 拍的 1～4 与第二个 8 拍的 5～8;第一个 8 拍的 5～8 与第二个 8 拍的 1～4 组合成新的动作节拍。变换方向:改变组合中第二个 8 拍 5～6 拍踏步走的方向,可向左(右)转 90°、180°、360°等,从而使整套组合练习更加活跃,有助于激发练习者的兴趣,发展协调性和表现力,进一步提高动作质量,加大运动量,提高锻炼效果。

说明:除第一遍外,其他几遍之前不再做预备节的 1×8 拍动作。

2. 跳步动作组合

跳跃动作是健美操的特色之一。这套跳跃动作组合共 10 个 8 拍,是由健美操的几种主要的跳步,配以上肢动作的变化和身体姿态的变化组合而成,突出"健、力、美"特色,使学生在欢快、具有动感的音乐声中增强腿部力量和调调性。

(1)动作要点与做法

要求身体放松,动作准确到位,落地一定要屈膝缓冲,全力以赴。

①预备姿势:开立,两手叉腰第一个 8 拍(图 9-11):

1～2 拍 不动。

3～4 拍 两脚弹动 2 次。

5～6 拍 跳成并立,同时两脚弹动 2 次。

7 拍 跳成开立。

8 拍 跳成并立,同时两臂落至体侧(五指并拢,掌心向内)。

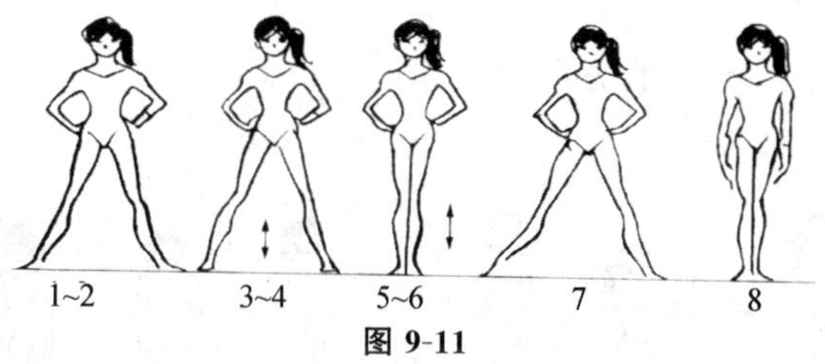

图 9-11

②第二个 8 拍(图 9-12)

1 拍 右腿后踢跑,同时两臂胸前屈(拳心向后)。

2 拍 左腿后踢跑,同时两手胸前击掌。

3 拍 右腿后踢跑,同时两臂肩侧上屈(拳心向内)。

4 拍 并腿,手同 2 拍。

5拍 双脚向右蹬跳成右侧弓步(左脚跟着地),同时左臂侧举(拳心向下),右臂胸前平屈(拳心向下),头稍左转。

6拍 还原成并立,同时两手胸前击掌。

7～8拍 同5～6拍,方向相反,但8拍两臂还原至体侧。

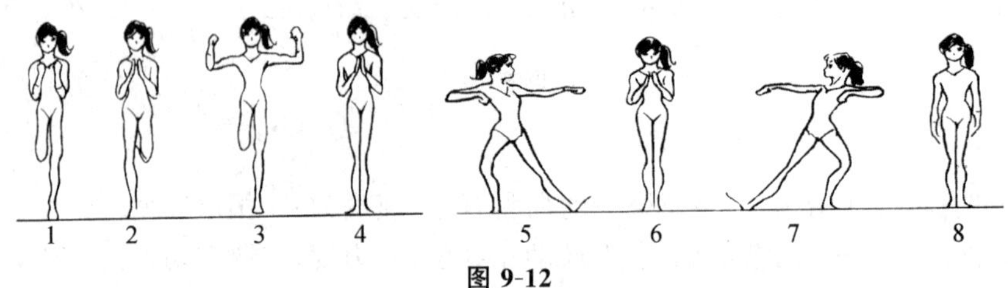

图 9-12

③第三个8拍(图9-13)

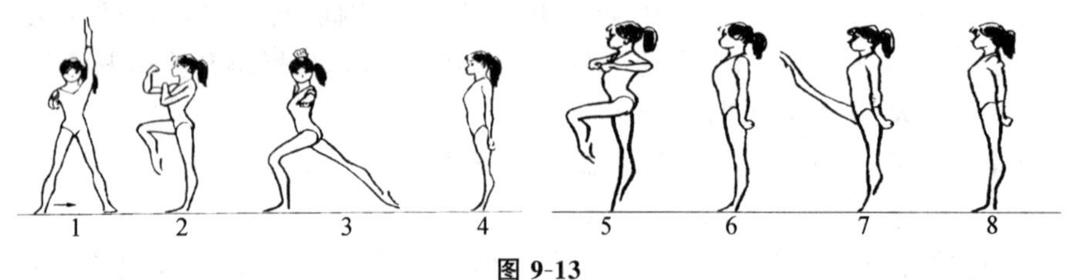

图 9-13

1拍 左脚向侧一步,同时左臂上举(五指并拢,掌心向内),右臂前举(五指并拢,掌心向内),目视前方。

2拍 提右膝同时向右转体90°,右臂胸前上屈(拳心向后),左臂胸前平屈(指尖搭在右臂)。

3拍 右腿后伸成左前弓步,同时左臂侧举(掌心向下),右臂肩侧上屈,头向右转。

4拍 右腿还原跳成并立,同时两臂还原至体侧(掌心向内),头还原。

5拍 左腿提膝跳,同时两臂胸前平屈(拳心向下)。

6拍 还原成并立,同时两臂还原至体侧(拳心向后)。

7拍 右腿高踢跳。

8拍 右腿落下成并立。

④第四个8拍:同第三个8拍,方向相反(图9-14)。

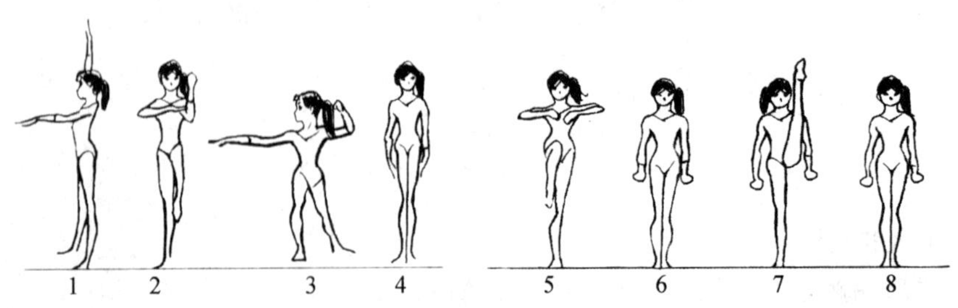

图 9-14

⑤第五个8拍(图9-15)

1 拍 跳成开立，同时左臂侧举(拳心向下)，头向左转。

2 拍 跳成并立，同时左臂肩侧上屈(拳心向内)，头还原。

3 拍 跳成开立，同时右臂侧举(拳心向下)，头向右转。

4 拍 跳成并立，同时右臂肩侧上屈(拳心向内)，头还原。

5 拍 跳成开立，同时两臂胸前屈(拳心向后)。

6 拍 跳成并立，同时两臂胸前平屈(拳心向下)。

7 拍 跳成开立，同时两臂上举(五指并拢，掌心向内)。

8 拍 跳成并立，同时两臂还原至体侧(掌心向内)。

⑥第六至第九个 8 拍：同第二至第五个 8 拍，方向相反。

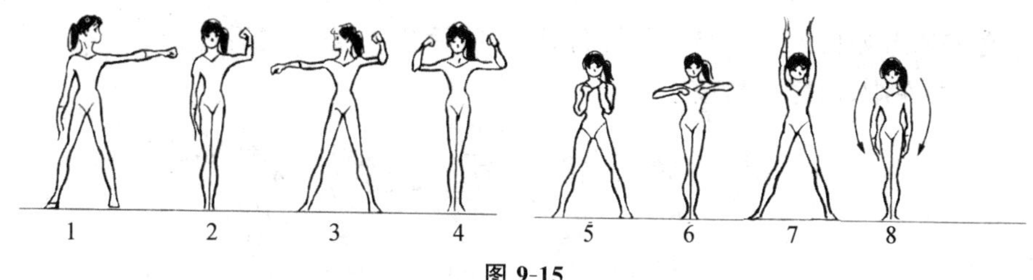

图 9-15

⑦第十个 8 拍(图 9-16)

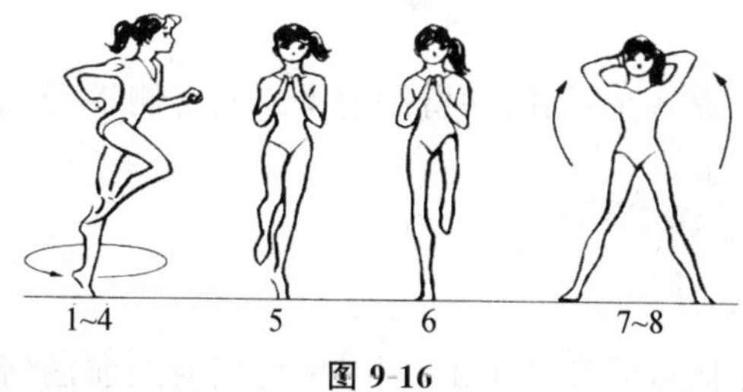

图 9-16

1～4 拍 跑跳步向左转体 360°，同时两臂体侧屈自然摆动(拳心向内)。

5～6 拍 原地踏步走，同时两手胸前击掌 2 次。

7～8 拍 跳成开立，两臂向外绕至肩上屈，两手扶头后(五指并拢)，挺胸立腰，目视前方。

(2)音乐选择：旋律清晰、欢快、具有动感，速度为 26 拍/10 秒的音乐。

(3)要求：跳跃轻快，富有弹性；动作到位，有力度；整套动作连贯，节奏准确，富有表现力。

三、健身健美操成套动作

健身健美操是以健美操基本步法为基础，配以上肢、髋部、躯干等部位动作组合而成，符合当前健美操发展的方向，对学生有重点地掌握健美操的基本动作，形成良好的身体姿态，发展有氧代谢的能力及协调、灵敏的素质均有较好的作用。全操总时间约 2 分 30 秒，由 7 节组成。每节 4×8 拍。在第一节中，重点学习和掌握 1～3 种步伐。

1. 预备姿势：直立。

2. 第一节：踏步、走步(4×8 拍)

第一个 8 拍(图 9-17)：

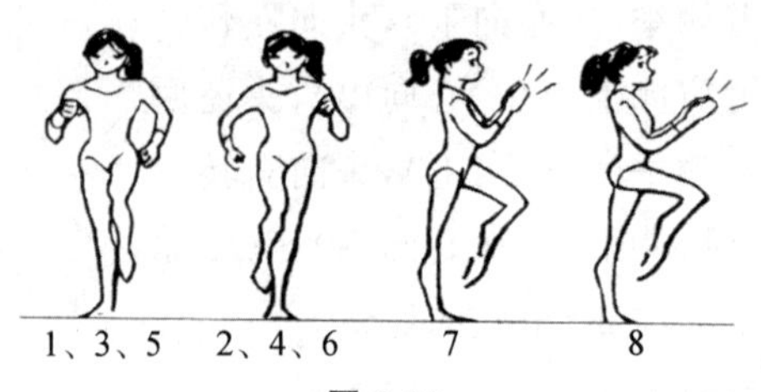

图 9-17

1～6 拍左脚开始原地踏步，两臂前后自然摆动。

7～8 拍继续踏步，同时胸前击掌两次。

第二个 8 拍(图 9-18)：

1～3 拍 左脚开始向前走 3 步，同时两臂屈肘前后摆动(拳心向后)。

4 拍 右脚并左脚，两臂自然放下。

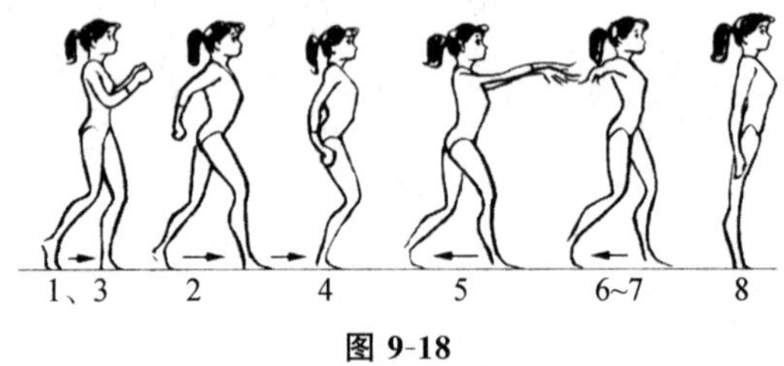

图 9-18

5～7 拍 左脚开始向后退 3 步，同时两臂经前举交叉至侧举(五指分开，掌心向下)。

8 拍 右脚并左脚，两臂放下。

第三个 8 拍同第二个 8 拍。

第四个 8 拍(图 9-19)：

1～4 拍 左脚开始向左侧做后交叉步走，同时两臂屈肘经前摆、后摆至胸前击掌。

5～8 拍 同 1～4 拍，方向相反。

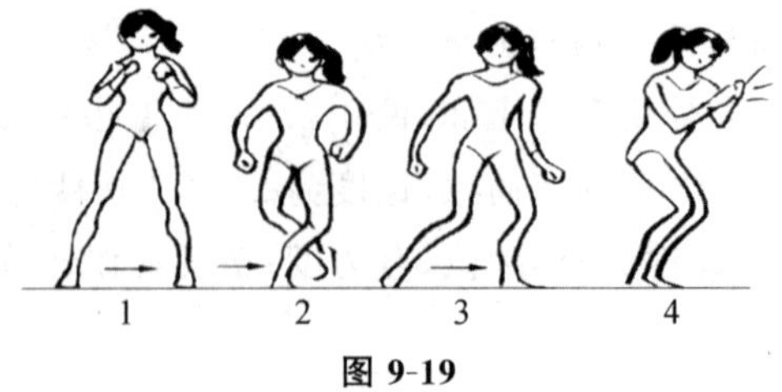

图 9-19

3. 第二节：并步(4×8 拍)

第一个 8 拍(图 9-20)：

1 拍 左脚侧跨一步成开立起踵，两手叉腰。

2 拍 两腿微屈，右脚点于左脚内侧。

3～4 拍 同 1～2 拍，方向相反。

5～8 拍 同 1～4 拍。

图 9-20

第二个 8 拍(图 9-21)：

1 拍 左脚侧跨一步成开立起踵，同时两臂经屈肘(握拳)至侧上举(五指分开，掌心向前)。

2 拍 两腿微屈，右脚点于左脚内侧，同时两臂经屈肘(握拳)至下举(拳心向内)。

3～4 拍 同 1～2 拍，方向相反。5～8 拍同 1～4 拍。

图 9-21

第三个 8 拍(图 9-22)：

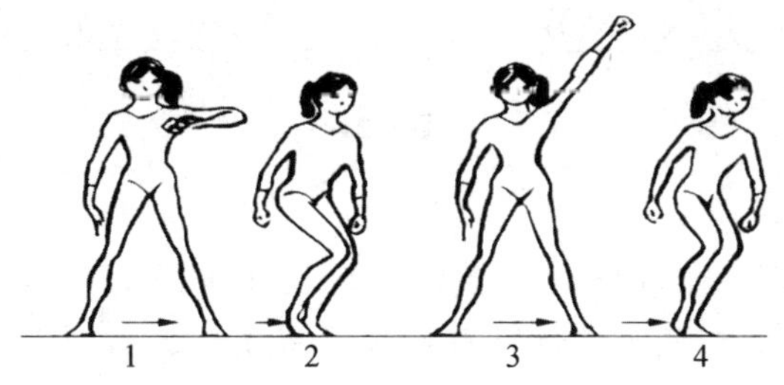

图 9-22

1～2 拍 左脚侧出一步，接着右脚点于左脚内侧，同时左臂经胸前平屈(拳心向下)至下举(拳心向内)。

3～4 拍 脚的动作同 1～2 拍，左臂经侧上举(拳心向外)至下举(拳心向内)。

5～8 拍 同 1～4 拍，方向相反。

第四个 8 拍(图 9-23)：

1～2 拍 脚的动作同第三个 8 拍的 1～2 拍，同时两臂经胸前平屈(拳心向下)至胸前屈(拳心向内)。

3～4 拍 脚的动作同 1～2 拍，同时两臂经上举(拳心向前)侧落至下举(拳心向内)。

5～8 拍 同 1～4 拍，方向相反。

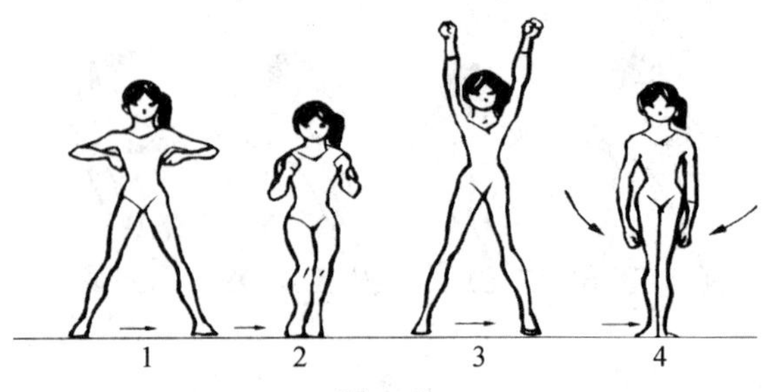

图 9-23

4. 第三节:“V”字步(4×8 拍)

第一个 8 拍(图 9-24):

1 拍 左脚向左前方迈一步,两臂自然摆动。

2 拍 右脚向右前方迈一步,两臂自然摆动。

3 拍 左脚向右后方退一步,两手体前击掌。

4 拍 右脚并左脚,两臂体侧自然弯曲。

5 拍 左脚向左后方迈一步,两臂自然摆动。

6 拍 右脚向右后方迈一步,两臂自然摆动。

7 拍 左脚向右前方迈一步,两手体前击掌。

8 拍 右脚并左脚,两手体侧自然弯曲。

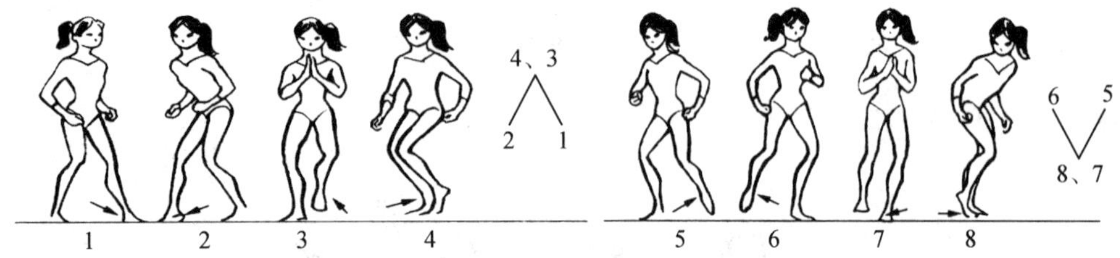

图 9-24

第二个 8 拍(图 9-25):

1 拍 左脚向左前方迈一步,同时左臂侧前下举(掌心向下)。

2 拍 右脚点于左脚内侧,同时左臂肩侧上屈,手扶头后。

3～4 拍 同 1～2 拍,方向相反。

5～7 拍 左脚开始后退三步,同时两臂经前上伸直(五指分开,掌心向上),弧形摆至下举。

8 拍 右脚并左脚。

第三至第四个 8 拍同第一至第二个 8 拍,方向相反。

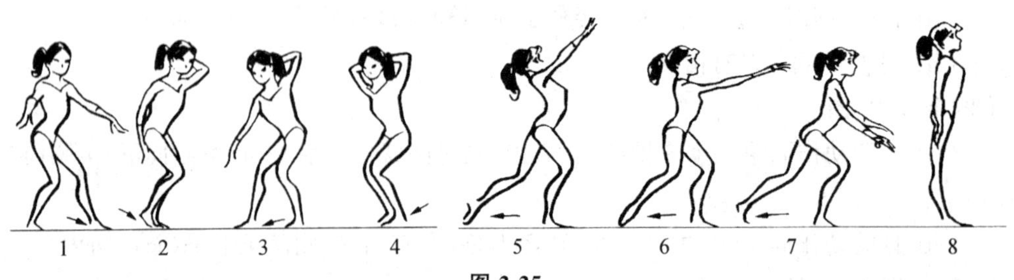

图 2-25

5. 第四节：半蹲步、髋部动作(4×8 拍)

第一个 8 拍(图 9-26)：

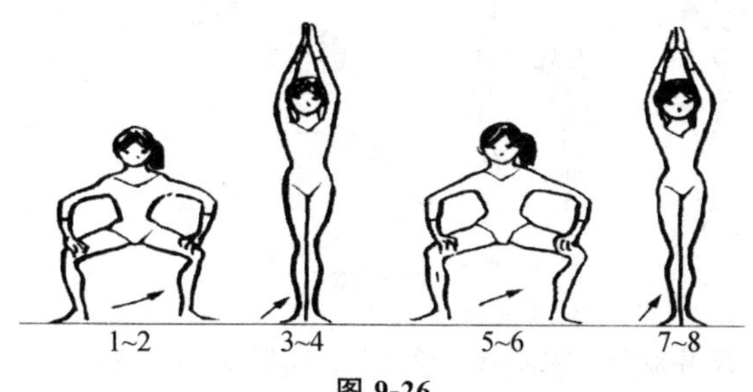

图 9-26

1～2 拍 左脚向左侧迈一步，同时两腿半蹲，两手撑两膝。

3～4 拍 右脚并左脚，同时两手合掌经胸前至上举。

5～8 拍 同 1～4 拍。

第二个 8 拍同第一个 8 拍，方向相反

第三个 8 拍(图 9-27)：

1～2 拍 左脚侧出一步，同时右腿稍屈膝内扣，向左顶髋 2 次，两手撑于髋脊。

3～4 拍 同 1～2 拍，方向相反。

5 拍 向左顶髋，同时右臂左前举(五指分开，掌心向下)。

6 拍 向右顶髋，同时左臂右前举(五指分开，掌心向下)。

7 拍 髋同 5 拍，同时两手向下击同侧大腿 1 次。

8 拍 还原成直立。

第四个 8 拍同第三个 8 拍，方向相反。

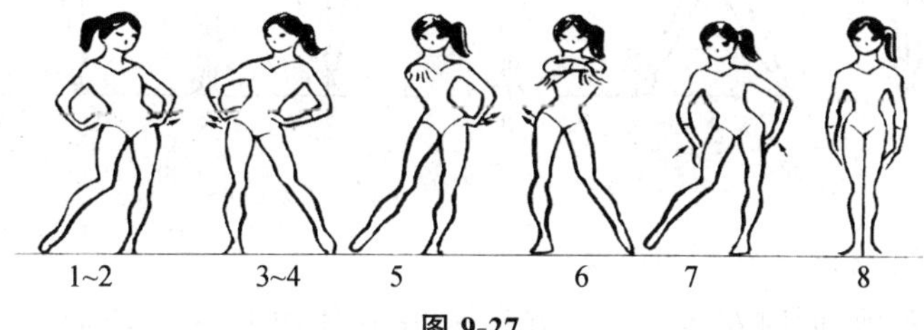

图 9-27

6. 第五节：吸腿跳、弓步跳(4×8 拍)

第一个 8 拍(图 9-28)：

1 拍 左腿前提做吸腿跳一次，同时左臂摆至侧举(掌心向下)，右臂摆至胸前平屈(拳心向下)。

2 拍 跳成并立，两臂放下。

3～4 拍 同 1～2 拍，方向相反，同时向左转体 90°。

5 拍 左脚后撤一步成右前弓步，同时两臂经下向前摆至胸前上屈(拳心向后)。

6 拍 左脚收回。

7 拍 右脚后撤一步成左前弓步，同时两臂向前推出(屈指掌，掌心向前)。

8 拍 右脚收回，同时右转 90°直立，两臂还原至体侧下垂(掌心向内)。

第二个 8 拍同第一个 8 拍，但方向相反。

第三至第四个 8 拍同第一至第二个 8 拍。

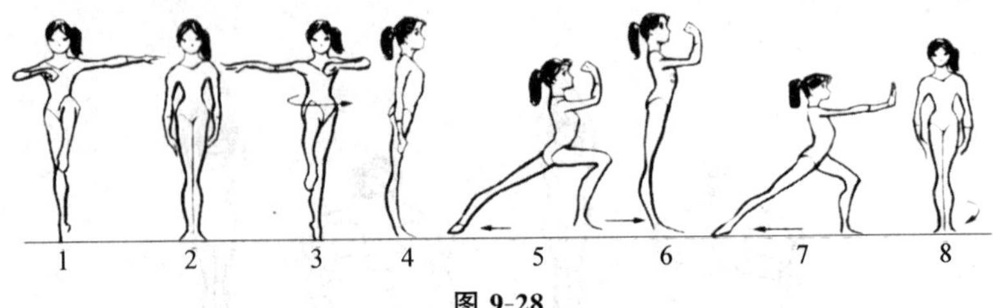

图 9-28

7. 第六节：分腿跳、开并腿跳、踢腿跳、弹踢跳、摆腿跳（4×8 拍）

第一个 8 拍（图 9-29）：

1 拍 原地分腿高跳，同时两臂胸前平屈（拳心向下）。

2 拍 还原成直立，同时两肩自然下垂。

3 拍 跳成开立，同时两臂侧举（掌心向下）。

4 拍 还原成直立，两臂自然下垂。

5 拍 左腿向前高踢跳。

6 拍 同第 4 拍。

7 拍 右腿向前高踢跳。

8 拍 同第 4 拍。

第二个 8 拍同第一个 8 拍，但最后 1 拍左腿后屈。

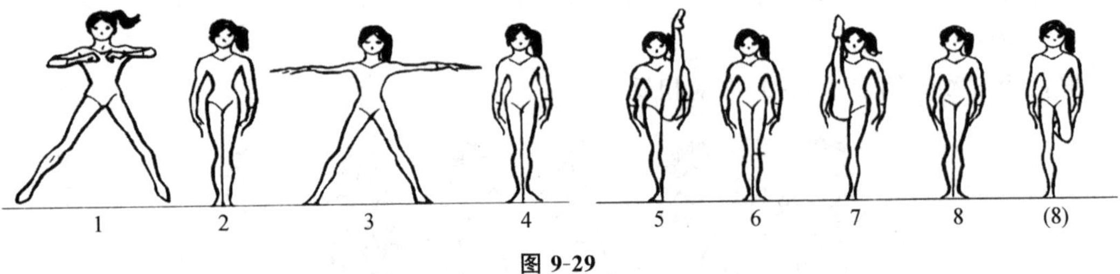

图 9-29

第三个 8 拍（图 9-30）：

1 拍 右脚跳起落地，同时左腿向前下方弹踢，两臂体侧下举（掌心向后）。

2 拍 右脚跳起后屈，同时左腿落地。

3～4 拍 同 1～2 拍，方向相反。

5～8 拍 同 1～4 拍。

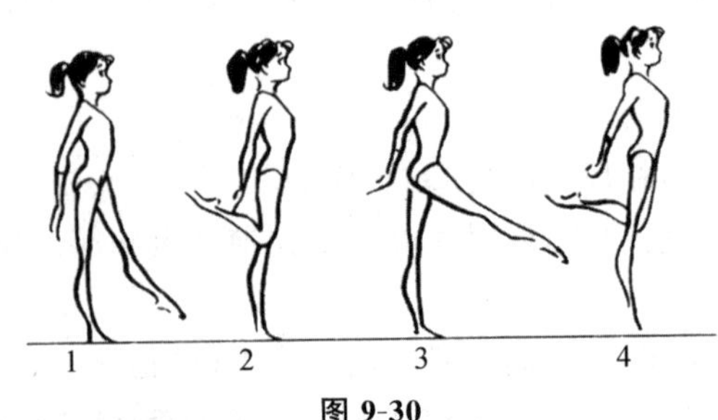

图 9-30

第四个 8 拍(图 9-31):

1～2 拍 同第三个 8 拍的 1～2 拍,但左腿向侧下方弹踢,上体右倾。

3 拍 同 1 拍,方向相反。

4 拍 跳成并立。

5 拍 右脚跳起落地,同时左腿侧摆,两臂摆至左下方(五指分开,掌心向后)。

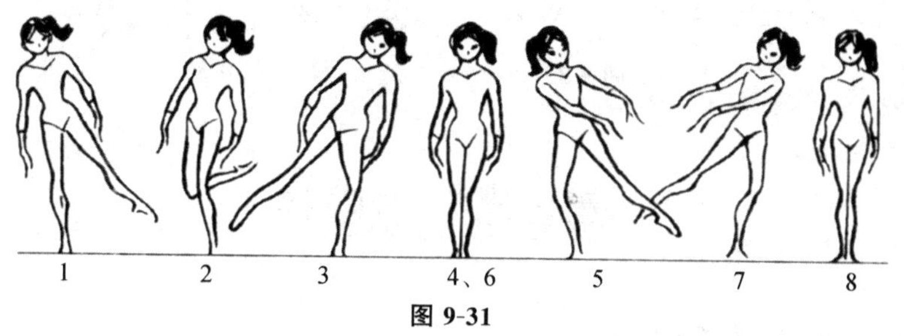

图 9-31

6 拍 跳成并立。

7、8 拍 同 5～6 拍,方向相反。

8. 第七节:伸展、体侧屈、呼吸整理(4×8 拍)

第一个 8 拍(图 9-32):

1～4 拍 左脚侧出点地,同时右臂经侧弧形至上举(掌心向外),抬头稍右转吸气,拉长身体右侧。

5～6 拍 上体左屈,低头稍左转,右臂头上左屈,手腕手指放松,继续拉长身体右侧。

7～8 拍 左脚收回,右臂顺势经体前自然下落,还原成直立,呼气。

第二个 8 拍同第一个 8 拍,方向相反。

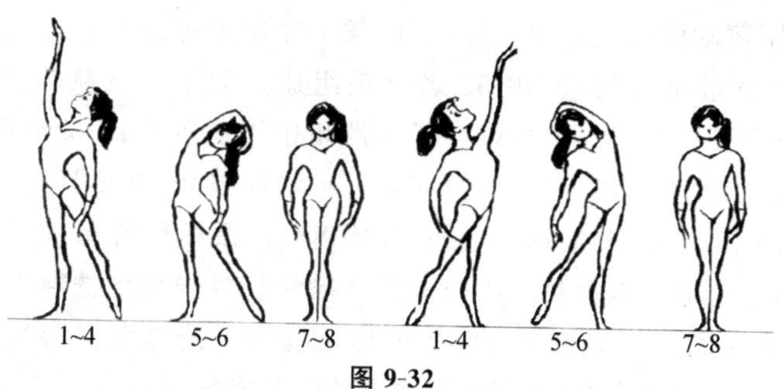

图 9-32

第三个 8 拍(图 9-33):

1～4 拍 左脚侧出成大开立,同时两臂经腹前交叉弧形向侧分开至侧上举(掌心向外),抬头挺胸吸气。

5～6 拍 两腿半蹲,同时两臂经侧弧形下落至体前交叉,稍低头呼气。

7～8 拍 两臂弧形外摆,自然呼吸。

第四个 8 拍(图 9-34):

1～4 拍 两腿伸直,同时两臂经体前交叉,向内绕至侧上举(掌心相对),抬头挺胸呼气。

5～8 拍 左脚收回还原成直立,同时两臂经体侧下落(两手翻掌向下),呼气。

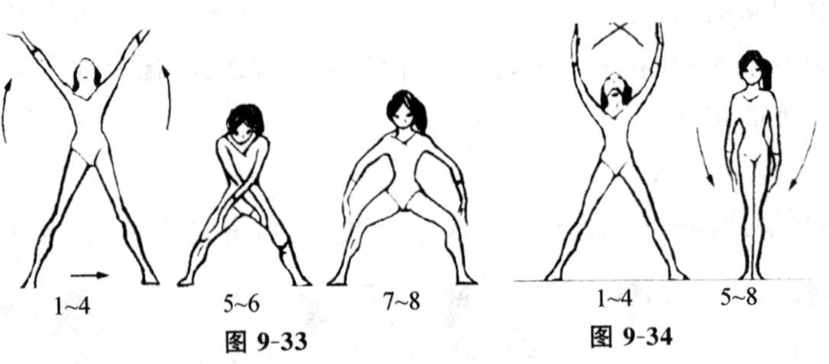

图 9-33　　图 9-34

第三节　啦啦操

一、啦啦操的起源、发展及概念

(一)啦啦操的起源与发展

1. 国外啦啦操的起源与发展

啦啦操是一项新兴的体育运动项目，最早源于为美式足球呐喊助威的活动，并借助美国职业篮球赛(NBA)逐渐在全球范围内广泛传播，至今已有一百多年的历史。啦啦操原名“cheer leading”，其中“cheer”一词有振奋精神，提振士气的意思。啦啦操源于早期部落社会的仪式，族人为激励外出打仗或打猎的战士而举行的一种仪式，以欢呼、手舞足蹈的表演来鼓舞士气，并寄予他们凯旋的期望。

20 世纪，啦啦操的表演形式开始逐渐丰富起来，喇叭筒在啦啦操中开始流行，在大学和高中开始用纸制作成线球作为道具进行啦啦操表演。随着女性在啦啦操中发挥的作用越来越重要，开始将体操、舞蹈等动作融入其中。1948 年，第一个啦啦操组织——美国国家啦啦操协会(NCA)成立，称作国立啦啦操协会，由 52 名女孩组成。为了激发队员的热情和筹集资金，Hurkinelr 还为之创立了口号、标语，并设计了丝带和扣环。到了 20 世纪五六十年代，学院啦啦队开始有自己的培训教程和培训班，教授基本的啦啦操技巧，并得到大力推广。进入 20 世纪 70 年代，啦啦操除了为足球和篮球助威外，开始逐渐涉及学校所有项目的运动队。1978 年春天，哥伦比亚广播公司通过电视第一次向全国转播学校啦啦操评选赛事，从此，啦啦操开始作为一项运动被人们认识。20 世纪 80 年代初，啦啦操开始跨越美国国界，向世界传播，并建立统一的啦啦操标准，出于安全考虑，剔除了许多危险的翻转和叠罗汉动作。1984 年，英国成立了啦啦操协会，并与美国国际啦啦操协会合作，积极发展啦啦操运动，成为欧洲最大的啦啦操组织。许多国家为了正确引导和规范管理啦啦操运动，也成立了他们自己的啦啦操协会，如奥地利、芬兰、德国、卢森堡、挪威、斯洛文尼亚、瑞典和瑞士等。1988 年，美国啦啦操传到日本，在其发展之初便成了日本啦啦操协会，统一规范管理，取得了良好的效果。直至 20 世纪 90 年代，全明星队出现，队员从小开始练习体操动作，训练目的就是为了比赛。1998 年，国际啦啦操联盟成立，其成员有澳大利亚、丹麦、芬兰、德国、匈牙利、日本、挪威、俄罗斯、塞尔维亚、斯洛文尼亚、瑞典、乌克兰、英国、美国和中国台湾省。总之，经过短短 20 多年的发展，啦啦操迅速传到世界各地。到了 2008 年，全世界至少 48 个国家和地区开展了啦啦操运动，参加人数超过了 600 多万，仅美国参加啦啦操运动的人数就超过了 300 万。

2001 年举行了第一届世界啦啦操锦标赛，标志着啦啦操正式列入世界性竞赛项目。

2. 中国啦啦操的起源与发展

中国的观众通过美国的 NBA 认识和了解了啦啦操运动。自传入后就很快受到了广大青少年的喜爱，而且在全国的很多赛事中都可见到啦啦操的表演，尤其是 1998 年 CUBA 诞生以来，大学生的精神风貌和竞技水平得到了充分的展示。激情四射和富有动感的各高校啦啦操表演，给观众留下了深刻印象，也成为篮球场上一道独特的风景线，从此开辟了中国啦啦操运动的发展之路。

2001 年，在广州举办了首届全国大学生啦啦操大赛，获得了圆满成功，使中国亿万青少年也可以享受啦啦操运动带来的无限乐趣，从此，啦啦操运动在中国全面开展。

2003 年，我国啦啦操运动的动作内容被概括为：以徒手的舞蹈动作及采用彩丝、花球等为道具的操化舞蹈动作的表演形式，人数为 9～12 人，性别不限，禁止一切抛接动作和空翻动作。由于刚起步，啦啦操的表演形式及舞蹈内容较为单一，仅仅局限于操化的健美操基本动作。自 2004 年以后逐渐加入有节奏的口号、多元素的音乐节拍，以及多元化的编排，使啦啦操的发展有了新的飞跃。随后，首次推出了中国啦啦操专业教师、评判员认证系统及啦啦操规定套路。至此，我国啦啦操开始走向正规化发展。

2005 年 6 月，中国蹦床技巧协会第一次兴办啦啦操竞赛，从此，中国啦啦操在中国大学生体育协会健美操艺术体操分会与中国蹦床技巧协会这两大机构的大力倡导与推广下蓬勃发展起来。

2006 年，首届中国全明星啦啦操锦标赛在武汉举行，胜出的六支队伍代表中国出征 2007 年美国奥兰多 IASF 世界啦啦操大赛，中国啦啦操在国际上崭露头角，捧回了国际女生公开组亚军的奖杯。此后每年我国都选派啦啦操队参赛，均获得较好的成绩。

为推广、丰富健身活动内容，教育部体育卫生司与艺术教育司于 2006 年联合推出了“系列校园青春健美操”(两套健身操、两套啦啦操)，并在全国每年举行“肯德基杯”青少年校园青春健身操分区赛、总决赛等系列活动，从此啦啦操运动得到了迅速的普及和推广。

2007 年 7 月，北京奥运会体育展示现场表演，啦啦操选拔赛在全国 23 个省市以及香港地区展开，这场历时半年的啦啦操选拔赛引起了全国普遍关注。同年 12 月，中国学生啦啦操艺术体操协会正式成立并将啦啦操列为体育竞赛内容。借 2008 北京奥运会的契机，第 29 届奥运会组委会文化活动部与国家体育总局体操运动管理中心联合主办了“北京奥运会体育展示现场表演啦啦操选拔比赛”，吸引了不同年龄的爱好者参与，将中国啦啦操运动推向了高潮。

2009 年，“健力宝亚运会啦啦操全国选拔赛”在全国 30 个省会、300 余个大中型城市、1000 多所高校陆续启动，上万人参加到这场体育盛会中来，“啦啦操风”刮遍华夏大地，中国啦啦操队伍迅速壮大。2009 年啦啦操协会与中央电视台共同举办的全国啦啦操宝贝选拔赛在西安、大连、青岛、广州等十余个城市进行了初赛、复赛、决赛。无论从参赛的人数、动作风格、比赛服装、运动员水平中，都反映出啦啦操项目在我国已被大学生广泛接受，并受到较高的重视。

2010 年的“青岛啤酒杯炫舞青春全国啦啦宝贝选拔赛”中我们看到了啦啦操技术的发展，看到了啦啦操内容的快速提高创新，更看到了啦啦操在中国发展的前景。2011 年全国啦啦操教练员、裁判员魔鬼训练营开班，这一系列活动使啦啦操成为风靡全国的一项体育文化运动，并受到了世界各国的高度关注。

(二)啦啦操的概念

啦啦操是所有与呐喊助威目的有关的社会文化活动的总称，是在音乐的伴奏下，以徒手或手持轻器械的技巧动作或舞蹈动作为载体，以团队的组织形式出现，为比赛助威、调节紧张对抗的比赛气氛，旨在体现团队意识与集体主义精神，反映朝气蓬勃的精神面貌，具有竞技性、观赏性、表演性的一项体育运动。

二、啦啦操的分类

我国啦啦操及啦啦队的分类方式繁多，分类方法也各不相同。按活动的目的分为竞技性啦啦操、表演性啦啦操；按实施的场所分为看台啦啦操、场地啦啦操；按表演形式分为轻器械啦啦操、徒手啦啦操；按动作性质分为舞蹈啦啦操、技巧啦啦操；按发展形式分为公益性啦啦操、非公益性啦啦操；按竞赛种类分为全国锦标赛、冠军赛、系列赛、大奖赛、全国体育大会啦啦操比赛等各种赛事活动。目前，通常以按目的分类的方法最为常用。

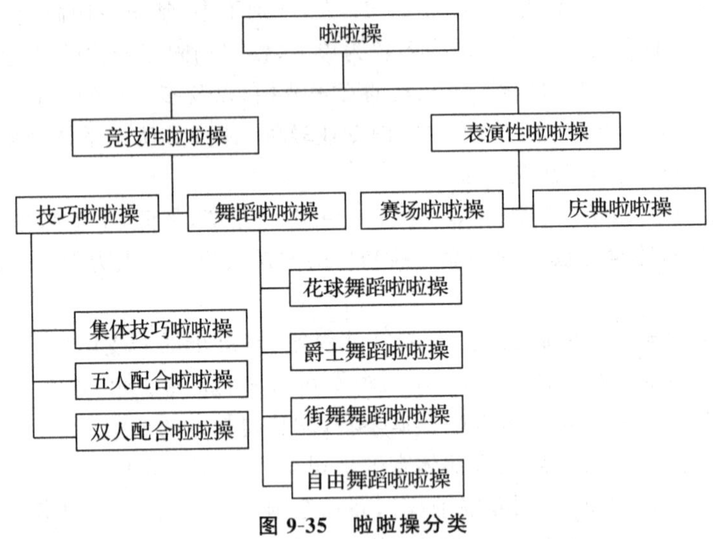

图 9-35　啦啦操分类

(一)竞技性啦啦操

竞技性啦啦操是以参加竞技比赛为目的，在音乐的衬托下，通过队员完成高超的啦啦操难度动作，结合各种舞蹈元素，体现青春活力，健康向上的团队精神，追求最高团队荣誉感而进行的体育活动。竞技性啦啦操分为舞蹈啦啦操和技巧啦啦操两大类别。

1. 舞蹈啦啦操

舞蹈啦啦操是一项在音乐伴奏下，运用多种舞蹈元素的动作组合，结合转体、跳步、平衡与柔韧等难度动作以及舞蹈的过渡连接技巧，通过空间、方向与队形的变化表现出不同的舞蹈风格特点，强调速度、力度与运动负荷，展示运动舞蹈技能以及团队风采的体育项目。舞蹈啦啦操包括花球舞蹈啦啦操、爵士舞蹈啦啦操、街舞舞蹈啦啦操和自由舞蹈啦啦操。

(1)花球舞蹈啦啦操

成套动作手持花球(团队手持花球动作应占成套动作的 80%以上)结合啦啦操基本手位、个性舞蹈、难度动作、舞蹈技巧等动作元素，展现干净、精准的运动舞蹈特征以及良好的花球运用技术，整齐一致，层次、队形不断变换等集体动作视觉效果。花球舞蹈啦啦操的技术特征主要体现为肢体动作通过短暂加速、制动定位来实现啦啦操特有的力度感，动作完成干净利落；在运动过程中重心稳定、移动平稳，身体控制精确、位置准确，并通过动作的强度和快速发力突出运动舞蹈的特征。

(2)爵士舞蹈啦啦操

成套动作由爵士风格的舞蹈动作、难度动作以及过渡连接动作等内容组成，通过队形、空间、方向的变换，同时附加一定的运动负荷，表现参赛运动员的激情以及团队良好运动舞蹈能力。动作技术特征主要体现为肢体动作由内向外的延伸感；通过延伸制动实现爵士舞蹈啦啦操特有的力度感；通过动作松弛有度的强度突出运动舞蹈的特征。

(3)街舞舞蹈啦啦操

成套动作由街舞风格的舞蹈动作为主，强调街头舞蹈形式，注重动作的风格特征以及身体各部位的律动与控制，要求动作的节奏、一致性和音乐和谐一致，同时也可附加一定的强度动作，如包括不同跳步的变换及组合，或其他配合练习。街舞啦啦操的技术特征主要体现为肢体多关节动作短暂加速、制动定位来实现特有的力度感；动作完成干净利落、身体控制精确、位置准确并通过动作的松弛有度的强度突出运动舞蹈的特征。

(4)自由舞蹈啦啦操

以某种区别于爵士、花球、街舞的形式出现，同时具有啦啦操舞蹈特征的其他风格特点、形式的运动舞蹈，是具有一定的民族或地域特色的啦啦操。如各种具有民族舞风格特点的运动舞蹈。

2. 技巧啦啦操

技巧啦啦操是指在音乐的伴奏下，以跳跃、托举、叠罗汉、筋斗和抛接等技巧性难度动作为主要内容，配合口号、啦啦操基本手位、舞蹈动作及过渡连接等，充分展示运动员高超的技能技巧的团队竞赛项目。其动作比较随意，用力方向向下，音乐节奏要求明快、热情、动感、奔放，并富于震撼力和感染力。技巧啦啦操竞赛项目包括集体技巧啦啦操自选套路、五人配合技巧啦啦操自选套路和双人配合啦啦操自选套路。

(1)集体技巧啦啦操

在音乐的伴奏下，以跳跃、翻腾、托举、抛接、金字塔组合等技巧性难度动作作为主要内容，配合口号、啦啦操基本手位及舞蹈动作，充分展示运动员高超的技能技巧，参加队员在五人以上的团队竞赛项目。

(2)五人配合技巧啦啦操

在音乐的伴奏下，成套动作中由托举、抛接两类难度动作为主要内容，充分利用多种上架、下架动作以及过渡衔接动作进行空间转换、方向与造型的变化，展示五人组团队高超的技能技巧。

(3)双人配合啦啦操

在音乐的伴奏下，由两人在规定时间内完成托举的动作。

(二)表演性啦啦操

表演性啦啦操作为活动的客体，是以提升士气、激励人心、活跃赛场气氛、鼓舞双方士气、振奋观众情绪，让整个比赛更加精彩和激烈为目的的集体活动。可分为赛场啦啦操和庆典啦啦操两类。

1. 赛场啦啦操

赛场啦啦操即人们常说的“场间啦啦操”，源于橄榄球比赛场边的呼喊，并伴随着橄榄球运动的流行而发展。赛场啦啦操主要在比赛中间休息时进行，目的是要活跃赛场气氛、鼓舞双方士气、振奋观众情绪，让整个比赛更加精彩和激烈。随着啦啦操影响的扩大，它已不局限于为某项运动表演助兴，而是广泛地为多项运动服务。高水平的啦啦操表演能够提高体育赛事的精彩性，其自身也具有较强的观赏性，是赛场文化的一个组成部分。

2. 庆典啦啦操

庆典啦啦操是在各种庆祝活动、社区活动、开幕典礼、游行宣传以及慈善活动中进行的啦啦操表演，其目的是为各种庆典活动进行预热及烘托庆典气氛。

三、啦啦操的特点

啦啦操至今已有一百多年的历史。因其独特的技术风格和热情奔放的表演，受到了世界各国人民的青睐。与其他体育项目相比，啦啦操具有以下特点：

(一)啦啦操的技术特点

(1)啦啦操上肢的发力点在前臂，手臂的32个基本手位均在肩关节前制动，发力速度快，制动时间短，制动之后没有延伸，身体控制精确，位置准确。

(2)啦啦操动作内容丰富，所有的手臂动作都必须严格按照32个基本手位的标准来完成，没有固定的基本步法。

(3)啦啦操动作重心较低，在做动作的过程中膝关节不完全伸直，保持微微弯曲的状态，重心稳定，移动平稳。

(4)啦啦操动作完成干净利落，具有清晰的开始和结束，肢体运动中直线动作曲直分明，弧线动作蜿蜒流畅，具有更高的欣赏价值和艺术价值。

(5)啦啦操三维空间高低起伏突出，队形变化多样，能够充分利用场地空间。

(6)啦啦操音乐风格多样，旋律优美，气氛热烈，节奏快慢有致，强弱有别。

(7)啦啦操服装款式各异，绚丽多姿。

(二)啦啦操的团队特点

啦啦操区别于其他项目最显著的特点是团队精神。啦啦操是一个特殊的集体项目，一般由6～30名队员组成一个团队。要求队员在展示个体不同能力的基础上，注重与其他队员间的相互协调配合来完成基本动作及翻腾、抛接、托举、金字塔等不同难度的动作。各队员在整套动作的完成中均能在不同的位置扮演不可或缺的重要角色，强调整个团队完成动作的高度一致性，包括动作的一致性、口号一致性、难度动作配合一致性，以营造队员间高昂的斗志，提高团队整体的凝聚力，追求最高团队荣誉感，形成一种风险共担，利益共享的团队精神。

经过啦啦操项目的专业训练，队员之间不仅能够在训练比赛时积极发挥各自的作用，通过团队协作取得表演或比赛的胜利，还可以将这种团队精神迁移到日常生活、工作、学习等方面，而这种精神是人们踏入社会、走向成功的基石。

(三)啦啦操的文化特点

啦啦操文化是基于啦啦操运动发展形成的，以表现青春活力、健康向上、团队精神、合作意识为目的的一种体育文化，其文化特点主要体现在以下方面：

1. 啦啦操口号

啦啦操区别于其他运动项目，不需要有战胜对手的身体对抗，也不需要通过竞争时间和分数赢得比赛，而是依靠队员的热情吸引观众的注意。除了基本动作、技术技巧外，口号也是提

升队员的气势、传达表演者激情与活力的具有特殊意义的工具。

啦啦操口号一般由具有特殊意义的字、词或短句子组成几句或几段简洁、生动、朗朗上口的号召性语言。组成口号的词语或句子大多来自于大会主题，本队或本单位名称、颜色、标志物等，口号多具有鼓动性、号召性、激励性、提示性、宣传性、针对性等特点。通过啦啦操的口号表达啦啦操的主题思想与团队精神，达到振奋人心、鼓舞士气的效果。

啦啦操比赛中对口号也有固定的要求。

技巧啦啦操竞赛规则规定，成套动作创编内容中要求有 30 秒口号组合。舞蹈啦啦操在啦啦操成套动作中，除了 20×8 拍的规定动作外，还有 4×8 拍的自选动作编排和 4×8 拍的口号设计。

啦啦操口号对现场的鼓动也有具体的要求：

(1)口号使用有激励性和互动性的语言，内容必须健康、文明，积极向上。

(2)全队人员共同参与，与赛场观众互动，形成场上场下呼应的效果。

(3)口号与动作相结合，配合队旗、吉祥物、标志牌等道具与赛场观众互动。

2. 啦啦操吉祥物

吉祥物是人类原始文化的产物，逢祥瑞、求吉利反映了民族文化的特性。各种吉祥物是人们在事物固有的属性和特征上，着意加工而成，用以表达人们的情感愿望。

啦啦操吉祥物是每一支啦啦操队必须拥有的卡通人物，一般出自各支参赛队伍对能代表本队特点的动物或当地稀有的动物进行包装设计出的产物。无论是在 NBA、CUBA 等篮球比赛的赛场上，还是在各种盛会的开闭幕式等场合，在啦啦操表演的同时，都会有代表本队的吉祥物在赛场周围同时进行表演。吉祥物的表演吸引观众的眼球，活跃赛场的气氛，娱乐观众的情绪，成为啦啦操表演的一大特色。吉祥物是构成啦啦操运动项目参赛队伍形象特征的主要成分，是啦啦操文化传播的重要载体。

3. 啦啦操运动与传统文化

啦啦操内容丰富多彩，形式多种多样，通常融汇着大量本国或本土的传统文化，是体育与传统文化相结合的典型代表。在北京奥运会期间，我国啦啦操的表演除了融合街舞、机器舞等元素外，还融入了传统中国元素和现代竞技比赛的节奏，有剑舞、藏舞、京剧水袖、长绸舞、士兵啦啦操、苗族反排、杂技等，不仅在动作编排中融入了大量的中国元素，配乐也加入了一些武术的旋律作为前奏，比赛服装配以吉祥物龙凤图案、京剧服饰、水袖、长绸等。这些元素融合在一起，形成了独特的具有现代、时尚、快节奏又有中国特点的啦啦操，这是竞技啦啦操运动和中国传统文化的完美结合。

4. 啦啦操运动与校园体育文化

高等院校是啦啦操运动得以蓬勃发展的沃土，啦啦操运动以学校为发展阵地并非偶然，这与该运动本身的要求和高等院校的特点相吻合，高等院校的强大师资为啦啦操运动的广泛开展提供了平台与载体。啦啦操运动讲究集体风貌和团队精神，而校园中的莘莘学子有组织、懂纪律，富有青春、满怀激情，为啦啦操运动的发展创新创造了得天独厚的条件。啦啦操运动以校园为其生存的土壤，互相促进、相得益彰，校园体育文化建设对啦啦操运动有良好的导向作用，丰富多彩的校园体育文化，如大学生篮球联赛、足球联赛等，也为啦啦操的表演提供了广阔的舞台。

四、啦啦操基本技术特征及成套动作

(一)32个基本手位动作

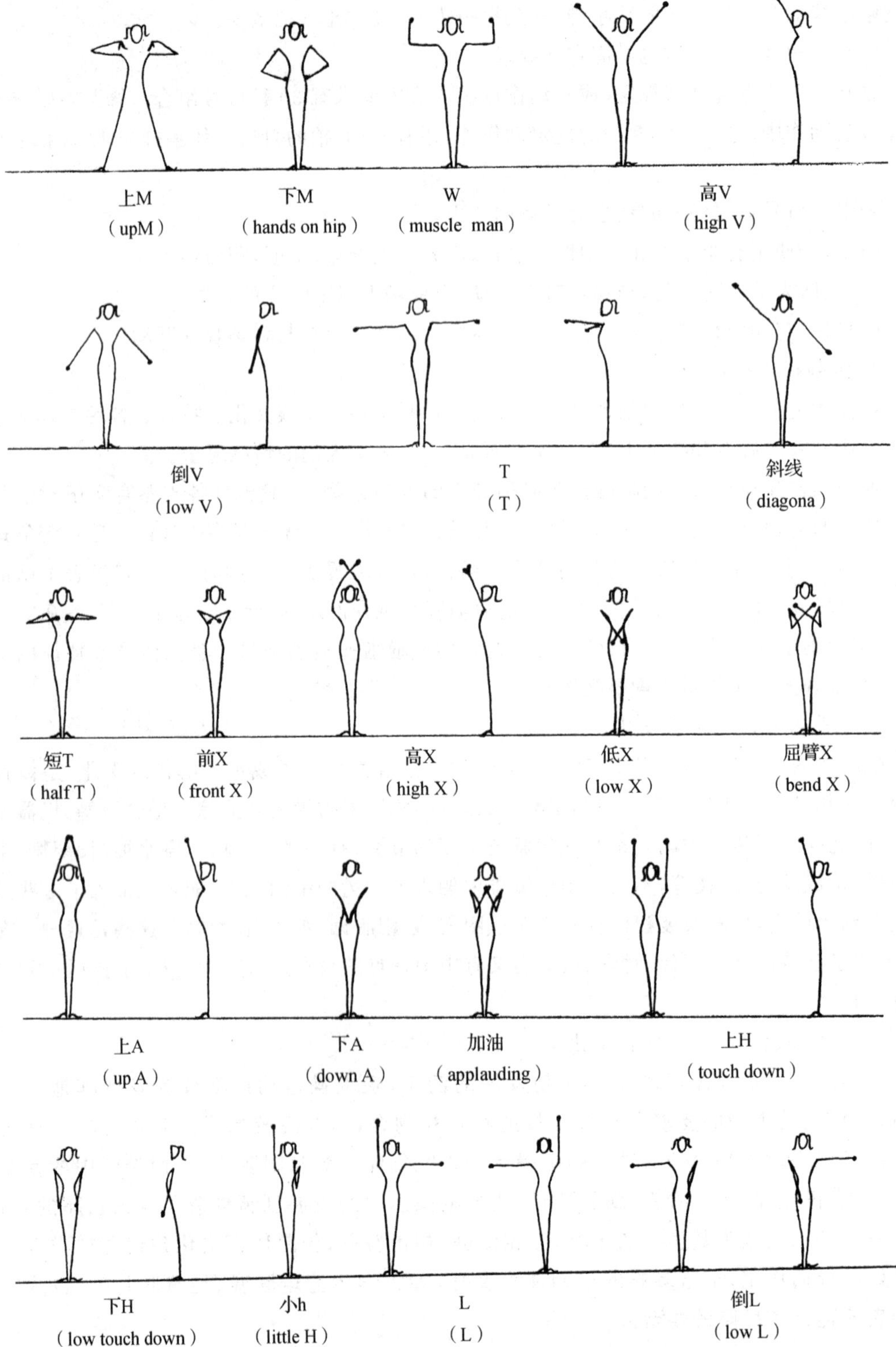

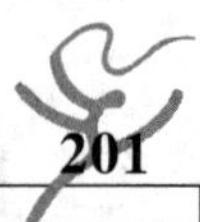

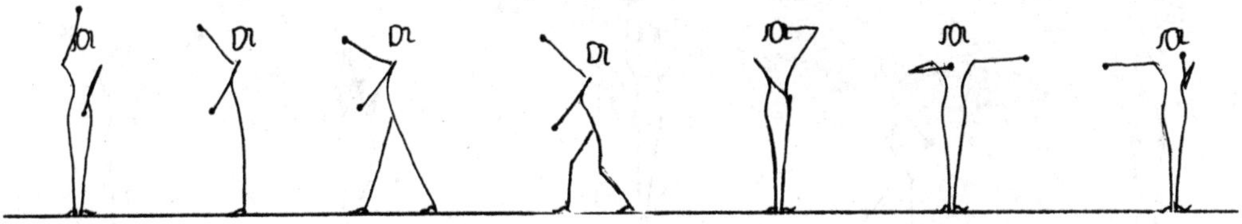

K (K)　侧K (side K)　R (7R)　弓箭 (bow and arrow)　小弓箭 (bow)

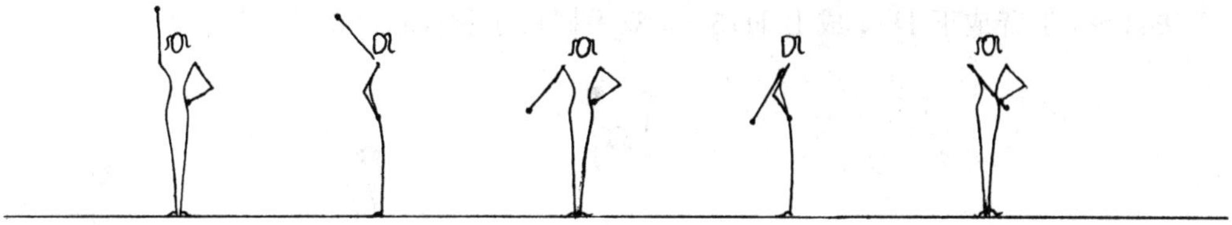

高冲拳 (high punch)　侧下冲拳 (low side punch)　斜下冲拳 (low cross punch)

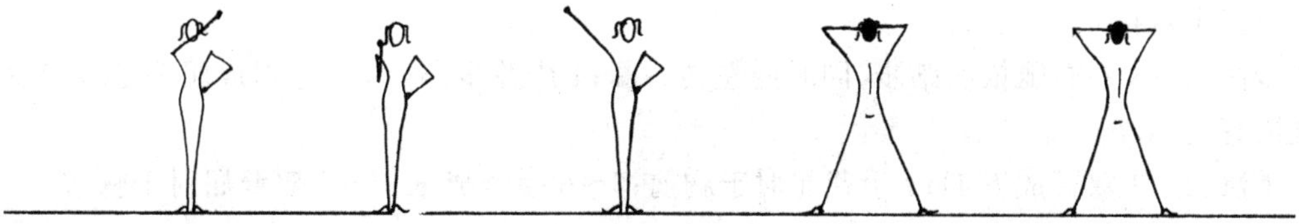

斜上冲拳 (up cross punch)　短剑 (half dagger)　侧上冲拳 (high side punch)　X (X)

(二)花球舞蹈啦啦操成套动作(一个八拍文字与一个八拍的图形相对应)

预备动作:

两腿屈膝,右腿外展,脚尖点地。

步法:1～4 右脚上前锁步;5～7 双腿开立;8 跳成并步。

手法:1～4 双臂成下 V;5～7 成上 V;8 双手握持于胸前。

预备　哒　1~4　哒　5~7　8

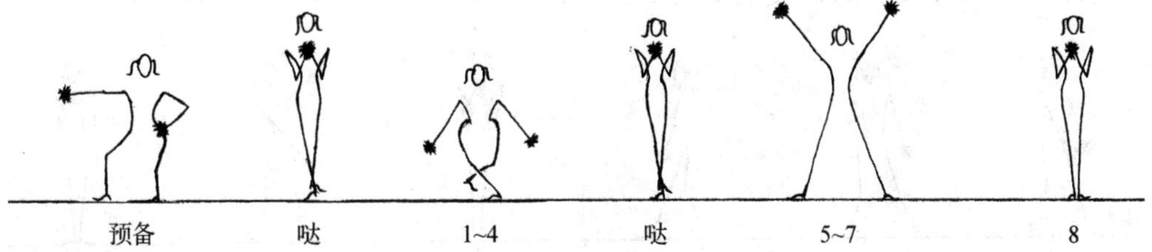

第一个八拍

步法:1～3 右、左、右腿依次前上步;4 并步提踵;5～8 上左腿成弓步,右膝微屈,脚跟提起。

手法:1～3 手臂成下 H 型;4 成上 H;5～6 双手握持于胸前;7～8 成上 V。

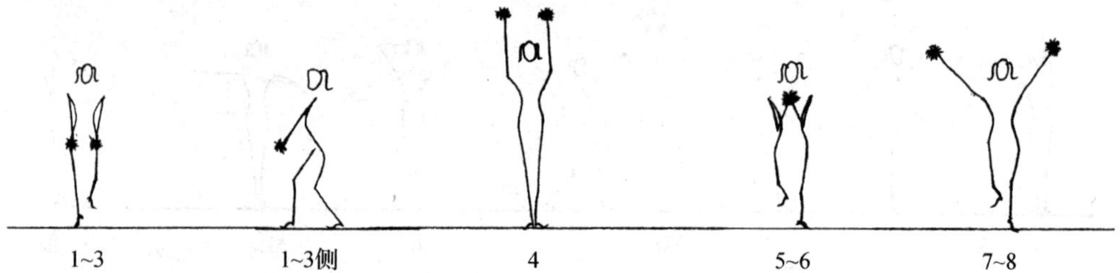

第二个八拍

步法：1～3 左、右、左依次退步；4 并步提踵；5～8 左腿后退成右弓步，左膝微屈脚跟提起。

手法：1～3 手臂成下 H；4 成上 H；5～6 双手握持于胸前；7～8 成下 V。

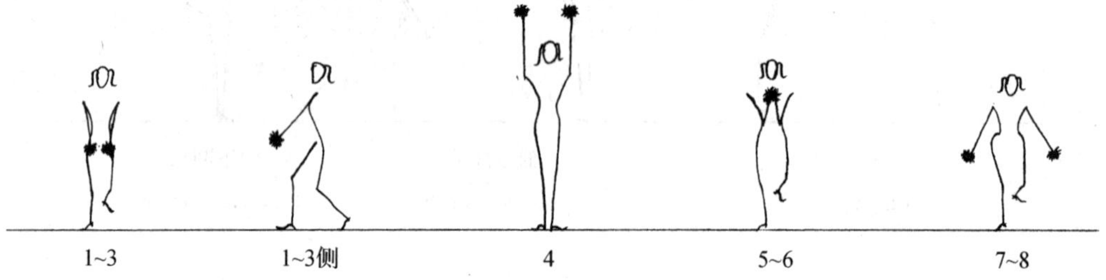

第三个八拍

步法：1～3 左右腿依次踏步，同时向左转一圈；4 成并步；5～6 出左腿成屈膝弓步；7～8 收左腿成直立。

手法：1～3 双臂成下 H；4 手臂屈肘于胸前；5～6 手臂成 K；7～8 双臂屈肘于胸前。

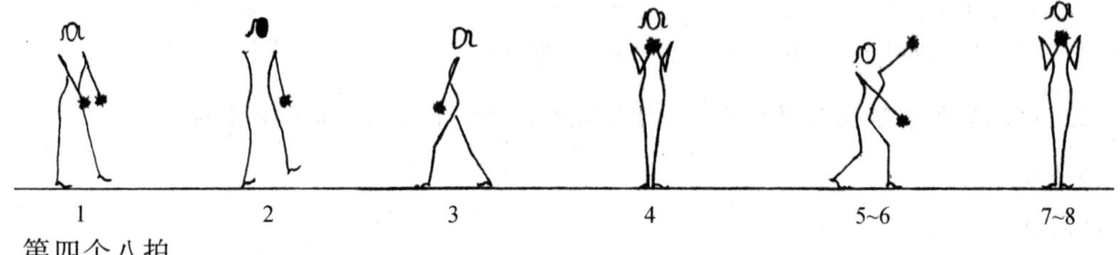

第四个八拍

步法：1～3 右、左、右依次踏步，同时向右转一圈；4 成并步；5～6 出右腿成屈膝弓步；7～8 收右腿成直立。

手法：1～3 双臂成下 H；4 手臂屈肘于胸前；5～6 手臂成 K；7～8 双臂屈肘于胸前。

第五个八拍

步法：1 出左腿成半蹲；2 收左腿成并步；3～4 同 1～2 唯左右相反；5 左腿上步成前弓步；6 收左腿成并步提踵；7 左腿侧迈出成半蹲；8 双脚跳成并步。

手法：1 右上 L；2 屈肘于胸前；3～4 同 1～2 唯方向相反；5 右臂前 L；6 双臂成上 H；7 左

臂前 L；8 双臂垂于大腿前方。

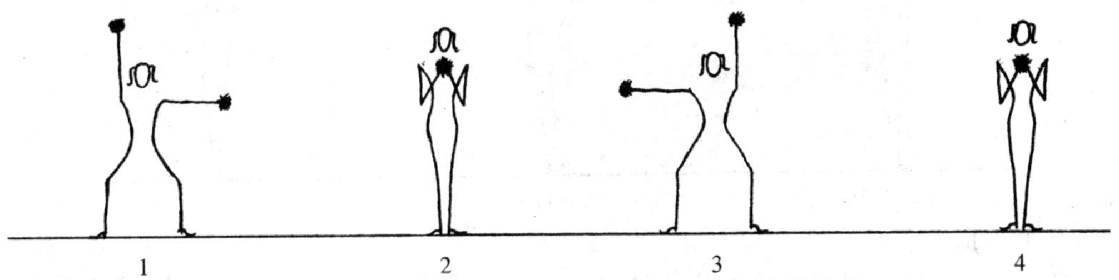

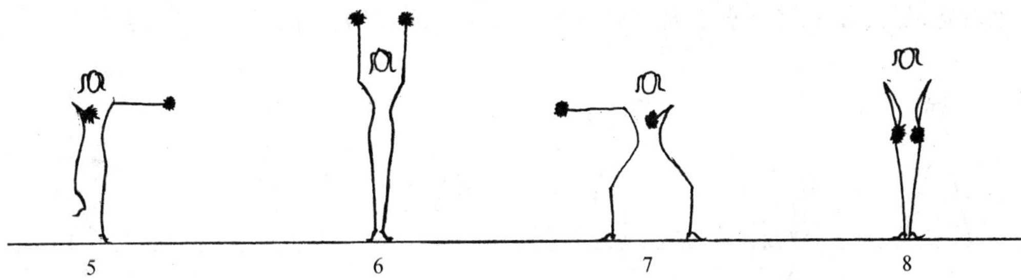

第六个八拍

步法：1～2 迈右腿成右弓步，左脚脚尖点地；3～4 重心左移成左弓步；5～6 跳成屈膝并步；7～8 前迈左脚成屈膝弓步，右脚跟提起。

手法：1～2 成右上斜线；3～4 成左上斜线；5～6 低头含胸，双手收于胸前；7～8 双手并拢，双臂前伸。

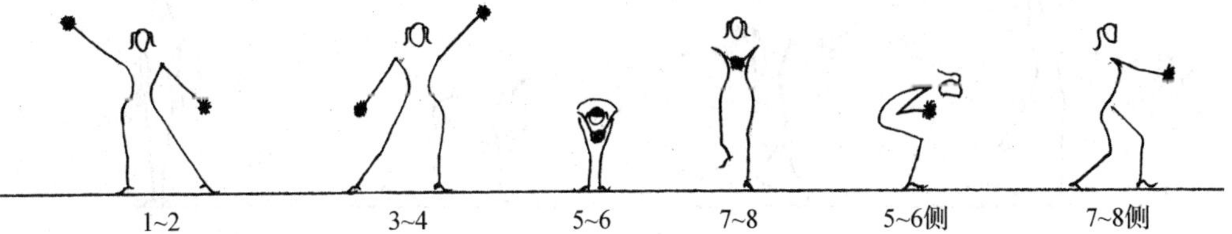

第七个八拍

步法：1～2 左腿向左后侧迈出成分腿站立；3～8 保持不动。

手法：1～2 成右臂高冲拳，左手叉腰；3～4 点抬头一次；5 左臂斜下冲拳，右手叉腰；6 左臂摆至左上方成左侧上冲拳；7～8 同 5～6，唯方向相反。

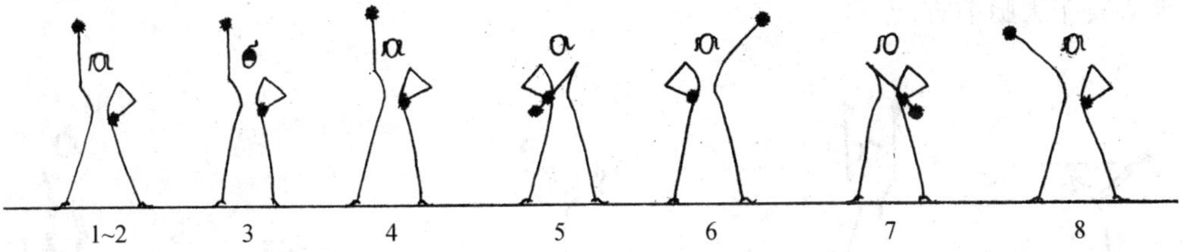

第八个八拍

步法：1～8 左右脚依次踏步

手法：1～6 双臂垂直于大腿前方；7～8 双手持握花球于胸前。

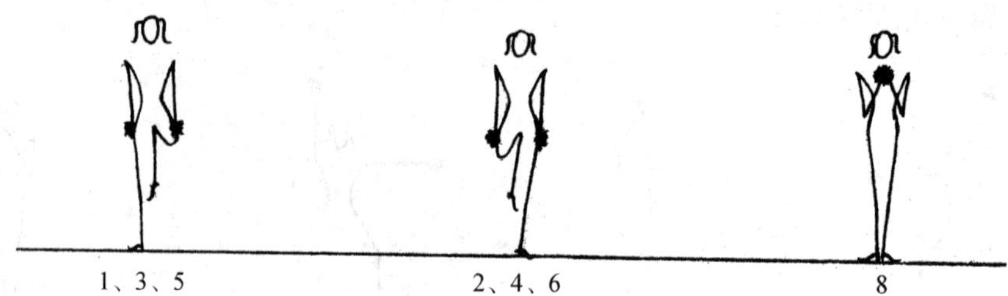

第九个八拍

步法：1～2 左腿向侧迈出成大分腿站立；3～4 屈膝俯身；5 身体右转后仰，重心移至左腿同时左脚跟提起；6 身体重心移至两腿之间；7 跳成并步直立；8 右脚往前成锁步。

手法：1～2 双手上举成上 A；3～4 双手向下成 H；5 双臂平行向右上方冲拳，抬头；6 双臂下压触右膝，低头；7 双臂垂直于大腿前；8 屈臂收于腰间，肘关节向后。

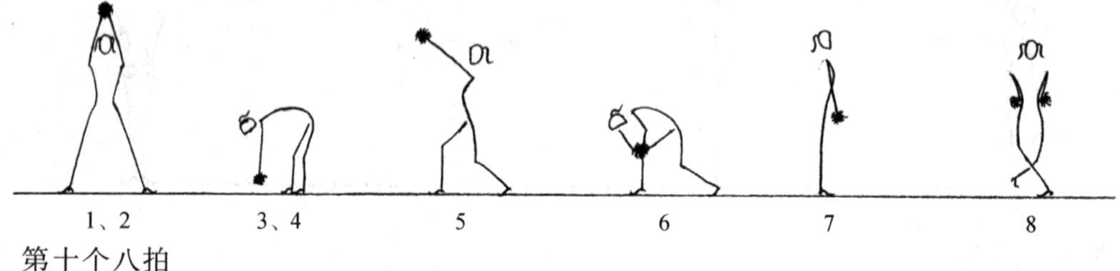

第十个八拍

步法：1 右脚站立，左腿侧摆；2 左腿前锁步；3～7 右腿侧出，身体右转，低头俯身，两腿分立半蹲，重心在两脚之间同时左后跟提起；8 双腿并立。

手法：1 双手上举成 H；2 双臂经侧向下压；3～7 扶右膝；8 双臂垂于大腿前。

第十一个八拍(依次动作)

步法：1～3 分腿站立；4 身体左转低头前俯身，两腿半蹲，重心在两腿之间，同时右脚跟提起；5～7 同 4 保持不动；8 双腿并步直立。

手法：1～3 双臂成上 H，依次于右前，正前，左前各敲击一次；4 下压扶膝；5～7 保持不动；8 双臂垂直于大腿前方。

一组

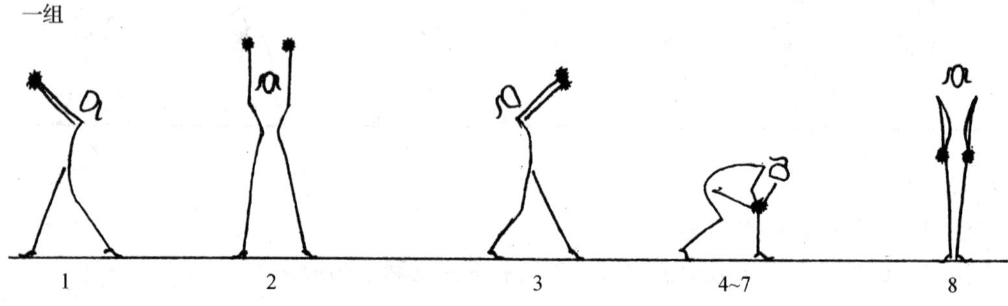

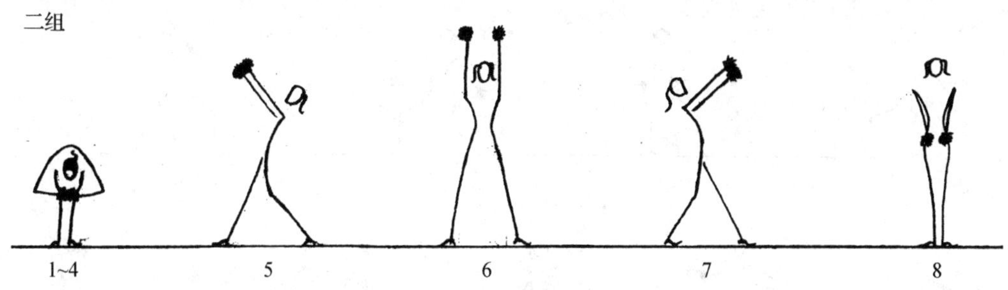

第十二个八拍

步法：1～6 左右脚依次踏步；7～8 双脚并立。

手法：1～4 两臂屈肘于胸前，成"加油"手位；5～6 两肘外展成短 T 手位；7～8 垂直于大腿前。

第十三个八拍

步法：1 右脚经地面向前小踹；哒拍：屈膝收腿；2 成马步；3～5 保持马步小跳三次；6～8 两腿分立半蹲，重心在两脚之间，同时左脚跟提起。

手法：1 两臂由体侧摆至腹前；哒拍：两臂屈肘收于腰侧；2 两臂前冲；3 屈肘成短 T 手位；4 右手斜上冲拳，左手叉腰，身体稍向左倾斜；5 同 4 唯左右相反；6 双臂侧下举同时身体右转前屈，低头；7～8 抬起上体同时振胸两次。

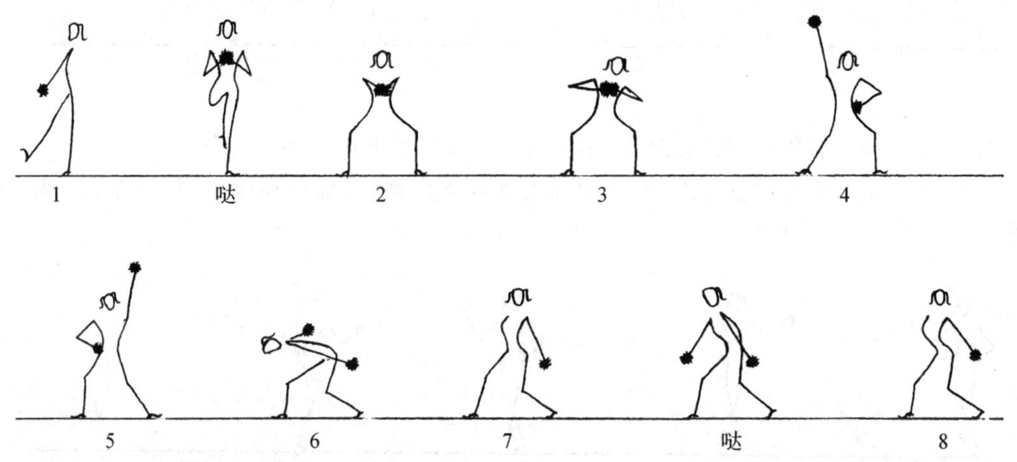

第十四个八拍

步法：1 分腿半蹲，左脚尖侧点地；2 同 1 唯左右相反；3 同 1；4 两腿分立，右腿屈膝起踵；5～6 身体左转前俯身，低头，两腿分立半蹲，重心在两脚之间同时右脚跟提起；7～8 分腿站立

手法：1 右手扶臀，左臂侧平举；2 右手不动左手扶臀；3 双臂斜下举；4 双臂交叉于胸前；5～6 两臂侧下举；7～8 两臂前举，顺着身体从左到右平移至胸前。

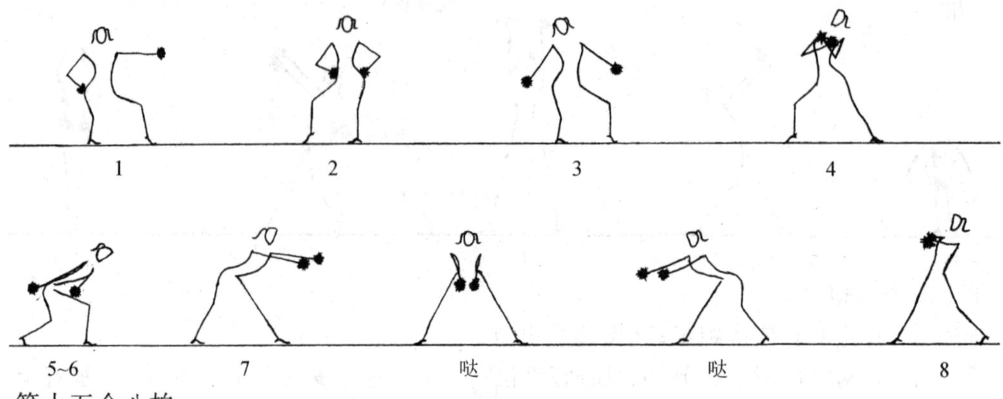

第十五个八拍

步法:1 双腿微屈分立重心移至右脚;2 重心移至两脚之间;3 重心移至左脚;4 重心移至两脚之间;5～6 分腿站立;7 两腿屈膝,向前俯身;8 跳成并步直立。

手法:1 右臂下伸,左臂屈肘于胸前;哒拍左臂下伸,右臂屈肘于胸前;2 双臂成“加油”手位;哒拍成下 H 手位;3 同 1 唯左右交换;4 同 2;5～6 小臂上举绕环,从右经前移至左侧;7 含胸低头双臂屈于胸前;8 双臂向上成 A。

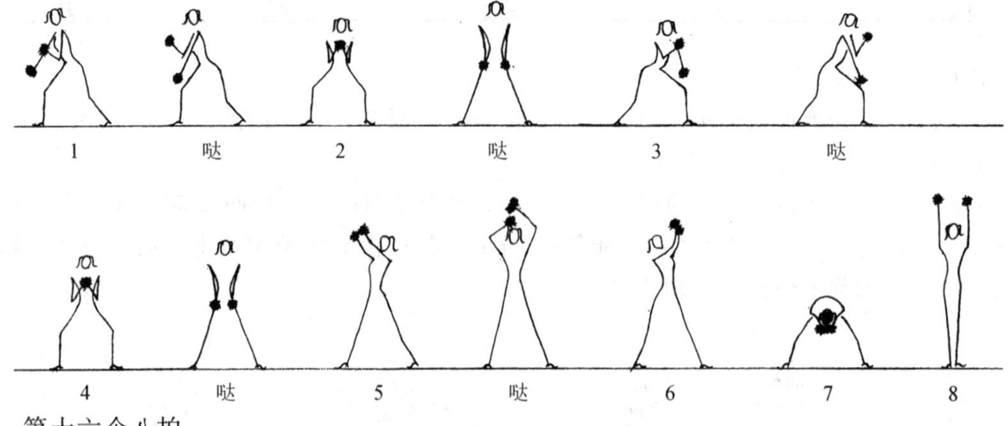

第十六个八拍

步法:1～4 左、右脚依次向前锁步;5～7 右、左脚依次上步;8 并步

手法:1、3、4 右手屈肘扶于右胯,左手屈肘外摆于体侧;2、哒拍动作相同,唯左右交换;5～7 成下 M 手位;8 屈肘于胸前。

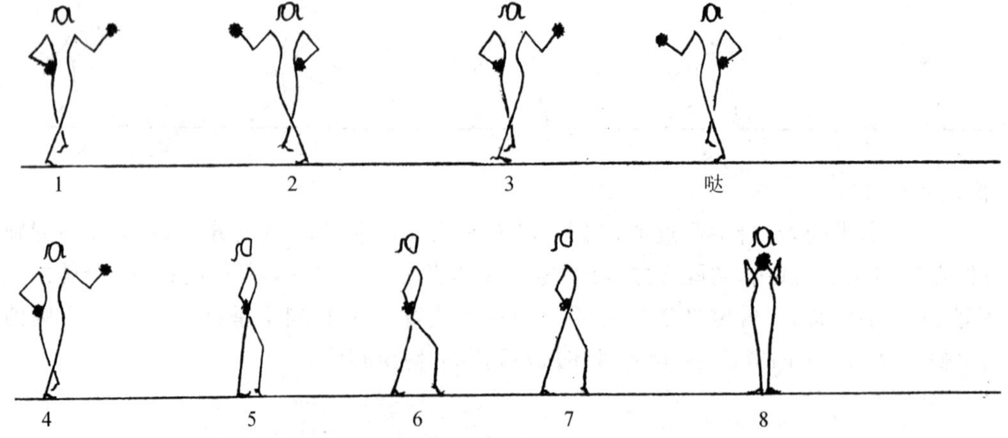

第十七个八拍

步法:1～8 直立

手法:1～2 侧下举;3～4 屈肘于胸前;5～8 同 1～4。

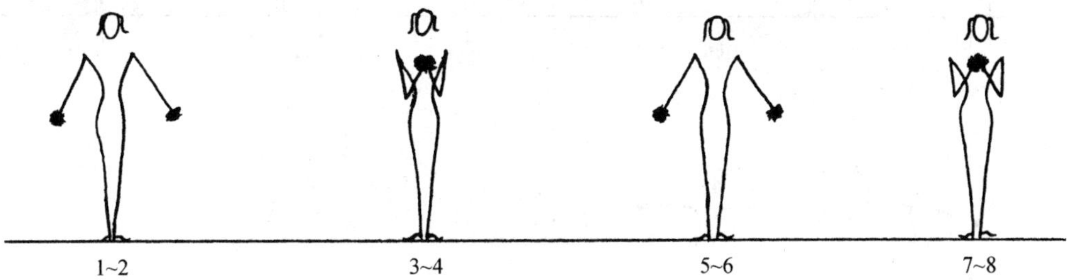

第十八个八拍

步法:1～7 并腿屈膝弹动,一拍一动;8 直立。

手法:1 左臂上举,右臂下举;2～7 左臂带动右臂做风火轮转;8 成胸前屈臂重叠。

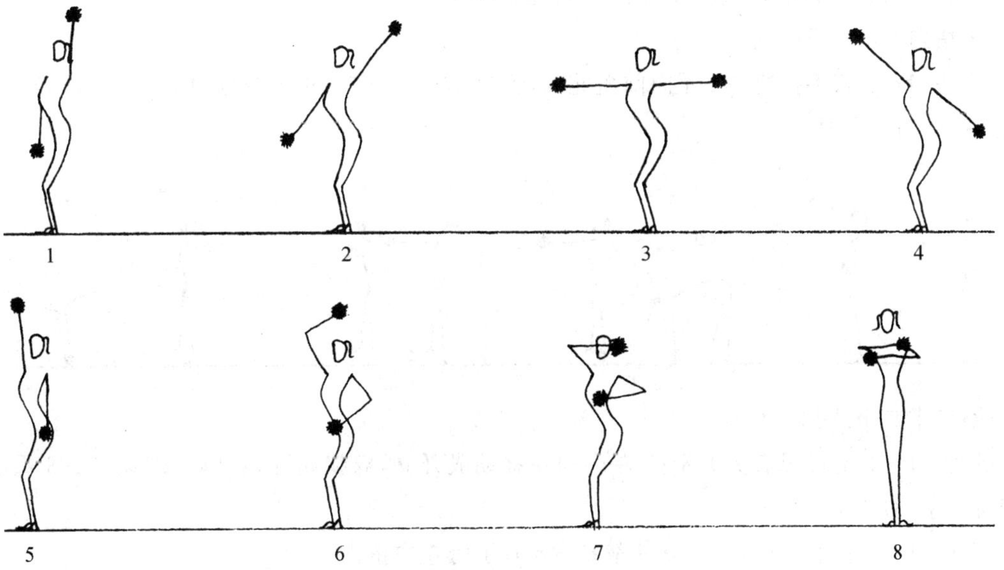

第十九个八拍

步法:1～6 左右脚依次踏步向左转一圈;7～8 并步直立。

手法:1～6 双臂下 H;7～8 侧平举。

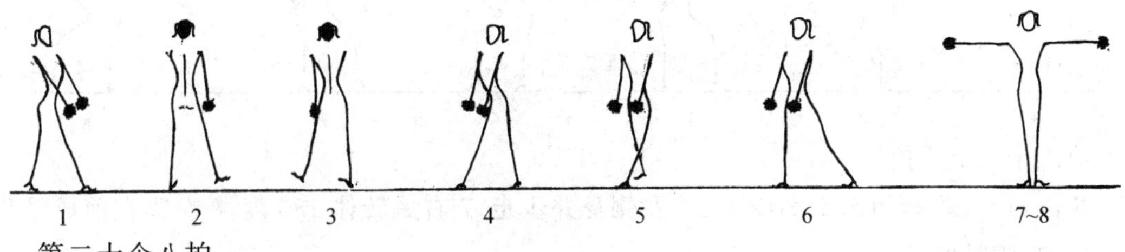

第二十个八拍

步法:1 左腿前吸腿跳;2 并腿跳;3 左腿前踢腿跳;4 并腿跳;5 右前踢腿跳;6 并腿跳;7 左腿前踢腿跳;8 双脚并立。

手法:1～8 侧平举。

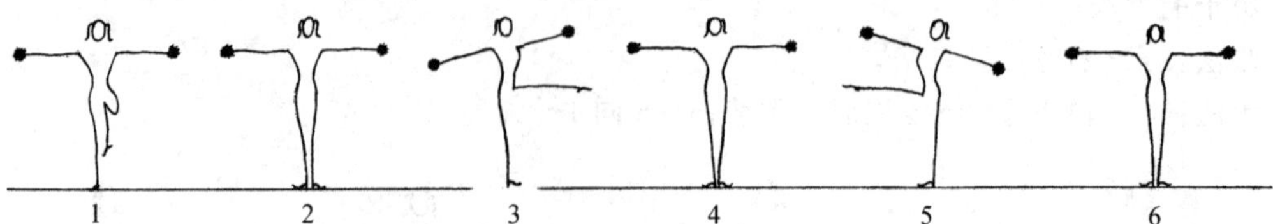

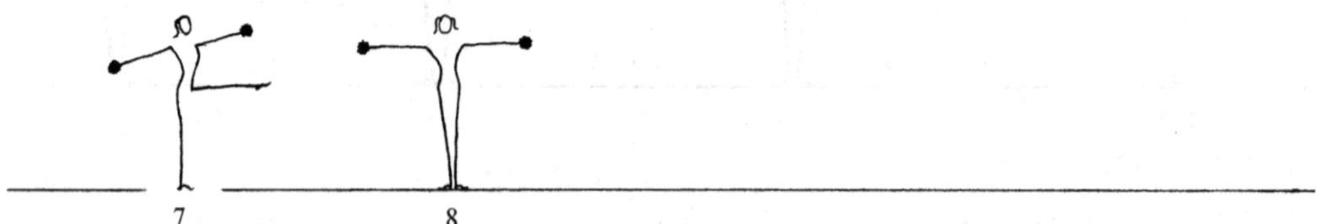

第二十一个八拍

（这是一组双人配合动作，括号注明是配合动作）

步法：1～8 分腿站立。

手法：1～2 双手扶髋；3～4 向前抛花球（两臂前平举）；5～6 接花球（向后递花球）7～8 上举花球（俯身拿花球）。

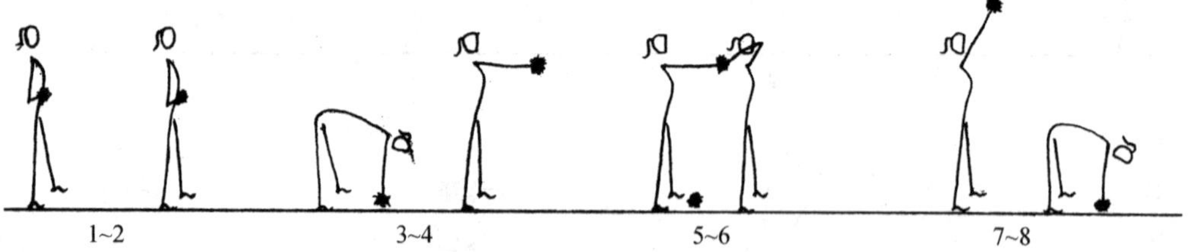

第二十二个八拍

步法：1～4 左右脚依次上步；5 左脚向左移动成开立，双腿屈膝，右脚侧点地；6～8 重心随髋部右、左、右摆动。

手法：1～4 左手叉腰，右臂高冲拳；5～8 右手胯左右依次摆动。

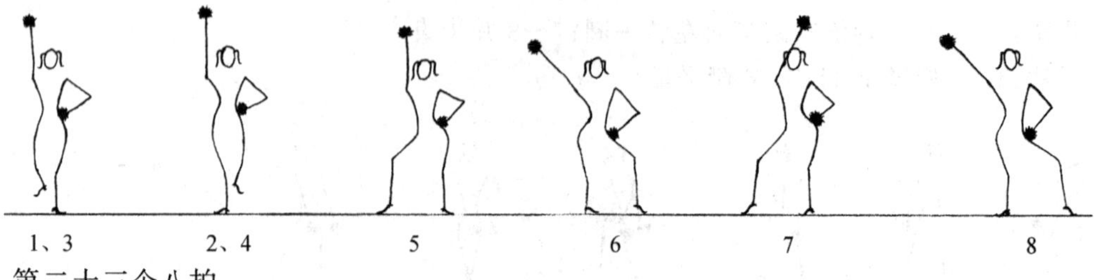

第二十三个八拍

步法：1～4 左脚迈出十字步；5～6 左侧身并步走；7 右后转体 180 度；8 左脚在前成弓步，右脚弯曲，脚跟提起。

手法：1～4 双臂依次向左前下、右前下、左前上、右前上推动；5 侧平举；哒拍屈肘外绕环；6 侧平举；7 双臂下举；8 成 X 手位。

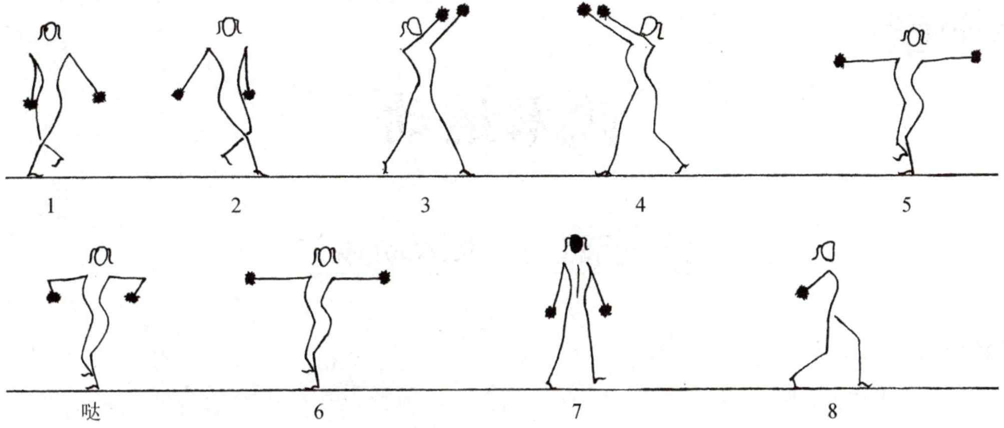

第二十四个八拍

步法：1～2 右腿侧并步走；3～6 向左后方迈步转体 180 度；7 并步团身半蹲；并步提踵。

手法：1 双臂上举成 V；哒拍屈臂于胸前；2 双臂下举成倒 V；3～6 成下 H；7 双手握持花球于胸前；8 双臂上举。

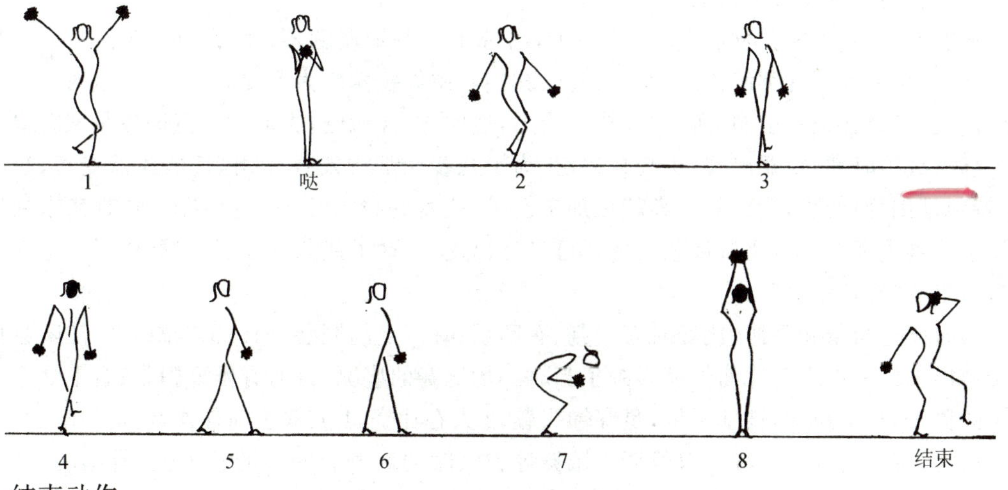

结束动作：

步法：分腿站立并屈膝，左脚前脚掌点地屈膝外展。

手法：右臂斜前下举，左臂屈肘于头部后方。

第十章

武术运动

第一节 武术运动概述

教学目标：

了解武术运动的渊源及其健身价值，了解武术运动的内容及学会欣赏武术。

一、武术运动的起源与发展

武术的起源可以追溯到原始社会。人类用棍棒等原始工具做武器同野兽进行斗争，一是为了自卫，一是为了猎取生活资料。尤其在部落战斗中，不仅制造了兵器，而且逐渐积累了具有一定的攻防格斗意义的技能。

在殷商时期，青铜业发展，以车战为主，出现了一些铜制武器，如矛、戈、戟、斧、钺、刀、剑等。同时，也出现了这类武器的用法，如劈、扎、刺、砍等技术。为了提高战斗力，这时已有了比赛的形式。如《礼记・王制》所载“凡执技论力，适四方，裸股肱，决射御”，意即较量武艺高低。

春秋战国时期，铁器出现，步骑兵兴起，为了在步骑战中发挥作用，长柄武器变短，短柄武器(特别是剑身)变长，武器的内容就更加丰富了，武术的技击性进一步突出，同时武术的健身作用也受到重视。这时比试武艺的形式已广泛出现，推动了武艺的发展。据《管子・七法》载，当时每年有“春秋角试”。

秦时盛行角抵和手搏，比赛时有裁判、有赛场、有一定的服装。1975 年湖北省江陵县凤凰山秦墓出土的一件木篦背面上就彩画了当时一场比赛的盛况：台前有帷幕飘带；台上 3 个上身赤裸的男子，只穿短裤，腰部系带，足穿翘头鞋，2 人在比赛，1 人双手前伸作裁判。

汉时，有了剑舞、刀舞、双戟舞、钺舞等。汉时的武舞有明显的技击性，有招法，又多以套路的形式出现。汉时已形成了多种技术风格的流派。《汉书・艺文志》收入的“兵技巧”类就有 13 家、199 篇，都是论述“习手足，便器械，积机关，以立攻守之胜”的武术专著。

两晋南北朝时期，战乱频繁，官僚贵族或沉溺于宴乐或追求长生不老之术，其影响也渗透到社会各阶层的生活中，如视剑为具有神秘色彩的法器，甚至以木剑代刀剑，用荒诞无稽的邪说取代练武，致使武艺停滞不前。

隋唐五代时期，随着封建社会经济的发展和繁荣，武术重新兴起，唐朝开始实行武举制，并用考试办法授予武艺出众者以相应称号，如“猛殷之士”、“矫捷之士”、“技术之士”、“疾足之士”，获得每个称号都有具体标准。这一通过考试选拔人才的制度，促进了社会上的练武活动。

随着步骑战的发展，在战场上，戈、戟逐渐被淘汰，剑作为军事技术多被刀所代替，但作为套路的演练仍在发展。

宋代出现了民间练武组织，见于记载的有“锦标社”(射弩)、“英略社”(使棒)、“角抵社”(相扑)等。但对抗性的攻防技术由于受了宋理学家倡导“主静”的影响，都逐渐走向衰弱。

元代统治者对民间武术活动严加禁止，“……二十人之上不许聚众围猎”(《元典章》卷 3，赈饥贫)，连民间私藏武器也属于犯罪。武艺多以秘密家传的方式冒着生命危险进行传授。

明代是武艺大发展的时期，出现了不同风格的技术流派，拳术、器械都得到了发展，特别是在理论上总结了过去的练武经验，具有代表性的著作有《纪效新书》、《武篇》、《耕余剩技》等。

清代统治者禁止练武，民间则以“社”、“馆”的秘密结社形式传授武艺，其中著名的拳种，如太极拳、八卦掌、形意拳、八极拳、劈挂拳等，多在清代形成。

民国期间，社会上存在着各种形式的拳社，对传播和发展武术起了积极作用。

中华人民共和国成立后，武术被作为优秀民族遗产加以继承、整理和提高，成立了各级武术协会，国家设有专门机构负责开展武术运动，在第一届全运会上武术就成为正式比赛项目。2002 年，国际武术联合会获得了国际奥委会的合法地位，已有 120 个国家和地区成为国际武联会员。目前，武术已经成为亚洲各个综合性运动会的正式比赛项目，包括亚运会、东亚运动会、东南亚运动会和南亚运动会。在 2008 年北京奥运会中，武术确定为特设项目，一共决出 7 枚金牌，其中武术套路 5 枚、男女散打各 1 枚。

二、武术的内容和分类

武术的内容浩繁，流派众多。武术的分类有多种，以名山、大川为界分为少林派、武当派、峨眉派、南派、北派；以拳种的风格特点划分为内家、外家；也有按姓氏划分的。现按技术内容和风格特点分为拳术、器械、对练、集体演练和对抗项目五大类。

(一)拳术

1. 长拳：以屈伸、回环、平衡、跳跃、翻腾和跌扑等动作组成，姿势舒展、动作灵活、快速有力、节奏明显。

2. 太极拳：以掤、捋、挤、按等技法组成，柔和轻灵、呼吸沉静、动作绵绵不断似行云流水。

3. 南拳：步稳势烈，身居中央，八面进退，动作紧凑，刚劲突出，以气催力，适时发声，以助气势。

4. 形意拳：以三体式为基本姿势，以劈、崩、钻、炮、横五拳为基本拳法，以龙、虎、猴、马、蛇、鸡、鼍、燕、熊、鹞、鹰、鲐十二种动物的动作与形象而组成，动作简练、快速整齐、节奏分明、手脚合顺、发力沉着、朴实明快、完整饱满。

5. 通背拳：以摔、拍、穿、劈、拨、钻等基本掌法为主要内容，以圈、揽、勾、截、削、摩、拔、扇等八法组成，出手为掌，点手成拳，动作大开大合，甩膀抖腕，放长击远，发力冷弹脆快，起自腰背贯通肩臂。

6. 少林拳：朴实无华，刚健有力，出拳屈而不屈、直而不直，虚实相兼，身法横起顺落，步法进低退高，轻灵稳固，手起劲发，手到劲至。

此外，还有劈挂拳、翻子拳、戳脚、地躺拳、华拳、炮拳、象形拳等不同风格的拳种。每个拳种有若干个拳系，每个拳系中又有若干套路。

(二)器械

过去有十八般兵器之说，现在一般按特点分为刀、剑、匕首等短器械，枪、棍、大刀等长器械，双刀、双钩、双枪、双剑等双器械，以及九节鞭、三节棍、流星锤、绳镖等软器械。

(三)对练

是两人或两人以上按照固定动作进行攻防格斗的套路练习。一般有徒手对练、器械对练和徒手与器械的对练。

(四)集体演练

是六人以上徒手或持器械进行的集体表演。如集体拳、集体剑、集体鞭、集体枪、集体棍等,可以编排图案和用音乐伴奏,要求队形整齐,动作划一。

(五)对抗项目

是两人按照一定的规则进行的具有实战意义的搏斗形式的运动。

三、武术运动的价值

1. 健身价值:增加肌肉的力量,增强各关节韧带的柔韧性,提高身体协调和灵活性以及平衡能力。

2. 修身价值:热爱民族传统武术,培养坚韧、顽强、勇于战胜困难的意志品质和良好的武术道德以及团结、协作的精神。

3. 医疗价值:矫正身体姿态、提高大脑兴奋、反应活力、治疗慢性疾病、促进病者康复。

4. 观赏、娱乐价值:提高审美观念,培养健美姿态,感受力与美,拓展兴趣爱好,陶冶情操。

5. 防身价值:提高擒拿格斗技术和身体素质以及快速反应能力,对人身和社会安全有保障作用。

6. 交流价值:通过互相交流,切磋武术技艺,促进社会交往,改善人际关系。

四、武术运动欣赏

武术是我国特有的传统项目,是中华民族文化遗产中的瑰丽珍宝。它由风格各异的技术动作组成,具有攻防内涵,蕴含哲理,有很高的观赏价值,给人以美的享受。在运动习练中我们可以体会它的阳刚美与阴柔美、节奏美与技击美、神形美与意境美。近年来,竞技武术的发展,逐步融合了西方体育的竞赛模式,使武术的竞技体系更加完善,成为了世界体育的一部分。如何欣赏武术比赛呢?

首先,我们可以看动作的组合和连接是否顺畅合理。其次是观察每一个动作是否到位,只有达到一定水平才能准确做好每个动作的定型。我们还可以试着去感受运动员的演练水平。一个高水平的运动员在过渡动作和亮相动作上都会给人一种自然而带着自信的感觉。再次可以从风格上去看他习武的地方和区域。要真正达到较高的欣赏水平还是需要自己参与习练,也只有这样才能体会到每个动作背后的艰辛。

第二节 武术的基本功及动作组合

教学目标:

学习武术基本技术及练习方法,发展全面的身体素质,为学习拳术和器械套路、提高锻炼水平打下良好的基础。

一、武术基本功

(一)肩功

1. 压肩

面对一定高度的物体或肋木开步站立，距离为一大步，两手抓握肋木，上体前俯并做下振压肩动作；也可以两人面对面站立，互相扶按肩部，做体前屈振动压肩动作。

动作要点：挺胸、塌腰收髋，两臂、两腿要伸直，振幅逐步加大，压点集中于肩部。增加助力时应由小到大。

2. 双臂前后绕环

两脚开立与肩同宽，两臂垂于体侧。左臂由下向前、向上、向后做向前绕环，右臂由下向后、向上、向前做向后绕环，然后两臂再做反方向绕环。

动作要点：肩放松，臂伸直，两臂绕环时要协调配合。

(二)腰功

1. 前俯腰

两脚并步站立，两手十指交叉，直臂上举，手心向上。上体前俯，两掌心尽量贴地，然后两手松开，抱住两腿跟腱处，胸部尽量贴紧腿部持续一段时间再起立。

动作要点：两腿膝关节须伸直，挺胸、塌腰、收髋、向前折体。

2. 涮腰

两脚开立略宽于肩，两臂自然下垂。以髋关节为轴，上体前俯，两臂向左下方伸出，然后向前、向右、向后、向左翻转绕还。练习时可以左右交替进行。

动作要点：两腿伸直，两臂随腰绕动时，尽量增大绕环幅度。

3. 下腰

两脚开立与肩同宽，两臂伸直上举，腰向后弯，抬头、挺腰，两手撑地成桥形。

动作要点：挺胸、挺髋、腰向上顶，脚跟不得离地。

(三)腿功

1. 正压腿

面对一定高度的物体或肋木开步站立。单腿脚跟放在肋木上，脚尖勾紧，两手扶按膝上。两腿伸直，立腰、收髋，上体前屈，向前、向下做拉伸动作。练习时左右腿交替进行。

动作要点：直体向前、向下拉伸，先以前额、鼻尖触及脚尖，然后过渡到下额触及脚尖。

2. 侧压腿

身体侧对肋木，右腿支撑，脚尖外撇，左脚跟放在肋木上，脚尖勾起，右臂上举，左掌附于右胸前。两腿伸直，立腰、开髋，上体向左侧压振。练习时左右交替进行。

动作要点：两腿膝关节伸直，立腰、开髋，直体向侧下压振。

3. 后压腿

背对一定高度的物体或肋木站立，右脚支撑，左脚背放在肋木上，脚面绷直。两手叉腰或扶一定高度的物体，上体后屈并做压振动作。练习时左右交替进行。

动作要点：两腿膝关节伸直，挺胸、展髋、腰向后屈。

4. 仆步压腿

两脚左右开立，右腿屈膝全蹲，两脚脚掌着地，左腿挺膝伸直，脚尖内扣。两手分别抓握两脚外侧，成仆步。练习时左右交替进行。

动作要点：挺胸、塌腰、沉髋，使臀部尽量贴近地面。

5. 竖叉

两臂立掌侧平举，两脚前后分开成直线。左腿后侧着地。练习时左右交替进行。

动作要点:挺胸、立腰、沉髋、挺膝。

二、武术基本动作及组合

(一)手形

1. 拳

四指并拢卷握,拇指紧扣食指和中指的第二指节。拳心朝下为平拳,拳眼朝上为立拳(如图 10-1①)。

动作要点:拳紧握,拳面平,直腕。

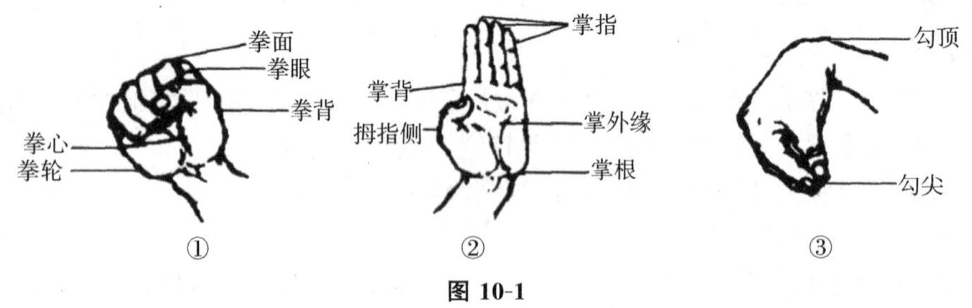

图 10-1

2. 掌

四指并拢伸直,拇指弯曲紧扣于虎口处。掌指朝上为立掌。

动作要点:手指并拢、竖指(如图 10-1②)。

3. 勾

五指第一指节捏拢在一起,屈腕(如图 10-1③)。

动作要点:五指捏紧,腕关节用力朝下回勾。

(二)手法

1. 冲拳

两脚左右开立与肩同宽,两拳抱于腰间,拳心朝上,肘尖向后(如图 10-2①);右拳从腰间旋臂向前快速冲出,力达拳面,臂要伸直,高与肩平;同时左肘向后牵拉(如图 10-2②)。练习时左右交替进行。

动作要点:挺胸、收腹、立腰。出拳要快速有力,力达拳面,做好拧腰、顺肩、急旋前臂的动作。

图 10-2

2. 架拳

预备姿势与冲拳相同,右拳向左、向上经头前向右上方画弧架起,拳眼朝下,眼看左方(如图 10-2③)。练习时左右交替进行。

动作要点：松肩，肘微屈，前臂内旋，力达前臂外侧。

3. 推掌

预备姿势与冲拳相同。右拳变掌，前臂内旋，并以掌根为力点向前猛力推出。推出时要转腰，顺肩，臂要伸直，高与肩平。同时左肘向后牵拉，目视前方(如图 10-3①)。练习时左右交替进行。

动作要点：挺胸、收腹、拧腰、顺肩，出掌快速有力，力达掌根，有寸劲，同时要做好拧腰、顺肩、沉腕、翘掌等动作。

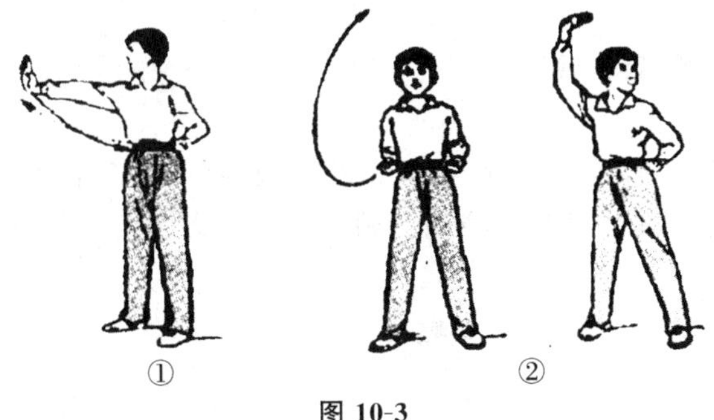

①　　②

图 10-3

4. 亮掌

预备姿势与冲拳相同。右拳变掌，经体侧向右、向上画弧，至头部右前上方时，抖腕亮掌，臂成弧形。掌心向上，虎口朝下，眼随右手动作转动，亮掌时，眼注视左方(如图 10-3②)。练习时左右交替进行。

动作要点：抖腕、亮掌与转头要同时完成。

(三)步形

1. 弓步

左脚向前一大步，脚尖微内扣，左腿屈膝半蹲(大腿接近水平)，膝与脚尖垂直。右腿挺膝伸直，脚尖内扣(斜向前方)，两脚掌着地。上体正对前方，眼向前平视，两手抱拳于腰间(如图 10-4①)。弓左腿为左弓步，弓右腿为右弓步。

动作要点：挺胸、塌腰、沉髋，前脚同后脚成一直线。

2. 马步

两脚平行开立(约为本人脚长的三倍)，脚尖正对前方，屈膝半蹲，膝部不超过脚尖，大腿接近水平，全脚掌着地，身体重心落于两脚之间，两手抱拳于腰间(如图 10-4②)。

动作要点：挺胸、塌腰、脚跟外蹬。

①　　②　　③　　④　　⑤

图 10-4

3. 仆步

两脚左右开立，右腿屈膝全蹲，大腿和小腿靠紧，臀部接近小腿，右脚全脚掌着地，脚尖和膝关节外展;左腿伸直平仆,脚尖内扣,全脚掌着地。两手抱拳于腰间。眼向左视(如图 10-4③)。仆左腿为左仆步,仆右腿为右仆步。

动作要点:挺胸、塌腰、沉髋。

4. 虚步

两脚前后开立,右脚外展 45°,屈膝半蹲,左脚向前伸出,脚跟离地,脚面绷平,脚尖稍内扣,虚点地面,膝微屈,重心落于后腿上。两手叉腰。眼向前平视(如图 10-4④)。左脚在前为左虚步,右脚在前为右虚步。

动作要点:挺胸、塌腰、虚实分明。

5. 歇步

两腿交叉屈膝全蹲,左脚全脚掌着地,脚尖外展,右脚前脚掌着地,膝部贴近左腿外侧,臀部坐于右腿接近脚跟处。两手抱拳于腰间。眼向左前方平视(如图 10-4⑤)。左脚在前为左歇步,右脚在前为右歇步。

动作要点:挺胸、塌腰、两腿靠拢并紧贴。

(四)腿法

1. 正踢腿

两脚并步站立,两手立掌,两臂侧平举(如图 10-5①)。左脚向前上半步,左脚支撑,右脚脚尖勾起向前额处猛踢。两眼向前平视(如图 10-5②)。练习时左右交替进行。

动作要点:挺胸、立腰、收腹收髋,两膝伸直,踢腿过腰后加速,要有寸劲。

图 10-5

2. 侧踢腿

预备姿势与正踢腿相同。右脚向前上半步,脚尖外展;左脚跟稍提起,身体略右转,左臂前伸,右臂后举(如图 10-5③)。随即左腿挺膝,勾脚向左耳侧踢起,同时右臂上举亮掌,左臂屈肘立掌于右肩前。目视前方(如图 10-5④)。

动作要点:挺胸、立腰、开髋、猛收腹。

3. 弹腿

两脚并步站立,两手叉腰。右腿屈膝提起,大腿与腰平,右脚绷直(如图 10-6①)。提膝接近水平时,迅速猛力挺膝,向前弹击,力达脚尖。大腿与小腿成一直线,高与腰平,左腿伸直或微屈支撑。两眼平视(如图 10-6②)。练习时左右交替进行。

动作要点:挺胸、立腰、收髋,脚面绷直,弹出时要有爆发力。

4. 蹬腿

左腿支撑,右腿屈膝提起,脚尖勾起,以脚跟为力点向前猛力蹬出,挺膝,脚高过腰。目视前方(如图 10-6③)。练习时左右交替进行。

动作要点:挺胸、立腰、脚尖勾紧;蹬出时力达脚跟,有爆发力。

图 10-6

5. 侧踹腿

两腿左右交叉,右腿在前,稍屈膝(如图 10-6④)。随即,右腿伸直支撑,左腿屈膝提起,左脚内扣,脚跟用力向左侧上方踹出,高与肩平,上体向右侧倒,眼视左侧方(如图 10-6⑤)。练习时左右交替进行。

动作要点:挺膝、开髋猛踹,脚外侧朝上,力达脚跟。

(五)跳跃

1. 大跃步前穿

两脚并步站立,两臂垂于体侧,眼平视前方(如图 10-7①)。左脚向前上步,身体重心前移,右脚跟提起,同时两臂向左后摆起(如图 10-7②)。左脚蹬地,右腿前摆;身体向前跃起,同时两臂向前向上摆,身体在空中右转,挺胸、展髋、背腿,眼视右掌(如图 10-7③)。随后右腿落地全蹲,左腿随即落地向前铲出成仆步;右掌变拳抱于腰间,左掌下落立掌于右胸前,眼视左前方(如图 10-7④)。

动作要点:摆臂与蹬腿要协调一致,要求跳得高和跃得远,空中要挺胸、展腹,落地轻稳。

图 10-7

2. 腾空飞脚

右脚上步,左腿向前、向上摆踢(如图 10-8①);右脚蹬地跃起,身体腾空,两臂由下向前、向头上摆起,右手背迎击左手掌(如图 10-8②)。在空中,右腿向前上方弹踢,脚面绷直,脚尖向下。左手在击响的同时摆至左侧方变勾手,勾尖向下,略高于肩。上体略前倾,两眼平视前方(如图 10-8③)。

动作要点:右腿在空中踢摆时,必须脚高过腰,左腿在右脚击拍的一瞬间,屈膝收控于右腿侧。在空中,上体挺胸、立腰,微向前倾,不要坐臀。

①　②　③
图 10-8

(六)组合动作

1. 弓步推掌→拗弓步冲拳→马步冲拳→并步抱拳

预备姿势:并步抱拳(如图 10-9①)。

①　②　③　④
图 10-9

弓步推掌:左脚向左边迈出一步,成左弓步;同时左拳变成掌由腰间向前推出成立掌,指尖朝上,眼视左手(如图 10-9②)。

拗弓步冲拳:弓步不动,右拳由腰间向前冲出成平拳,同时左掌收回到腰间抱拳,两眼平视前方(如图 10-9③)。

马步冲拳:上体向右转体 90°成马步,右拳收至腰间;同时左拳由腰间向左冲出成平拳,两眼向左方平视(如图 10-9④)。

并步抱拳:左脚收回靠拢右脚,同时左拳收回腰间成并步抱拳。

动作要点:弓马步转换时,以左脚跟和右脚掌为轴,迅速转动成马步。重心移动时,动作不要有起伏。

2. 提膝穿掌→仆步穿掌→虚步挑掌→收势

预备姿势:并步抱拳。

提膝穿掌:左拳变掌由下向上、向右按掌,随即左腿屈膝提起;同时右拳变掌由左手背上向斜上方穿出,手心向上;左手顺势收于右胸前,上体略右转,目视右掌(如图 10-10①)。

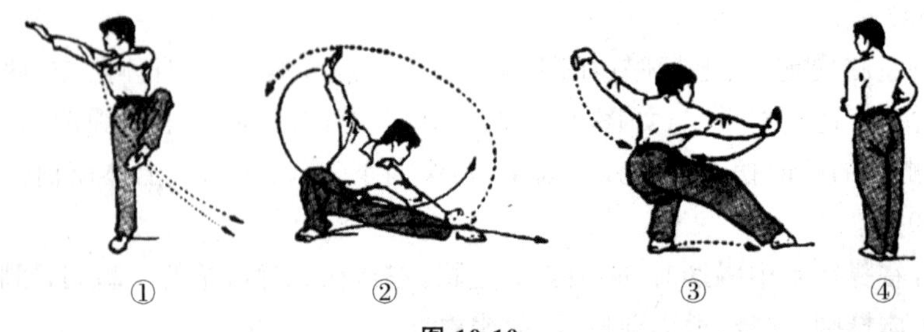
①　②　③　④
图 10-10

仆步穿掌：右腿屈膝下蹲，左腿迅速平伸成左仆步；同时左手经胸前向下沿左腿内侧穿掌至脚面；右手成侧立掌，手指向上，眼看左手（如图 10-10②）。

虚步挑掌：右脚向前一步，脚尖虚点地成右虚步；同时右手向下画弧上挑，掌指与肩平；左手由上向后画弧成正勾手，略高于肩，目视右掌（如图 10-10③）。

收势：两脚并拢，两掌变拳抱于腰间（如图 10-10④）。也可以继续反方向练习，动作相同，方向相反。

动作要点：左提膝与右穿掌须同时完成。仆步时要拧腰、转头。穿掌动作要达到协调一致。

第三节 太极拳

教学目标：

了解太极拳养生健体价值，掌握太极拳基本练习方法。

一、太极拳运动特点及价值

太极拳不仅具有与其他武术拳种相同的强身、防身、修身功能，而且由于其独特的运动功能，扩展了武术的健身价值。

（一）低于生活节奏的内外双修功能

由于太极拳运动是低于生活节奏的和缓运动，在当代快节奏高频率的工作和生活环境中采用这种运动，有利于使绷紧的神经松弛下来，紧缩的肌肉舒松开来。同时有充足的时间通过细、匀、深、长的腹式呼吸来调节气息，可达到内外双修的养生效果。

（二）圆形绕转的整体健身功能

由于太极拳动作具有螺旋缠绕特点，不同于平时生活中以摆动性为主的动作。因此，练习太极拳有利于使平时缺少锻炼的骨骼和小关节部位，在节节贯穿的圆弧形运动中得到锻炼。而且，肢体的拧转，使肌肉在拉长中拧紧，能够有效地刺激遍布肢体各部位的经络和穴位，疏通经络，增进人体整体的健康水平。

（三）培养中和人格与和谐精神的功能

太极拳运动，通过融摄“太极哲理”，以太极哲理规范太极拳技，完成了太极哲理与太极拳拳理的融合，促成了人体运动规律与“太极哲理”的交融，构建起了包容有以动养生法则、以内引外法则、顺应阴阳法则、逆向运动法则、中和律己法则、和谐处外法则六大要素的太极运动观。

二、太极养生功

太极养生是在传统养生法“导引术”和“吐纳术”的基础上发展起来的独特健身运动，主张“以意导气，以气运身”，又具有气功内行功调心的锻炼方法。养生太极拳是一种身心兼修的练拳健身运动。练拳时注重意气运动，以心行气，疏通经络，平衡阴阳气血，以提高阴阳自和能力——即西医所说的抗病康复能力和免疫力。

(一)静功

静功是采用静站的形式,使人体在松静自然的状态下,注重内向性地运用意识,通过调身、调息、调心和存思意守等方式,达到端正身体姿态,协调身心关系的一种练功方法。下面主要介绍"无极桩"。

无极桩:两脚开立,略比肩宽,两脚尖外展,双腿屈膝微蹲成马步;两手屈肘环抱于腹前,手心向内,指尖相对,两食指间距约10厘米。

要点:头正项竖,下颏内收,舌抵上颚;沉肩坠肘,松腕舒指;正脊松腰,含胸拔背;园裆开胯,周身内外上下松弛舒展,身体中正安舒。

(二)动功

动功是在静功基础上,按照太极拳升、降、开、合的基本运动规律所进行的各种综合性练习。其作用是培养在运动过程中意、气、形的整体运用能力,发展腰部和腿部功力,掌握弧形运动的基本规律和技巧,通畅任、督二脉和调节十二经气血。这里主要介绍"升降桩"和"开合桩"

1. 升降桩:无极桩始,两手臂由腹前缓缓向上、向外分举至与胸同高,两手臂保持环状,两手间距与肩同宽;眼向前平视;两手臂徐徐向下,向内合落于腹前,双腿屈膝慢慢半蹲;双腿蹬地慢慢站起,同时两手缓缓合于腹前。

要点:以意贯注丹田,配合动作作引气上行经两腋、两臂内侧沿手三阴经至两手指端;含胸拔背,松腰提肛,悬顶竖项。

2. 开合桩:开步站立。两手在腹前,手心对丹田,慢慢向上、向外拉开,如抱一大球状。然后慢慢收回腹前成抱球状。可反复数次。

要点:两手始终形成抱球状,向上拉开时配合吸气,向下收回时配合呼气。

三、24式太极拳

(一)动作图解

第一段

1. 起势(见图10-11～14)

①两脚开立;②两臂前举;③屈膝按掌。

图10-11

图10-12

图10-13

图10-14

要点:头颈端正,下颏要微向后收,头顶用意向上。颈部不要松弛,不可仰头或低头。身体直立或下蹲时,要敛臀收腹,躯干正直,不可挺胸、凸肚、突臀或前俯后仰;左脚开步时,重心先移向右腿,左脚跟先离地,轻提全脚,高不过右踝;向左开步落脚时,前脚掌先着地,随之全脚掌

逐渐踏实。这种重心转换的做法，体现了太极拳运动“轻起轻落，点起点落”这一重要步法规律。两手臂前平举时，肘关节微屈，牢记沉肩垂肘的要领；屈膝下按掌时，两掌要随屈膝主动下按，协调一致，掌心下按到腹前时，须舒指松腕，不要坐腕翘指。

2. 左右野马分鬃

左野马分鬃（见图 10-15～17）：①转体撇脚；②抱手收脚；③转体上步；④弓步分手。

图 10-15

图 10-16

图 10-17

右野马分鬃（见图 10-18～22）：①转体撇脚；②抱手收脚；③转体上步；④弓步分手。

图 10-18　图 10-19　图 10-20　图 10-21　图 10-22

左野马分鬃（见图 10-23～27）：①转体撇脚；②抱手收脚；③转体上步；④弓步分手。

图 10-23　图 10-24　图 10-25　图 10-26　图 10-27

要点：上体不可前俯后仰，脚步必须宽松舒展。两臂分开时要保持弧形。身体转动时要以腰为轴。弓步动作与分手的速度要均匀一致。做弓步时，迈出的脚先是脚跟着地，过渡到脚掌慢慢踏实，脚尖向前，膝盖不要超过脚尖。

3. 白鹤亮翅（见图 10-28～30）

①跟步抱手；②后坐转体；③虚步分手。

要点：含胸拔背，两臂上下保持半圆形，左膝要微屈。身体重心后移和右手上提、左手下按要协调一致。

图 10-28

图 10-29

图 10-30

4. 搂膝拗步

左搂膝拗步(见图 10-31～35):①转体摆臂;②摆臂收脚;③上步屈肘;④弓步搂推。

图 10-31　图 10-32　图 10-33　图 10-34　图 10-35

右搂膝拗步(见图 10-36～40):①转体撇脚;②摆臂收脚;③上步屈肘;④弓步搂推。

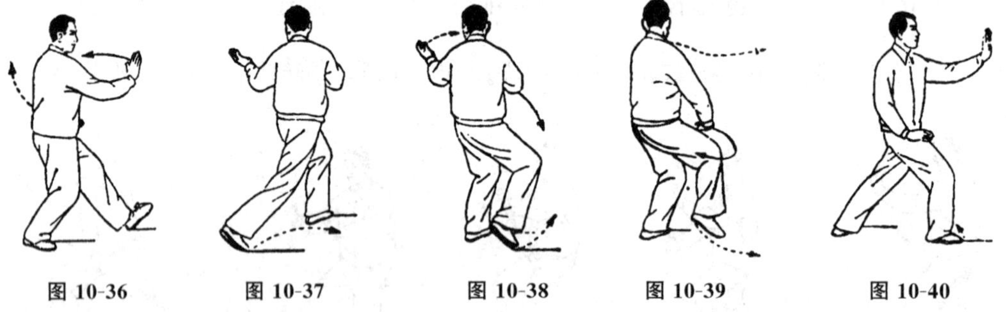
图 10-36　图 10-37　图 10-38　图 10-39　图 10-40

左搂膝拗步(见图 10-41～44):①转体摆臂;②摆臂收脚;③上步屈肘;④弓步搂推。

图 10-41　图 10-42　图 10-43　图 10-44

要点：前手推出时，身体不可前俯后仰，要松腰松胯。推掌时要沉肩垂肘，坐腕舒掌，同时做到松腰、弓腿上下协调一致。搂膝拗步成弓步时，两脚跟的横向距离保持约 30 厘米左右。

5. 手挥琵琶(见图 10-45～47)

①跟步展臂；②后坐引手；③虚手合手。

图 10-45

图 10-46

图 10-47

要点：头颈端正，下颏要微收，虚领顶劲，不可前俯后仰。身体重心后移和右手上提、左手下按要协调一致。

6. 倒卷肱

右倒卷肱(见图 10-48～51)：①转体撤手；②退步卷肱；③虚步推掌。

图 10-48

图 10-49

图 10-50

图 10-51

左倒卷肱(见图 10-52～54)：①转体撤手；②退步卷肱；③虚步推掌。

图 10-52

图 10-53

图 10-54

右倒卷肱(见图 10-55～57)：①转体撤手；②退步卷肱；③虚步推掌。

左倒卷肱(见图 10-58～60)：①转体撤手；②退步卷肱；③虚步推掌。

图 10-55　图 10-56　图 10-57

图 10-58　图 10-59　图 10-60

要点：前推的手不要伸直，后撤手也不可直线回抽，应随转体走弧线。前推时要转腰松胯，两手的速度要一致，避免僵硬；退步时，脚掌先着地，再慢慢全脚踏实，同时前脚随转体以脚掌为轴扭正，退左脚略向左后斜，退右脚略向右后斜，避免使两脚落在一条直线上；后退时，眼神随转体动作先向左后向右视，然后再转视前手；最后退右脚时，脚尖外撇的角度略大些，便于接做“左揽雀尾”的动作。

7. 左揽雀尾（见图 10-61～72）

图 10-61　图 10-62　图 10-63　图 10-64

图 10-65　图 10-66　图 10-67　图 10-68

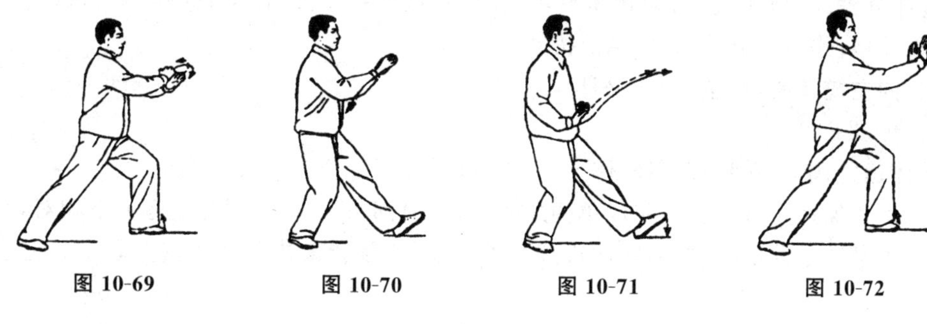

图 10-69　图 10-70　图 10-71　图 10-72

①转体撤手；②抱手收脚；③转体上步；④弓步掤臂；⑤转体摆臂；⑥转体后捋；⑦转体搭手；⑧弓步前挤；⑨后坐引手；⑩弓步前按。

要点：掤出时，两臂前后均保持弧形。分手、松腰、弓腿三者协调一致。揽雀尾弓步时，两脚跟横向距离不超过10厘米；下捋时，上体不可前倾，臀部不要凸出。两臂下捋须随腰旋转，仍走弧线。左脚全掌着地；前挤时，上体要正直，挤的动作要与松腰、弓腿相一致；前按时，两手须走曲线，手腕部高与肩平，两肘微屈。

8. 右揽雀尾(见图 10-73～86)

图 10-73 　图 10-74 　图 10-75 　图 10-76 　图 10-77

图 10-78 　图 10-79 　图 10-80 　图 10-81 　图 10-82

图 10-83 　图 10-84 　图 10-85 　图 10-86

①转体分手；②抱手收脚；③转体上步；④弓步掤臂；⑤转体摆臂；⑥转体后捋；⑦转体搭手；⑧弓步前挤；⑨后坐引手；⑩弓步前按。

要点：同左揽雀尾，唯左右方向相反。

9. 单鞭(见图 10-87～92)

①转体运臂；②勾手收脚；③转体上步；④弓步推掌。

要点：上体保持正直，松腰，完成单鞭式时，右臂肘部稍下垂，左肘与左膝上下相对，两肩下沉；左手向外翻转掌前推时，要随转体边翻边推出，不要翻转太快或最后突然翻掌。上下肢动作要协调一致。

图 10-87 图 10-88 图 10-89 图 10-90

图 10-91 图 10-92

10. 云手(见图 10-93～102)

图 10-93 图 10-94 图 10-95 图 10-96 图 10-97

图 10-98 图 10-99 图 10-100 图 10-101 图 10-102

①转体松勾；②云手收步；③云手开步；④云手收步；⑤云手开步；⑥云手收步。

要点：身体转动要以腰为轴，松腰、松胯，不可忽高忽低。两臂随腰的转动而运转，自然圆活，速度要缓慢均匀；下肢移动时，身体重心稳定，两脚掌先着地再踏实，脚尖向前。眼的视线随左右手而移动。第三个“云手”，右脚最后跟步时，脚尖微向里扣，便于接“单鞭”动作。

11. 单鞭（见图 10-103～105）

①转体勾手；②转体上步；③弓步推掌。

要点：与前“单鞭”式相同。

图 10-103

图 10-104

图 10-105

12. 高探马（见图 10-106～107）

图 10-106

图 10-107

①后脚跟步；②后坐翻手；③虚步推掌。

要点：上体自然正直，双肩要下沉，右肘微下垂。跟步移换重心时，身体不要有起伏。

13. 右蹬腿（见图 10-108～113）

①穿手提脚；②上步翻手；③分手弓腿；④抱收手脚；⑤翻手提腿；⑥分手蹬脚。

要点：身体要稳定，不可前俯后仰。两手分开时，腕部与肩齐平；蹬脚时，左腿微屈，右脚尖回勾，力点在脚跟，分手与蹬脚须协调一致，右臂和腿上下相对。如面向南起势，蹬脚方向应为

图 10-108

图 10-109

图 10-110

图 10-111

图 10-112

图 10-113

正东偏南约 30 度。

14. 双峰贯耳(见图 10-114～117)

①屈膝并手;②上步落手;③弓步贯拳。

要点:虚领顶劲,松腰松胯,两拳松握,沉肩垂肘,两臂均保持弧形。双峰贯耳式的弓步和身体方向与右蹬脚方向相同。弓步的两脚跟横向距离约 10～20 厘米。

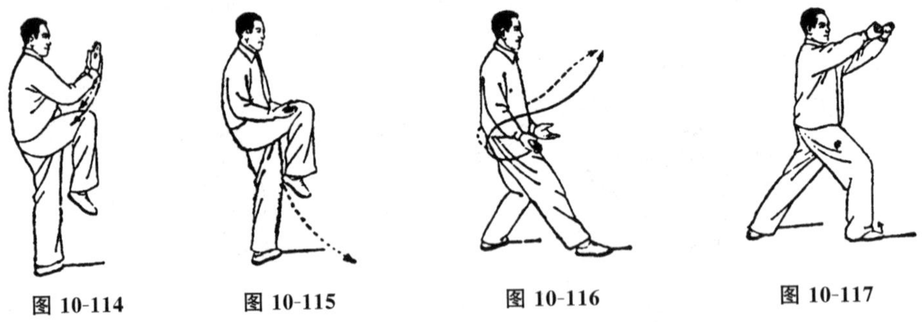
图 10-114　图 10-115　图 10-116　图 10-117

15. 转身左蹬脚(见图 10-118～123)

①转体分手;②收脚合抱;③提膝翻手;④分手蹬脚。

要点:与“右蹬脚”式相同,唯左右相反。左蹬脚方向与右蹬脚方向成 180 度(即正西偏北约 30 度)。

图 10-118　图 10-119　图 10-120　图 10-121　图 10-122　图 10-123

16. 左下势独立(见图 10-124～130)

①收腿勾手;②屈蹲开步;③仆步穿掌;④弓腿起身;⑤独立挑掌。

要点:右腿全蹲时,上体不要过于前倾;左腿伸直,左脚尖须向里扣,两脚脚掌全部着地;左脚尖与右脚跟踏在中轴线上。上体要立直,独立的腿要微屈,右腿提起时脚尖自然下垂。

图 10-124　图 10-125　图 10-126　图 10-127

图 10-128　图 10-129　图 10-130

17. 右下势独立(见图 10-131～137)

①落脚勾手;②屈蹲开步;③仆步穿掌;④弓腿起身;⑤独立挑掌。

要点:右脚尖触地后必须稍微提起,然后再向下仆腿。其他均与“左下势独立”相同,唯左右相反。

图 10-131　图 10-132　图 10-133　图 10-134

图 10-135　图 10-136　图 10-137

18. 左右玉女穿梭

右玉女穿梭(见图 10-138~143):①落脚转体;②抱手收脚;③上步错手;④弓步架推。

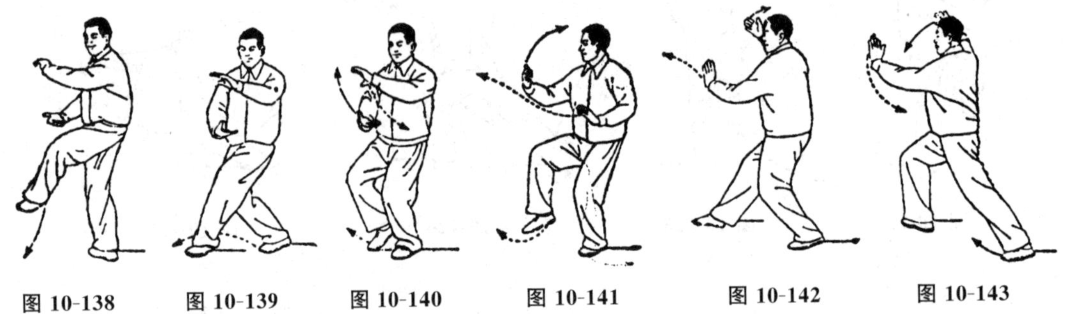

图 10-138　图 10-139　图 10-140　图 10-141　图 10-142　图 10-143

左玉女穿梭(见图 10-144~148):①转体撇脚;②抱手收脚;③上步错手;④弓步架推。

图 10-144　图 10-145　图 10-146　图 10-147　图 10-148

要点:完成姿势面向斜前方(如面向南起势,左右穿梭方向分别为正西偏北和正西偏南,均约 30 度)。手推出后,上体不可前俯,手向上举时,防止引肩上耸。一手上举一手前推要与弓腿松腰上下协调一致。做弓步时,两脚跟的横向距离在 30 厘米左右。

19. 海底针(见图 10-149~152)

①后脚跟步;②后坐提手;③虚步插掌。

要点:身体要先向右转,再向左转。完成姿势,面向正西。上体不可太前倾。不要低头凸臀。左腿要微屈。

图 10-149　图 10-150　图 10-151　图 10-152

20. 闪通臂(见图 10-153~155)

①提手收脚;②上步分手;③弓步推掌。

要点:完成姿势上体自然正直,松腰、松胯;左臂不要完全伸直,背肌要伸展开;推掌、举手

和弓腿的动作要协作一致。弓步时，两脚跟横间距离不超过 10 厘米。

图 10-153 图 10-154 图 10-155

21. 转身搬拦捶(见图 10-156～162)

①转身扣脚;②转体握拳;③出步搬拳;④转体收拳;⑤上步拦掌;⑥弓步打拳。

要点:右拳不要握得太紧,回收时前臂要慢慢内旋划弧,然后再外旋停于右腰旁,拳心向上。向前打拳时,右肩随拳略向前引伸,沉肩垂肘,右臂要微屈;弓步时,两脚横向距离在 10 厘米左右。

图 10-156 图 10-157 图 10-157(附) 图 10-158

图 10-159 图 10-160 图 10-161 图 10-162

22. 如封似闭(见图 10-163～168)

图 10-163 图 10-164 图 10-165

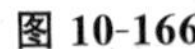

图 10-166

图 10-167

图 10-168

①穿手翻掌；②后坐引收；③弓步按掌。

要点：身体后坐时，避免后仰、凸臀。两臂随身体后收时，手、肘略向外松开，不要直线抽回，两手推出宽度不要超过两胸。

23. 十字手(见图 10-169～172)

①转体扣脚；②弓腿分手；③转体落手；④收脚合抱。

要点：两手分开和合抱时，上体不要前俯。站起时，身体自然中正，头要微向上顶，下颏微收；两臂环抱时须圆满舒适，沉肩垂肘。

图 10-169

图 10-170

图 10-171

图 10-172

24. 收势(见图 10-173～174)

①翻掌分手；②垂臂落手；③并脚还原。

要点：两手左右分开下落时，要注意全身放松，同时气也徐徐下沉，呼气略加长。呼吸平稳后，再收左脚。

图 10-173

图 10-174

(二)常见错误动作及其纠正方法

1. 上体常见错误：耸肩，在练习过程中两肩过紧并向上抬起，正确做法是：两臂松沉下垂。

2. 移动重心的常见错误:向前迈步时,出现身体重心过早前移,使上体前俯,虚实不分,把重心落在两腿上。正确做法是:向前迈步时,脚跟轻轻落地,上体保持正直,重心落于支撑腿上。

3. 弓步的常见错误:上体前俯,屈膝前弓腿的膝关节超过脚尖。正确做法是:上体保持正直,屈膝前弓腿的膝关节与脚尖上下保持垂直。

4. 迈步的常见错误:臀部外凸,松胯,上体前倾。正确做法是:身体保持正直并敛臀。

5. 掌的常见错误:五指并拢过紧。正确做法是:五指自然伸直分开,虎口撑圆。

6. 云手的常见错误:两手离胸过近,使肘关节处形成夹角。正确做法是:在云手过程中,两臂保持圆弧形。

7. 上体移动的常见错误:转动时上体左右摇晃倾斜。正确做法是:上体转动时要围绕人体的纵轴线,即百会穴和会阴穴上下连成的直线转动。

8. 身形常见错误:上体后仰,胯向前或上体前俯,臀部外凸。正确做法是:上体保持中正,胯自然放松,臀部内敛。

9. 向前迈步常见错误:向前迈步的脚前脚掌落地。正确的做法是:向前迈步时,脚跟先着地。

10. 向后撤步常见错误:后退的脚脚跟先着地。正确做法是:后退时,撤步的脚前脚掌先着地。

(三)如何练好 24 式简化太极拳

1. 步法和单个动作的练习是练好太极拳的基础

未习拳先习步,未练武先练桩。步形步法是稳定中心的关键,步形步法的练习有利于下盘动作的稳定性及培养身形、步法的协调性,可为进一步学习太极拳打下基础。

初学者应该从基础学起,从单个动作一招一式地认真学起。从健身效果看,单势重复亦能达到预期效果,单势动作同样涵盖了完整套路的要领和作用。

2. 完整套路的练习

在掌握了步法与单个动作后,就可以结合一些过渡动作学习简化太极拳的套路了。在练习套路时,可分成 3 个阶段来练习。

(1)塑形阶段:讲究立身端正,心静体会。所谓"端正",就是体要正直、中正,不可前俯后仰、左右歪斜,要保持尾闾和脊椎呈一直线,始终处于端正状态。所谓"心静",就是心平气静;"体松"就是身体舒展。

(2)匀劲阶段:练习时动作要做得灵活自然,衔接活顺,动作路线能按不同的弧线反复交换。在动作要领上要特别注意由腰背带动四肢进行活动,体会转腰、旋臂、松肩、垂肘、屈膝、松胯。

(3)求意阶段:强调意识与呼吸、动作的协调一致,故有"意、气、神合一"之说。做到虚中有实,实中有虚,刚柔相济,轻灵沉稳,势换劲连,劲换意连。

3. 练好简化太极拳应注意的问题

(1)循序渐进,持之以恒:这是由太极拳运动特点所决定的。表现出"以心行气,以气运身"的演练风格,必须坚持长久练习。

(2)姿势正确,呼吸自然:只有在姿势正确、呼吸自然的情况下,劲力才能顺达、松柔、自然。

第四节 实用防身术

教学目标：

掌握防身自卫的基本技术、技能，学会运用武术防身自卫技术锻炼身体，并能够结合自身特点制定健身强体方案。

一、实用防身术简介

防身术是一项运用踢、打、摔、拿等武术技击方法，以制服对方，保护自己为目的的专门技术。防身术中的奇妙招法，实质上是中华武术的精华“集锦”。它把武术中各种适合实践应用的招法分离出来，经过摘编、加工、提炼、创造、完善，使其成为一种散招，并具备简单、实用、易记、易学的特点。

二、防身术基本姿势

防身术基本姿势又称为预备姿势或实战姿势，基本姿势虽可因人而异，但应具有身体重心稳固，暴露给对方的面积较少，利用防守和起动的灵便，便于发力，利于进攻等优点。一般分为左手在前的“正架”和右手在前的“反架”两种（如图 10-175）。

①

②

图 10-175

以左实战姿势为例（如图 10-175①），首先立正站好，右脚向斜后方撤步，撤步的距离是本人的 1～1.5 脚掌长（30～40 厘米），成实战站立，两脚尖斜向前方 40°；两膝微屈，两脚的脚前掌着地，脚跟微抬起；身体侧向对方，松胸、溜肩、收下颌，后手（右手）轻握拳，屈臂抬起，前臂与上臂之间的夹角小于 60°；右手握拳，拇指内侧置于下颌外侧，肘部下垂，轻贴右肋处，左手轻握拳；拳眼向上，左臂弯曲，肘关节夹角在 90°～110°之间，拳与下颌等高，肘关节与地面垂直，下颌微收，目视前方。

三、防身术基本步法

拳谚曰“三分拳，七分步”，步法是实用防身技术的基础。步法的运用要突出合理、灵活、快速、多变的特点，并要与攻防动作紧密配合。基本步法有：滑步、垫步、插步、盖步等。

（一）滑步

1. 进步：实战姿势站立，后脚蹬地；前脚向前移动，落地时以前脚掌先落地；随之后脚前移，落地后与原基本姿势相同（如图 10-176）。

①

②

图 10-176

2. 退步：实战姿势站立，前脚蹬地，后脚向后移步，落地时以脚掌着地，随之前脚后移，落地后与原基本姿势相同（如图 10-177）。

（二）垫步

实战姿势站立，重心前移，右脚蹬地，向左脚内侧并拢，随即左脚屈膝提起，根据情况使用蹬、踹腿法。上动不停，在使用腿法的同时，支撑腿随蹬（踹）腿向前再垫出一步，脚跟斜向前方（如图 10-178）。

①

②

图 10-177

①

②

图 10-178

（三）上步

实战姿势站立，后脚向前迈一步。右脚在前，左脚在后，成反架（如图 10-179）。

（四）撤步

实战姿势站立，前脚向后退一步。右脚在前，左脚在后，成反架（如图 10-180）。

①

②

图 10-179

①

②

图 10-180

四、基本拳法

(一)直拳(冲拳)

1. 左直拳。右脚蹬地,左脚向前进步,右脚跟进,同时左拳直线向前冲击对方,力达拳面。右拳放在右颌下作防护(如图)。

图 10-181

(1)动作要点:蹬地、拧腰、冲拳要同时发力,手臂屈伸富有弹性,收回要快,成实战式,并且眼睛要注视对方。

(2)实战作用:左直拳的击打力量虽然较轻,但有速度快、路线短的特点,在实战中也是极易击中目标的拳法。

2. 右直拳。左脚向前进步,右脚跟进,前脚掌内扣点地,转腰送肩同时右拳直线向前冲对方,力达拳面。左拳回左肩内侧作保护(如图 10-182)。

图 10-182

(1)动作要点:蹬地、转腰、送肩要顺、收回要快,成预备式,并且眼睛要注视对方。

(2)实战作用:右手直拳力量较大,可以用于配合步法直接进攻,也可以用于反击对方的腿法进行攻击。

(二)摆拳(掼拳)

1. 左摆拳。左脚上步,同时上体左转,左拳由上向里并向下弧线挥击对方,肘微屈,拳心朝下,力达拳背,右拳护于右颌下作保护(如图 10-183)。

(1)动作要点:力从腰发,向右转动,肘微屈,由上向下并向里走弧线,力达拳背,收回要快,成实战式,并且眼睛要注视对方。

(2)实战作用:摆拳常用于打击对方头部及上体侧面,也可用于反击对方的腿法或拳法进攻。

图 10-183

2. 右摆拳。原地右脚蹬地内扣，身体向左摆动，同时右拳由上向里并向下弧线挥击对方，肘微屈，拳心朝下，力达拳背，左拳护于左颌下作保护(如图 10-184)。

图 10-184

(1)动作要点：右脚内扣、转腰、摆拳、发力要一致；力达拳背，收回要快，成实战式，并且眼睛要注视对方。

(2)实战作用：右摆拳力量较大，被击中后造成的威胁较大，但因其击打路线较远，动作较大，容易被对手发现并暴露动作意图。因此多用于反击或在假动作的掩护下进攻。

(三)勾拳(抄拳)

1. 左勾拳。实战姿势站立，后脚蹬地，重心移至前脚，上体微向外、向下转动；上动不停，后脚蹬地的同时左腰向上、向内挺出，左手拳借挺腰的力量由下向上抄起，同时前臂外旋，使拳心向内；当挺腰时，前腿膝关节基本挺直后马上制动并短促发力，力达拳面，右拳置于下颌处防守，目视左拳。击打后，肩关节放松，按击打路线返回，成实战姿势站立(如图 10-185)。

图 10-185

(1)动作要点:发力短促有力。

(2)实战作用:配合步法击打对方上体,亦可用于闪躲后进行反击;或与其他动作组合进攻。

2. 右勾拳。实战姿势站立,上体微向右下移动,身体重心略下降;右脚随之蹬地挺腰,上体向左转体,右脚关节迅速挺伸,同时右拳由下向前上抄起,拳心向内,挺腰发力后要及时制动;力达拳面,左手收至下颌处防守;目视击打拳。完成动作后恢复实战姿势站立(如图10-186)。

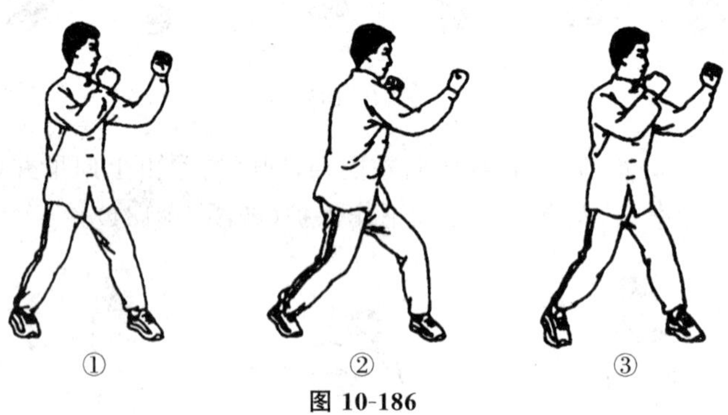

① ② ③

图 10-186

(1)动作要点:发力短促有力。

(2)实战作用:用于近距离的进攻与反击,或与其他动作组合。

五、基本腿法

腿法是实用防身技术中最重要的技法之一,在实际运用中占有较大的比重。它的特点是,可远距离进攻,力度大,有效性强。腿法主要包括蹬、踹、鞭、摆、劈等技术。下面简要介绍正蹬腿、侧踹腿、鞭腿、横摆腿的基本技术。

(一)正蹬腿

1. 左腿正蹬。实战姿势站立,身体重心移至右腿,右腿膝关节微屈,左腿屈膝正面提起,脚尖勾起,脚掌朝向正前方,大腿贴近胸部。上动不停,两手收至头部两侧,两臂护住肋部,送髋前脚由屈到伸迅速向前蹬出,力达足跟。当接触目标瞬间,伸髋使前脚掌向前下方伸展,动作完成后按出腿路线收回,成实战姿势站立(如图10-187)。

① ② ③

图 10-187

(1)动作要点:屈膝抬高,爆发用力,快速连贯,走直线。

(2)实战作用:攻击对方的胸、腹部。

知识窗

武　德

“武德”一词,最早见于《左传．宣公十二年》,楚庄王言:“武有七德”——“禁暴、戢兵、保大、定功、安民、和众、丰财者也”。这是对诸侯用兵道德的要求。在武德理论形成与发展过程中,一直居于封建社会正统地位的儒家仁学思想逐渐成为传统武德的主要内容,主要表现为“仁、义、礼、信、勇”等方面。

从武术的起源来看,所谓武者,即“止戈为武,以威杀止残杀”。而当今的习武者则以修身养性为主,不再是兵戈相见的武士。“德”即得。内得与己,外施与人,便称为“德”。武德强调的是“仁”与“德”,是人生处世之根本。“拳以德主,无德无拳”。要求习武者尊师重道,待人以礼仪,与人交手点到为止,以培养仁义之师。武技为武术的外在展现,而“德”是指内心的情操和修养,是一种崇高的境界。在一次全国性的武术学术研讨会中,将武德规范地概括为“尚武崇德,修身养性”。

2. 右腿正蹬。实战姿势站立,右腿前脚掌蹬地,重心前移,同时屈膝上提,踝关节勾起,上体含胸收腹,随即提膝腿送髋,带动大小腿向前蹬出,力达脚跟。当触及目标时踝关节用力,前脚掌前展,两拳收至腹前,目视前方。动作完成后,按原路线返回,成实战姿势站立(如图 10-188)。

①

②

③

图 10-188

(1)动作要点:与左腿正蹬相同。

(2)实战作用:与左腿正蹬相同。

(二)侧踹腿

1. 左腿侧踹。实战姿势站立,身体重心后移,右腿膝关节微屈,左腿屈膝提起,与腰同高,大腿贴近胸部,小腿外摆,与上体成 90°夹角,脚尖自然勾起,脚掌指向对手,上体握拳成实战姿势;身体侧向后仰,同时大腿猛力伸直,带动脚掌向前沿直线蹬踹;发力的同时展髋,支撑腿脚尖指向侧后方,此时左手置于左腿侧上方,右手至于下颌防守。动作完成后,腿按原路线收回实战姿势站立(如图 10-189)。

(1)动作要点:身体侧倒,屈膝高抬,爆发有力,快速连贯,走直线。

(2)实战作用:攻击对方头、胸、腹、髋、膝。可结合步法、拳法直接进攻,也可以用于阻截对方进攻动作。

2. 右腿侧踹。实战姿势站立,身体重心前移,身体向左外侧转动,以腰带动右腿向前提起,小腿向前外翻,与身体约成 90°夹角,大腿贴近胸部。上动不停,身体后仰展髋挺腰,膝关

①

②

③

图 10-189

节猛力伸直，带动小腿伸展向前踹出，力达脚底，目视前方。动作完成后，按出腿路线返回成实战姿势站立(如图 10-190)。

①

②

③

图 10-190

(1)动作要点:与左腿侧踹相同。

(2)实战作用:与左腿侧踹相同。

(三)侧弹腿

实站姿势站立，右脚跟内扣，重心移至右腿；左大腿带动小腿由屈到伸向前鞭打，力达脚背，高不过膝；击打目标后，左脚收回原位(如图 10-191)。

①

②

③

图 10-191

(1)动作要点:鞭腿击打时，膝关节放松并向内扣。

(2)实战作用:低位攻击时可进攻对手大、小腿，也可以作为假动作引诱对方伺机进攻；中高位攻击时可进攻对手头、胸、腹部，也可以步法进行反击。

(四)转身后摆腿

1. 左转身后摆腿。实战姿势站立,左脚抬起稍左转,同时右脚向左斜前方上一步呈反架;上体拧腰,转头,目视前方。同时抬左腿,自左后向前横扫,脚面绷直,力达脚掌,目视左脚。左腿顺势回收,动作还原(如图 10-192)。

①

②

③

图 10-192

(1)动作要点:上步要迅速,上步、转体、摆腿动作要一气呵成。

(2)实战作用:可用于配合拳法或腿法连击进攻,也可以用于反击对方拳法、腿法的进攻。

2. 右转身后摆腿。实战姿势站立,左脚向右前方横移半步,目视前方;上体拧腰、转头,目视前方;同时抬右腿自右后向前横扫,脚面绷直,力达脚掌;右腿顺势回收还原(如图 10-193)。

①

②

③

图 10-193

(1)动作要点:腿法摆动时要展髋送腰,上体与摆动腿基本成一条直线。

(2)实战作用:用于进攻或反击对方头、胸部,常用于反击对方侧弹腿或拳法进攻。

六、基本摔法

摔法是实用防身技术中近距离攻击的主要方法。在实际运用摔法时,无论是主动进攻,还是在被动的情况下以摔法取胜,都要突出一个“快”字,也要突出技术的巧妙运用。

(一)抱腿别腿摔

对方用右腿攻击时,我方将对方右腿抱住,上步转体用胸下压对方腿部(如图 10-194)。

动作要点:抱腿准、有力,上步、转体、下压协调一致。

(二)抱腿勾踢摔

对方以前蹬或前踹进攻时,用前臂抄其小腿抓其脚踝,同时后手抓其脚背;然后双手回拉,上体含胸左转;同时右手松开抄对方前腿膝窝,随后右脚勾踢对方支撑腿脚跟,上体右转将对

① ② ③
图 10-194

方摔倒(如图 10-195)。

① ② ③
图 10-195

动作要点:抱腿准、有力,右脚勾踢要快、狠。

(三)抱腿过肩摔

对方用右直拳击我方头部时,我方立即上步低头弯腰抱住对方的双腿,然后蹬腿挺身仰头后倒将对方摔出(如图 10-196)。

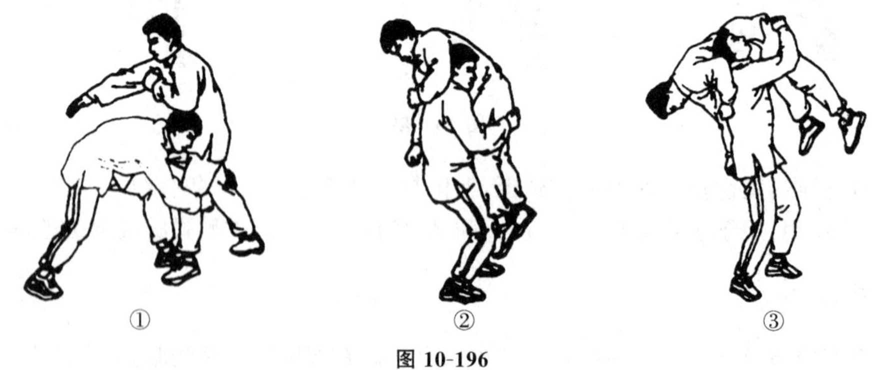
① ② ③
图 10-196

动作要点:上步下潜快,抱腿紧,起来要用爆发力。

七、防守技术

防守技术是实用防身术体系中重要的组成部分,防守技术运用得好,可以有效地保护自己,同时能够更好地获取反击对手的机会。

(一)阻挡

1. 肩臂阻挡。实战姿势站立,左臂回收外旋,左侧上臂贴近左肋部,右手臂收紧,同时腰

微向右转，收腹、含胸，低头收下颌，拳心向里。防守动作完成后成实战姿势站立（如图 10-197）。

（1）动作要点：上体含胸，收腹，以腰带臂，两手臂紧护胸、腹。

（2）实战作用：用于防守对方拳法或冲膝攻击胸部或头部。

2. 提膝阻挡。实战姿势站立，左腿蹬地提起，高度大约与髋关节齐，身体重心移至右腿，同时双手收回紧贴两肋，上体微沉（如图 10-198）。

①　②　①　②

图 10-197　图 10-198

（1）动作要点：提膝时，两手应置于下颌处防守。

（2）实战作用：用于防守对方使用弧线技术攻击我方大小腿，或我方做提膝假动作迷惑对方，伺机进攻。

（二）拍击

两臂提至胸前，左拳进攻右手拍击，右拳进攻，左手拍击，拍击动作要小而快，眼睛要注视对方（如图 10-199）。

（1）动作要点：拍击要快速、短促、有力、准确，为下一次拍击做准备。

（2）实战作用：改变进攻者出拳的方向，以达到防守的目的。

（三）格架

（1）向斜上格架。左手或右手向上抬肘向斜上方举起（如图 10-200）。

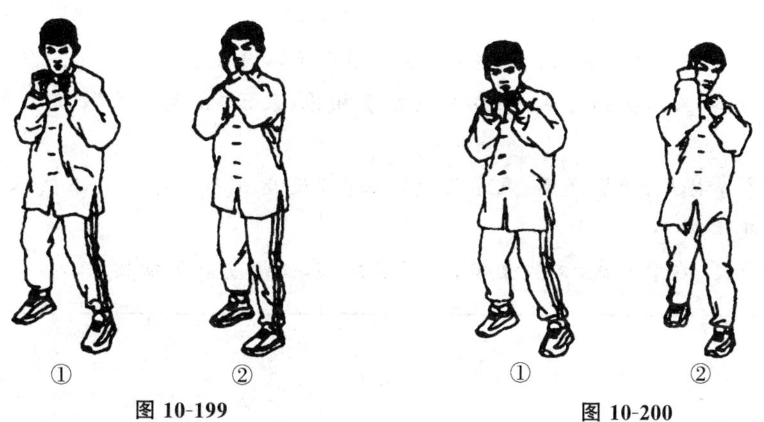
①　②　①　②

图 10-199　图 10-200

①动作要点：动作暴露面要小，前臂、上臂应贴近头侧，含胸。

②实战作用:用于防守对方弧线形拳法或腿法攻击头部。

(2)向斜下格架。左拳(掌)由上向下、向左斜下方格架,拳心向左,依靠前臂外下方桡骨侧接触对方攻击部位(如图 10-201)。

①动作要点:动作幅度不宜过大,挂架的同时,上体应以腰带臂向右侧转体,以化解对方攻击力量。

②实战作用:用于防守对方弧线形腿法进攻。

(四)闪躲

身体左右侧闪,重心前后移动,改变身体及其他部位的位置,使对手的进攻落空,伺机转入进攻,眼睛要注视对方(如图 10-202)。

① ② ① ②

图 10-201 图 10-202

(1)动作要点:用中距离和近距离做前后闪躲和左右闪躲。

(2)实战作用:闪躲的目的是为了进攻,闪躲要敏捷,要有利于进攻。

"抱拳礼"涵义、行礼方式与应用方法

并步站立,左手四指并拢伸直成掌,拇指屈拢,右手成拳,左掌心掩贴右拳面,左指尖与下颌平齐,右拳眼斜对胸窝置于胸前屈臂成圆,肘尖略下垂,拳掌与胸相距 20～30 厘米,头正、身直,目视受礼者。上课与下课前,表演比赛的上场与下场都必须先行抱拳礼。

掌握好正确的行礼方式既是体现了对受礼人的尊重,同时也是自己武德修养的具体表现。

(1)左手为掌,表示德、智、体、美齐备,屈拇指表示不自大。

(2)右手为拳,表示勇猛习武者;左掌掩右拳相抱,表示"止戈为武",以此来约束勇武的意思。

(3)左掌右拳拢屈,两臂屈圆,表示五湖四海(可泛指五洲四洋),天下武林是一家,谦虚团结,以武会友。

(4)左掌为文,右拳为武,文武兼学,渴望求知,恭候师友前辈指教。

第十一章

拓展教材

第一节　台　球

一、台球的特点与健身价值

台球是一项高雅的体育运动，它能增强体质、开发智力。台球运动包含着物理学中的作用力、反作用力、阻力等概念以及数学中的三角、几何等原理，且趣味性极强。台球活动适应性强，它不受性别、年龄、体质、气候等条件的限制。其运动平缓，运动负荷适中。在击球技法中，对手法、身法、打法都有一定的要求。各部位（手指、手腕、肘、肩、腰、眼等）必须灵活、协调一致才能打好球。经常打台球能使身体各器官功能协调，思维敏捷，有益于身心健康和开发智力。

二、台球的种类

台球形式主要分为撞击式和落袋式。

撞击式也称无袋式，以击中球来计分，称开伦球。

落袋式也称有袋式，有 16 个球的美式台球，有 22 个球的英式斯诺克。美式台球是最普及的一种台球，而英式斯诺克是当今国际台球比赛中最主要的一种形式。

三、台球的器材

1. 球台

(1)开伦式球台(图 11-1-1)：台盘内沿垂直测量，长 2.85 米，宽 1.56 米，高 0.80 米。

(2)美式落袋球台(图 11-1-2)：在角上和边腰上共有 6 个网袋，台盘内沿垂直测量，长 2.75 米，宽 1.37 米，高 0.80 米。

(3)英式落袋球台(图 11-1-3)：也有 6 个网袋，台盘内沿垂直测量，长 3.65 米，宽 1.82 米，高 0.85 米。

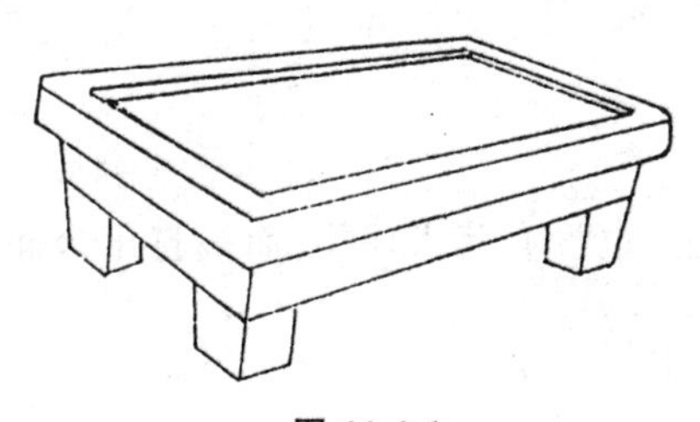

图 11-1-1

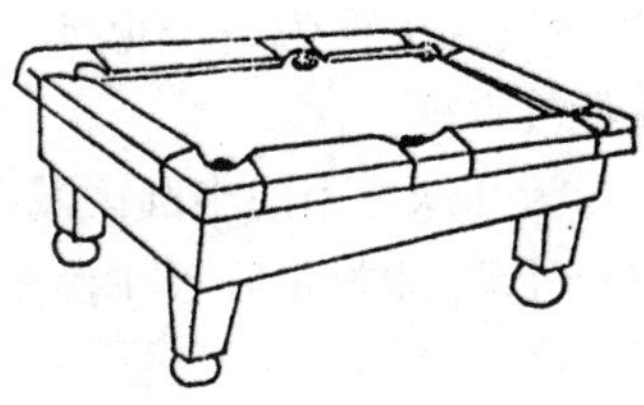

图 11-1-2

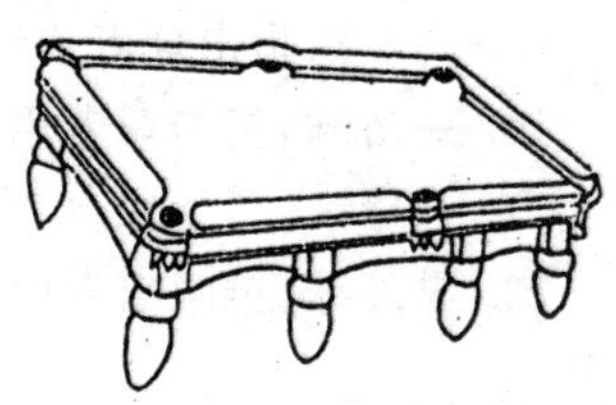

图 11-1-3

球式名称	球色只数	球重(克)	球径(厘米)
22彩弹(斯诺克)	7个色球和15个红球	145～146	5.25
号码彩弹(美式花色球)	1个白球和15个花球	156～160	5.60
撞击式(四球开伦)	两红两白	245～247	6.70

2. 球杆(图11-1-4)

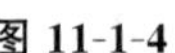

图 11-1-4

球杆要坚固挺直。长度为125～155厘米,重450～650克,杆头直径9～12毫米,杆尾直径为25毫米,杆头前端粘有"皮头"。

3. 球杆架(图11-1-5)

图 11-1-5　球杆架

球杆架是一种杆头上装有"十"字形或其他形状零件的托架,是在所击的球距离太远时使用的一种工具。

四、台球的术语

1. 本球:球杆直接撞出的球,也称主球或母球。
2. 靶球:供本球撞击的目标球。
3. 贴球:两个以上的球紧靠在一起。
4. 贴岸:球紧靠台边。
5. 自落:本球撞击靶球后自己落入袋内。
6. 入袋:指在不犯规的情况下,靶球受本球撞击后而落入袋内。
7. 推杆:击出的本球撞击靶球后追随其前进。
8. 缩杆:击出的本球撞击靶球后向回滚动。
9. 一杆球:指击球者连续得分直到失误为一个轮次。
10. 一击球:指击球者用球杆打本球一次。
11. 开球区:落袋球台盘上专为开球之用的半圆区域。
12. 界外球:也叫出界球或台外球,球静止后不在台面上,也没有落入球袋,而被打出台面以外。

五、美式台球常见的几种打法

美式台球也称花色球或16花色球,每只球上刻有1～15的号码。1～7号球为色球,9～15号球为花球,8号球为黑球,还有双方共用的白色本球。

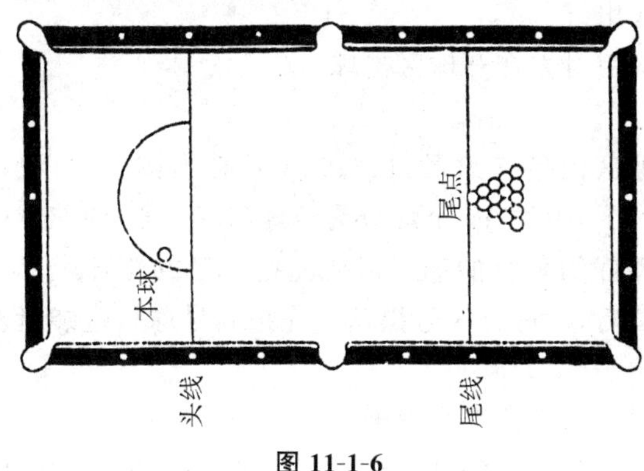

图 11-1-6

(一)花色球的开球式(图 11-1-6)

花色球的打法较多,规则也不尽统一,下面介绍常见的三种打法:呼唤打法、顺序打法、争 8 号球打法。

1. 呼唤打法

靶球摆在规定的置球区内呈三角形,15 号球摆在三角形顶端,其余的球可任意位置摆放(图 11-1-7)。比赛前双方商定分数以定胜负。如定 60 分,则先打满此分的一方为胜。

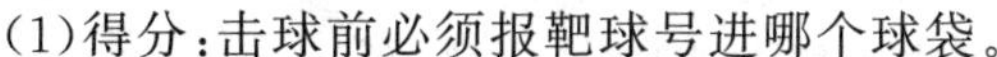

(1)得分:击球前必须报靶球号进哪个球袋。

入袋球的号码为所得的分数。把所报号球击入袋内的同时也将其他号球击入袋内,可累计得分。

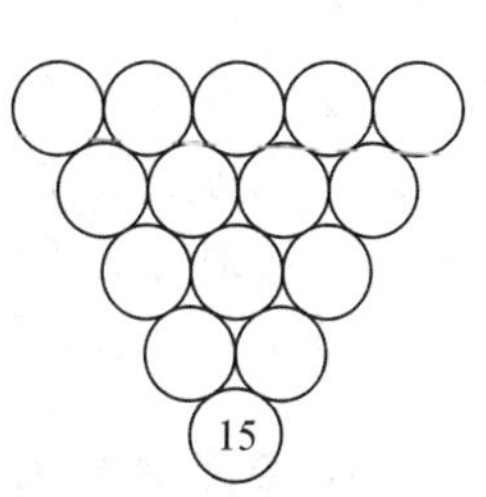

图 11-1-7

(2)犯规与罚分

①没有击中所报号码球,而击中别的球,停击,罚错击号码球的分值。

②不管本球是否直接击中所报号码球,却把别的球击入袋内或本球和别的球同时落袋,罚落袋号码球分值。

③没有把所报号码球击入所报的袋内而入别的袋,停击,把球取出放在台盘中央。

④本球自己落袋或出界,罚所报号码球分值,停击,取出本球在开球区由对方继续击球。

2. 顺序打法

靶球摆在规定的置球区内呈三角形。

其中 1、2、3 和 15 号必须按图示位置放置。其他 11 个球可任意摆放在三角形内(图 11-1-8)。

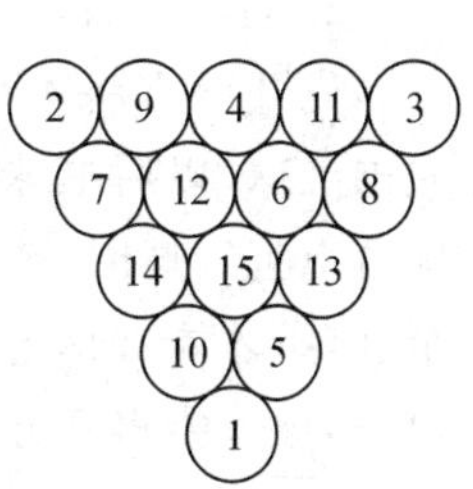

图 11-1-8

(1)得分:从 1 号靶球开始,必须按球的号码顺序击球。把应击号码球击入袋内的同时,也将其他号码球击入袋内,或应击号码球将别的号码球击入袋内,所有进球均有效,得分应累计。

(2)停击和罚分

①没有把应击号码球击入袋内,停击。由对方击球。

②本球和应击号码球同时落袋,停击。不罚分,由对方在开球区内击球。

③击出的本球没有碰到任何一个靶球,或自己落袋,或出界,均罚一杆。

④本球没有击中应击号码球,把别的球击入袋或和别的球同时入袋,停击。罚入袋号码球

的分值。该号码球不必取出。

⑤本球出界或落袋均由对方在开球区击球。

3. 争 8 号球打法

靶球摆在规定的置球区内呈三角形，1、6、7、8 号必须按图示摆放，其他各球可随意摆放(图 11-1-9)。15 个球分为色球(1～7 号)和花球(9～15 号)两个系列，8 号黑球为争打的球。但要先把自己的靶球全部击入袋(包括对方误入的球)后，才可打 8 号黑球。先把 8 号球打进袋者获胜。

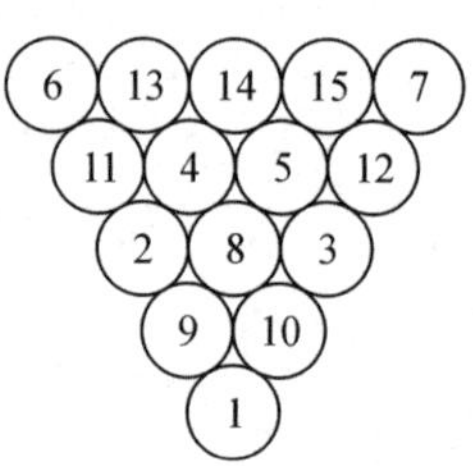

图 11-1-9

争 8 号球打法简单，易学，最适合初学者。

(1)定系列。开球后，先击球入袋者定系列。如第一杆击入 7 号球，则该击球者在此局中只能击色球系列。若第一杆把分属两个系列的两个球同时击入袋内，则任选一个系列。

(2)停击与处罚

①本球击出后没有碰到任何一个球，或本球落袋、出界。停击，罚一杆。本球落袋、出界由对方在开球区击球。

②本球没有将靶球击入袋内，停击，换对方击球。

③本球将靶球击出界，停击，罚一杆，将此靶球放在台盘中央点上，由对方击球。

④将对方的靶球击入袋，或与本方靶球同时入袋，停击，换对方击球。对方靶球不必取出。

⑤未将本方靶球全部击入袋，而把 8 号黑球击入袋内，则对方获胜。

六、斯诺克台球打法

斯诺克台球起源于英国，“斯诺克”原意为“阻碍”的意思，即在本方无球可打时，给对方下杆制造障碍，使之非但不能直接得分，打不好还要罚分。是比技术、斗智力的趣味游戏。

1. 球位与分值

斯诺克比赛用球共 8 种颜色 22 个球。包括双方轮流共用的本球——白色球(图 11-1-10)。每种颜色代表一个分值。黑色球 7 分，粉色球 6 分，蓝色球 5 分，棕色球 4 分，绿色球 3 分，黄色球 2 分，红色球 1 分。

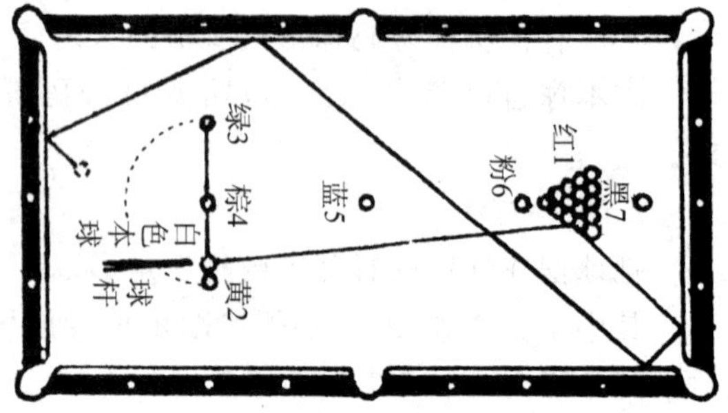

图 11-1-10

2. 打法与计分

先开球方将本球放在开球区开球。必须先击红球，以后本球停在哪里，就从哪里击球。球台上有红球时，球员每次上场必须先击进一个红球，才能选择击进一个彩色球。这样一红一彩交替连续打下去。红球入袋得一分，不必拿出，彩球入袋得其分值分，必须拿出放回原位。红球全部进袋后，可再选择打一次彩球。然后从分值最低的黄色球打起。击入袋后不再取出。依次直至打完最后的黑色球。击红球时，一次击进两个或两个以上时得分可累计。本球未把靶球击入袋，而其他球在滚动中把靶球击入袋内，得分有效。每次得分可继续击球，直到没得分才换对方击球。

一杆最高得分为：$15\times(1+7)+2+3+4+5+6+7=147$(分)

3. 处罚

(1)未击中球罚 4 分。

(2)本球落袋罚 4 分。

(3)杆头触及本球一次以上者,得分无效。红、黄、绿色球罚 4 分,其他彩球按分值扣分。

(4)击红球时先击到彩球,按分值至少罚 4 分。

(5)击彩球时先击到红球,按分值至少罚 4 分。

(6)击彩球时误将其他球击入袋中,按彩球最高分值罚分。

七、打台球入门

1. 手托架手法

第一种,V 形手法(图 11-1-11)。四指自然分开贴在台上,掌心空出,拇指按压在食指的第一指节,形成 V 形槽。

第二种,环形手法(图 11-1-12)。拇指头贴在弯曲的食指末端,形成圆圈套住球杆。另三指及掌腕趴在球台上。

2. 球杆的握法(图 11-1-13)

握杆用右手的拇指和食指接触球杆,拇指头轻轻盖住食指尖,成一环状,其余三指放松,虎口虚握,击球时上臂保持不动,前臂垂直前后摆动,躯干保持不动。

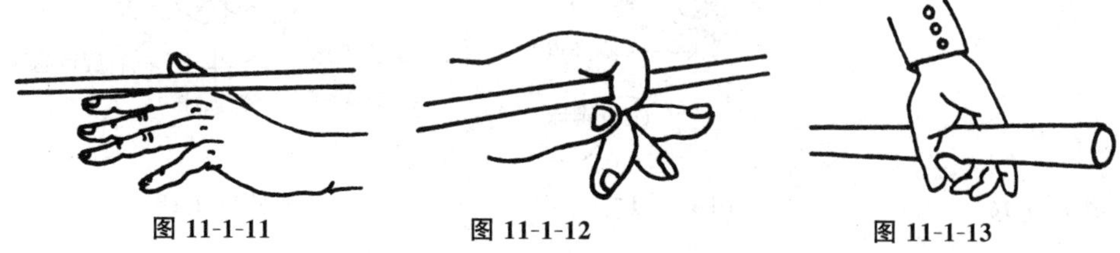

图 11-1-11　　图 11-1-12　　图 11-1-13

3. 击球姿势

(1)左脚距离本球正下方约 50 厘米左右,向左 10 厘米的地方,使左脚与球杆平行,左脚稍屈膝。右脚直立,右脚向右撇,与左脚成 70～80 度分开站立,两脚间距离约 50 厘米左右。

(2)左手托架置于本球后约 20 厘米处固定,上体尽量压低,球杆的中轴线在两腿中间(图 11-1-14)。

(3)握杆的右手臂肘部上抬,前臂垂直下垂,击球时,右手切不可过胸部。身体姿势自然,使球沿水平方向做前后抽打动作(图 11-1-15)。

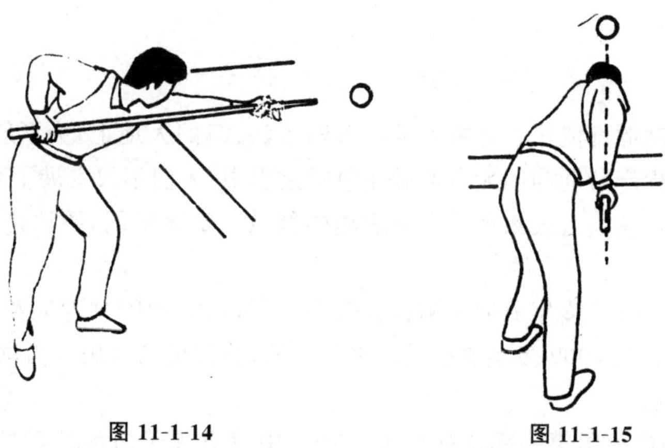

图 11-1-14　　图 11-1-15

4. 击球练习

将本球放在台盘中间，对准正对面台边，用力击球中心，使本球撞边后，又退回到击点上。击球后保持球杆不动，待本球反弹回来碰皮头。如碰上，则说明这一杆击球正确。

5. 如何瞄准

要使靶球打入球袋，必须做到击出的本球与靶球碰撞时，撞击点(图 11-1-16)与球心的延长线对准球袋的中心线。

要使靶球入袋，瞄准点必须是 A，击出球才能撞上靶球 B 点，使球入袋(图 11-1-17)。

6. 本球击球点

从球投影面上以球心为中心画一为球半径 1/2 的小圆，所有击点应在这个小圆内，超出这个范围就有滑杆的危险。这九个击点是本球上所有击点中最基本的击点(图 11-1-18)。球的各种基本进行路线都由这九个基本点所决定。球杆击打在本球上这九个不同的击点还会产生不同旋转运动。

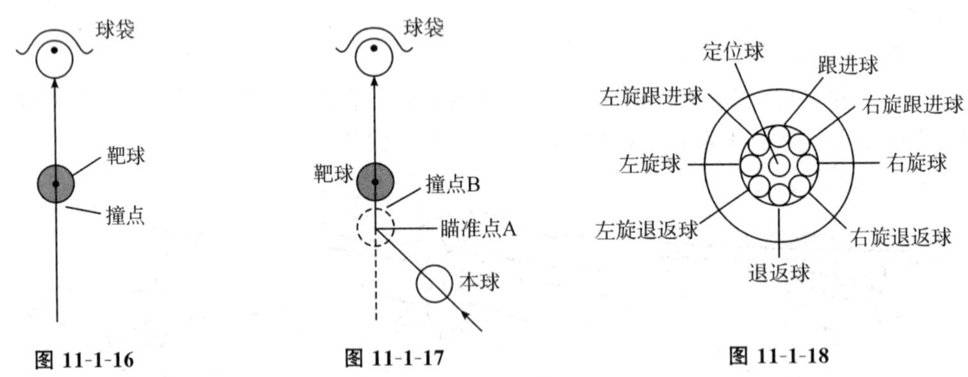

图 11-1-16　　图 11-1-17　　图 11-1-18

本球运动速度取决于球杆撞击瞬间的速度。要把握本球的速度，必须控制击打本球的力量，这要靠平时勤学苦练才能领会掌握。

思考题：

你知道斯诺克台球的一杆最高得分是多少吗？你一杆能得多少分？

第二节　游泳运动

一、游泳的起源

人类的游泳活动源远流长。远古人类在布满了江、河的大地上，为了躲避猛兽的侵袭，不得不跋山涉水。在生产劳动和同大自然做斗争的过程中，人们不仅发展了奔跑、跳跃和投掷等技能，还学会了游泳，从而大大拓展了人类活动的领域。毫无疑问，游泳是人类最古老的生存手段之一。

据史料记载，在 5000 多年前的中国古代陶器上，可以看到雕刻着人类潜入水中猎取水鸟及类似爬泳的图案。在 4000 多年前夏禹治水的时期，我国劳动人民在与洪水的搏斗中就已发明了不少泅水的方法。

在 2500 多年前，我国第一部诗歌总集《诗经》中就有关于游泳活动的记载。《诗经 · 邶风·谷风》中有"就其浅矣，泳之游之"的诗句。这里，潜水而行叫"泳"，浮水而行叫"游"，两字合起来便成为后来的"游泳"，说明当时人们就能够利用游泳技术来克服江河的天然屏障了。

春秋战国时期，人们经常游泳猎取水中动物。《庄子·秋水》云："水行不避蛟龙者，渔夫之勇也……"，可见当时渔夫已经具有很高的游泳技能。

随着生产力的发展、阶级的产生和阶级矛盾的激化，出现了战争。这时，游泳由单纯的生活技能又逐步成为一种军事技能。中国古代兵书《六韬》，传为3100多年前周代吕望(姜太公)所为。在《六韬·奇兵》中谓"奇技者，所以越深水、渡江河也"，把"越深水、渡江河"作为"奇兵"的一项特殊的军事训练手段。

在人类历史的长河中，游泳最初是作为生产和军事上的特殊技能而受到重视的，而生产和军事的需要又反过来促进了游泳技术的发展。随着社会生产力的提高，文化、教育、艺术、体育等相继产生和发展起来，游泳也逐渐转为满足人们精神生活的需要，于是便产生了包括水嬉在内的娱乐性游泳活动。

因此，我国古代的游泳可概括为三种形式，即涉——在浅水中行走，浮——在水中漂浮，没——在水下潜泳。以后，劳动人民在长期的实践中，创造和发展了不少的泅水方法和游泳技术，如狗爬式、寒鸭浮水、扎猛子(潜水)、大爬式、扁担浮(踩水)等等，至今尚在民间流传。

二、游泳的发展

现代游泳运动起源于英国。17世纪60年代，英国不少地区的游泳活动就开展得相当活跃。1828年，英国在利物浦乔治码头修造了第一个室内游泳池，这种泳池到19世纪30年代，在英国各大城市相继出现。1837年，在英国伦敦成立了第一个游泳组织，同时举办了英国最早的游泳比赛。1869年1月，在伦敦成立了大城市游泳俱乐部联合会(现英国业余游泳协会前身)，把游泳作为一个专门的运动项目正式固定下来，并随之传入各英殖民地，继而传遍全世界。随着游泳运动的发展，游泳被分为实用游泳和竞技游泳两大类。实用游泳又分为侧泳、潜泳、反蛙泳、踩水、救护、武装泅渡；竞技游泳分为蛙泳、爬泳、仰泳、蝶泳。

在第1届现代奥运会上，游泳就是竞赛项目之一。当时只有男子100米、500米和1200米自由泳三个比赛项目。第2届增设仰泳、障碍泳和潜泳比赛。第3届时比赛的姿势仍然是自由泳和仰泳，取消了障碍泳和潜泳，比赛距离以"码"为单位。

1908年，在伦敦第4届奥运会上，成立了国际业余游泳联合会(简称国际泳联)，审定了各项游泳世界纪录，并制定了国际游泳规则，规定比赛距离单位统一用"米"。比赛项目，自由泳设100米、400米、1500米和4×200米接力，仰泳设100米，增设蛙泳项目(200米)。

1912年，在瑞典斯德哥尔摩第5届奥运会上，有了女子比赛项目。该次比赛设女子100米自由泳和4×100米自由泳接力。

在1952年第15届奥运会，国际泳联决定把蛙泳和蝶泳分为两个项目比赛。从此，竞技游泳发展成四种泳式。以后，运动员为寻求快速度，蛙泳技术逐渐演变为潜水蛙泳，成绩提高很快。

在第16届奥运会，国际泳联决定以后蛙泳比赛禁止采用潜水蛙泳技术。游泳规则随技术的发展，多次进行修改，比赛项目逐渐增加。至2008年第29届奥运会，竞技游泳项目达到34项，成为奥运会比赛金牌数仅次于田径的大项。

三、游泳的意义

(一)游泳的健身价值

游泳是在水这种特殊环境中进行的活动。作为健身的一种重要手段,它对增进人体的身心健康具有独特的、其他体育活动无法替代的作用。这些作用主要包括以下几个方面:

1. 改善心血管系统的功能

游泳时克服水的阻力需要动用较多的能量,使心率加快,心输出量增大。坚持长期进行游泳锻炼,心脏体积呈运动性增大,心肌收缩有力,安静心率减慢,每搏输出量增加,血管壁增厚,弹性加大,心血管系统的工作效率得到提高。

2. 提高呼吸系统的机能

游泳运动员的肺活量可以达到4000～6000毫升,甚至7000毫升,而一般人只有3000～4000毫升。这是因为水的密度比空气大800余倍,人在水中运动受到的压力要远远大于在空气中。人在水中感觉到呼吸困难,是由于胸腔和腹腔在水中受到的压力增大,这就迫使呼吸肌用更大的力量进行呼吸,进而增大呼吸肌的力量,提高呼吸系统的机能。

3. 体形健美

游泳是一项全身参与运动,可以比其他运动动员更多的肌肉群参与锻炼,由于对身体的影响是全面的,游泳运动员的身材往往是很漂亮的,非常匀称的。

4. 改善体温调节的能力

游泳时水的温度低于体温,水的导热能力又比空气强数十倍,因此人在水中散失的热量远远快于在空气中。经常游泳能改善体温调节能力,从而更能够适应外界温度的变化。特别是冬泳,对这方面的改善作用尤其明显。

5. 培养良好的心理品质

游泳是在水这一特殊环境中进行的,它与陆上运动相比,在运动条件、运动形式上都有极大的差别。初学者由于身体失去固定支撑呈漂浮状态、呛水或出现溺水等情况,往往会产生怕水心理。但通过教学活动,可以熟悉水性,消除怕水心理,进而掌握各种游泳技能,具备对付各种水情、风浪的能力。

经常进行游泳锻炼,不仅可以激发人们为保持健康而积极参加体育运动的良好愿望和要求,还可以锻炼意志,培养自信、果敢、坚毅、临危不惧等优良心理品质。尤其是到江河湖海去游泳,搏击于风浪之中,或是坚持冬泳,向严寒挑战,可以培养吃苦耐劳、不畏艰险的坚强毅力。

(二)游泳的实用价值

1. 游泳是一种基本生存技能

地球上三分之二的地表覆盖着江河湖海。自古以来,人类与水就有不解之缘。但是若没有掌握水中活动的必要技能,就很容易发生溺水事故。据有关组织的统计,在全世界每年的意外死亡事故中,溺水死亡居首位。在一些国家,少年儿童的溺水事故仅次于交通事故。

毫无疑问,预防溺水最有效的办法,并不是远远地躲开水,而是以积极的态度学会游泳,真正获得水中活动的自由。可以说,游泳是人类的一种基本生存技能。学会了游泳,就使我们的生命安全多了一重保障。

2. 游泳是一种必要的生产和军事技能

游泳在生产建设上有很高的实用价值。游泳就是人类生存的一种重要技能，随着社会生产力的发展，游泳在生产上的用途越来越广。在现代生产建设中，也有许多水中作业需要工作者掌握一定的游泳技术，如水利工程施工、水上运输、水下科学考察、抗洪抢险、打捞救助、渔业生产等。只有学会游泳，才能克服水的障碍，顺利完成特定的生产建设任务。

在国防建设上，游泳是军事训练项目之一，也是民兵训练的主要内容。经常进行游泳训练，能锻炼意志，加强组织纪律性，培养勇敢顽强和吃苦耐劳的精神。广大军民掌握过硬的游泳本领有利于战时杀敌，保卫祖国。

四、蛙泳技术

蛙泳是模仿青蛙游泳动作的一种游泳姿势。它既是竞技游泳比赛项目之一，也是实用价值较高的游泳技术之一。蛙泳游起来既省力又能持久，在救助溺水者时，便于在水面观察，在救护和拖带溺水者时都少不了蛙泳，它在游泳救生中起着重要的作用。

（一）身体姿势

蛙泳在游进中，身体位置是不断变化的。当蹬腿结束时，运动员身体较水平俯卧水中，身体保持一定的紧张度，呈较好的流线型向前滑行。两臂前伸并拢，头部夹在两臂之间，两眼注视前下方；两腿并拢，脚尖伸直；腹部与大、小腿位于同一水平面上，臀部接近水面，身体纵轴与水平面约成 5°～10°角，全身拉伸成一直线。这种卧水姿势，可减少前进阻力，充分发挥臂腿作用，加快游速。（如图 11-2-1）

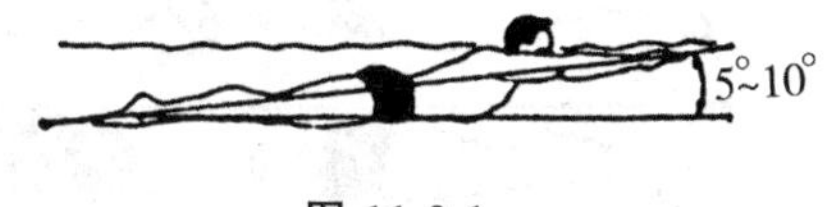

图 11-2-1

（二）腿部动作

蛙泳腿部动作，不仅有保持身体平衡作用，而且是推动运动员身体前进的主要动力之一。蛙泳腿的动作可分为：收腿、外翻、蹬夹和滑行 4 个部分，但它们是紧密相连的完整动作。

1. 收腿（图 11-2-2 之 1～3）

蛙泳的收腿动作是为了把腿收至最有利于蹬水的位置上，它不但不产生推进力，而且还造成阻力。收腿时，既要考虑如何减少阻力，也要考虑手腿配合的需要。

开始收腿时，两腿随着划手和吸气动作略下沉，同时两膝自然分开，小腿向前收。收腿时两脚放松，稍内旋，踝关节放松，脚底基本朝上，脚跟向上、向前移动，向臀部靠拢，两腿边收边分开。两小腿和两脚在前收的过程中要落在大腿的投影截面内，以避开迎面水流，减小收腿的阻力。收腿动作应柔和，不宜太用力。在收腿的过程中臀部略下降。

收腿结束后，运动员大腿与躯干约成 120°～140°角（图 11-2-3），两膝内侧与髋关节同宽，大小腿之间约成 40°～45°角。

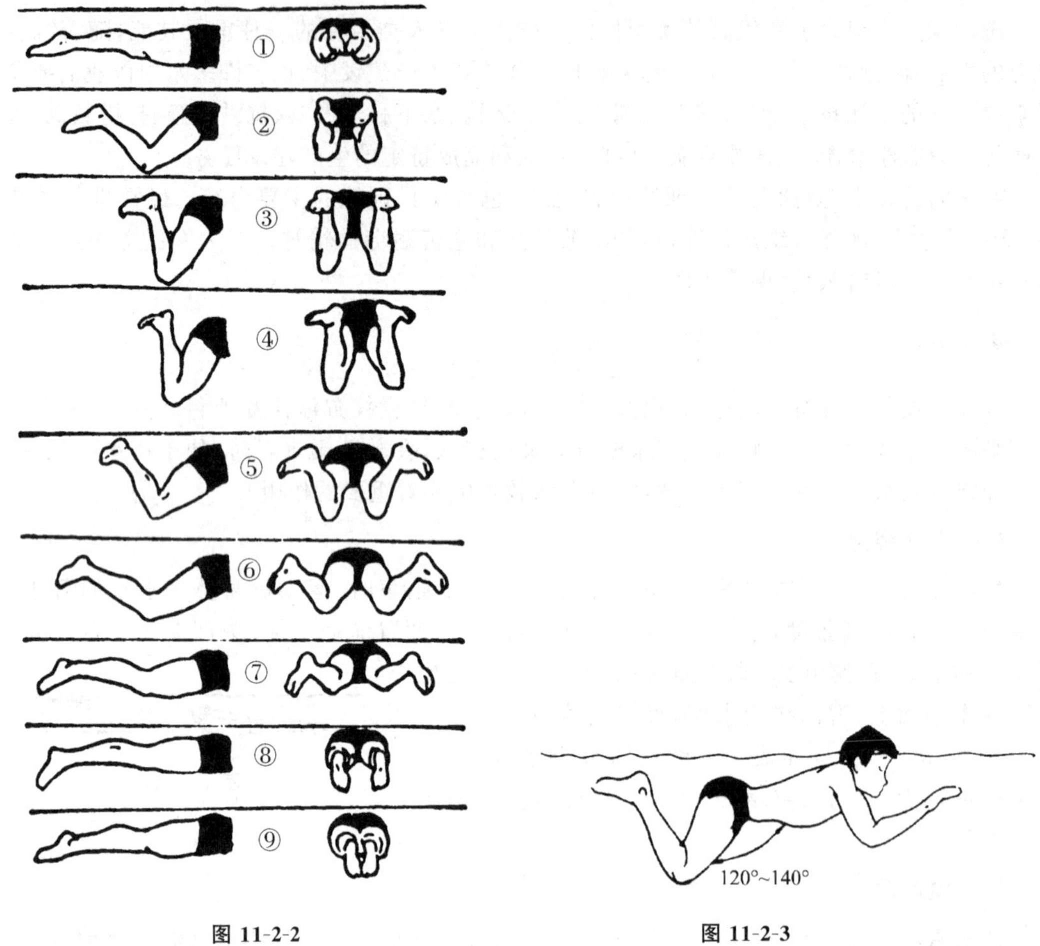

图 11-2-2　　图 11-2-3

2. 外翻(图 11-2-2 之 3、4)

外翻是蛙泳收腿与蹬水之间的连接动作,目的是为蹬水创造有利条件。当腿收至脚跟接近臀部时,两脚背屈和外展(图 11-2-2 之 3),使脚尖朝外;同时膝关节内旋,使脚和小腿内侧对准蹬水方向,增大对水面。翻脚结束时,小腿与水面几乎垂直,脚位于水面下外翻接近 90°(图 11-2-2 之 4)。翻脚实际上是收腿的结束动作和蹬腿的开始动作。不是收好腿再翻脚,翻好脚再蹬腿,而是在收腿接近完成时就开始翻脚,翻脚快完成时就开始蹬腿,在蹬腿的开始阶段继续完成翻脚。收、翻和蹬三个动作紧紧相连,一环扣一环,形成一个连贯圆滑的鞭状动作。

3. 蹬夹(图 11-2-2 之 5～9)

蹬腿动作是推动身体前进的重要动力来源。蹬腿动作的推进效果主要取决于蹬腿时腿的运动方向、对水面的大小及运动速度。

蹬腿动作在翻脚即将完成时就已开始。由于翻脚动作的惯性,脚在后蹬的开始阶段是继续向外运动,完成充分的翻脚。随后,由腰腹和大腿同时发力,依次伸展下肢各关节,两脚转为向后向内运动并稍下压,直至两腿蹬直并拢,完成弧形的鞭状蹬夹水动作。

蹬腿时,下肢各关节的伸展顺序是保持最大对水面的决定因素。正确的顺序是,先伸髋关节,后伸膝关节,最后伸踝关节,直至两腿伸直并拢。蹬夹开始时,主要是大腿向后运动,膝关节不宜过早伸展,以使小腿尽量保持垂直对水的有利姿势,避免出现小腿向下打水的错误。在蹬夹过程中,脚应保持勾脚外翻姿势;在蹬夹将近结束时,脚掌才内旋伸直,完成最后的鞭水动作。

4. 滑行

蹬夹水后,两腿伸直并拢,腰、腹、臀及腿部的肌肉保持适度紧张,使身体成良好的流线型向前滑行。

(三)臂部动作

现代蛙泳技术强调发挥手臂划水作用。臂的力量虽然没有腿的大,但在划水过程中能以较大的对水面取得较好的划水效果,而且准备动作时的阻力也比较小。蛙泳臂的一个动作周期,由外划、内划、伸臂三个阶段组成。

1. 外划(图 11-2-4 之 1～4)

手臂开始划水之前,两臂与水面平行伸直,掌心向下,身体充分伸展并保持流线型。开始划水时,两臂内旋使掌心转向外下方,并同时对称地向外后方划水。两手分开超过肩宽时,手臂略外旋,屈肘,屈腕,开始抓水,手掌从朝外下方转为外下后方,此时,手掌和前臂应有抓住水的感觉。抓水动作主要目的是为后面的划水创造条件,但也能产生一定的推进力,对躯干上部有支撑和平衡作用。

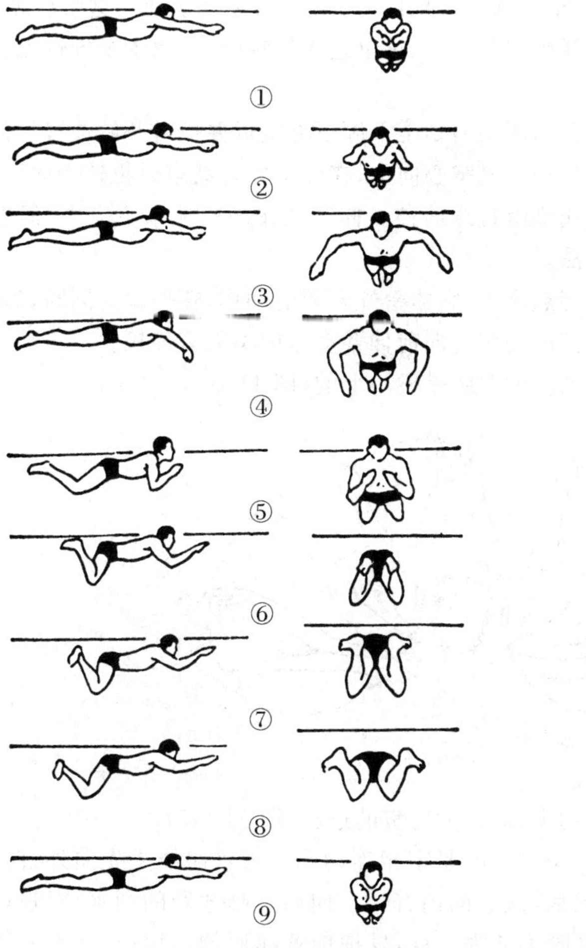

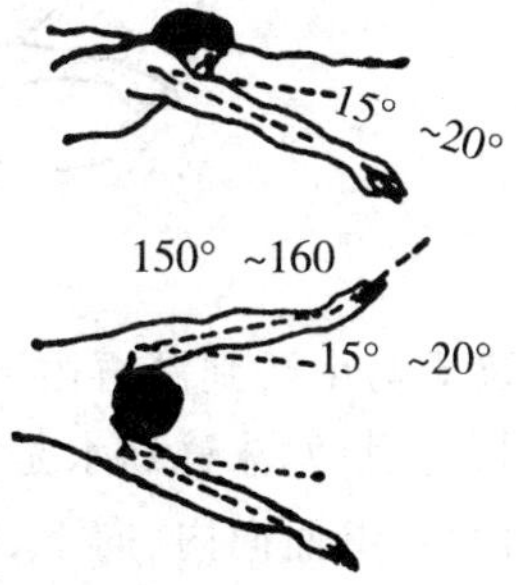

图 11-2-4

随着两臂的继续外划，手臂外旋，逐渐加大屈肘程度；两手向外、向下、向后划水。外划开始后，划水速度逐渐加快，当两手在体下划至最低点时，外划结束，转入内划。外划的整个过程应始终保持高肘并加速进行。肘关节随外划的进行不断减少弯曲的角度。到外划结束时，肘关节约屈至90°，手位于肩的前下方(图11-2-5)。

图 11-2-5

2. 内划(图11-2-4之4、5)

内划是外划的继续。外划结束时，手臂向外旋转，手由向外、向下、向后划水转为向内、向下、向后划水，然后随着手臂的继续外旋转为向内、向上和向后划水。内划结束时，手上升到略高于肘的地方。内划产生的推动力是划水过程中最大的。在内划过程中，手掌的攻角不断地变化，由向外和向下转为向内和向上。肘关节也随手的动作向下、向内再向上运动，在内划即将结束时，应在肋下做夹肘动作。由于内划阶段推进力大，因此应尽量延长这阶段划水路线，双手要划至下颌下方接近合拢时才开始伸臂，以免过早进入伸臂阶段，减少了推进力。

3. 伸臂(图11-2-4之6～9)

伸臂是在内划的基础上进行的。当两手内划至下颌下方接近并拢时开始伸臂。伸臂动作是由伸肘、伸肩来完成的，伸臂时掌心相对或掌心向上，在伸臂即将结束时再转为向下；伸臂时两手并拢，手腕自然伸直，手臂呈流线型沿直线前伸。伸臂动作一般在水下完成，但也有运动员为减小阻力采用在水面上伸臂方法。

快速向前伸臂是现代蛙泳技术特点之一，它紧密配合腿的动作，在伸臂的同时，肩要向前，不少运动员头部几乎同时向前有“压”的动作。向前伸臂动作中不能有停顿。

从俯视或仰视角度看蛙泳臂部动作的路线是桃心形的(图11-2-6)，

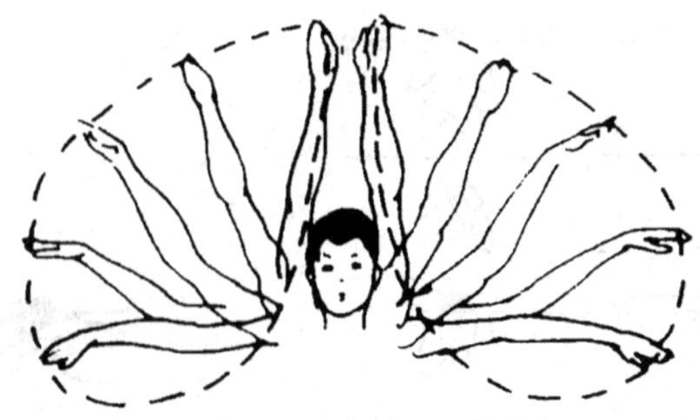

图 11-2-6

侧视角度看为由浅到深再由下向上、向前的连贯的过程(图11-2-7)。

以上分析说明，蛙泳臂划水是一个完整的紧密相连动作。划水路线是先向外、向后，转而向外、向下、向后，继而向内、向下、向后，最后向内、向上、向后。蛙泳臂的划水，要强调高肘划水技术，在划水的前部分，应注意以肘关节为支点，发挥前臂屈肌的作用；在划水的最有效部分，应注意以肩关节为支点，发挥胸大肌、背阔肌等肩带肌群作用，配合强而有力的蹬夹水，使

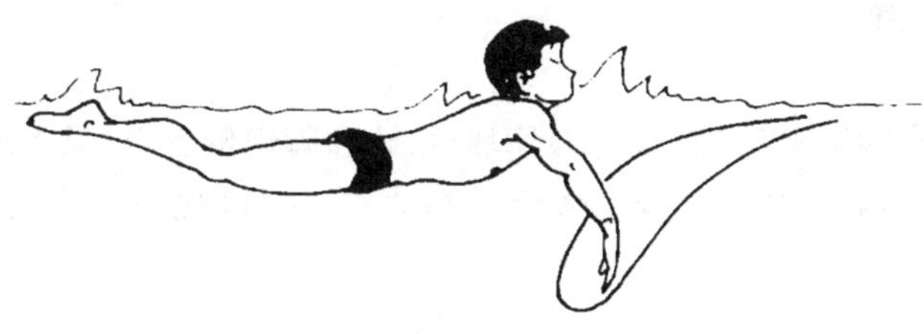

图 11-2-7

动作连贯而不间断地产生推进力(图 11-2-8)。

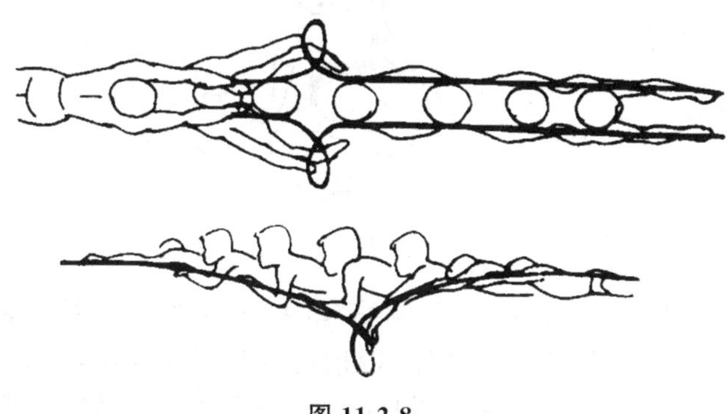

图 11-2-8

4. 完整配合动作(图 11-2-4)

蛙泳的完整配合技术较复杂,为保持游泳速度的均匀性,臂腿配合应尽可能使游进中每一动作周期内每个动作阶段都有推进力产生或保持。常见的蛙泳腿臂配合技术是:臂外划时,腿自然放松伸直;臂内划时,收腿,手向前伸至约 2/3 部位时快速蹬腿。

蛙泳是用口吸气,用口或鼻子呼气,呼吸动作与划臂动作紧密配合。蛙泳呼吸技术有两种方法:一种是抬头吸气,即通过前伸下颌,使口露出水面吸气;另一种是通过强有力的划水动作使头和肩上升至水面时吸气。

蛙泳的呼吸方式有两种:一是早呼吸,即在手臂开始划水时吸气;二是晚呼吸,在划手结束时吸气。初学蛙泳的人,宜采用"早呼吸"技术,优秀运动员则多采用"晚呼吸"技术。无论采用哪种呼吸技术,均应在口露水面时,将气吐完,并迅速做吸气动作;继而随着向前伸臂低头闭气,双臂开始外划时,逐渐呼气。

蛙泳的臂、腿、呼吸多采用 1∶1∶1 的配合,即两臂划水一次,蹬腿一次,吸气一次。手腿配合形式有三种:一是连接式,蹬腿结束后没有滑行动作,手臂立即开始划水;二是滑行式,蹬腿结束与划水开始之前有一短暂滑行阶段;三是重叠式,在蹬夹还没结束就已开始划水动作。每个人可根据自己的个人特点,选择适合自己的配合技术。初学者宜采用滑行式配合。

五、蛙泳技术教学

(一)腿部动作

蛙泳的腿部动作是整个技术的基础。腿部动作做得好,不仅可以产生较大的推进力,还有利于使身体保持水平姿势,使呼吸动作能顺利完成。因此,教学中要下功夫打好腿的基础,使学生掌握正确的收腿方式,学会正确地翻脚,掌握正确的蹬夹技术并形成慢收快蹬的正确节奏。

1. 练习方法和步骤

(1)陆上模仿练习

①跪撑翻脚压腿:两腿分开,两脚勾脚外翻,小腿和脚内侧着地,跪于地上,两手侧后撑,缓慢向下振压(如图 11-2-9)。此练习既可体会翻脚动作,又可增强膝、踝关节的柔韧性,初学者应该多做。

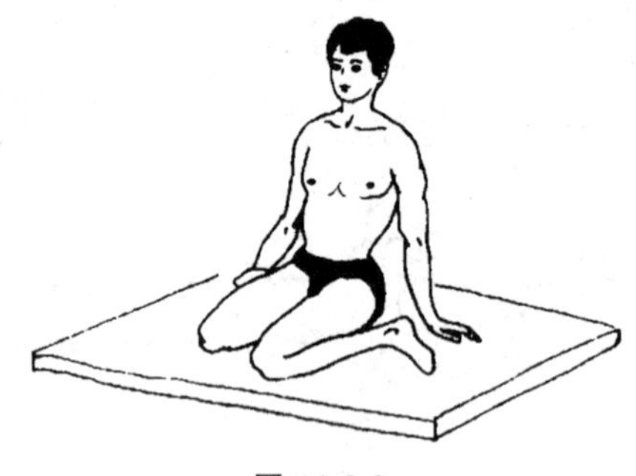

图 11-2-9

②坐撑模仿:坐于池边或凳子上,两手侧后撑,上体后仰,模仿蛙泳腿部动作(如图 11-2-10)。练习时,先按"收"、"翻"、"蹬夹"、"停"四拍进行分解动作练习,再过渡到"收——翻"、"蹬——停"两拍练习。练习中,应边做边看自己的动作是否符合动作要领,尤应注意正确的翻脚动作和蹬夹动作的连接。

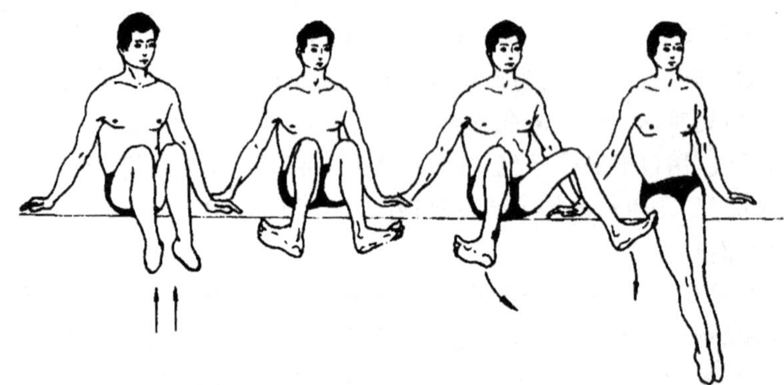

图 11-2-10

③池边俯卧模仿练习:俯卧于池边,下肢置于水中,做蛙泳蹬腿模仿练习(如图 11-2-11)。练习时注意体会收腿和蹬夹水动作时水的阻力,增加动作实感。

图 11-2-11

(2)水中练习

①扶边蹬腿:一手抓池槽(或扶池边),另一手反撑池壁俯卧水中,做蛙泳腿动作(如图 11-2-12①)。练习时,可先由同伴帮助,然后独立进行练习。

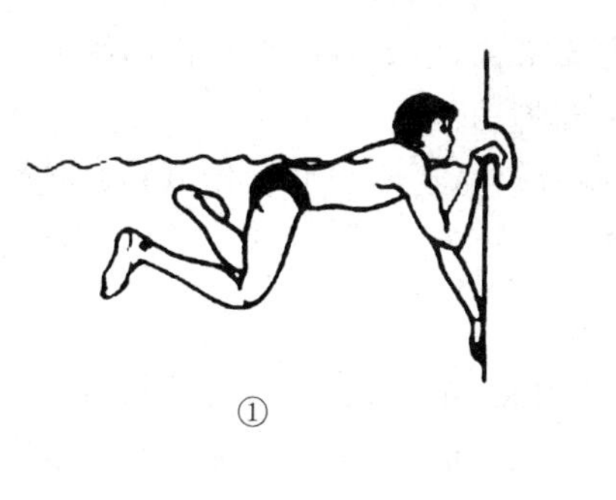

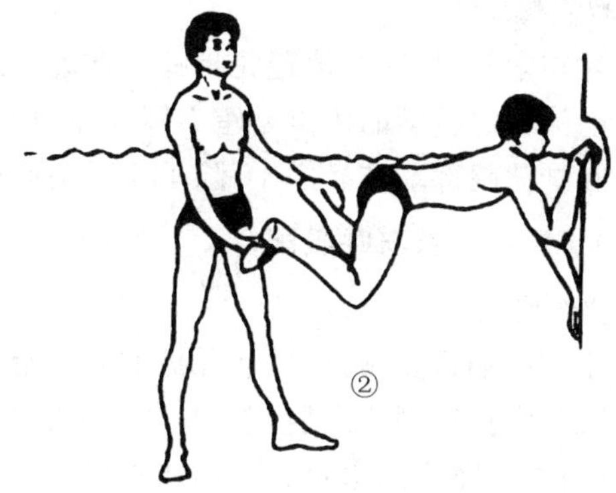

图 11-2-12

②助力蹬腿:俯卧水中,两手握同伴两手,并在同伴牵引下进行蛙泳腿部动作练习(图 11-2-13)。练习时助力者应视练习者的掌握情况逐渐减小助力。

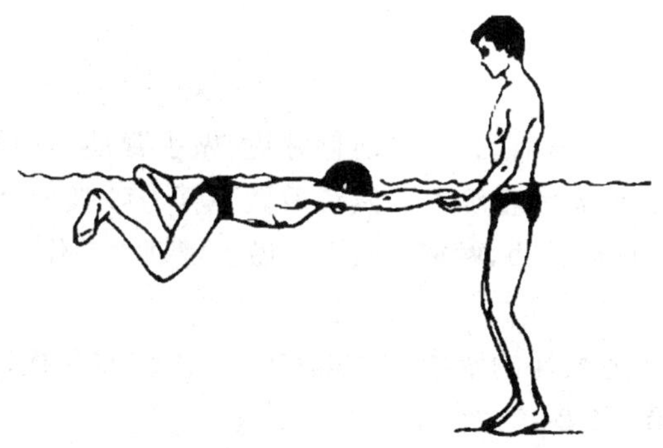

图 11-2-13

③滑行蹬腿:蹬边或蹬池底滑行,两臂不动,两腿做蛙泳腿动作(如图 11-2-14)。蹬腿时,注意两手微向上扬。

图 11-2-14

④扶板蹬腿:两臂前伸,两手扶浮板中后部,俯卧水中,做蛙泳蹬腿动作(如图 11-2-15)。练习时先注意蹬腿方向(向后),后强调蹬腿节奏(慢收、快蹬),掌握后可配合呼吸(收腿时抬头吸气,低头入水后再蹬腿滑行呼气)。

图 11-2-15

2. 教法提示

(1)对初学者来说,蛙泳蹬腿是蛙泳推进力的主要来源,应重视腿部动作的练习。

(2)蛙泳腿部教学的重点是蹬夹腿动作,难点是翻脚动作。

(3)在蛙泳腿部动作教学中,除了要强调动作的路线外,还要强调动作节奏,即慢收快蹬。

(二)手臂和手臂与呼吸配合

1. 动作要领

(1)手臂的动作要领:两臂从并拢前伸开始,前臂内旋,稍屈腕,掌心朝外斜对后下方,两手外划至比肩宽时,边划边屈肘,前臂外旋,形成高肘姿势转向内划,两手划至颌下靠拢向前伸,掌心转向下方。整个划水过程要加速进行。

(2)手臂与呼吸配合的动作要领:

①早吸气。两臂外划时抬头,口露出水面时开始吸气,内划时继续吸气,臂前伸时闭气,滑行时呼气。

②晚吸气。两臂外划时呼气,内划结束口露出水面时吸气,前伸时闭气,滑行时呼气。

2. 练习方法和步骤

(1)陆上模仿练习

①站立模仿:两脚开立,上体前屈,两臂前伸并拢,做手臂动作的模仿练习。先按口令做外划、内划、前伸分解练习,然后做完整练习。熟练后做手臂与呼吸配合练习。(如图 11-2-16)

②俯卧池边划臂练习:俯卧池边,两臂放入水中做手臂划水动作和手臂与呼吸配合练习。

(2)水中练习

①水中站立划臂:站在齐腰深的水中,上体前屈,两臂前伸并拢,先做手臂划水练习,然后做手臂与呼吸配合练习(图 11-2-17)。

图 11-2-16

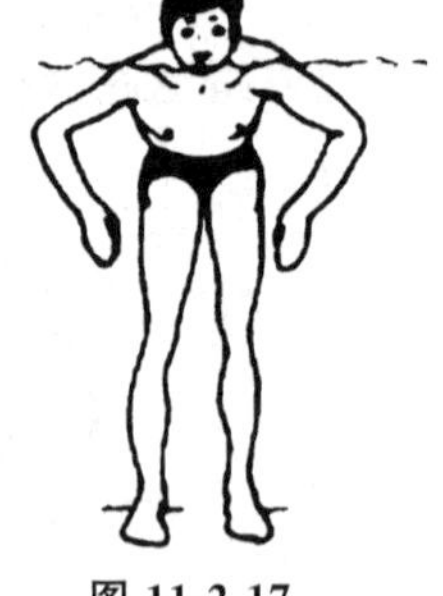

图 11-2-17

②行进间手臂和手臂与呼吸配合;站在齐腰深的水中,上体前屈,两臂前伸并拢,边做手臂动作边向前慢慢行走(抬头),熟练后做手臂与呼吸配合练习。(图 11-2-18)

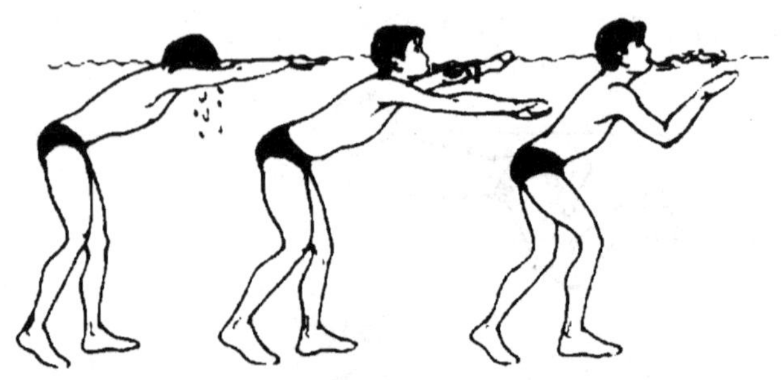

图 11-2-18

③夹板手臂与呼吸配合练习：将浮板夹于两大腿之间，俯卧水中做手臂与呼吸配合练习（图 11-2-19）。

图 11-2-19

3. 教法提示

（1）手臂动作教学的重点是划水路线和动作节奏，难点是内划；手臂与呼吸配合教学重点是配合时机，难点是呼吸。

（2）在手臂动作教学初期，不要强调用力划水和划水效果，防止学生两手过多地向后划水，宜采用“小划臂”练习，帮助学生体会和建立正确划臂的动作概念与肌肉感觉。

（3）在练习中，应强调两手臂向前伸直并拢后一定要有滑行阶段。

（4）从技术的合理性来讲，晚吸气技术要优于早吸气技术。但对于初学者，早吸气技术较容易掌握。在开始学习时，可要求采用早吸气技术，学会蛙泳后再改用晚吸气技术。

（5）练习时，应注意呼吸的节奏，呼气量应由小到大，口将出水时应加速呼气。呼与吸之间应无停顿，口出水面后应快而深地吸气。

（6）练习时，要掌握好臂与呼吸配合的时机。采用早吸气技术时，应缓慢地抬头，不要过猛地抬；采用晚吸气时，应强调吸气时手臂动作不能有停顿。

（三）完整配合动作

1. 动作要领

游蛙泳时，一般采用划臂一次、蹬腿一次、呼吸一次的配合方式。采用早吸气技术时，完整配合动作要领是：两臂外划时腿不动，外划过程中抬头吸气，内划时收腿，臂向前将伸直时蹬夹腿，臂腿伸直滑行时呼气。

采用晚吸气技术时，完整配合动作要领是：两臂外划时开始呼气，腿不动。内划时收腿，同时，头随肩部的升高而口露出水面时吸气。臂向前将伸直时蹬夹腿，在手臂前伸时闭气，滑行中呼气。

2. 练习方法和步骤

（1）陆上模仿练习

①单腿配合练习：两腿稍开立，两臂向上伸直并拢。一腿支撑，另一腿与臂配合做模仿练习。练习时，可先按 4 拍进行分解练习，即第 1 拍，两臂向外侧划臂；第 2 拍，内划并收腿、翻脚；第 3 拍，臂将伸直时蹬腿；第 4 拍，臂腿伸直并拢后稍停片刻（图 11-2-20a），然后做连贯动作。

②臂腿配合练习：两腿左右开立，两脚成外八字，两臂向上伸直并拢。按口令做配合模仿练习，开始时分 3 拍进行：第 1 拍，两臂向外侧划臂；第 2 拍，内划并稍屈膝下蹲；第 3 拍，臂将伸直时伸膝站立（图 11-2-20b），之后做连贯动作练习。

③完整配合模仿练习：在上一练习的基础上，增加与呼吸的配合，做蛙泳完整配合模仿练习。

（2）水中练习

a b

图 11-2-20

蛙泳完整配合练习一般分三个练习步骤；第一步，滑行后蹬腿两次、划臂一次、呼吸一次的配合练习；第二步，按划臂(呼吸)一蹬腿一滑行的配合方式进行练习；第三步，逐步过渡到蛙泳紧凑式配合练习。

3. 教法提示

(1)蛙泳完整配合的教学重点是臂与腿的配合，难点是臂腿配合时机。

(2)在完整配合教学的初期，应强调频率要慢，一定要有滑行阶段。

(3)练习时，呼气要充分。

(4)在学生基本掌握了蛙泳技术的基础上，可采用加长距离和变换速度等练习，提高和巩固技术。

六、蛙泳的常见错误及其纠正方法

腿部

常见错误	产生原因	纠正方法
平收腿	1. 动作概念不清 2. 收腿时两膝外展	1. 讲解、示范，明确收腿动作要领。陆上模仿加深体会 2. 采用矫正过正法，收腿时两膝并拢前收 3. 采用限制法，用绳限制两膝外展
收腿时脚出水	1. 动作概念不清，只收小腿，未收大腿或收大腿过少 2. 收腿时头、肩过低	1. 讲解、示范，明确收腿动作要领，要求收小腿同时适度前收大腿 2. 适当抬高头、肩位置
无翻脚动作或翻脚不够	1. 动作概念不清 2. 缺乏翻脚动作的肌肉感觉 3. 踝关节柔韧性差 4. 伸踝的错误动作定型的影响	1. 讲解、示范，明确翻脚动作要领 2. 多做陆上模仿，增强翻脚动作的肌肉感觉 3. 加强踝关节的柔韧性训练 4. 强调翻脚时的勾脚动作，反复进行踝关节的屈、伸练习

续表

常见错误	产生原因	纠正方法
蹬水效果差或蹬不到水	1. 髋、膝、踝三关节蹬伸顺序不清，蹬腿时过早伸直膝、踝 2. 翻脚后未形成较好的蹬水面 3. 蹬腿速度、力度不够 4. 蹬腿方向不对，侧蹬过多	1. 讲解、示范，明确三关节的蹬伸顺序，在陆上模仿，强化肌肉感觉 2. 改进翻脚动作，要求小腿内侧和脚弓对水 3. 加强腿部力量训练，加快蹬腿速度 4. 矫枉过正，蹬腿时尽量向后
收蹬腿时，身体上下起伏	1. 收腿时头、肩过低或提臀 2. 蹬腿方向过低，蹬腿时挺腹	1. 收腿时适度抬高头、肩的位置，上体保持平卧姿势，大腿带小腿前收 2. 向后蹬腿，蹬腿时腰腹保持适度紧张
收蹬腿时两腿动作不对称，有剪绞水动作	侧泳及类似错误动作定型的影响	陆上模仿，加深对正确动作的体会。加强水中分解动作练习，强调两腿动作应同时、对称

手臂

常见错误	产生原因	纠正方法
直臂划水	1. 动作概念不清 2. 手臂外划后，未及时转手、屈臂	1. 讲解、示范，明确划水动作要领，强调划水臂应先直后屈 2. 手臂外划后，应及时转手、屈臂内划
划水时手掌摸水	1. 动作概念不清 2. 划水时肘部下沉 3. 手臂力量差	1. 讲解、示范，明确划水要领 2. 加强陆上模仿和水中有固定支撑的练习，强调高肘向后划水 3. 加强手臂力量训练
划水路线太后	1. 动作概念不清 2. 错误动作定型的影响 3. 过于注意加长划水路线或收手过晚	1. 讲解、示范，明确划水要领 2. 多做陆上模仿和水中有固定支撑的练习，建立正确的动作定型 3. 减小划水幅度，采用限制性手段，限制手臂后划过多，提早收手时间

完整配合

常见错误	产生原因	纠正方法
伸臂时边伸边分	1. 动作概念不清 2. 急于划水或急于抬头吸气 3. 错误动作定型的影响	1. 讲解、示范，明确伸臂要领 2. 强调先伸后分，或做较长的滑行后手再分臂向外划水 3. 陆上模仿，水上有固定支撑练习，建立正确动力定型

续表

常见错误	产生原因	纠正方法
直线向后划水	1. 动作概念不清 2. 错误动作定型的影响 3. 过于注意加长划水路线	1. 讲解、示范,明确划水动作要领 2. 陆上模仿,水上有固定支撑练习,纠正错误定型 3. 强调外划、内划,采用限制法,限制两手划过胸下
划臂同时收腿	1. 动作概念不清 2. 错误动作定型的影响 3. 急于收腿	1. 讲解、示范,明确臂腿配合动作要领 2. 加强陆上模仿,体会正确动作 3. 外划时注意控制两腿,继续保持滑行姿势。强调内划时才收腿
蹬腿同时划臂	1. 动作概念不清 2. 配合节奏紊乱 3. 急于划臂	1. 讲解、示范,明确臂腿配合动作要领 2. 陆上模仿练习,体会正确动作 3. 推迟划臂时间,强调蹬腿滑行后再开始划臂
蹬腿同时伸臂	1. 动作概念不清 2. 急于蹬腿 3. 内划后伸臂不及时,在胸前有停顿	1. 讲解、示范,明确臂腿配合动作要领 2. 陆上模仿,水上分解练习,强调先伸臂后蹬腿 3. 内划后及时伸臂
吸不到气	1. 吸气前未呼气或呼气不充分 2. 抬头过慢,吸气时间短 3. 呼气过早过猛,或呼吸之间出现停顿	1. 强调伸臂时开始呼气,口出水前将气呼完 2. 提早抬头时间,外划时即开始抬头吸气 3. 强调呼吸节奏,要慢呼快吸

知识窗

1. 游泳时感觉头晕是怎么回事?

有一小部分初学游泳的人,在刚开始学游泳的时候,一下水就感到头晕、眼花、心跳、在水里站不稳,这是因为不熟悉水性的缘故,就是通常说的怕水。经过练习,熟悉了水性,这些现象就消失了。还有一些人头晕并不是由于怕水,可能是由于体位的改变(游泳是俯卧或仰卧在水中)身体里的血液分布有了变化,因而脑部暂时供血不足,引起头晕。医学上把这种现象叫作"血液重新分配"。一般身体不太好的人,以及游泳时间过长,体力消耗过大,或饿肚子游泳的人容易出现头晕的现象。

2. 游泳时抽筋怎么办?

在游泳中经常发生抽筋现象。抽筋就是肌肉痉挛(强直收缩),容易抽筋的部位是小腿、大腿、脚趾、手指,抽筋的原因有可能是没有做好准备活动,也有可能是局部的肌肉疲劳(走路、跑步过多)突然遇到冷水的刺激等等。发生抽筋的时候,首先要保持镇静,游泳技术好的人可以自己解脱,主要是牵引、拉长痉挛部位的肌肉,使肌肉放松和伸展。游泳技术不好的人也不要过分惊慌,可以一面用没抽筋的手脚继续游泳,一面呼救让别人来帮助。上岸拉开肌肉后稍加按摩,就可以继续游泳了。

3. 呛水了怎么办?

呛水是水从鼻腔和口腔进入呼吸道,是游泳时在水中做了吸气动作引起的。初学游泳的人,由于没有掌握水中呼吸技术,很容易呛水。呛水和喝水是很容易区别的。水进入呼吸道,可以阻塞呼吸道的某一部分很快造成呼吸困难,还可以发生呼吸道反射性痉挛,引起窒息,呛水的反应是剧烈的,如果有其他异物或泥土随着水进入呼吸道,往往会几秒钟内危及生命。要防止呛水,唯一的方法就是听教练员的指导,重视呼吸练习,熟悉地掌握呼吸技术,而不要错误地认为,头放在水上一样能游泳。没有正确呼吸动作的游泳,不能说是真正的会游泳。发生轻度呛水时,应该保持镇静,游泳的动作不能乱,这样呛水的感觉很快就会消除。在深水区呛水,如果身体疲劳不能游泳时,可向岸上的人呼救。

4. 汽车落水时怎样逃生与自救?

一辆汽车堕海的时候,它必然是车头先沉下去,原因是发动机很重就在车头。汽车沉入水中后,由于巨大的海水压力,欲推开车门逃生的机会很小。紧急逃生的方法是将玻璃落下,由窗口钻出,浮至水面。

从落水汽车里逃生还要注意以下两点:

(1)如果堕入水中时,全车的门窗早已经关闭,汽车进水会很缓慢,汽车下沉相应也慢。此时,车内的人应保持镇定,不要立即推车门,要等车厢进水将满,此时汽车内外水压一致,再推开车门或将玻璃窗落下,由窗门逃生。在车尚未沉入水中,水平面没有到达窗户时,如时间来得及,应当机立断迅速将玻璃窗落下后逃生。

(2)如果堕入水中时,车窗未关,由于车内空气迅速消失,汽车自然会四轮朝天后往下沉。此时,车内的人应立即由窗口爬出去逃生。如果汽车前座已经进满了水,则应将身体挪至后座,待全车厢进水将满,然后推门逃生。试验证明,汽车入水后,玻璃窗仍很容易落下。

奥运明星的故事

“神童”——迈克尔·菲尔普斯

迈克尔·菲尔普斯是当今泳坛最出色的全能型游泳选手。15岁时崛起于世界泳坛,当时他成为入选美国奥运游泳队最年轻的选手,并在悉尼奥运会上获得200米蝶泳的第五名。之后,菲尔普斯就开始了在世界泳坛掠金夺银的惊人之旅。

2001年,菲尔普斯打破200米蝶泳世界纪录,成为最年轻的世界纪录保持者,并赢得了“神童”的美誉。同年,他在福冈世锦赛上赢得了职业生涯中第一个世界冠军头衔。2003年,菲尔普斯在巴塞罗那世锦赛上五次打破世界纪录四次站在最高领奖台上,创造了在同一届比赛中的又一个壮举。他在比赛中成功卫冕了200米蝶泳冠军,同时还夺得了200米和400米个人混合泳金牌并创造世界纪录。此外,他还赢得了混合泳接力的金牌并在100米蝶泳的半决赛中刷新了世界纪录,但在决赛中输给了队友克罗克。凭借如此出色的战绩,菲尔普斯当之无愧地被评为2003年度世界最佳男子游泳运动员。

菲尔普斯在2007年墨尔本世锦赛上独揽七金,打破索普保持的一届世锦赛夺得六金的纪录,此外他还打破了五项世界纪录。截至2007年他在世锦赛上已经夺得20枚奖牌,超越澳大利亚选手哈克特成为世锦赛历史上夺牌最多的选手。

2008 年 8 月 9 日，美国“游泳神童”菲尔普斯在第 29 届奥运会 400 米个人混合泳预赛中，以 4 分 07 秒 82 的成绩获得第一名，并打破他本人在雅典创造的 4 分 08 秒 26 的奥运会纪录；在决赛中，又打破了世界纪录并获得冠军。

2008 年 8 月 13 日在男子 200 米蝶泳决赛中，菲尔普斯夺得奥运会上个人第 10 枚金牌。

2008 年 8 月 13 日第 29 届北京奥运会男子 4X200 米自由泳接力决赛，美国队以 6 分 58 秒 56 书写下此项新的世界纪录。菲尔普斯也获得了本届奥运个人自己的第 5 枚金牌，也是他在奥运会上获得的第 11 枚金牌，成为奥运会历史上夺金牌最多的选手，之前的奥运会金牌总数纪录是由“飞行的芬兰人”努尔米在 1920、1924 和 1928 年三届奥运会上创造的个人九金最高纪录。保持九金纪录的还有施皮茨、刘易斯和拉蒂尼娜。

2008 年 8 月 15 日男子 200 米混合泳，他以 1 分 54 秒 23 的成绩打破自己保持的世界纪录，获得个人本届奥运会第 6 金，个人第 12 枚奥运金牌。

2008 年 8 月 16 日，菲尔普斯在水立方以 50.58 的成绩夺得男子蝶泳 100 米冠军，这是他在本届奥运会上获得的第 7 金，他这个成绩又破奥运纪录。

2008 年 8 月 17 日，北京奥运会游泳比赛水立方的收官之战男子 4×100 米混合泳接力决赛落幕，美国队在菲尔普斯的带领下获得金牌，菲尔普斯也成功地打破了前辈施皮茨单届奥运会获得七金的纪录，独揽八枚金牌，成为了水立方最大的赢家。

前美国游泳名将马克·施皮茨曾经在 1972 年慕尼黑奥运会上一人独得七枚金牌，对于打破已经沉寂了 36 年的单届奥运会七枚金牌纪录，菲尔普斯表示：“我已经说过，并且再次重申，我只想做第一个迈克尔·菲尔普斯，而不是第二个马克·施皮茨！”马克一施皮茨对菲尔普斯在北京奥运会上独得八枚金牌只用了一句话来评价：史诗般的伟大。

第三节 定向越野运动

一、定向越野运动的起源与发展

定向运动最初起源于 1886 年瑞典的一项军事体育活动，意思是：在地图和指南针的帮助下，越过不被人所知的地带。真正的定向比赛于 1895 年在瑞典斯德哥尔摩和挪威奥斯陆的军营区举行，标志着定向运动作为一种体育比赛项目的诞生，距今已有百余年历史。在瑞典，所有在校学生及军队服役人员必须学习定向，定向运动是一门必修课程，是教育和训练的一部分，对于瑞典人来说，定向运动已成为一种生活方式。

定向运动本身作为一种体育项目开展是从 20 世纪初在北欧开始的。到 20 世纪 30 年代已在芬兰、挪威、瑞典、丹麦立足。1933 年举行了第一次世界定向运动比赛。1961 年国际定向联合会（IOF）在丹麦哥本哈根成立，现有成员国 80 多个，“国际定联”（图 11-3-1）是世界定向运动的行政实体，是国际体育联合会总会之一。定向运动也是国际承认的奥林匹克体育项目。

图 11-3-1 国际定联标志

在中国，最早开展定向运动的地区是香港。1983 年传到内地，当时是在广州白云山作为军事院校试点训练课程。

1. 定向运动的定义

定向运动是指运动员借助一张详细的地图(图 11-3-2 和图 11-3-3)和一个精确的指南针,按顺序到访地图上所指示的各个点标,以最短时间到达所有点标者为胜的一种体育运动。定向运动通常设在森林、郊外和城市公园里进行,也可在大学校园里进行。定向运动是一项集健身、趣味、知识、竞技、国防教育、大自然生存于一体的新兴群众性体育项目,覆盖面广、参与性强,可深入千家万户,具有广泛的群众基础。

图 11-3-2　地形图　定向运动地图

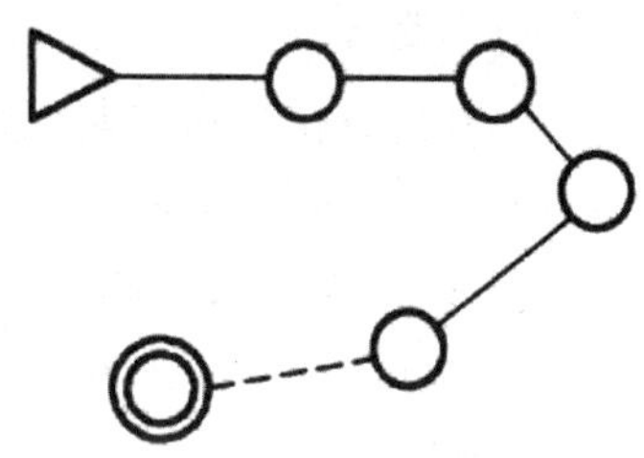

图 11-3-3　定向比赛路线

2. 定向运动的分类

(1)定向运动按运动工具的不同可分为两种:

①徒步定向(图 11-3-4):如传统定向越野、接力定向、积分定向、夜间定向、五日定向、公园定向等。

②工具定向:如滑雪定向(图 11-3-5)、山地自行车定向(图 11-3-6)、摩托车定向、滑轮定向(图 11-3-7)等。

图 11-3-4　徒步定向标志

图 11-3-5　滑雪定向

图 11-3-6　山地自行车定向

图 11-3-7　滑轮定向

(2)定向运动按性别的不同可分为男子组和女子组;

(3)定向运动按年龄的不同可分为少年组、青年组和老年组;

(4)定向运动按技术水平的不同可分为初级组(体验组和家庭组)、高级组和精英组;

(5)定向运动按参加人数的不同可分为个人单项、个人双项和集体项。

3. 定向运动的装备

地图、指南针、点标旗、打卡器(图 11-3-8)。除号码布、地图及控制卡由赛会供应外,运动员应携带指南针,基于安全,哨子是运动员必备的用具。如参加夺分式定向赛应带有手表。计时设备有机械式计时设备和电子计时设备,皆由赛会提供。

4. 主要世界/国际定向运动赛事

(1)O-Ringen:瑞典五日。世界最大规模的定向运动赛事,每年吸引世界各国 15000 名男女老少定向运动员。

(2)世界定向越野锦标赛;世界滑雪定向锦标赛。

(3)定向越野世界杯赛;滑雪定向世界杯赛。

(4)世界青年定向越野锦标赛;世界青年滑雪定向锦标赛。

(5)世界老年定向越野锦标赛;世界老年滑雪定向锦标赛。

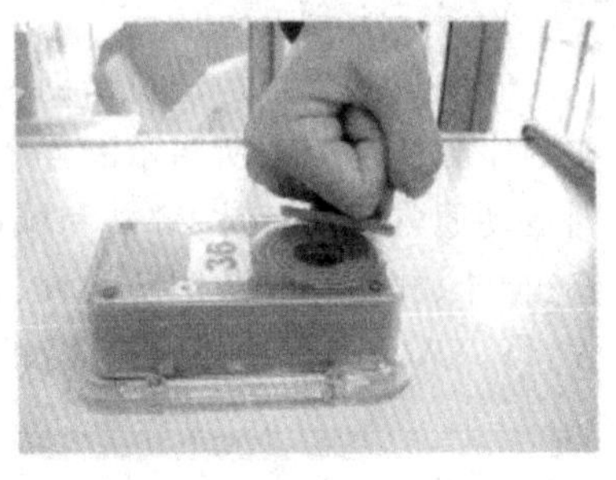

图 11-3-8　打卡器

二、定向运动基本技术

(一)判定方位

实地判定方位是指在实地辨明东、西、南、北方向。了解实地的方位是使用地图的前提。在自然界,某些动物是具有辨别方向的本能的,而人类要在野外确定方向,主要还是依靠经验和工具。

1. 利用指北针判定(图 11-3-9)

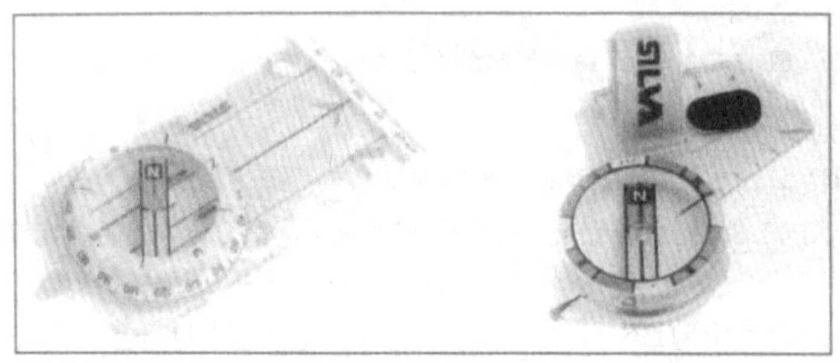

图 11-3-9　指北针

当指北针的磁针静止后,其 N 端(通常都有红色标志)所指的方向即为北方。利用指北针辨别方向是十分简便快捷的,也是定向越野常用的基本方法。利用指北针判定方位需要注意的事项有:

一是了解和检查指北针的灵敏程度,尽量保持指北针水平,并让磁针停稳;

二是不要距离铁、磁性物质太近,不要在高压线下使用;

三是要细心,不要错将磁针的 S 当作北方,造成 180°的方向误判。

2. 利用太阳与时表判定(图 11-3-10)

利用太阳与时表判定,是在晴朗的天气里在野外常用的一种能较快地辨别出概略方向的方法。其判定的要领是:“时数折半对太阳,12 指的是北方。”为提高判定的准确性,通常适用范围在上午 9 时至下午 4 时之间,时间是按 24 小时制。并要注意我国不同的地区和不同的季节,用时表与太阳来判定方位的所指的方向是略有不同的。运动员到一个新的环境中不能完全凭时表与太阳来判定方向。

3. 利用地物特征判定

有些地物的特征可以帮助我们辨别方向,作为判定概略方向的辅助方法。这些具有方向特征的地物有(图 11-3-11):

(1)房屋。在北半球,房屋一般门朝南开。

(2)庙宇。庙宇通常坐北朝南,尤其是庙宇群中的主要殿堂。

(3)树木。树木通常朝南的一侧枝叶茂盛,色泽鲜艳,树皮光滑,向北的一侧则相反。同

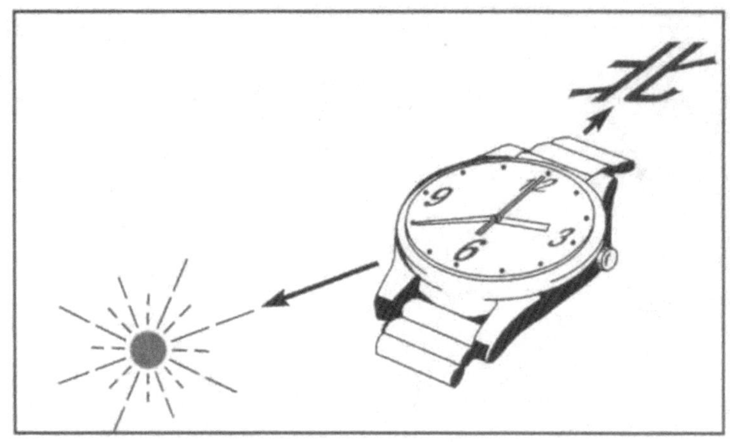

图 11-3-10　利用太阳与时表判定方位

图 11-3-11　中国古代建筑具有一定朝向特征

时，朝北一侧的树干上可能生有青苔。

利用地物特征判定需要注意两点，一是利用地物的特征来判定方向不一定很准确，有的地物本身并不是按这种规律的；二是利用的地物通常不一定是容易辨认方向的。所以，我们不主张新手按此方法来判定方向。

4. 利用北极星判定(图 11-3-12)

北极星位于正北天空。在夜间观察时，其距离地平面的高度约相当于当地的纬度。寻找时，通常要根据北斗七星(大熊星座)或 w 星(仙后星座)确定。北斗七星是七颗比较亮的星，形状像一把勺子，将勺头甲乙两星连一直线向勺口方向延长，约为甲乙两星间隔的 5 倍处，有一颗略暗的星，即北极星。

(二)现地使用地图

现地使用定向运动地图，也叫现地读图，是定向越野最基本的要求。现地读图通常在运动员掌握一定的定向越野地图基础知识上进行。

1. 读图的一般规则

(1)完整地理解地图

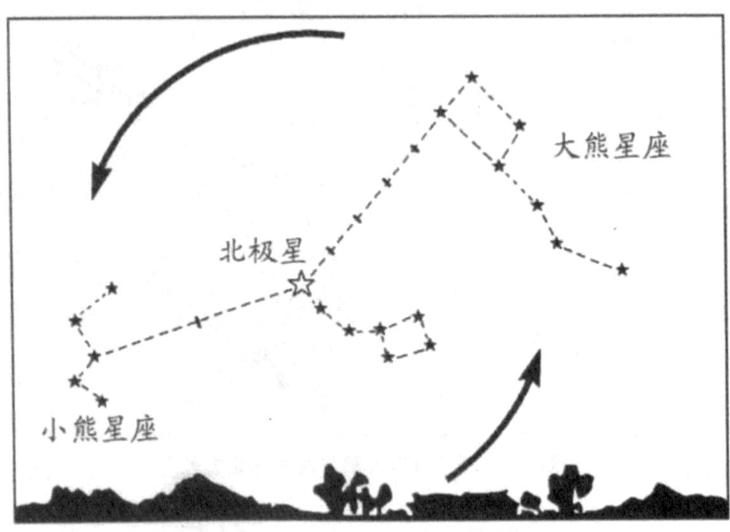

图 11-3-12　夜间利用北极星判定方位

定向运动地图是通过制图工作者采用取舍、概括、夸大、移位等制图综合方法完成的。图上符号的数量、形状、大小、精确位置等与实地相应地物不是完全一致。如:有多种地物在一起时,图上只表示了对运动有价值的地物,其他通常不表示或仅象征性地表示;山背上、河岸边的细小凸凹的地貌,图上不可能全部表示,仅表示出了它们的概略形状;对于公路、铁路等线状地物,其符号的宽度是夸大了的,而地物两旁其他符号就会出现移位现象,造成地物的位置不精确。

(2)有选择地了解内容

定向运动地图的信息通常非常多,读图是不能漫无边际什么都看,而应有选择地把注意力集中在与解决如何向越野问题有关地域和内容上。可以先综合看一下图上的比赛地域,然后确定需要重点看的内容,进而获取自己在越野跑时可能需要的信息(图 11-3-13)。

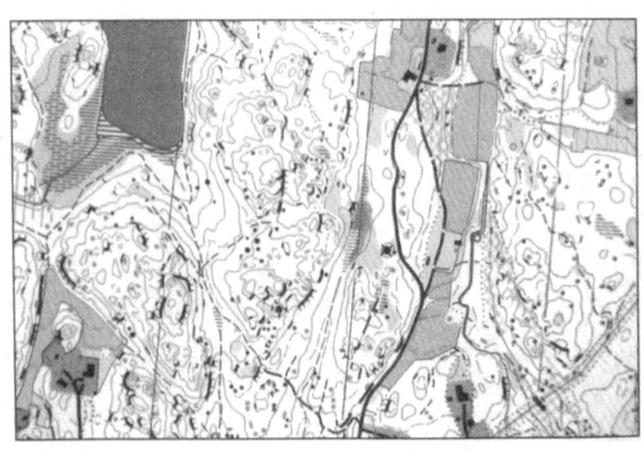

图 11-3-13　定向运动地图上的信息

(3)综合地阅读地图

不能独立地看待地物或地貌的单个符号,而应将他们与地貌和其他地形要素联系起来阅读。不仅要了解它们的性质,还要了解它们之间的方向、距离、高差等空间位置关系,从而明确这些要素对竞赛的总和影响。

2. 地图与现地对照

(1)标定地图

标定地图是现地对照地图的首要步骤。标定地图就是将地图的方向与现地和方位一致起来(图 11-3-14)。

图 11-3-14　定向运动地图上的指北方向

①概略标定地图:地图的概略方向是上北下南,精确方向一般为指北标志。运动员在运动过程中,只要将地图上边对好实地北方,或用指北标志对准北方,即为概略标定地图,还可以通过磁北线方向和定向检查点序号字头的朝向来对准现地北的方位。

②指北针标定地图:指北针标定地图是常用的标定方法。方法是将地图磁北方向线与指北方向一致,持平,让其一起转动,当转到磁北方向线与指北方向一致时,该地图就标定好了,即现在地图的方向就与现地一致起来(图 11-3-15)。

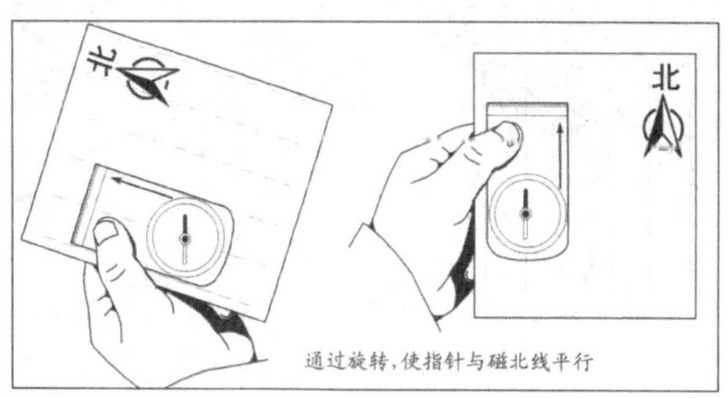

图 11-3-15　利用指北针标定地图

③利用长直地物标定地图:长直地物标定地图是运动员常用的简便方法,当运动员行进到如长直道路、沟渠、围栏等直线较长地物时,只要将图上长直地物符号与现地相对应(注意不能反向 180°)即将地图标定好(图 11-3-16)。

(2)确定站立点

确定站立点是现地用图的关键,许多初学运动员就是因为无法确定站立点位置,而导致在野外迷路。确定站立点的主要方法有目估法和后方交会法。

①目估法:利用明显地形点目估确定站立点,是最常用的方法。具体要领为:如果是站在明显地形点上,找出地图上相对应的符号便是;如果明显地形点就在附近,则先标定地图,再根据周围地形的明显点与站立点关系相符位置确定自己的站立位置(图 11-3-17)。

图 11-3-16　利用长直地物标定地图

图 11-3-17　目估法确定站立点

②后方交会法：首先标定地图，其次选择离站立点较远的图上和现地都有的两个以上明显点，再现地交会。交会点就是运动员所在的位置(图 11-3-18)。这种方法在周围没有明显点并视线较开阔时使用。

使用目估法和后方交会法确定站立时应注意事项：仔细分析站立点周围地形，选择地形点时要找准，防止错判、错用目标；标定地图过程中，地图方位不能变更，并注意检查；采用交会法时，为准确一般交角不小于 30°或大于 150°，条件允许时，用第三条方向线进行检查。

(3)地图与现地对照

对照地形通过常用在标定地图和确定站立点的基础上进行，而确定站立点又必须先对照地形，所以，地图与现地对照和确定站立点两者交叉进行。地图与现地对照的要求有：使地图的地物符号、地貌符号与现地的地物地貌一一对应找到；包括现地有，图上有，对照找到；现地有，图上无，能确定图上位置；现地无，图上有，能确定现地原有的位置。

图 11-3-18　利用后方交会法确定站立点

对照的一般顺序：先主要方向，后次要方向；先大和明显地形，后一般地形；由近到远，从左到右（也可以反之）；由图上—现地—图上；由大带小、由点到面，逐步分段分片进行对照。

三、定向越野练习方法

（一）地图识别训练

识图训练是为了提高运动员的快速读图能力和利用地图判定地形的能力。通常先室内后野外，是一种基本的技能训练方法。

1. 快速读图

读图技能实际就是从地图中读出对自己有用信息的技术和能力，有效信息的内容包括确定站立点信息、下一检查点方位信息、去下个检查点的沿途信息等三个方面。这三个方面是从地图中读取有效信息的三个逻辑步骤，应按序进行。

地图中等高线的走向与形状、合水线与分水线与转折点、交汇点、制高点、线状地物及转弯点、交叉点、端点、鞍部、陡崖、冲沟、水系地物形状和走向、独立地物、人造地物和植被地物等都是可以用来对照的有效信息，培养迅速捕捉这些重要信息的能力，是培养定向技能的第一关。

2. 记图训练

记图技能就是记住从图上获知的下一个检查点方位信息和选择的运动路线沿途的技术和能力，这种技能可使运动员达到“人在地上走，心在图上移”的境界，减少运动中的看图次数和时间，以较短的时间到达下一检查点。

记图的技能实际是概括地图的技能。将地图上设计路线沿途丰富的信息全部记在脑子里是不可能的，要概括出地形的基本形态才能记住地图上的信息，这需要运动员有扎实的地图的知识功底，有熟练地运用较多的地图知识分析地貌结构的能力。

（二）基本体能训练

掌握越野跑的技术也是决定定向越野成绩优劣的重要因素之一。要想在比赛中既能保持高速度、长距离地奔跑，又能避免一切可能发生的危险并取得好成绩，还需要掌握一定的越野跑技能。

1. 定向越野跑训练的特点

定向运动中的越野跑实际上是一种长距离的间歇跑。由于在途中常常要停下来看图和辨别方向，在崎岖的道路上不可能始终保持均匀的跑速，运动员兴奋点多、注意力不集中。跑的过程中在遇到较复杂的地形路段上，多数运动员的注意力会集中在寻找检点和确定站立点上，遇到较简单地形，运动员的注意力会集中在距离感和方位感上，运动员兴奋点非常多，发现点标和冲击终点时都会出现运动兴奋点。所以，它总是表现出走、跑、停相互交替的间歇跑特点。

2. 连续跑能力训练

(1)连续跑。连续跑需要的时间很长约在 2～4 小时，训练的对象一般必须具有一定的长跑基础。在训练初期对运动员不作过多的要求，将运动员放在较适合的环境中训练，要求他们在跑的过程中不必考虑速度，只是不停的跑，不准走并对训练时间有准确的要求，经一段时间的训练，让运动员能适应连续跑所规定的时间，就可以进行速度感、距离感的训练。

(2)定速跑。让运动员在规定的距离上反复跑。如进行 3000 米跑，记录每次所用的时间，并告诉运动员。让他们把耗时与跑时的速度体验进行比较，反复练习当运动员在自己跑完 3000 米后所估计的时间与实际测录的时间相差不大时，该运动员就形成了在某时间区域内时速相对稳定。

(3)定时跑。可以采用 2 分钟定时跑。只要运动员跑 400 米，用 2 分钟时间，不能快不能慢，并记住其速度的感觉。可在田径场上完成几次基础性训练后，再将运动员拉到野外用同样的方法反复练习。让运动员在不同的时间地形上越野跑，能够根据手表所录时间，来确定所跑的距离。

3. 变速跑训练

变速跑既是一种跑的技术，也是一种战术。作为战术可以在定向比赛中用以打乱对手的节奏、不让对手获利。作为战术是为了运用变速跑来捕捉点标。因此，在训练中要特别注意变速跑能力的培养。

变速跑突快突慢，非常消耗体力，对心肺功能要求极高，训练好变速跑的关键在于提高心肺功能。

开始在田径场上进行变速跑训练时，可采用 10 米快速、10 米慢速，最后 50 米快速、50 米慢速。要把调整期逐步缩短将有氧训练和无氧训练有机结合起来，使心肺适应这种快速转换的过程。最后，快慢速跑的距离变化可不再有规律。

4. 野外跑训练

野外跑训练是为了让运动员适应野外不同地形定向比赛的要求，熟悉和掌握野外跑的环境与技巧。

野外跑的技巧有：

(1)上坡：上体前倾，腿高抬。

(2)下坡：上体后仰，坡度较陡时采用横脚板、侧身体姿态下坡，步幅要小(如果无障碍物，也可大幅跑下坡，以节省体力，提高速度)。

(3)杂草地带：腿要高抬，以免绊倒。如有砍柴的痕迹，落脚是要小心，以免被扎伤脚，速度慢些，否则欲速则不达。

(4)乱石地带：脚踩石头跑，移脚要迅速，控制好身体的重心，以免踏上活动的石块扭伤脚。

(5)遇到干沟：根据自己的体力和弹跳能力而定，能够跳跃过去，就像跳远那样跃过，不能跃过或拿不准就通过沟底过去。

遇水沟：窄就跃过，宽最好是趟过去，趟的时候别光脚，免得脚被异物扎伤。

(三)心理训练

在定向越野训练和比赛中,运动员不仅要消耗大量的身体能量,还要付出大量的心理能量。如果运动员缺乏良好的心理素质,就不能顺利完成训练和比赛,更不可能取得优异成绩。因此,从某种程度上说,一个定向运动员心理素质的优劣是成功与否的第一因素,它比体能、技能都重要。

1. 培养优秀的个性特征

有良好个性特征的运动员无论是在训练还是在比赛中,都会有上乘的表现。那些热爱定向运动的队员,在训练中始终能保持精神饱满,积极向上的情绪,运动中也能承受较大的运动量,能够推迟疲劳出现的时间,在比赛中也容易取得好成绩。

2. 培养良好的动机

良好动机是发挥运动员积极性的核心因素。只有在良好的动机的支持下才提高兴趣和能力。鼓励运动员在定向比赛时争取好成绩,但却不可把胜负看到太重而成为思想包袱和负担,不允许运动员通过不正当手段去赢得比赛胜利。要教导运动员相互团结、共同协作,把每次训练或比赛都看作是锻炼自己、培养能力的机会,要不断挑战自我超越自我。通过艰苦的训练是能够提高定向运动水平的。

3. 培养认真的态度

良好的态度可使运动员对比赛有充分的信心和责任感。使运动员始终处在坚定、沉着和充满信心的状态,提供巨大的心理储备。在比赛中遇到不愉快的事,也能耐心处理,不急不躁,不被烦人的事扰乱心情,照样正常参赛。

4. 培养顽强的意志品质

良好的意志品质在定向训练的比赛中起着巨大作用。克服困难,反败为胜靠的就是它。因此,训练中要有意识、巧妙地安排一些机会来培养运动员的意志品质。如果要使运动员树立战胜困难的信心,可从困难少的方面入手,由易到难,逐渐加大难度,使运动员在不断克服困难的过程中,坚定信心,看到自己的力量。教练要以身作则,训练中要认真、坚定,以良好的意志品质感染运动员。如果教练员朝气蓬勃、勇往直前,困难面前不低头,那么运动员在训练和比赛中遇到困难就会不妥协、不屈服,坚持完成任务。

四、定向越野运动基本常识

1. 野外运动着装要求

野外运动的着装,颜色选择鲜艳醒目的为好。有条件的可购买专门的定向运动服装,它质地轻、透气性好、散热快、不粘皮肤。穿普通长袖长裤的运动服也可以,但要透气、吸汗。不宜穿短裤从事定向运动,南方地区尤应如此。因为南方的灌木丛荆多,穿长裤可以减轻不必要的损害,如果戴上专用绑腿,防护就更好了。

鞋要牢固、轻便、适合,穿专用越野鞋为好,可封严鞋口。鞋底纹应深,可防滑。袜子应是棉袜,可吸汗、防滑、跟脚,不宜穿尼龙袜,它容易造成脚在鞋内打滑而站立不稳。

头应戴有帽檐的帽子。在丛林中穿行,帽檐对树枝可起防护作用,在夏天阳光下,还可起遮阴作用,便于运动者观察。

2. 野外运动应携带的物品

(1)饮食品

在野外进行定向运动训练,能量消耗大,体内水分流失大且没有卫生的水源,在训练前,应准备一些饮用水和巧克力糖。在夏季，一般应带一些含盐量0.9%的生理盐水，以防钠流失过多。如果训练时间较长或训练地区较远，赶不上正常吃饭时间，还应带些食品。

(2)应急药品

野外常用的药品分为防(治)蚊虫叮咬与皮肤类药、防治蛇咬药、消暑类药、止泻类药、跌打损伤类药以及外科消毒类药剂和机械等，每类药准备适量即可。

防(治)蚊虫叮咬与皮肤类药品有：红花油、清凉油、风油精、无极膏等。

防治蛇咬类药品有：季德胜蛇药。

消暑类药品：藿香正气软胶囊、藿香正气水、人丹、十滴水、金银花草药、清凉油等。

止泻类药品有：黄连素片、诺氟沙星胶囊、易蒙停、泻痢停、双黄消炎片、金莲花胶囊等。

跌打损伤类药品有：云南白药喷雾剂、正骨水、扶他林、奇正药膏等。

外科消毒药剂与机械：碘酒、酒精(70%)、医用双氧水、创可贴、酒精棉球、医用镊子、医用剪刀、干棉球、干棉球棒、无菌纱布片、绷带、胶布、制式急救胶布包等。

(3)其他用品

为应付野外的常见情况和突发情况，还须准备一些其他的不可或缺的用具：

①刀具：有一把长约40厘米(包括刀刃和刀柄)的刀在野外是十分实用的，可以应付很多情况。

②雨具：雨衣较适合，可防风雨，解放双手，行动自由。

③帐篷：作为临时休息和更衣场所。

④通信工具：对讲机、手机、喇叭都具备更好。

3. 野外运动中常见问题的处置方法

野外运动，不确定因素多，突发情况常有发生，遇到情况，关键是要沉着、冷静、不慌张。惊慌失措往往会铸成大错。下面介绍几种常见问题的处置方法：

(1)遇有水域

在野外运动，会经常遇到水库、池塘、河流、沟渠等水域，南方地区尤甚。在前进道路上遇有水域，运动员不要涉水，即使是捷径、运动员水性好也不能涉水，这是保证定向运动安全的基本原则。另外，对长有水生植物(如芦苇、荷叶)的地方，也不要进入，这些地方往往是沼泽地，容易下陷，十分危险。在晴朗的天气里，看到湿地也不要进入，以防陷入泥淖之中。在历次全国比赛中，都明确规定运动员不许下水。

(2)意外受伤

运动中受伤(跌伤、扭伤、撞伤、划伤、刺伤等)，应根据伤情，灵活处置。如果伤情较轻，功能没有障碍，稍做休息，可以继续完成训练，但是速度要比原来慢一些，或改为行走；如果跌伤、扭伤较重，功能有障碍，可先行休息，再试着做功能动作，仍不能做，甚至有剧痛，有可能是骨折，也可能是韧带受伤，应立即停止动作并呼吸；如果出现伤口，伤口又不大，出血也不多，可再挤出一点血，让血清洗伤口，而不能用水洗，然后用创可贴盖住伤口或用手帕包扎，以防细菌侵入，走回终点；如过伤口较大，流血较多，应立即抬高伤肢，包扎止血，并呼救。呼救时，应充分利用随身通信工具，首先与带队老师取得联系；如没有通信工具，呼救应有一定的间隙，不要拼命不停地叫喊，以减少体力的消耗，并注意听周围的动静。其他队员听到呼救声，应停止训练，寻声找到受伤同伴，帮助他，并设法与带队的教练与老师取得联系，或与当地老百姓取得联系，争取他们的帮助。

(3)身处险境

身处险境一般是指落入深坑和陷入泥潭或沼泽地等情况。如果落入深坑，自己爬不上来，须发出求救信号，获得帮助。如果陷入泥潭或沼泽地，自己挣扎不上来或有下陷情况，就要立即呼救，以等待救援，或者呈“大”字形趴下，爬行出沼泽地。

(4)意外落水

意外落水时，应根据自己的水性游向最近的岸边。以能见到土质或石质堤坝、高地为实岸，长着高大的草、芦苇等水生植物的地方则不是实岸，否则，接近这些水生植物，容易被缠住而陷入更大的险境。如果不会游泳，则立即呼救，以引起别人注意和救援。

如果是别人落水应首先采用简易救护法，即高声呼救，引起更多人的注意和帮助，同事就近寻找绳子、木杆、竹竿等漂浮物，扔给落水者，将他拽向岸边。如果一时找不到木杆等漂浮物，也没有其他救援者，发现者水性较好，落水者不会水性，则可采取直接救护法，即直接下水，从落水者身后接近他，一手抓住落水者的衣领或托住他的后脑，另一只手划动，游向岸边。抢救落水者时要特别注意防止被落水者抱住或抓住自己的双手的情况，一旦出现这种情况，救助者往往难于解脱(因为落水者抱的特别紧)，从而造成双双溺水的悲剧。

(5)对雷电的防护

夏天雷阵雨、雷暴雨较多，且往往变化莫测，说变就变。野外运动在夏天进行时要注意对雷电的防护，其要领是：一不上最高点；二不靠近最高物体。

出现乌云、闪电时，别让自身成为最高点。应观察身边周围地形，离开山顶、丘顶等地势较高的地方，转向地势较低的地方；也不要在空旷地的独立树、旗杆、塔状建筑物等制高点地物附近；更要迅速离开高压输电线地带。

当雷雨降临时，若有地方避雨(居民屋、农舍、空屋、草棚等)，则可先进屋，等雨停了之后再走(雷阵雨来得快，去得也快)。若没有地方避雨，又没有雨衣时，将身上的手机关闭，金属物品要用塑料袋包好，沿着较低的地势走，速度应慢一些，并远离水塘等水域。

(6)遭遇动物

①遭遇狗

现在，不论是城市还是农村，狗已经相当普遍。一般农家养的狗不会真正攻击人，即使它叫得很凶，也不会攻击。一般情况是，叫的狗不咬人，咬人的狗不叫。遇到吠的狗，不必惊慌，照常走路，但不可跑，人跑反而会引起狗的攻击。

但是，在水域较大的鱼塘或小型水库或养殖场，可能会遇到看护鱼塘、养殖场、瓜地的狼狗或退役的军犬、警犬，这种狗一般身材高大、健壮、尾粗、吠声粗，通常被拴在主人为它搭建的专门的狗屋前，离主人住房有一定距离。值得提醒的是，第一，这类狗的住屋并不低矮，其高度可作为人临时休息用，判断上容易失误；第二，这类狗的吠声停止时有低沉的“哼哼”声，这是他感到危险时发出的威胁声音，这时千万不能惹它、逗它；第三，经过孤立小屋却没有犬吠声，应立刻离开，以防受到突然攻击。总之，在经过这些地方时，能避开则避开；不能避开，则要慢行、谨慎而又镇定地通过，千万不能跑，奔跑的人更容易激起狼狗、军(警)犬的攻击意识。

②遭遇牛

遇到牛不要害怕，牛一般不伤人。但如果身着红色衣服或携带有红色东西时，牛容易激怒，会向人攻击。此时遇到牛，应提前绕道走，如果是必经之路可先将东西藏起来，红衣服须在牛看不到的地方脱下并包好，然后慢行通过牛的身边。绝不能用树枝逗牛玩。携带点标旗时(点标旗的颜色有红色或橘红色)，携带者应特别注意这一点。另外，大小牛在一起时，要绕道或从大牛一侧慢行通过，不可靠近小牛，否则会遭到大牛的攻击。

③遭遇蛇

夏天在野外遇到蛇是南方地区常有的事，但是，江南地区大多数蛇是无毒蛇，毒蛇种类少，且攻击性不强。如果按照野外运动着装要求着装的话，则会提高防御能力，一般不会被蛇咬伤。见到蛇，一般不要攻击它。它会自己游走；如果蛇有攻击人的迹象且挡着人前进的道路，可以用树枝、竹枝（带叉的更好）将它拨到行进的90度方向，蛇就会游走。为防遭遇蛇，可以通过打草惊蛇的方法把蛇吓跑。出发前或竹枝抽打前面的树枝、草丛，发出声响，蛇听到响声后，就会很快逃走。抽打树枝、草丛的方法也可以用于赶走其他小型动物。

④遭遇蜂

无论是蜜蜂，还是马蜂、土蜂，通常不会主动攻击人，即使它停在人身上也不会攻击人。只有在人用手或木棍赶它时，蜂会误以为遭到攻击，才会蜇人。所以，遇到蜂，可放慢脚步走一小段路，离开蜂群后再跑（定向运动一般采取跑的方式行进）。如果被蜂蜇了，可以服用蛇药治疗，继续行进到达终点。

五、定向运动竞赛组织

1. 竞赛的组织形式

（1）日间定向运动竞赛

第一批应在日出后1小时出发；最后一批最迟应在日落前预计完成全赛程时间的1.5倍时刻出发。

（2）夜间定向运动竞赛

夜间竞赛的全程应完全在夜间跑完。第一批应在日落后1小时出发；最后一批最迟应在日出前预计完成全赛程时间的2倍时刻出发。

（3）日夜交替定向运动竞赛

交替竞赛有下列几种组合形式：

一条定向运动路线在日间跑，而另一条路线在夜间跑。

一条定向路线在夜间出发，日间到达终点；而另一条路线则是日间出发，夜间到达终点（仅限于集体出发形式时使用）。

2. 竞赛项目

（1）个人赛

运动员单个竞赛，成绩取决于个人技能。

（2）团体赛

运动员单个竞赛，运动队成绩为全队运动员个人成绩（时间、名次或得分）的总和。同时也可以计个人成绩。

（3）多日竞赛

在多日竞赛中，运动员的个人成绩是每日竞赛成绩（时间、名次或得分）的总和。主办者应在邀请书中说明竞赛所采用的准确程序。

（4）接力赛

接力队须有2名或2名以上运动员，每名运动员像个人赛一样跑完一个赛程。

（5）小组赛

每组有2名或2名以上运动员，每名运动员一起或分散完成竞赛。

3. 竞赛组织

(1)成立竞赛组委会并负责竞赛的组织工作，按竞赛规则公正竞赛。

(2)竞赛组委会根据竞赛规则制定竞赛规程。

(3)竞赛邀请书最迟应在赛前 2 个月发出，并应适宜于该比赛，由主办联合会分发。

4. 定向比赛

比赛程序为报到处—出发区—进行比赛—终点处—重返会场。

(1)报到处

运动员在比赛前被带到赛区的报到处，办理登记手续，领取出发号码布。在会场内可查阅出发时间或有关该次比赛的资料。

(2)出发区

队员出发前十分钟到达出发区，通常出发区距离赛场数分钟至三十分钟的路程，队员须由赛会指引前往。如因个人延误，所损失的时间将不获补偿。

(3)进行比赛

各组的队员每隔一分钟或若干分钟出发一队，出发后队员必须离开出发方格，以免阻碍其他运动员出发。出发后须依指定次序，逐一到访全部检查点后，向指定的终点报到。

(4)终点处

队员通过跑道，越过计时器后，计时员会把他到达的时间记录下来，然后在地图收集处缴回地图及记录卡。队员到达终点后，须迅速离开，以免妨碍后来到达的运动员。

(5)重返会场

队员可从布告板上查阅比赛成绩及在稍后时间取回比赛图。如有投诉，应在成绩公布后五分钟内提出，颁奖后可各自离场。

第四节　健康体能训练

海军：我能海上漂，也能海底走，还能……

空军：我能空中飞，也能翻跟斗，还能……

有了健康就有了希望，有了希望就有了一切。体育——拥有改变世界的力量！

教学目标：

通过浪木、滚轮、爬绳(竿)和绳梯的学习，掌握基本技术动作，并逐步熟练掌握应用。培养勇敢、顽强、坚韧的心理素质，提高自身生存(抗自然能力)和发展(职业劳动能力)能力。

一、浪木、滚轮、爬绳(竿)和绳梯运动概念

浪木、滚轮、爬绳(竿)和绳梯是在人所不习惯的回环、翻腾、旋转、晃动、倒立等动作环境中进行的。这些动作改变了人体空间定向的正常感觉，直接影响了前庭器官的稳定性，致使身体处于不平衡状态。初次进行练习时，都有一个不习惯的过程，即害怕的心理和一个逐步熟悉器械的过程；练习过程中存在着不安全因素，必须注意加强安全防护及自我保护，以防止造成伤害事故。在练习前，应检查练习器械是否牢固，有无腰、脚保护带等装置。练习时应遵循从易到难、循序渐进的原则，必须在保护与帮助下完成，提高安全意识和保护设施。练习过程一定要等器械停止、稳定后才能从器械上下来，不要急于跳下，不要在疲劳、病后、长期中断练习、保

护条件不好等情况下进行练习及做复杂的高难动作训练。

二、浪木、滚轮、爬绳(竿)和绳梯运动的健身价值

浪木、滚轮和爬绳(绳梯)都是具有锻炼和实用价值的运动。通过浪木、滚轮和爬绳(绳梯)的锻炼,能有效地促进身体健康,增强体质,并能掌握一定的实用技能,尤其是水上专业不可缺少的一门实用技能。经常锻炼能增强人体心血管系统及呼吸系统的功能,提高人体在非正常姿势情况下动作的灵敏性、协调性、力量等,增强前庭器官的调节能力,预防和克服晕厥现象。

三、浪木基本技术与练习方法

(一)浪木基本技术

1. 起动

一人或二人各站浪木的一端,两手扶活动链,做大约 30～40 度角的前后摆动练习,并逐步加大浪幅。

2. 后摆上浪木、漂浪

站立在浪木中间位置的地上,当浪木前摆时,右脚第一步向上、向前跳上,左脚同时跨上在右脚尖前距离 10 厘米左右的位置上。这时上身保持正直,稍收腹,两手自然向后伸出,两腿膝关节微屈,并保持腿部肌肉紧张,身体重心随浪木前后摆动而移动。在浪木前后摆动中,逐步熟悉与掌握身体的平衡(图 11-4-1)。

图 11-4-1

3. 前进三步

前进三步是指浪木后摆结束之际、即将前摆时,连续做前进三步动作:第一步为右脚迈出,右脚掌底应与浪木平行,紧接着第二步左脚以同样姿势及距离向前迈出。此时利用浪木后摆至结束前,右脚迅速向前走至离左脚跟 10 厘米左右的位置上(图 11-4-2)。

4. 后退三步

后退三步是利用浪木前摆背向行走三步动作,由于背向视力、后退用力点及掌握重心有一定困难,容易跌下浪木,因此练习时身体重心应尽量下压,使小腿与浪木之间夹角不少于 70 度。这时膝关节微屈,两手自然前后摆动。第一步要用左脚掌的蹬撑力支撑身体大部分重心,然后右脚迅速向后跨一小步(脚底尽可能贴于浪木)。当右脚接触浪木后左脚迅速以同样姿势及距离向后迈出第二步。第三步用右脚以同样姿势缩小步距,用最快速度向后迈出。

图 11-4-2

5. 180 度转体

向后转体必须在浪木向后摆动时进行，利用最短时间完成 180 度的转体。上身向下用力（不能跳起）。两腿前后分开（左腿在前），自然弯曲。上体稍前倾（图 11-4-3①）。当浪木后摆接近终点时，以两脚前脚掌为轴向右转体 180 度，随即趁浪木回摆之势前进（图 11-4-3②）。

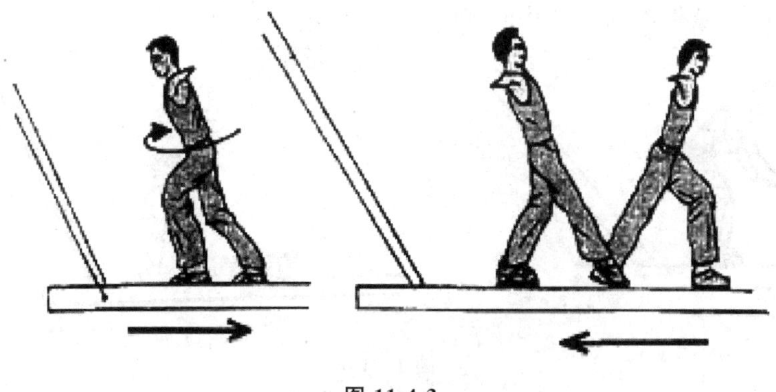

图 11-4-3

6. 跳下

跳下分后摆跳和挥臂挺身跳两种方法。初学者必须在掌握后摆跳的基础上，才能进行挥臂挺身跳的动作练习。当浪木向后摆至终点时，按左、右脚的顺序向左前方跳下，双脚落地站稳（图 11-4-4）。

图 11-4-4

浪木向前摆至最高点时，身体保持同地面垂直。利用浪木后摆惯性，两手迅速向上摆动，两腿膝关节弯曲并同时利用两脚支撑力，左脚迅速提起，使身体重心移向上方，两脚及时并拢，挥臂挺身跳下。身体离开浪木垂直面后，双脚落地站稳（图 11-4-5）。

图 11-4-5

7．摆动中坐下与起立

当浪木向前摆动接近终点时，迅速屈膝下蹲，手扶浪木板坐下（必须在浪木后摆前完成），两腿前伸（图 11-4-6①）。当浪木再向前摆动接近终点时，迅速绷膝，两臂用力支撑浪木板，同时上体稍前倾起立，趁浪木回摆之势前进（图 11-4-6②）。

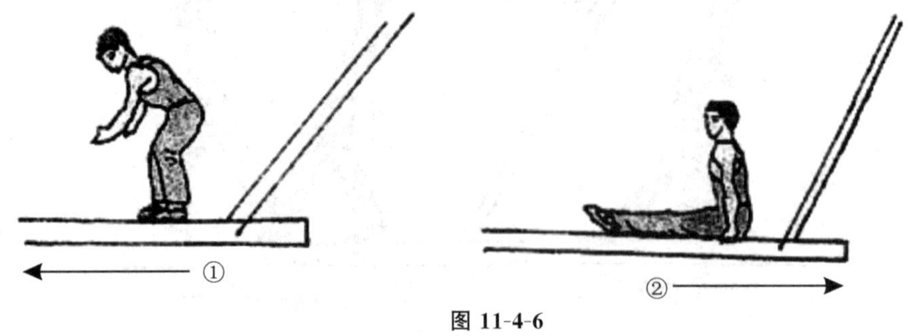

图 11-4-6

8．摆动中跳跃

当浪木前摆结束时，两臂向侧上举，两腿迅速向上跳起；落下时，两腿弯曲有弹性地着浪木，上体稍前倾，趁浪木回摆之势前进（图 11-4-7）。练习时，一般应在浪木靠后部位进行。

图 11-4-7

（二）浪木练习方法

1．陆上模仿练习

站立在静止的浪木一端，两手握住浪木活动杆做起动和制动的练习(图 11-4-8)，再做原地漂浪练习；然后在体操凳上或静止的浪木上，做跳上与跳下的模仿练习(图 11-4-9)。

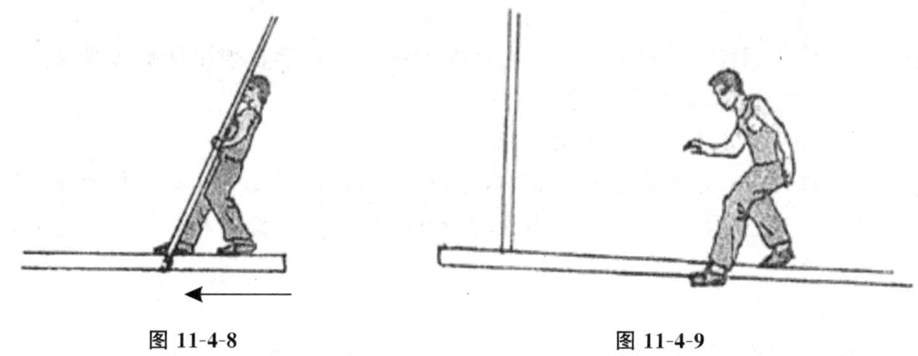

图 11-4-8　　图 11-4-9

2. 练习时的安全与保护

练习中，保护者伴随练习者一侧，站在浪木中央位置，做好跳上、行进及转体失落的安全保护。

3. 先静后动、由易到难、逐步掌握。

4. 纠正方法：加强安全保护，克服害怕心理，培养勇敢精神。正确掌握动作要领，提高运动中平衡能力。

二、固定滚轮(侧转)基本技术与练习方法

(一)固定滚轮(侧转)基本技术

1. 预备姿势

双脚踏进横踏板脚套内。两手正握两小环或轮柱。头稍向转动方向，微收腹，腿稍屈(图 11-4-10①)。

2. 右侧转

预备姿势后，逐步向右移，蹬右脚，右、左臂依次用力支撑向右转动：经倒立部位后右手拉环，蹬左脚，臂部移向转动方向，连续转动(图 11-4-10②③)。

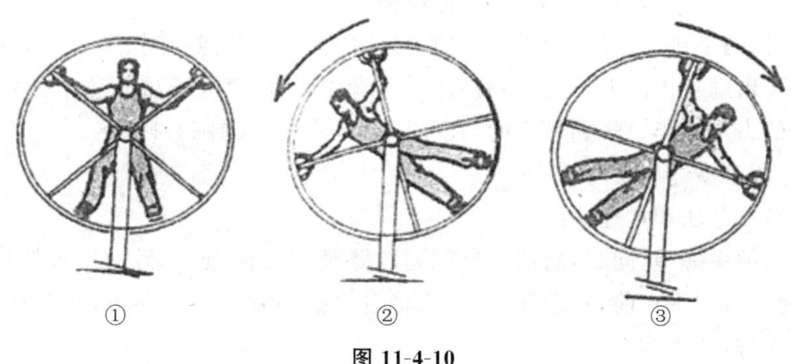

图 11-4-10

3. 左侧转

动作要领与右侧转同，方向相反。

4. 制动

使滚轮停止转动时，头朝下面，臀部移向转动的相反方向。

(二)固定滚轮(侧转)的练习方法

1. 陆上练习

在垫上做连续前、后滚翻，倒立和侧手翻动作的练习。初学者须用保护带系腰部，并由他人协助转动滚轮，速度由慢到快的练习。

2. 固定滚轮练习中常见的错误动作

由于害怕心理，胆小，不敢在滚轮上旋转，导致动作错误；或没有掌握动作要领，动作不正确而无法完成；由于平衡及反应能力差，当滚轮转到身体成倒立位置和与地面平行时，容易滑脚跌落。

3. 纠正方法

加强安全保护措施，克服害怕心理，培养勇敢精神；加强基本动作的练习，正确掌握滚轮旋转时的动作要领，体会身体在各种角度状态下的支撑用力程度；初次练习时的周期转动速度要合适。

4. 固定滚轮练习时的安全与保护

保护者站在滚轮的一侧，协助起动和制动。当发现事故迹象时，应立即对滚轮进行制动。初学者应用安全保护带绑住腰部，以防止发生意外伤害事故。

三、爬绳(竿)和绳梯基本技术与练习方法

(一)爬绳(竿)基本技术与练习方法

1. 爬绳基本技术

(1)手足并用法

①预备姿势。两手上举，用拳式握法握住绳子，并用腿、脚夹住绳子成悬垂姿势。

②开始往上爬时，收腹用一只脚的脚背处和另一只脚脚跟夹住绳，脚用力蹬绳。手臂用力拉绳，使身体向上。然后两腿尽量弯曲往上收，使用脚内侧和脚心夹住绳子，两手交替往上伸直握绳，并继续往上爬。爬到一定的高度时，以慢速滑下(图 11-4-11)。

(2)手的爬法

①预备姿势。开始时，两手一上一下，握住绳子直臂悬垂。

②开始爬时，两手用力拉绳，使手臂弯曲，身体向上。在拉绳的同时，两手轮换交替向上握绳，动作连贯，要借助身体向上的力量倒换两手。身体要直，使绳子靠近身体。两腿不要摆动，也不应借蹬腿的力量来爬。爬到一定的高度时，以慢速滑下(图 11-4-12)。

(3)手足并用爬横绳

基本方法有挂膝法和挂踵法两种。

①挂膝法。两手握绳，同时，前面手异侧腿的膝窝钩在横绳上，另一腿自然放下。爬开始时，以右膝挂绳。以左手在前，右手在后为例，将右手换握到左手的前边，同时挂左膝，右腿放下。以后依次换握，挂膝前进。

②挂踵法。动作要点同挂膝法。但因为臀部和身体离横绳较远，所以对上肢力量的要求也更高。

(4)手足并用爬斜绳

动作要点同手足并用爬绳，但因为斜绳有一定的角度，所以屈臂引体的力量较大。角度越

图 11-4-11

图 11-4-12

大，引体的力量也越大。

(5)只用手爬横绳或斜绳

只用手爬横绳或斜绳的动作方法同只用手爬垂直绳是基本相同的。因为横绳与地面平行，爬的时候是身体水平地移动，所以比爬斜绳或垂直绳用的力量小。只用手爬横绳可以背对前进方向、面对前进方向或侧对前进方向；也可以转体前进。手爬斜绳一般采用背对前进方向。

(6)蹬墙爬绳法

手握绳脚蹬墙爬绳双手上下握吊绳，双腿分开，双脚蹬在约与腰同高的墙上。绳放在身体侧面或双腿之间。双手沿绳依次向上握换。双脚同时依次蹬墙(手脚协调配合)向上攀登。双脚蹬墙力量不宜过猛，单脚离墙的时间不能太长。

2. 爬绳练习方法

(1)陆上练习

加强上肢力量的练习，如单杠引体向上、双杠双臂屈伸、俯卧撑等项目的练习。

(2)爬绳练习的安全与保护

绳下最好要放置垫子保护，位置要妥当。保护者站在垫子旁边，两眼注视练习者上下移动。落地时，扶其腰部帮助站稳；当从绳的高处下降时，因手臂无力握绳，所以两脚要夹住绳子，同时两手轻握绳子慢慢滑下。

(二)爬绳梯基本技术与练习方法

1. 爬绳梯基本技术

(1)侧面爬绳梯

①预备姿势：身体面向绳梯的一侧，双手抓紧绳梯(一手在上，一手在下)。双脚分上、下蹬踏在绳梯上(两脚蹬在绳梯上呈外八字形)。

②开始爬绳梯时，两臂用力做向上拉引动作。下手向握在上面的方向换握，同时一只脚也向上一格绳梯移动。如此两手不断依次向上换握，两脚不断依次向上攀登。

(2)正面爬绳梯

①预备姿势。身体面向绳梯，双手分上、下握住绳梯。一只脚在上，腿弯曲，小腿尽量靠近大腿；另一只脚在下，腿伸直踏在绳梯上呈向上爬的姿势。

②开始爬绳梯时，两臂用力向上做拉引动作，同时两脚用力蹬绳梯，使身体向上，两手不断依次向上换握，依次向上攀登。

2. 爬绳梯练习方法

(1)陆上练习

加强上肢和下肢力量的专门练习。初次练习爬梯时，动作要逐渐由慢到快，由易到难，循序渐进。

(2)爬绳梯练习的安全与保护

绳梯下面最好要放置垫子，位置要妥当。保护者两眼注视练习者上、下动作。落地时，扶其腰部帮助站稳；从绳梯高处下降时：应一格一格地下落，不要往下跳。

知识窗

产生晕厥的缘由

人们在乘船航行中遇到风浪时，会感到头晕目眩，以致发生恶心、呕吐、出汗、面色苍白等现象，这就是通常所说的晕船；乘坐飞机时的起飞与降落，人体会感到失重和超重、耳鸣，以致发生恶心、呕吐、出冷汗、面色苍白等现象。据统计90%以上的人有此现象。

人体的耳朵分为外耳、中耳和内耳三个部分。内耳镶在骨头里，有一套调节人体位置平衡的器官——前庭器官。通过前庭神经与中枢神经相连。在神经系统的支配下，巧妙地调节着人体位置的平衡。当乘船或乘坐飞机时，由于颠簸动荡，人体发生不规则的体位变化，从而刺激内耳的前庭器官。当身体虚弱或过饱、疲劳、睡眠不足、空气污浊、气压偏低或情绪紧张等因素，都会产生晕厥现象。

通过对浪木、滚轮和爬绳(绳梯)等的锻炼，可以有效提高前庭器官的机能，提高平衡器官对不规则体位变化的适应能力起到抗晕厥的效果。

参考文献

1. 李祥:《高等学校教材——学校体育学》,高等教育出版社 1999 年版。

2. 江仁虎:《职业教育体育与健康》,福建教育出版社 2006 年版。

3. 林志超:《新世纪体育与健康教程(高职高专)》,北京体育大学出版社 2007 年版。

4. 任保莲:《运动处方理论与应用》,人民体育出版社 2004 年版。

5. 陈上越:《体育与健康》,厦门大学出版社 2003 年版。

6. 赵斌、陈上越:《运动保健》,广西师范大学出版社 2008 年版。

7. 陈上越:《体育运动理论与实践》,当代中国出版社 2002 年版。

8.《师专体育》编委会:《师专体育》,高等教育出版社 1999 年版。

9. 张波涛、江雯:《运动无极》,内蒙古人民出版社 2003 年版。

10. 季浏:《体育与健康》,华东师范大学出版社 2000 年版。

11. 周务农:《体育与健康实践教程》,北京交通大学出版社 2007 年版。

12. 黄瑶:《大学体育与健康教程》,北京工业大学出版社 2005 年版。

13. 车保仁等:《高等学校教材——田径(专修版)》,高等教育出版社 2000 年版。

14. 林建华、陈伟霖:《普通高等学校体育教程》,厦门大学出版社 2001 年版。

15. 金其荣:《体育与健康实践教程》,华东理工大学出版社 2003 年版。

16. 林志超:《新世纪体育与健康教程》,北京体育大学出版社 2006 年版。

17. 邹继豪:《体育与健康教程》,辽宁大学出版社 2007 年版。

18. 陈智勇:《现代大学体育教程》,北京体育大学出版社 2005 年版。

19. 杨乃、王建军:《新编体育与健康》,人民体育出版社 2007 年版。

20. 李敏:《大学生体育与健康教程》,经济日报出版社 2008 年版。

21. 崔秀馥:《乒乓球(普通高校体育选项课教材)》,北京体育大学出版社 2003 年版。

22. 苏丕仁:《乒乓球运动教程(高等学校教材)》,高等教育出版社 2004 年版。

23. 李建军:《乒乓球(全国普通高等学校体育专业选修课程)系列教材》,广东师范大学出版社 2005 年版。

24. 中国乒乓球协会编译:《乒乓球竞赛规则(2006)》,人民体育出版社 2006 年版。

25. 高等学校新世纪体育教材编写委员会组编:《乒乓球(普通高等学校公共体育示范性教材)》,高等教育出版社 2006 年版。

26. 黄宽柔、姜桂萍:《健美操体育舞蹈》,高等教育出版社 2006 年版。

27. 唐文玲、赵秋爽:《形体与健身教程》,厦门大学出版社 2007 年版。

28. 童韶岗:《健美操》,广西师范大学出版社 2006 年版。

29. 健身健美操竞赛规则简介(2007 版)。

30. 黄宽柔、周建社:《健美操团体操》,广西师范大学出版社 2000 年版。

31. 江百龙:《武术理论基础》,人民体育出版社 1995 年版。

32. 洪泰田、江仁虎:《福建高级中学体育试用课本》,福建教育出版社 1999 年版。

33. 张惠红:《山水觅踪——定向越野》,凤凰出版传媒集团江苏科学技术出版社 2006 年版。

34. 杨向东:《定向运动教材》,河海大学出版社 2006 年版。

35. 陈瑜:《不多走一步路——定向越野》,东南大学出版社 2005 年版。
36. 王克达、丁华:《航海院校大学体育教程》,北京体育大学出版社 2006 年版。
37. 伊巍、张宁:《高职体育与健康》,北京体育大学出版社 2006 年版。
38. 谢卫东《奥林匹克精神》G811.21/×W4
39. 黄汉升主编:《球类运动——排球》,高等教育出版社 2009 年版。
40. 孙民治主编:《球类运动——篮球》,高等教育出版社 2001 年版。
41. 王崇喜、赵宗跃主编《足球》,广西师范大学出版社 2006 年版。
42. 王洪:《啦啦操教程》,人民体育出版社 2013 年版。